“十四五”高等职业教育城市轨道交通运营管理专业系列教材

"十四五"高等职业教育城市轨道交通运营管理专业系列教材

城市轨道交通车站机电设备

蒋飞翔◎主　编
姜玲芝　张宏亮◎副主编
李昊冉◎主　审

CHENGSHI GUIDAO JIAOTONG CHEZHAN JIDIAN SHEBEI

中国铁道出版社有限公司
CHINA RAILWAY PUBLISHING HOUSE CO., LTD.

内容简介

本书采用“项目-任务”编写方式,根据城市轨道交通车站机电设备巡检与维护岗位实际工作过程,将相关职业技能融入车站机电设备概况、环控系统、监控系统、自动扶梯系统、低压配电及照明系统、站台门系统、火灾报警系统、自动灭火系统、车站给排水系统、出入口控制系统等10个项目(32个任务)中。每个任务包括任务目标、任务描述、知识链接、任务实施(或技能训练)、任务评价、思考与练习等,将“统一指挥、服从安排”的轨道交通服务意识,“敬业爱岗、遵章守纪、乐于奉献”的职业道德,“精巡(检)细维(护)、严守规程”的大国工匠精神等元素巧妙地融入书中。

本书适合作为城市轨道交通机电技术(高等职业教育专科)、城市轨道交通运营管理(高等职业教育专科)和机械电子工程技术(高等职业教育本科)专业核心课教材,也可作为各类培训(继续教育、自学考试)学校及轨道运输企业职工培训用书,还可供行业爱好者参考。

图书在版编目(CIP)数据

城市轨道交通车站机电设备 / 蒋飞翔主编. -- 北京 : 中国铁道出版社有限公司, 2025. 7. --(“十四五”高等职业教育城市轨道交通运营管理专业系列教材).
ISBN 978-7-113-32287-8

Ⅰ. U239.5

中国国家版本馆 CIP 数据核字第 202566AS98 号

书　　名: 城市轨道交通车站机电设备
作　　者: 蒋飞翔

策　　划: 李中宝　　**编辑部电话:** (010)83527746
责任编辑: 李中宝　绳　超
封面设计: 刘　颖
责任校对: 刘　畅
责任印制: 赵星辰

出版发行: 中国铁道出版社有限公司(100054,北京市西城区右安门西街8号)
网　　址: https://www.tdpress.com/51eds
印　　刷: 北京联兴盛业印刷股份有限公司
版　　次: 2025年7月第1版　2025年7月第1次印刷
开　　本: 787 mm×1 092 mm　1/16　**印张:** 20　**字数:** 546千
书　　号: ISBN 978-7-113-32287-8
定　　价: 68.00元

前言

随着我国城市轨道交通行业的飞速发展，城市轨道交通企业的用人需求急剧增加，迫切需要培养一大批具备专业技能和职业素养的高素质复合型人才。

本书根据职业教育的特点，按照“以能力为本位，以工作过程为导向”的基本思想将城市轨道交通运营管理人员的具体工作与设备运用有机融合，使城市轨道交通运营管理专业的学生对各类车站机电设备有侧重点及导向性地进行学习。

本书根据教育部《高等职业学校城市轨道交通运营管理专业实训教学条件建设标准》及教育部最新发布的其他关于城市轨道交通相关专业教学标准并结合编写人员多年的教学实践经验，针对当前职业教育和城市轨道交通行业发展的实际情况进行编写。

本书依据职业岗位(群)的技能标准及《城市轨道交通设施设备运行维护管理办法》(交运规〔2019〕8号)等行业标准，确定学习领域的学习目标。改变传统的教学模式，遵循“项目导向、任务驱动”行动教学的教育理念，针对学习项目的知识目标、能力目标和素质目标设计学习任务，使学生在完成任务的过程中实现对课程知识的掌握。改变传统的考核方式，综合评价学生的职业技能和专业能力，采用过程性评价、终结性评价相结合，理论考试、现场考核相结合，学生自评、学生互评、教师评价相结合的多种形式全面考查学生的学习效果。

本书具有以下特色：

(1)在内容上注重理论与实践相结合，采用“理论知识+实践操作”的模式；教材采用“项目-任务”编写方式，充分体现了“专业设置与岗位需求对接、课程内容与职业标准对接、教学过程与生产过程对接、理论知识与实践操作对接”，强调以学生为中心，突出职业教育培训的特点。

(2)每个任务结束后，学生可通过任务实施(或技能训练)进行自我考核，及时检查学习效果。

(3)在编写过程中全程体现“工学结合、校企合作”的理念，由行业专家与业内学者全面参与编写。

(4)以工作任务为中心来设计教学内容、开发学习视频等资源，使学生在完成具体任务的过程中构建城市轨道交通车站机电设备的知识体系，掌握行业技能，实现自身的可持续发展。学生可扫描二维码查看学习视频等资源。

本书由南京铁道职业技术学院蒋飞翔任主编，济南工程职业技术学院姜玲芝、南京地铁运营有限责任公司张宏亮任副主编，南京铁道职业技术学院郑恒超、南京地铁运营有限责任公司马因姻参与编写。全书由无锡地铁运营有限公司李昊冉主审。具体编写分工如下：项目二、项目五、项目六、项目七、项目八、项目十由蒋飞翔编写，项目三由姜玲芝编写，项目九由张宏亮编写，项目四由郑恒超编写，项目一由马因姻编写。全书由蒋飞翔负责统稿。

本书在资料搜集、调研和编写过程中，得到了南京地铁运营有限责任公司、无锡地铁运营有限公司有关领导和专家的大力支持和热忱帮助。在此，谨向他们表示诚挚的敬意。

在编写过程中编者参阅了大量的国内外著作、教材、学术论文和有关文献，在此谨向相关作者表示深深的敬意。

鉴于城市轨道交通车站机电设备的发展及更新速度飞快，资料搜集较为困难，加之编写人员的水平和实践经验的局限性，书中疏漏之处在所难免，恳请读者批评指正。编者邮箱：420565128@qq.com。

编　者

2025 年 2 月

目 录

项目一

城市轨道交通车站机电设备概况

项目描述

城市轨道交通是以电能为主要动力来源且采用轮轨运转体系的公共交通系统，它主要负责无障碍的短距离旅客运输，有效地缓解了城市内部的密集客流交通压力。城市轨道交通具有运能大、速度快、安全、准时、成本较低、节约能源以及乘坐舒适等方面的优点，有利于环境保护，通常被称为“绿色交通”。

本项目以城市轨道交通车站的地铁车站为例进行介绍。

项目知识导图

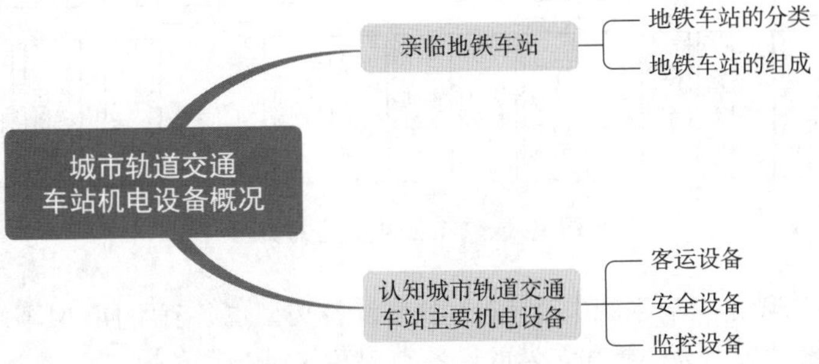

任务一 亲临地铁车站

任务目标

1. 知识目标

①理解 GB/T 44413—2024《城市轨道交通分类》；

②理解地铁车站的分类；

③掌握地铁车站的组成。

2. 能力目标

①能够描述地铁车站的类别；

②能够描述地铁车站的组成。

3. 素养目标

①培养专业学习的热情;

②养成团结协助的职业态度。

任务描述

城市轨道交通涉及的内容较多,要求理解 GB/T 44413—2024《城市轨道交通分类》,归纳出地铁车站的分类标准及类型,掌握地铁车站的组成,具备城市轨道交通的基本知识。

知识链接

依据中华人民共和国住房和城乡建设部于 2024 年发布的《城市轨道交通分类》(GB/T 44413—2024)国家标准,城市轨道交通是指采用专用轨道导向运行且以服务通勤为主要目标的城市公共客运交通系统。依据城市交通的总体规划要求,城市轨道交通应设置全封闭或部分封闭的专用轨道线路,以列车或单车形式以便实现运送相当规模的客流量。

由 GB/T 44413—2024《城市轨道交通分类》可知,城市轨道交通的系统制式包括地铁系统、轻轨系统、跨座式单轨系统、悬挂式单轨系统、自动导向轨道系统、有轨电车系统、导轨式胶轮电车系统、中低速磁浮系统、市域快速轨道系统、高速磁浮系统。

城市轨道交通是城市公共交通的骨干,具有节能、省地、运量大、无污染(或少污染)且安全等特点,属于绿色环保交通体系,非常适合于大中城市。

依据《城市公共交通分类标准》(CJJ/T 114—2007),城市公共交通的类别如图 1-1 所示。

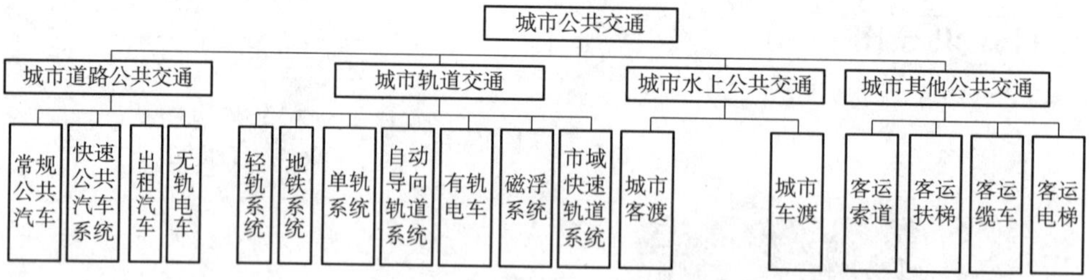

图 1-1　城市公共交通的类别

不同类型的城市轨道交通系统中,涉及的车站设备类型也各有不同,但车站设备的功能却大同小异,本项目以地铁车站为例阐述车站的设备类型及其功能。

地铁车站是供乘客上/下车、换乘以及候车的场所,也是列车到/发、通过、折返以及临时停车的场所;某些大型的车站还具备购物、集散和城市景观等功能。车站需要有良好的照明设施、通风设施以及防火设施,为乘客出行提供安全、便捷、舒适的环境。重庆地铁立体图如图 1-2 所示。

一、地铁车站的分类

城市轨道交通车站的分类标准很多,通常是根据车站建筑结构形式、车站运营功能、车站运营管理职能、车站信号设备的控制权限、车站站台形式的不同进行划分。

1. 根据车站建筑结构形式划分

根据车站内的线路与地面的高低位置关系,可以把车站分为三种形式:地面车站(线路平面在地面的车站)、地下车站(线路平面在地面以下的车站)和高架车站(线路平面在地面以上的车站)。在城市尤其是中心城区范围内,已有的地面建筑往往难以改变,且地面空间资源十分有限。通常将城市轨道交通车站设置于地下或地上,其造价要比地面站的造价高。

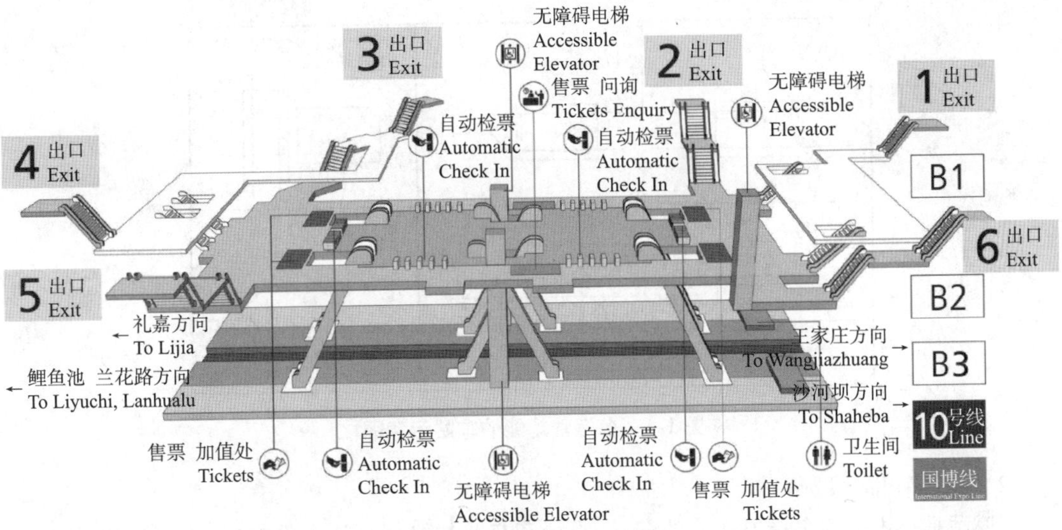

图 1-2　重庆地铁立体图

(1)地面车站

地面车站的造价比较低,但会对线路所经过的区域造成分割,一般修建在用地面积不受限制或者不具备地下车站或高架车站施工条件的区域,如图 1-3 所示。

(2)地下车站

根据车站结构顶板与地下深度的不同,地下车站又可分为浅埋式车站和深埋式车站两种。浅埋式车站通常为矩形断面,一般分为两层。深埋式车站可按横断面形式分为单拱式、双拱式、三拱式及多拱式,一般设置二至三层,最多四层。地下车站在防火、防灾及环控方面还有更特殊的要求,与地面车站和高架车站有着显著的区别,如图 1-4 所示。

(3)高架车站

为了节省车站周边的地面资源,充分利用线路与地面之间的垂直空间,高架车站多采用双层设计,站台层设在地面三层,站厅层设在地面二层,也可以利用高架桥下的站外广场作为站台层,如图 1-5 所示。

图 1-3　地面车站

图 1-4　地下车站

图 1-5　高架车站

2. 根据车站运营功能划分

根据车站实现本条线路的乘客输送、列车折返及与其他线路换乘的不同功能,车站可以划分为中间站(即一般站)、折返站(即区域站)、换乘站、枢纽站、联运站和终点站,各运营功能的车站示意图如图 1-6 所示。

(1)中间站(即一般站)

中间站仅供乘客上/下车之用,功能单一,配线形式简单,是最为常见的车站。少数的中间站还设有配线,以供列车临时停放或列车上/下行换向,确保在列车故障的情况下能够快速有效地进行列车调整,尽快恢复正常的列车运行秩序。

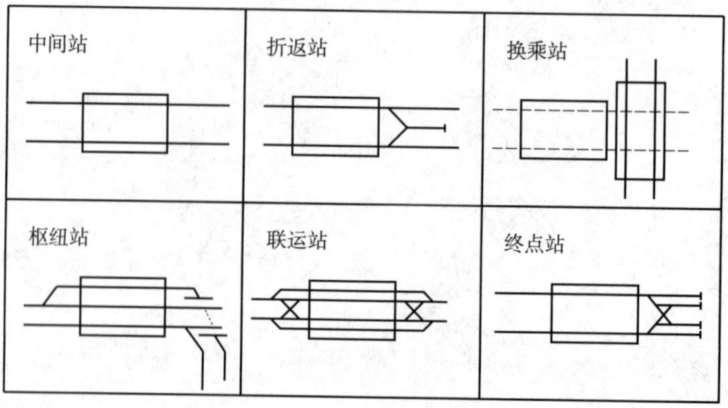

图 1-6　各运营功能的车站示意图

(2)折返站(即区域站)

折返站是指进行列车折返作业的车站,是行车交路的终点。站内设有折返线和相应的设备,具有折返功能,能够进行列车折返作业。根据客流量的大小,合理组织列车运行,可在两个折返站之间的区段上改变行车密度。折返站兼有中间站的功能,折返功能的实现可以通过折返线及存车线的不同组合来实现。根据折返线与车站的相对位置不同,可将折返形式分为站前折返、站后折返及站前站后混合式折返等折返形式。

(3)换乘站

换乘站是位于两条及两条以上线路交叉点上的车站,其主要功能是实现客流在不同线路间的换乘。

(4)枢纽站

枢纽站是两种及以上交通工具在空间上的集中,实现大量客流在不同交通方式间交换的车站,往往是衔接地面公交、出租车、铁路、航空等交通方式的综合性站点。

(5)联运站

联运站是指车站内设有两种不同性质的列车线路进行联运及客流换乘,它具有中间站和换乘站的双重功能。

(6)终点站

终点站是设在线路两端的车站。就列车上/下行而言,终点站也是起点站(或称始发站),终点站同时也是折返站,设有可供列车全部折返的折返线和相应设备,也可供列车临时停留检修及备用车的存放。

3. 根据车站运营管理职能划分

为方便管理,通常将一条线路划分为若干区域,每个区域设置一个区域站,垂直管理多个一般车站。这样,在车站管理层与线路管理层之间增加了中间管理层,即区域管理层,每个区域站管理3～5个一般车站。某线路的车站运营管理职能层次示意图如图1-7所示。

区域站是客运管理体系中承上启下的行政管理层。区域站的管辖范围还与车站配线和行车设备相关。实行区域制管的非区域站可以不设置区域站长而仅设置值班站长即可,由区域站长统一管理。

4. 根据车站信号设备的控制权限划分

在城市轨道交通系统中,采用了信号自动控制系统。一般情况下,线路行车调度组织采用中央控制模式(即中控模式)。当出现非正常情况时,可采用车站控制模式(即站控模式)。车站按信号设备控制权限的不同可分为集中站和非集中站。

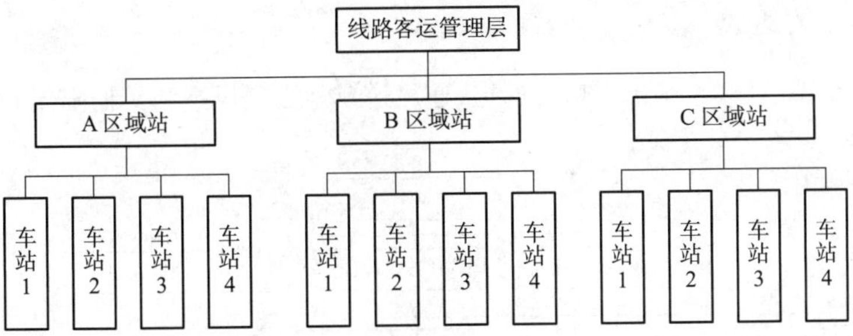

图 1-7　某线路的车站运营管理职能层次示意图

(1)集中站

集中站是指具有车站控制功能的车站。集中站的车站值班员根据调度命令,在授权的情况下负责管辖线路上的列车运行、办理电话闭塞行车、执行扣车和提前发车等行车作业。集中站通常为有道岔车站。

(2)非集中站

非集中站是指不具有站控功能的车站,通常为无道岔车站。

5. 根据车站站台形式划分

按车站站台形式分类,其情形如图 1-8 所示。

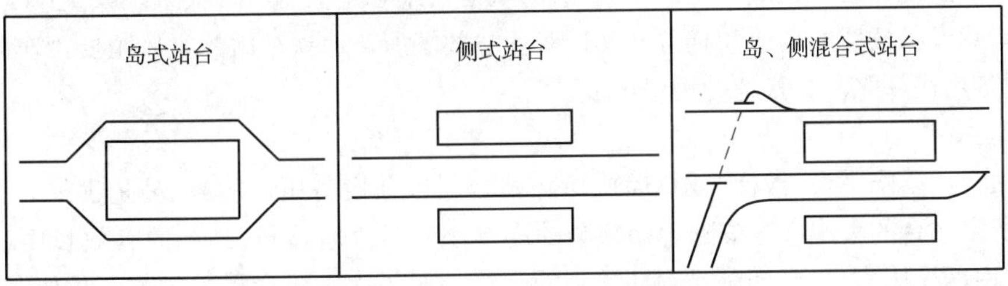

图 1-8　车站的站台形式分类图

(1)岛式车站

岛式车站的站台位于上行方向运行线与下行方向运行线的线路之间,具有岛式站台的车站称为岛式站台车站(简称岛式车站)。岛式车站是常用的一种车站形式,具有站台面积利用率高、调剂客流量、方便乘客中途改变乘车方向、车站集中管理、站台空间宽阔等优点。因此,客流量较大的车站通常采用岛式车站布置。

(2)侧式车站

侧式车站的站台位于上/下行方向运行线的两侧,具有侧式站台的车站称为侧式站台车站(简称侧式车站)。侧式车站站台上/下行方向的乘客可避免相互干扰,正线和站线之间不设"喇叭口",造价低,改建容易;但站台面积的利用率比较低,不可调剂乘客流量(乘客须经地道或天桥方可中途改变乘车方向),车站管理分散,站台空间不及岛式站台宽阔。因此,侧式车站多用于两个方向客流较均匀(或客流量不大)的车站及高架站。

(3)岛、侧混合式车站

岛、侧混合式车站的岛式站台及侧式站台同设在一个车站内,具有这种站台形式的车站称为岛、侧混合式站台车站(简称岛、侧混合式车站)。岛、侧混合式车站主要用于两侧站台换乘或列车折返,根据需要可布置成一岛一侧式或一岛两侧式。

二、地铁车站的组成

地铁车站由车站主体、车站出入口及通道、通风道及地面通风亭和其他附属建筑组成，其整体布局如图 1-9 所示。

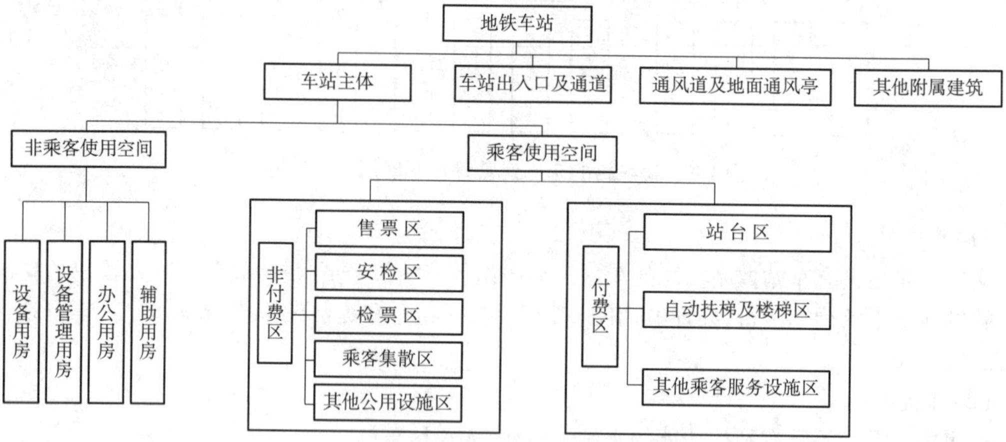

图 1-9　地铁车站整体布局结构图

1. 车站主体

地铁车站是地铁列车在线路上的停车点，它既是供乘客集散、候车、换乘以及上/下车的场所，又是地铁运营设备放置的场所和日常办理运营业务的场所。地铁车站的主体主要由车站站台、车站站厅、设备用房、办公用房、辅助用房组成。

（1）车站站台

车站站台由乘降平台、楼梯（或自动扶梯）、站台门以及设备用房等组成，是供乘客上/下车及候车的场所。站台的大小应考虑到远期预测的高峰小时最大客流量，站台的有效长度（即站台的计算长度）由两个因素决定，即满足远期预测的高峰小时最大客流量需求的列车编组长度以及停车误差（有站台门的车站，停车误差不得超过 30 cm；无站台门的车站，停车误差不得超过 2 m）。

（2）车站站厅

车站站厅是将由出入口进入车站的乘客迅速、安全、方便地引导到站台乘车的场所，也是将下车的乘客以同样的效用引导至出入口出站的场所。车站站厅的主要作用是集散客流，为乘客提供售检票等服务。站厅内应设置自动售票机、自动检票机以及问询处等为乘客出行提供便利服务的设施。站厅层有付费区和非付费区的划分（见图 1-10）。站厅层内设有设备用房以及设备管理用房等，在不影响客流集散的情况下，可考虑设置商业用房。

图 1-10　站厅层有付费区和非付费区

(3)设备用房

设备用房是为保证列车的正常运行、保证站内良好的环境条件以及在灾害情况下保障乘客的安全所需设备的房间,主要包括通风与空调用房、变电所、配电室、通信设备房以及信号设备房等。

(4)办公用房

办公用房是车站工作人员在日常工作中使用的房间,主要包括值班站长室、车站控制室、票务室、会议室和公安办公用房等。

(5)辅助用房

辅助用房是为保证车站内部工作人员的日常工作所设置的用房,主要包括卫生间、更衣室、休息室、备品库和清扫工具间等。

2. 车站出入口及通道

车站出入口及通道是地铁车站的门户,其主要作用是引导乘客进出站。部分车站的出入口及通道还兼有行人过街的作用。为方便乘客及疏散客流,一个车站通常设有多个出入口,一般不少于2个。

出入口通道有地道式和天桥式两种类型。通道的宽度通常根据客流量来计算确定。通道的净高一般为3 m左右。地下车站宜采用地道式的出入口通道,高架车站多采用天桥式的出入口通道。

3. 通风道及地面通风亭

地下车站需设置环控系统,地面车站和高架车站通常采用自然通风。地下车站一般设1～2个通风道,区间隧道的中部设置区间隧道通风道。

地面通风亭是地铁隧道以及车站在地表的通风口。通风亭通常高于地面2 m。通风亭有进风亭和排风亭两种类型。进风亭与排风亭的水平距离应大于5 m,两者合建时排风亭应高于进风亭5 m。地面通风亭在设计时可与地面建筑合建。

任务实施

任务工单见表1-1。

表1-1　亲临地铁车站任务工单

姓　名		学　号	
专　业		指导教师	
小组成员及分工			
任务目标	①掌握城市轨道交通的概念。 ②掌握城市轨道交通车站的分类及特点		
任务内容	以小组为单位,前往自己所在城市的地铁企业进行实地调研,发掘城市轨道交通车站的类型,归纳各种车站的特点		
引导问题	①城市轨道交通系统包括哪些子系统? ②地铁车站的车站主体由哪些部分组成		

实际训练

①简述以下城市轨道交通系统相关图片的类型名称及特点。

序号	城市轨道交通系统相关图片	类型名称	特点
1	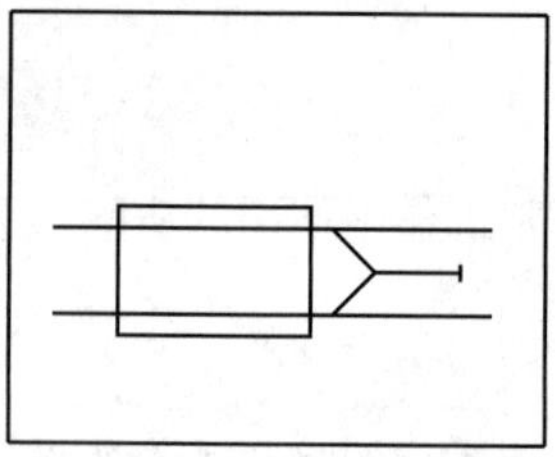		
2	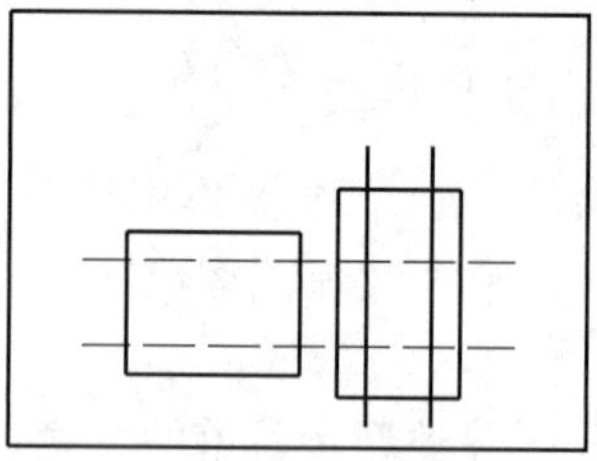		
3	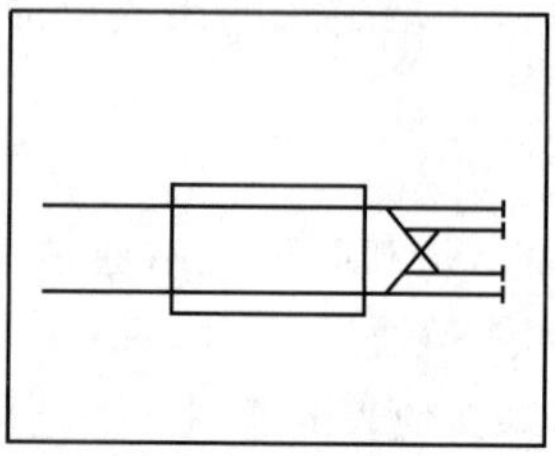		
4	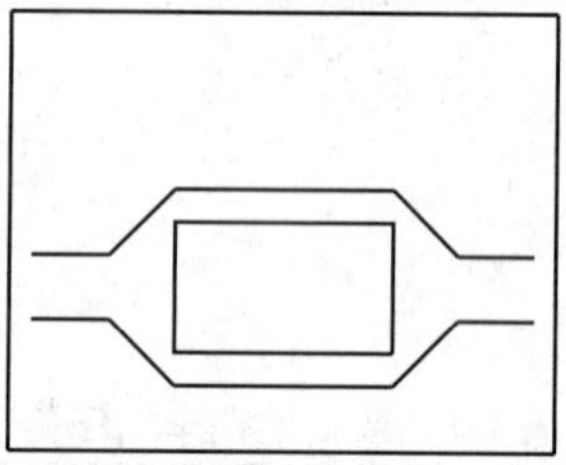		
5	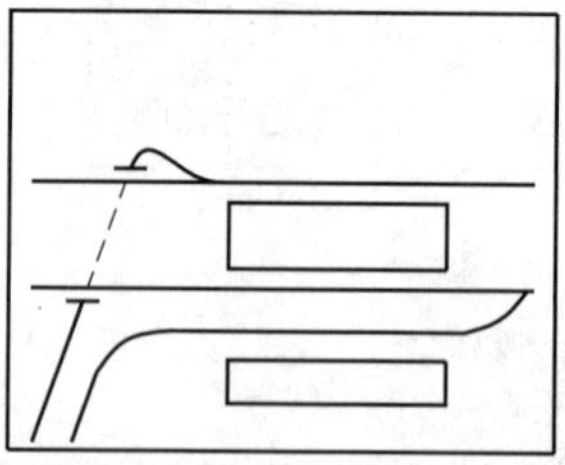		

②简述地铁车站的组成。

③查阅资料，分享 GB/T 44413—2024《城市轨道交通分类》

任务评价

任务评价表见表 1-2。

表 1-2　亲临地铁车站任务评价表

序号	评价内容	评价标准	分值	评分记录		
				自我评价	互相评价	教师评价
1	城市轨道交通的概念	3 个关键词，每个 5 分	15			
2	城市轨道交通车站的分类及特点	5 个分类标准，每个分类标准 8 分（含特点）	40			
3	城市轨道交通系统相关图片的类型名称及特点	5 个类型名称及特点，每个类型名称及特点 5 分	25			
4	团队协助，完成资料查阅，分享学习成果	有图片、有视频且资料内容不陈旧	20			
总成绩			100			

思考与练习

文本

思考与练习

任务二　认知城市轨道交通车站主要机电设备

任务目标

1. 知识目标

①理解地铁乘车过程；

②掌握地铁车站的客运设备组成；

③掌握地铁车站的安全设备组成；

④理解地铁车站的监控设备。

2. 能力目标

①能够描述地铁车站客运设备的组成及功能；

②能够描述地铁车站安全设备的组成及功能。

3. 素养目标

①培养学习新知识的能力；

②培养发现问题、分析问题以及解决问题的能力。

任务描述

城市轨道交通车站机电设备涉及的内容较为宽泛，要求熟悉乘车过程流程，掌握地铁车站客运设备的组成及功能，归纳出地铁车站安全设备的组成及功能，认知地铁车站监控设备的作用，具备必要的城市轨道交通车站机电设备的知识。

知识链接

•视频

乘坐地铁的流程

亲临地铁车站后，进行一次完整的乘车过程体验，流程如图1-11所示。在乘车体验过程中，会见识到地铁车站的很多设备，这些设备大体可分为客运设备、安全设备和监控设备三种类型，具体如下：

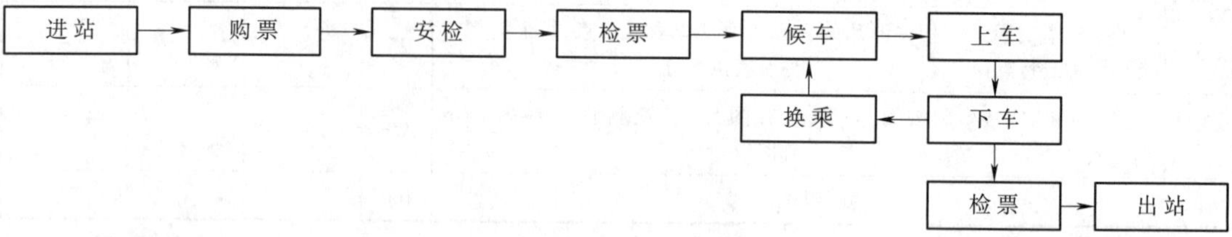

图1-11　地铁乘车过程图

一、客运设备

地铁车站的客运设备主要包括电扶梯（含其他无障碍设备）系统、自动售票机系统、自动检票机系统以及站台门系统等，客运设备起到引导客流、辅助客运的作用。客运设备关乎客流的运行，通常情况下会与乘客直接接触。

1. 电扶梯（含其他无障碍设备）系统

电扶梯系统通常由电梯、自动扶梯及轮椅升降机组成，如图1-12所示。

电梯是以电动机为动力的垂直升降机，装有箱状吊舱，用于多层建筑中的乘人或载运货物。自动扶梯是以台阶式踏板装在两根链条上连续运行以便快速运送乘客的设备，主要设置于站厅与站台间或出入口与站厅间。轮椅升降机一般设置于车站的出入口与站厅间，为行动不便的乘客提供便利的乘车出行服务。

电扶梯系统是城市轨道交通系统的重要组成部分，每天担负着运送大量乘客的任务。电梯和自动扶梯是地铁车站内疏散乘客的重要工具，对及时疏散客流并满足乘客对乘降舒适度的要求起到至关重要的作用。

电扶梯系统属于特种设备，直接面向乘客，是乘客经常使用的运输工具，设备的安全性及可靠性至关重要。

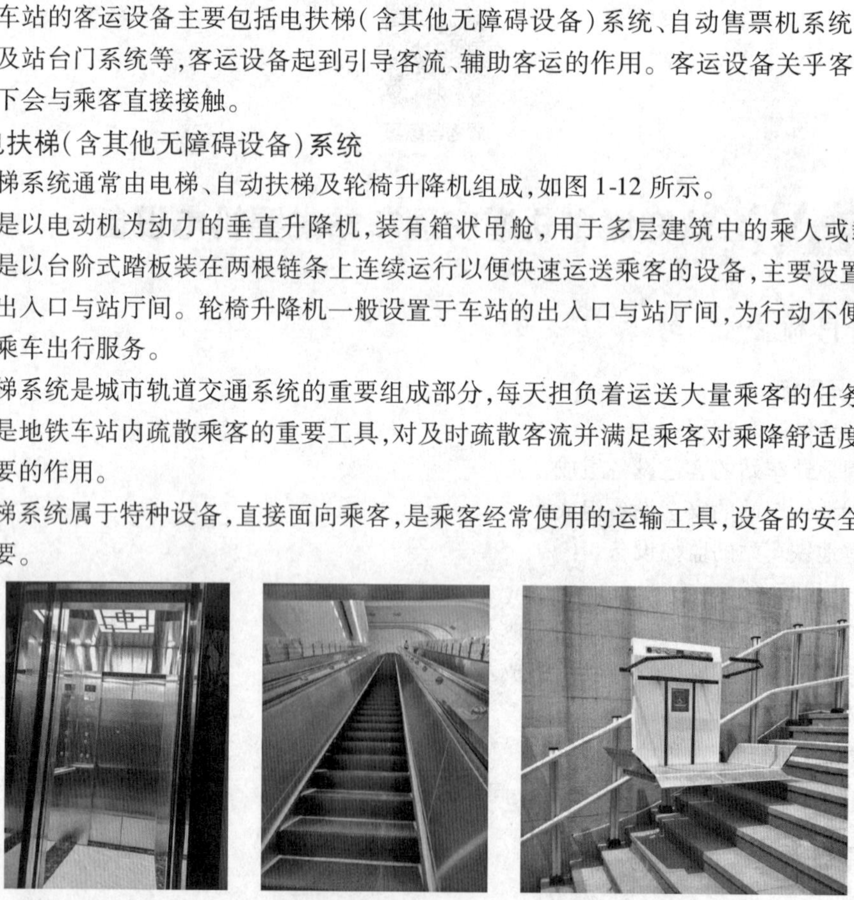

（a）电梯　（b）自动扶梯　（c）轮椅升降机

图1-12　电扶梯系统

2. 自动售票机系统

地铁的自动售票机系统主要用于乘客自助购买车票(见图 1-13),支持多种支付方式(现金支付、银行卡支付、支付宝支付以及微信支付),具备找零(仅在现金支付场景下使用)、打印票据以及显示信息等功能。

3. 自动检票机系统

自动检票机(automatic gate machine,AGM)又称闸机(见图 1-14),位于非付费区与付费区之间,是乘客实现自助进出站检票的设备;对于有效车票,自动检票机通过门扇开启或转杆释放使得通道阻挡解除,允许乘客进出站。

图 1-13　自动售票机系统

图 1-14　自动检票机系统

根据不同的分类标准,自动检票机的分类如下:

(1)根据功能进行划分,自动检票机可分为进站检票机、出站检票机和双向检票机;

(2)根据通道宽度进行划分,自动检票机可分为普通检票机和宽通道检票机;

(3)根据阻挡装置的类型进行划分,自动检票机可分为三杆式检票机和门式检票机(包含扇门式检票机和拍打门式检票机)。

4. 站台门系统

站台门系统不仅是地铁车站安全运营的重要防线,也是提升乘客出行体验的关键因素。站台门系统通过精准地控制门体的开闭(见图 1-15),有效隔离了站台区域与轨道区域,保证了乘客在列车进出站时的绝对安全;地下车站站台门系统优良的密封性能够显著降低车站的能耗,维持了站台环境的舒适度;站台门系统的智能化设计极大地便利了乘客的通行,提高了乘客的出行效率。

站台门系统为推动城市轨道交通高质量发展提供了强有力的支撑。随着技术的不断进步,站台门系统必将在保障安全、提升效率以及优化体验等方面发挥更加重要的作用。

二、安全设备

地铁车站的安全设备主要包括低压配电与照明系统、给排水系统、火灾报警系统、自动灭火系统和环控系统等,这些安全设备主要用于保障地铁车站的安全运行,通常设置在乘客不是特别关注的场所,但这些设备却发挥着非常重要的作用。若该类设备发生故障,可能会直接影响乘客的出行安全。

图 1-15　站台门系统

1. 低压配电与照明系统

(1)低压配电系统

城市轨道交通车站低压配电系统采用 380 V 三相五线制、220 V 单相三线制的方式供电,为站台、站厅和设备用房的环控系统、给排水系统、消防系统、电扶梯系统、自动售检票系统、通信系统以及信号系统等系统设备供电和配电。

根据用电设备的重要性以及用途的不同,车站的用电负荷可分为三级。其中,一级负荷主要有通信系统、信号系统、火灾报警系统、自动灭火系统、机电设备监控系统、站台门系统以及自动售检票系统等设备;二级负荷主要有污水泵、集水泵、自动扶梯系统设备、维修电源等设备;三级负荷主要有冷水机组、冷冻水泵、冷却水泵、冷却塔风机以及清扫电源等设备。

(2)车站照明系统

城市轨道交通车站照明系统(见图 1-16)采用 380 V 三相五线制、220 V 单相三线制的方式供电,供电范围为车站 400 V 降压变电所的变压器后的照明设备、设施以及线路,大致包括站台、站厅公共区的工作照明、节电照明(包括车站标牌标示照明)、应急照明(包括疏散照明、诱导照明以及指示照明)、广告照明;设备用房、管理用房的工作照明、应急照明等;出入口的疏散照明、诱导照明、指示照明、工作照明以及应急照明;电缆廊道的工作照明及区间隧道的工作照明、应急照明。

图 1-16　车站照明系统

根据各场所照明负荷的重要性不同，照明负荷可分为三个等级。应急照明、疏散照明、诱导照明和指示照明为一级负荷，工作照明及各类指示牌照明为二级负荷，广告照明为三级负荷。

2. 给排水系统

城市轨道交通车站（车辆段）给排水系统是由给水系统和排水系统两部分组成。给水系统在经过水的输送、增压以及储存等环节后确保清洁的水源能够安全、稳定地到达各个用水点以满足人们的生活用水需求或生产用水需求。排水系统负责将生活污水、雨水以及工业废水等进行收集、输送和处理，确保排出的水达到环保标准，防止对环境造成污染。

给排水系统的设计和安装需遵循相关的工程标准和规范，确保系统的安全性、可靠性和经济性。给排水系统是现代城市基础设施的重要组成部分，对于保障人们的生活和工业生产的顺利进行以及维护环境的可持续发展具有重要的现实意义。

3. 火灾自动报警系统

城市轨道交通发生火灾的概率较高，一旦发生火灾便会造成重大危害且损失惨重。为了尽早探测到火灾的发生并发出报警，在城市轨道交通中通常设置火灾报警系统且配置相应的灭火装置。火灾报警系统是一种用于在火灾发生初期便被发现、发出警告并控制火灾发展的自动化系统。

4. 自动灭火系统

城市轨道交通自动灭火系统包括气体自动灭火系统和自动喷水灭火系统两部分。

气体自动灭火系统包括联动相关的消防设备和固定的灭火装置两大部分。自动喷水灭火系统是指由洒水喷头（开式/闭式）、报警阀组、水流报警装置（水流指示器或压力开关）以及管道、供水设施等组成的自动灭火系统。此系统能在火灾的初期阶段自动起动喷水以达到灭火或控制火势蔓延的目的。

5. 环控系统

城市轨道交通系统内部的空气环境控制系统简称环控系统，也称为通风空调系统。其主要功能是在车站站厅、站台、隧道、设备用房以及管理用房等场所进行空气处理。该系统的目标是调节指定区域内的空气温度、湿度、气流速度并控制二氧化碳和粉尘等有害物质的浓度，以满足人体健康及相关设备正常运行的需求。

环控系统主要采用通风系统或空调系统进行控制，通常优先使用通风系统的方式。通风系统主要利用自然或机械的方式将室内空气排出并将室外的新鲜空气引入，以实现通风换气的目的。空调系统则通过制冷、除湿、加湿等设备对空气进行温度、湿度等的调节，以达到室内环境舒适的需求。

三、监控设备

城市轨道交通车站监控设备主要包括对机电设备的实时集中监控和各系统之间的协调联动两大部分。一方面，通过监控设备可实现对电力设备、火灾报警设备、车站环控设备、区间环控设备、环境参数、屏蔽门设备、防淹门设备、电扶梯设备、照明设备、出入口控制系统设备以及自动售检票系统设备等进行实时集中监视和控制；另一方面，通过监控设备还可实现在正常运营情况下、紧急突发情况下以及重要设备故障情况下各相关系统设备之间的协调互动等高级功能。

以上三部分组成了城市轨道交通车站的主要机电设备，这些设备均以自己的工作方式保证车站的正常运营，本书的后续项目将对上述各系统进行全面、深入介绍与解读。

任务实施

任务工单见表1-3。

表 1-3　认知城市轨道交通车站主要机电设备任务工单

<table>
<tr><td>姓　　名</td><td></td><td>学　　号</td><td></td></tr>
<tr><td>专　　业</td><td></td><td>指导教师</td><td></td></tr>
<tr><td>小组成员及分工</td><td colspan="3"></td></tr>
<tr><td>任务目标</td><td colspan="3">①掌握地铁车站客运设备的主要内容。
②掌握地铁车站安全设备的主要内容</td></tr>
<tr><td>任务内容</td><td colspan="3">以小组为单位,前往自己所在城市的地铁企业进行实地调研,发掘城市轨道交通车站的主要机电设备,归纳设备的功能</td></tr>
<tr><td>引导问题</td><td colspan="3">①地铁乘车的流程有哪些?
②地铁自动检票机的分类标准有哪些</td></tr>
<tr><td>实际训练</td><td colspan="3">①简述以下城市轨道交通系统相关图片的类型名称及特点。
<table>
<tr><th>序号</th><th>城市轨道交通系统相关图片</th><th>类型名称</th><th>特点</th></tr>
<tr><td>1</td><td></td><td></td><td></td></tr>
<tr><td>2</td><td>
</td><td></td><td></td></tr>
<tr><td>3</td><td></td><td></td><td></td></tr>
</table>
②简述地铁车站客运设备的主要内容。
③简述城市轨道交通车站安全设备的主要内容。
④查阅相关资料,分享“特种设备”的相关知识</td></tr>
</table>

任务评价

任务评价表见表 1-4。

表 1-4　认知城市轨道交通车站主要机电设备任务评价表

序号	评价内容	评价标准	分值	评分记录		
				自我评价	互相评价	教师评价
1	地铁车站客运设备的主要内容	4 个子系统，每个子系统 7.5 分	30			
2	地铁车站安全设备的主要内容	5 个子系统，每个子系统 6 分	30			
3	城市轨道交通系统相关图片的类型名称及特点	3 个类型名称及特点，每个类型名称及特点 5 分	15			
4	团队协助，完成资料查阅，分享学习成果	有图片、有视频且资料内容不陈旧	25			
总成绩			100			

思考与练习

文本

思考与练习

项目测试

文本

项目测试

项目二

城市轨道交通环控系统

项目描述

城市轨道交通环控系统可以实时监控车站、隧道以及列车内的空气温度、湿度、氧气含量、二氧化碳浓度以及空气流通速度等环境参数，根据需要可对上述环境参数进行调节和自动控制，提高了城市轨道交通的能源利用率和环保性。

本项目主要引导学生掌握环控系统的主要设备、典型设备房的巡检以及主要设备典型故障的处置。

项目知识导图

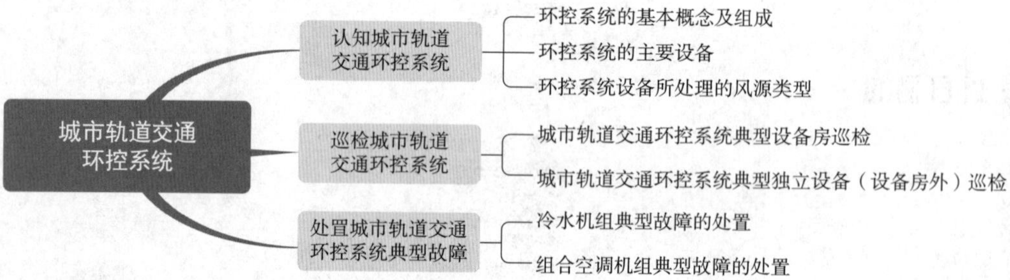

任务一　认知城市轨道交通环控系统

任务目标

1. 知识目标

①掌握环控系统的基本概念及组成；

②掌握环控系统的主要设备；

③理解环控系统设备所处理的风源类型。

2. 能力目标

①能够描述环控系统的基本概念及组成；

②能够描述环控系统主要设备的工作原理。

3. 素养目标

①培养勇于实践的工作作风；

②培养认真细致的工作作风。

任务描述

城市轨道交通环控系统在列车运营的过程中扮演着重要角色,要求归纳出环控系统的基本概念及组成,掌握环控系统主要设备的工作原理,辨识环控系统设备所处理的风源类型,具备城市轨道交通环控系统的常用知识。

知识链接

一、环控系统的基本概念及组成

视频

地铁环控系统

1. 环控系统概述

城市轨道交通的环境控制系统(简称“环控系统”)是采用人工的方法创造并维持满足一定要求的空气环境系统,主要用于调节空气的温度、湿度、流动速度及质量。

位于地面及地面以上的车站和轨道交通线路,其环控问题比较容易解决;位于地下的轨道交通线路,除了车站出入口等极少部位与外界相通外,其余部位基本上与外界隔绝,只有通过人工的手段才能满足乘客的要求。鉴于此,城市轨道交通环控系统主要针对地下线路的环控问题。

当城市轨道交通的车站和线路位于地下时,应考虑如下因素:

①运营过程中会释放出许多热量,如列车运营过程中的散热量、乘客身体的散热量、车站照明的散热量、建筑结构表面的散热量、广告灯箱及自动扶梯等设备的散热量等,若这些热量不及时排出,地铁车站和隧道内的温度将会持续上升,乘客的乘车环境得不到保证。

②地下车站及隧道区间四周的土壤所传导的土壤温度。

③活塞风的影响。列车在地下隧道中运行,犹如一个运动的“活塞”在挤压列车前方的空气,列车的尾部也会引入大量的新鲜空气,这种现象称为“活塞效应”。列车在运行时会产生大量的活塞风,若不能对此合理利用,则会干扰车站的气流流向,使乘客感到不适。

④乘客呼出大量的二氧化碳及新风中的粉尘、回风中的有害物质。

⑤当发生事故尤其是火灾事故时,列车救援和乘客安全疏散的难度大,必须考虑有效的应对措施。

⑥风井是地下车站和区间的空调通风设备集中对外通风的通道,其噪声污染不容忽视。地下车站通风系统的构成如图 2-1 所示。

2. 环控系统应满足的基本功能

环控系统在设计时应满足的基本功能如下:

①当列车在正常运行时,环控系统可以调节车站的站厅、站台、隧道区间及设备管理用房等空间的空气环境,主要包括空气的温度、湿度和空气的质量,对新风中的粉尘、回风中的有害物质及乘客呼出的二氧化碳气体进行过滤和处理。

②当列车阻塞在隧道区间时,环控系统应向阻塞区间提供一定的送风及排风量,保证列车空调的继续正常运行,从而维持列车内乘客能接受的热环境条件。

③当列车在隧道区间或车站内发生火灾时,环控系统应提供有效的排烟并向乘客和消防人员提供必要的足量新风,形成迎面风,诱导乘客安全撤离。

3. 环控系统的组成

城市轨道交通的环控系统包括风系统和车站空调水系统两部分。

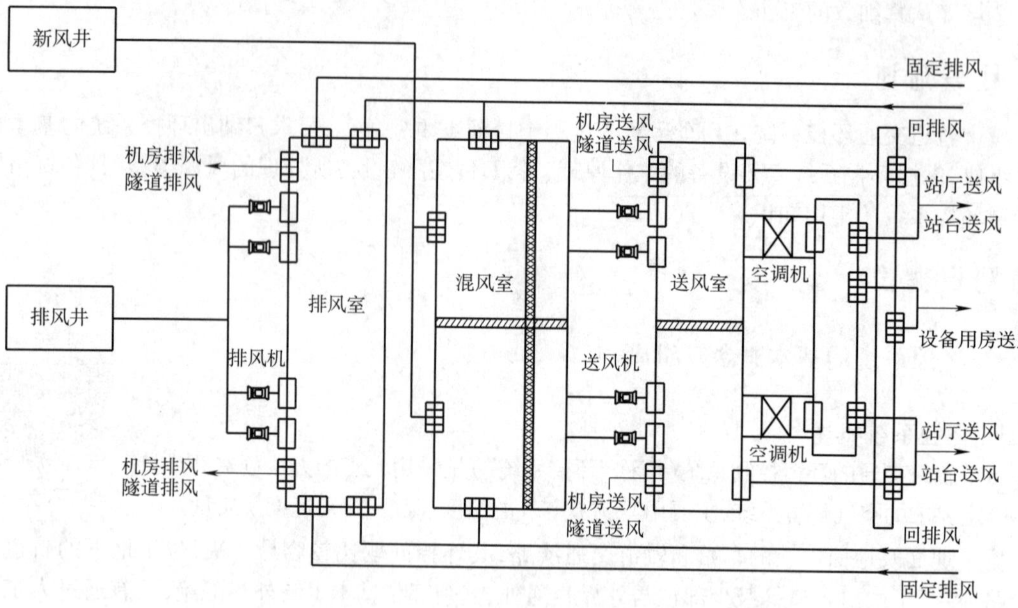

图 2-1　地下车站通风系统的构成

1）风系统

城市轨道交通环控系统中的风系统是指空调系统及通风系统，主要由空调机、风机、风阀及风管路（风道）等设备组成，包括区间隧道通风系统、车站隧道通风系统、空调大系统和空调小系统四部分。

（1）区间隧道通风系统

其主要设备由风道、隧道风机、推力风机、射流风机（见图 2-2）及相关的电动风阀组成。

区间隧道通风系统的服务范围主要是区间隧道及站台公共区，主要功能是当列车正常运行时系统能排出隧道内的余热余湿，控制隧道内空气温度不超标，使隧道内空气压力变化率满足相关设计标准；当列车发生火灾时，系统能及时排出烟气，控制烟气流向，引导乘客向安全区域疏散。

（2）车站隧道通风系统

其主要设备由排风道、排风机、电动风阀、消声器和防火阀组成。

车站隧道通风系统的主要服务范围是车站轨行区及站台公共区，主要功能是当列车正常运行时及时排走列车空调的散热量及列车制动的电阻散热量，尽量减少列车停站时电阻散热侵入站台并控制隧道内空气温度不超标。当列车在车站轨行区发生火灾时，车站隧道通风系统能及时排出烟气，控制烟气流向并引导乘客向安全区疏散。

（3）空调大系统

空调大系统是指设置在车站的站厅公共区、站台公共区的制冷空调及通风兼排烟系统，主要设备由组合空调机、新风机、回风机（见图 2-3）、排风机、排烟机、风阀（见图 2-4）及防火阀组成。

（4）空调小系统

空调小系统是指设置在车站管理用房及设备用房的制冷空调及通风兼排烟系统，主要设备由小空调机、排风机、排烟机、风阀及防火阀组成。

车站采用空气低速送风系统，由组合式空调箱和回/排风机组成。气流组织通常采用站厅上部均匀送风。站台下部统一由站台设于轨道顶部的风管和设于站台地板下的风管进行回/排风。列车牵引、制动和空调运转产生的热量是地铁内的第一热源，约占总产生热量的60%，而列车停站时的散热量又集中在列车车顶的空调冷凝器处及列车车轮周边的发热电阻箱等处，将回/排风管的管口设计成数组风口正对着空调冷凝器及发热电阻箱等处，有利于将列车停站时产生的热量最大限度地就近排出，使列车停站所产生的热量不参与或少参与车站的换热，提高站台的舒适度。回/排风系统兼容站厅、站台的排烟。

图 2-2　射流风机

图 2-3　回风机

图 2-4　风阀

此外，在列车进站侧的站端处设置集中送冷风口。列车进站时，伴随着大量的高温活塞风，在活塞风冲入站台候车区域之前就与集中送冷风相混合，进而减缓了较高温度的活塞风对站台的瞬时热量冲击。车站空调通风系统如图 2-5 所示。

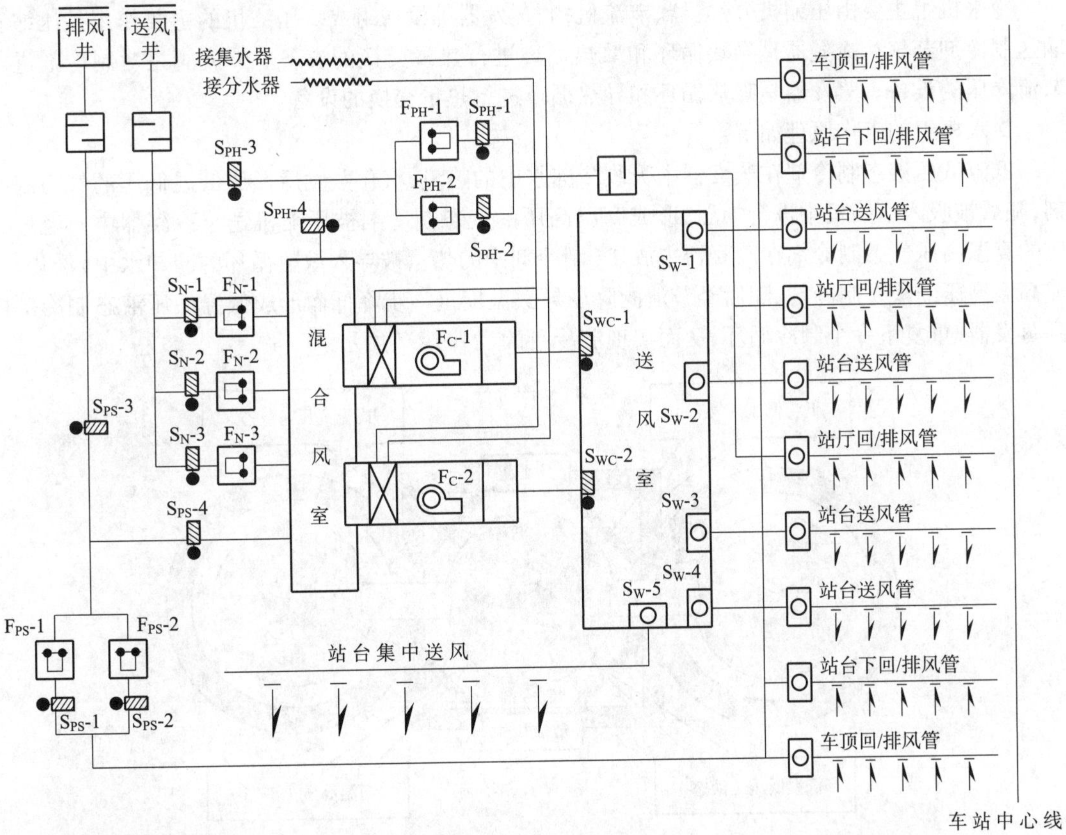

S_W—送风风阀；F_N—全新风机；S_N—与全新风机联动的风阀；F_C—空调新风机；S_{WC}—与空调新风机联动的风阀；F_{PH}—站厅回/排风机；F_{PS}—站台回/排风机；S_{PH}—站厅回/排风阀；S_{PS}—站台回/排风阀。

图 2-5　车站空调通风系统

2）车站空调水系统

车站空调水系统是指各车站为供给其空调大系统和空调小系统用水所设置的制冷系统，该系统主要由冷冻水循环系统、冷却水循环系统及冷水机组三部分组成，如图2-6所示。

（1）冷冻水循环系统

该系统主要由冷冻水泵、集水器、分水器、冷冻水管路、空调柜等组成。从冷水机组蒸发器流出的低温冷冻水由冷冻水泵加压经分水器送入大/小系统的冷冻水管道（出水），通过风机盘管或空调柜进行热交换，带走房间内的热量，最后经集水器回到蒸发器（回水）。

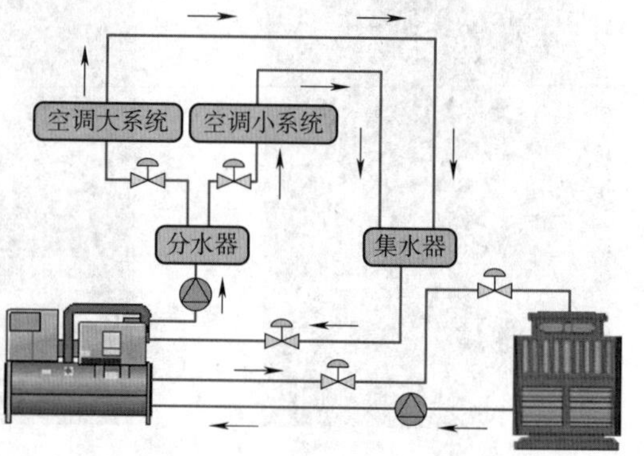

图2-6　车站空调水系统示意图

（2）冷却水循环系统

该系统主要由冷却水泵、冷却塔、冷却水管路等组成。冷冻水循环系统进行热交换的同时，必将带走室内大量的热能，该热能通过冷水机组内的制冷剂传递给冷却水，使冷却水的温度升高，冷却水泵将冷水机组冷凝器流出的升温后的冷却水压入冷却水塔（出水），使之与大气进行热交换，降低温度后的冷却水再送回冷凝器（回水）。

（3）冷水机组

冷水机组主要由压缩机、冷凝器、节流机构、蒸发器等设备组成。压缩机的主要作用是压缩和输送制冷剂蒸气。冷凝器是导热循环和散热循环进行热量交换的设备。节流阀是对制冷剂进行节流降压的设备。蒸发器是吸热循环和导热循环进行热量交换的设备。

冷水机组的工作原理如下：

低温低压液态制冷剂在蒸发器中吸收冷冻水中的热量，汽化蒸发后形成低温低压的气态制冷剂，随后被吸入压缩机中进行加压，形成高温高压的气态制冷剂被压缩机送至冷凝器中。经过加压的高温高压气态制冷剂在冷凝器中放热（制冷剂中的热量被导入散热循环的冷却水中）液化，形成高温高压的液态制冷剂，随后经节流阀降压导致温度进一步降低而形成低温低压液态制冷剂回到蒸发器，重复下一个制冷循环，从而实现制冷目的，如图2-7所示。

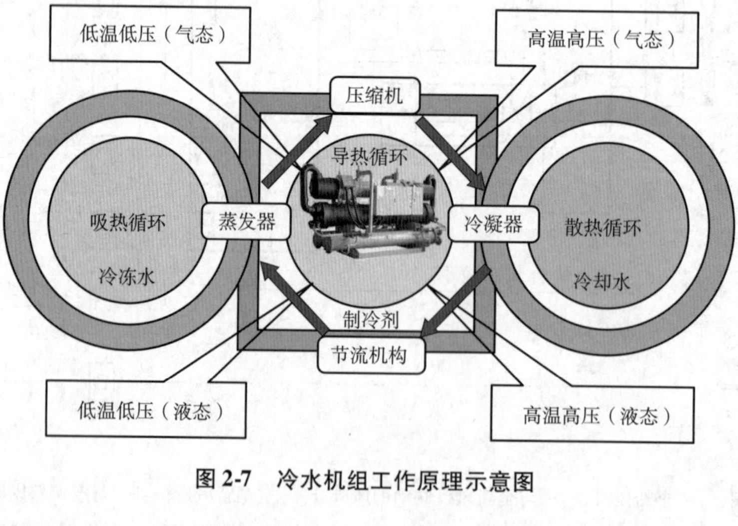

图2-7　冷水机组工作原理示意图

4. 环控系统的制式

城市轨道交通环控系统的制式通常包括开式系统、闭式系统和站台门系统三种。

1)开式系统

开式系统是应用“活塞效应”或机械的方法使地铁内部与外界大气进行空气交换,以便冷却车站和隧道。隧道区间设置通风井,车站内有空气调节。列车正常运行情况下,所有的通风井全部打开,让外界空气和隧道内空气进行气体交换。

开式系统多用于当地最热月的月平均温度低于 25 ℃且运量较小的地铁系统。

开式系统中,地铁内部与外界进行气体交换的方式有活塞通风和机械通风两种。

(1)活塞通风

当列车的截面积与隧道断面的面积之比(常称为阻塞比)大于 0.4 时,属于活塞通风。活塞通风的风量大小与列车在隧道内的阻塞比、列车行驶速度、列车行驶中的空气阻力系数、空气流经隧道的阻力等因素有关。设置众多活塞风井对于大多数城市而言是难以实现的,全“活塞通风”系统只用于早期的地铁,当前建设的地铁多设置活塞通风与机械通风相结合的通风系统。

(2)机械通风

当活塞通风不能满足地铁排除余湿、余热的要求时,应设置机械通风系统。

根据地铁系统的实际情况,可在车站及区间隧道分别设置独立的通风系统。车站通风系统一般为横向的送排风系统,区间隧道通风一般为纵向的送排风系统,这些系统应同时具备排烟功能。在区间隧道较长时,宜在区间隧道的中部设中间风井。对于当地气温不高、运量不大的地铁系统,可设置车站与区间连在一起的纵向通风系统,通常在隧道区间的中部设置中间风井。

2)闭式系统

闭式系统能使地铁内部基本上与外界大气隔断仅提供满足乘客所需的新鲜空气量。在夏季使用空调时,整个地下区间及车站除了隧道两端的洞口、车站出入口和空调有新风外,车站及区间基本上与外界隔绝。在车站一般采用空调系统,区间隧道的冷却是借助列车运行的“活塞效应”携带一部分空调冷风来实现的。闭式系统仅在车站两端设置通风井,车站内有空调,列车在正常运行时所有的通风井都关闭,以防外界空气从风井中流入隧道。

闭式系统制式下,车站空调制冷系统不仅承担车站乘客、机电设备散热和新风负荷,还须承担列车运行中产生的热量(包括列车制动产生的热量和空调运行产生的热量)。因此,车站的冷负荷、空调风量、环控设备的容量都很大,这会造成土建规模大、环控设备的装机容量大及耗电量大等一系列问题。此外,由于车站和区间完全沟通,车站受活塞风的影响较大,乘客在出入口、自动扶梯及站台时均可明显感觉到活塞风。该系统制式多用于当地最热月的月平均温度高于 25 ℃且运量较大、高峰小时内运行的列车对数与列车编组数之积大于 180 的地铁系统。

实际工作中,通常采用开式系统与闭式系统相结合的制式。

活塞通风系统由设于车站两端的活塞通风井及设于站端的迂回通道组成。车站两端的活塞风道(或中间风井)内通常设置隧道风机,以便区间通风、事故和火灾时运行。因闭式系统的车站与区间相连通,若区间发生事故时,较难在区间形成有效的气流,固需较多的风机联合运作,必要时需设置辅助的通风设备。

若地下线路设有渡线、存车线、联络线等配线时,较难组织正线气流,通常需设置辅助的通风设备(如射流风机、喷嘴等)。典型的区间隧道通风系统如图 2-8 所示。

3)站台门系统

站台门系统安装于站台与车站隧道之间,将两者分离开,是地铁站台的防护性系统。通常地铁车站使用空调系统,隧道使用通风系统(机械通风或活塞通风)。若通风系统不能将区间隧道的温度控制在允许的范围内,应采用空调或其他有效的降温方式将温度控制在合理的范围内。

设置站台门后,车站的空调制冷系统仅需承担车站内部的乘客散热、机电设备产生的热量和新风的冷温负荷,因而可以降低空调系统的负荷。

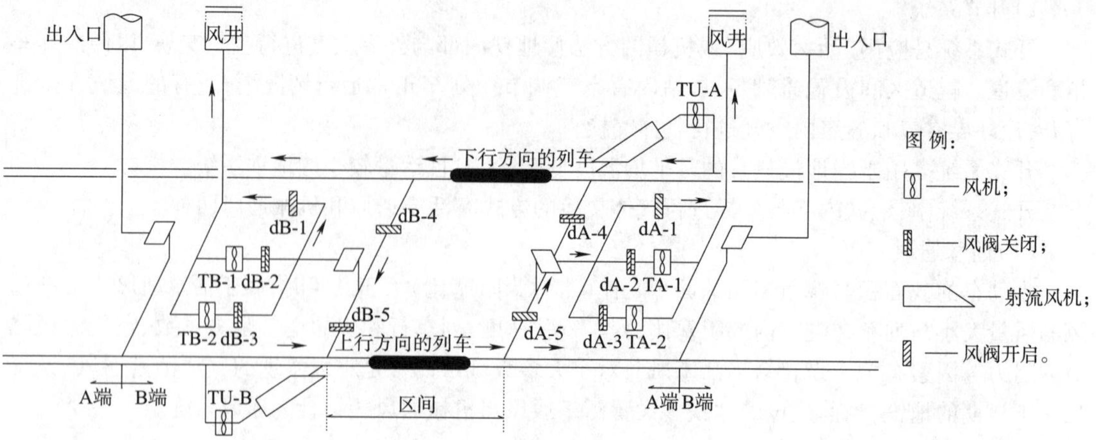

图 2-8 典型的区间隧道通风系统

除此之外,站台门系统还可以改善站内的候车环境,如降低站台的噪声污染,减少事故隐患,防止站台拥挤时将乘客挤入轨行区。

5. 车站环控系统的运行模式

城市轨道交通车站环控系统的运行模式主要有空调运行、全新风运行和事故运行三种模式。

1)空调运行

夏季,车站的站台、站厅的温度及湿度大于设定值时,起动空调系统,向站台和站厅输送冷风;再通过送风及回风对温度和湿度的调节以及对新风与回风的比例、进入空调器的冷水量的多少的调节及控制,保证站台、站厅的温度和湿度的要求。

2)全新风运行

在春、秋季节,当室外空气的焓低于站内空气的焓(在热力学中,焓是表征物质系统能量的重要状态参量,它等于压强和体积的乘积与内能之和,常用符号 H 表示。在一定状态下,体系的焓应是定值)时,起动全新风机将室外新风送至车站内。

3)事故运行

当地铁车站的站台层发生火灾时,关闭站台层的送风系统及站厅层的回/排风系统,起动站台层的排风系统将烟雾经风井直接排向地面。

6. 区间隧道的环控系统运行模式

区间隧道环控系统的运行模式主要有正常运行、堵塞运行和事故运行三种模式,具体如下:

1)正常运行

当列车在区间隧道内正常运行时会产生“活塞效应”,将从车站一端的风井引入新风经过区间隧道由下一站的风井排出。列车停靠在车站时,列车下部的制动发热量和顶部的空调冷凝发热量由站台的排热通风系统进行排放。

2)堵塞运行

当列车因故滞留在区间隧道时,为使列车的空调器能够正常运转,关闭列车后方站的事故机房内的旁通风门,由事故风机向区间隧道送入新风,前方站的事故风机将区间隧道内的空气流排至地面,保障区间隧道内的气流方向与列车的运行方向一致。

3)事故运行

当列车在区间隧道内发生火灾时,区间隧道一端的事故风机向火灾区间输送新风,隧道另一端的事故风机将烟雾经风井排至地面。中央控制中心确认火灾后,根据事故列车在区间隧道内的具体位置、列车内事故的位置及火灾源距安全通道的距离等因素决定通风的方向,以便乘客的安全疏散,确保乘客的疏散方向必须与气流的方向相反,使疏散区始终处于新风区。

7. 环控系统的层级

城市轨道交通的环控系统一般可分为中央级控制、车站级控制和就地级控制三种级别。

中央级控制是通过设置在中央控制室内的环控防火计算机对全线系统的环控设备进行监督管理,显示主要环控设备的运行状况,记录设备的事故情况,遥测各车站内及区间的各个监测点的空气状态。

车站级控制主要是通过设置在车站控制室内的环控控制模板来显示和控制该站的环控设备的运行状态。

就地级控制主要是通过设置在车站两端电控室的就地控制板来完成其设备的就地开与关并设模拟显示板显示本站相关设备的运行状态。

二、环控系统的主要设备

1. 组合式空调机组

组合式空调机组(见图 2-9),适用于阻力压强大于 100 Pa 的空调系统,该机组常规空气处理的功能段有空气混合、均流、过滤、冷却、一次加热、二次加热、去湿、加湿、送风机、回风机、消声及热回收等构件。

图 2-9　组合式空调机组

2. 冷水机组

冷水机组(见图 2-10)是城市轨道交通的通风空调系统重要组成部分,为车站空调大系统和空调小系统提供冷源,具有根据负荷的变化自动调节其制冷能力的功能。冷水机组的整体结构紧凑、简洁、易损部件少,机组的各零部件安装牢固、可靠,整机运转平稳。运转时无异常响动,噪声低,液击不敏感,保障城市轨道交通的通风空调系统运行平稳。

图 2-10　冷水机组

3. 冷却塔

冷却塔(见图 2-11)主要由冷却塔风扇(见图 2-12)、热交换结构(填料)、散水槽(见图 2-13)、塔体和塔体桁架等部分组成。

图 2-11　冷却塔

图 2-12　冷却塔风扇

图 2-13　散水槽

冷却塔是以水作为循环冷却剂，利用水与空气相接触（直接或间接）并从系统中吸收热量排放至空气中进而制造冷却水的设备，即冷却塔是将夹带废热的水在塔内与空气进行热量交换以使得废热传输给空气进而散入大气的装置。冷却塔冷却的原理包括两方面：一方面，利用水本身的潜热蒸发来冷却水；另一方面，利用水和空气两者之间的温差通过热传导来冷却水。

冷却塔的具体工作原理如下：

利用水与空气流动接触后进行冷热交换产生水蒸气，水蒸气挥发带走热量以达到蒸发散热、对流传热和辐射传热等来散去制冷空调中产生的余热。通过将循环水喷淋到玻璃纤维的填料上（填料提供了更大的接触面积）并与空气接触，再由风机带动塔内的气流循环，将水进行热交换后的热气流带出，从而达到降低冷却水的水温的目的。

4. 风机

风机是进行通风和换气的主要装置，能够有效地将相对密闭环境内的污浊空气排出并引入清洁的空气，进而显著改善相对密闭环境内空气的质量。

城市轨道交通环控系统的风机主要有以下类型：

（1）TVF 风机

TVF 风机又称区间隧道风机（见图 2-14），它是由风机本体、电机、耐高温软接头、扩散筒、叶轮和减震器等组成。

图 2-14　TVF 风机

（2）TEF 风机

TEF 风机是轨道排热风机，在城市轨道交通中应用非常多。

(3)射流风机

区间隧道洞口和列车存车线等位置处,空气流的方向较为复杂,较难组织统一方向的气流,通常设置射流风机以便形成正线气流。射流风机(见图 2-15)均为耐高温的风机,吊装在隧道的顶部(见图 2-16)、侧壁或落地安装于隧道的侧面处。

图 2-15　射流风机

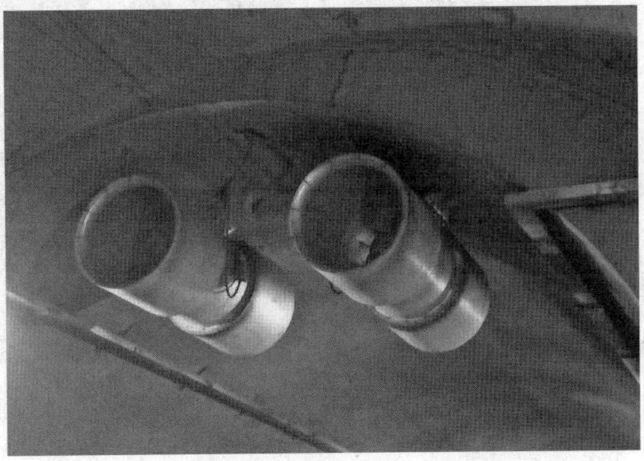

图 2-16　吊装在隧道顶部的射流风机

射流风机可分为单向射流风机和可逆转射流风机。

(4)大系统风机

城市轨道交通的大系统风机主要用于车站公共区通风空调兼排烟系统,包括公共区回/排风机(见图 2-17)、排烟风机及小新风机。

(5)小系统风机

城市轨道交通的小系统风机主要用于车站设备管理用房的通风空调兼排烟系统,包括空调回/排风机、小新风机、送/排风机(见图 2-18)、排风兼排烟风机等。为方便项目管理,车辆段、停车场和主变电站的通风空调系统的风机也归为小系统风机。

图 2-17　公共区回/排风机

图 2-18　小系统的送/排风机

5. 风阀

风阀是通过电动或手动的方式来调节其叶片的开启角度以便调节风量的装置。城市轨道交通的风阀可分为单体风阀和组合式风阀两种。具体如下:

(1)单体风阀

单体风阀(见图 2-19)主要由阀体、叶片、传动机构、执行器等组成,用于城市轨道交通车站的大/小系统相对截面不太大的风管上以便调节送风量或排风量,与风机、空调机组等运转设备联锁开启或者封闭进而起到风路通或断的作用。

图 2-19 单体风阀

(2)组合式风阀

组合式风阀(见图 2-20)主要由风阀底框、单体阀、传动机构、执行器等四部分组成,主要用于区间隧道通风系统和车站隧道通风系统。通常情况下,轨顶卧阀、活塞风泄压阀、TVF 风机联锁风阀及 TEF 风机联锁风阀为组合式风阀,采用电动控制方式。

图 2-20 组合式风阀

三、环控系统设备所处理的风源类型

1. 新风

新风为城市轨道交通车站获取的外界自然空气。

2. 送风

送风可分为送全新风、混风(新风 + 回风)、全回风三种类型。送风经过制冷、除湿、过滤及消声后送往站厅、站台及设备管理用房,也可不经过制冷和除湿处理而直接送风。

3. 回/排风

回/排风可分为全回风、全排风及有回有排风三种类型。其中,排风又分为固定排风和间歇排风;回/排风是来自站厅、站台及设备房的回风,当回/排风的温度低于外界大气的温度时,合理利用回/排风可有效地起到节能的作用。

4. 固定排风

固定排风是将车站的设备房、卫生间、卫生器具间、储物间、生活污水间及隧道内的废气(包括废气、热气、湿气、烟气、毒气等)全部排掉而不回风。

5. 间歇排风

地铁列车的停站时间短,行车间隔时间相对较长。为了降低能耗,列车的冷却排风宜采用间歇排风的方式,即列车停站时开始排风,将列车产生的废气和热量排走,无须再循环冷却使用;列车出站时停止排风,从而达到节能的目的。隧道排风属于间歇排风方式。

6. 自然换风

车站自然换风是通过车站进出口的通道和通风井的敞开,利用列车运行时产生的隧道活塞风来进行自然换气。

7. 隧道通风

隧道通风可分为送风、排风和自然换气等。送风，主要是送新风；排风，主要是排除隧道内的废气、热气、湿气、烟气及毒气等；自然换气，主要是利用列车运行时产生的隧道活塞风进行换气。

任务实施

任务工单见表2-1。

表2-1　认知城市轨道交通环控系统任务工单

<table>
<tr><td>姓　名</td><td></td><td>学　号</td><td></td></tr>
<tr><td>专　业</td><td></td><td>指导教师</td><td></td></tr>
<tr><td>小组成员及分工</td><td colspan="3"></td></tr>
<tr><td>任务目标</td><td colspan="3">①掌握城市轨道交通环控系统的概念及组成。
②掌握城市轨道交通环控系统的主要设备</td></tr>
<tr><td>任务内容</td><td colspan="3">以小组为单位，前往自己所在城市的地铁企业进行实地调研，发掘城市轨道交通环控系统的主要设备，归纳设备的功能</td></tr>
<tr><td>引导问题</td><td colspan="3">①城市轨道交通环控系统应满足的基本功能有哪些？
②城市轨道交通车站空调水系统由哪些组成部分</td></tr>
<tr><td>实际训练</td><td colspan="3">①简述以下城市轨道交通环控系统相关图片的类型名称及工作原理。
<table>
<tr><td>序号</td><td>城市轨道交通环控系统相关图片</td><td>类型名称</td><td>工作原理</td></tr>
<tr><td>1</td><td>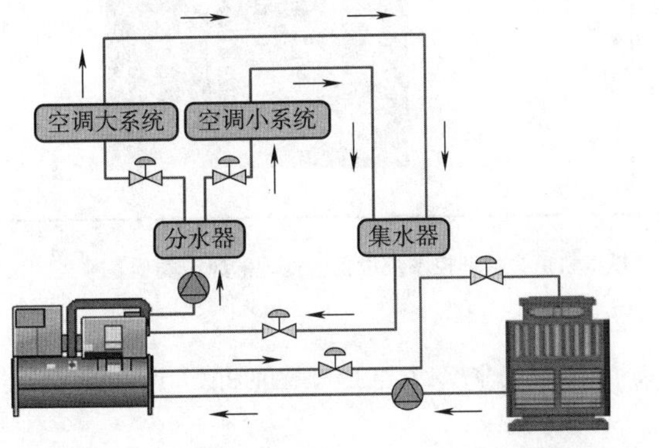
</td><td></td><td></td></tr>
<tr><td>2</td><td>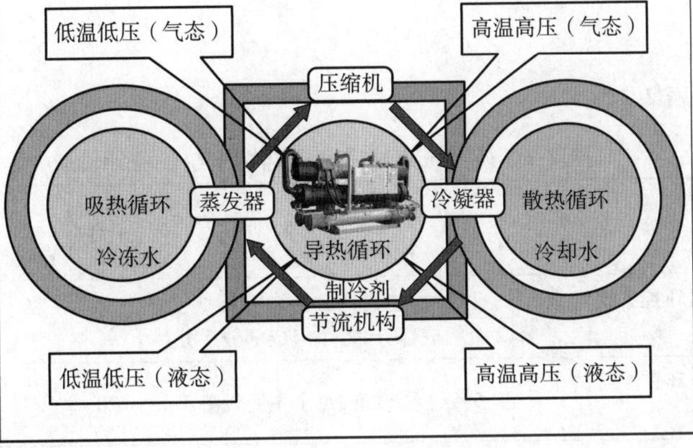
</td><td></td><td></td></tr>
</table></td></tr>
</table>

<table>
<tr><td>实际训练</td><td>
②简述以下城市轨道交通环控系统相关图片的类型名称及作用。
<table>
<tr><th>序号</th><th>城市轨道交通系统相关图片</th><th>类型名称</th><th>作用</th></tr>
<tr><td>1</td><td></td><td></td><td></td></tr>
<tr><td>2</td><td></td><td></td><td></td></tr>
<tr><td>3</td><td></td><td></td><td></td></tr>
</table>
③简述城市轨道交通环控系统设备所处理的风源类型。
④查阅相关资料,分享冷水机组工作原理的相关知识
</td></tr>
</table>

任务评价

任务评价表见表2-2。

表2-2　认知城市轨道交通环控系统任务评价表

<table>
<tr><th rowspan="2">序号</th><th rowspan="2">评价内容</th><th rowspan="2">评价标准</th><th rowspan="2">分值</th><th colspan="3">评分记录</th></tr>
<tr><th>自我评价</th><th>互相评价</th><th>教师评价</th></tr>
<tr><td>1</td><td>城市轨道交通环控系统的概念及组成</td><td>2个关键词,每个关键词3分;2个组成部分,每个组成部分5分</td><td>16</td><td></td><td></td><td></td></tr>
<tr><td>2</td><td>城市轨道交通环控系统的主要设备</td><td>5个主要设备,每个主要设备4分</td><td>20</td><td></td><td></td><td></td></tr>
</table>

续表

序号	评价内容	评价标准	分值	评分记录		
				自我评价	互相评价	教师评价
3	城市轨道交通环控系统相关图片的类型名称及工作原理	2 个类型名称及工作原理，每个类型名称及工作原理 10 分	20			
4	城市轨道交通环控系统相关图片的类型名称及作用	3 个类型名称及作用，每个类型名称及作用 8 分	24			
5	团队协助，完成资料查阅，分享学习成果	有图片、有视频且资料内容不陈旧	20			
总成绩			100			

思考与练习

文本

思考与练习

任务二　巡检城市轨道交通环控系统

任务目标

1. 知识目标

①掌握城市轨道交通环控系统典型设备房的巡检流程；

②掌握城市轨道交通环控系统典型独立设备（设备房外）的巡检流程。

2. 能力目标

①能够描述环控机房（兼冷水机房）的巡检内容及标准；

②能够描述排热风室及风道区域的巡检内容及标准；

③能够描述冷却塔的巡检内容及标准；

④能够描述公共区域设备的巡检内容及标准。

3. 素养目标

①培养发现问题、分析问题的能力；

②强化专业技术能力；

③培养沟通协调能力和持续学习能力。

任务描述

城市轨道交通环控系统的巡检内容较为复杂，要求归纳出城市轨道交通环控系统典型设备房、典型独立设备（设备房外）的巡检内容及标准，掌握巡检过程中的注意事项，具备巡检城市轨道交通环控系统的常用知识。

知识链接

一、城市轨道交通环控系统典型设备房巡检

1. 环控机房(兼冷水机房)的巡检

1)环控机房(兼冷水机房)防火门及门锁(门禁)的巡检内容及标准

(1)环控机房(兼冷水机房)防火门及门锁(门禁)的巡检内容

①防火门是否破损;

②防火门的门牌标识是否完整;

③防火门的安全责任牌是否平整、信息是否准确;

④防火门的门锁(门禁)功能是否正常。

(2)环控机房(兼冷水机房)防火门及门锁(门禁)的巡检标准

①防火门无破损;

②防火门的门牌标识完整;

③防火门的安全责任牌平整、信息准确;

④防火门的门锁(门禁)功能正常。

2)环控机房(兼冷水机房)环境(见图2-21)卫生的巡检内容及标准

(1)环控机房(兼冷水机房)环境卫生的巡检内容

①机房地面是否清洁;

②机房地面有无开裂、灰尘及脚印;

③机房内定置化物品是否摆放整齐;

④机房内清洁工具是否摆放在固定区域且有定置标识;

⑤机房内有无堆放的备件材料、废件及垃圾;

⑥机房内墙面是否清洁、起皮、霉斑及漏水;

⑦机房内墙角是否有蜘蛛网;

⑧机房墙壁上的标识、插座及管理制度等物品是否松脱(或损坏);

⑨机房天花板及照明设施是否完好;

⑩机房地面排水沟是否存在破损、杂物、堵塞等情况。

图2-21 环控机房(兼冷水机房)环境

(2)环控机房(兼冷水机房)环境卫生的巡检标准

①机房地面清洁;

②机房地面无开裂、灰尘及脚印;

③机房内定置化物品摆放整齐;

④机房内清洁工具需摆放在固定区域且有定置标识;

⑤机房内无堆放的备件材料、废件及垃圾;

⑥机房内墙面清洁,无起皮,无霉斑,无漏水;

⑦机房内墙角无蜘蛛网;

⑧机房墙壁上的标识、插座及管理制度等物品无松脱(或损坏);

⑨机房天花板及照明设施完好;

⑩机房地面排水沟不存在破损、杂物、堵塞等情况。

3)冷水机组的巡检内容及标准

(1)冷水机组的巡检内容

①冷水机组有无放电声;

②冷水机组的电磁系统有无过大噪声及过热现象；
③冷水机组有无油渍、灰尘、结露及过热烧损现象；
④冷水机组的蒸发器出水温度是否正常；
⑤冷水机组的蒸发器吸气压力是否正常；
⑥冷水机组的蒸发器排气压力是否正常；
⑦冷水机组的冷凝器出水温度是否正常；
⑧冷水机组的压缩机启停时间是否正常。

(2)冷水机组的巡检标准

①冷水机组无放电声；
②冷水机组的电磁系统无过大噪声及过热现象；
③冷水机组无油渍、灰尘、结露及过热烧损现象；
④冷水机组的蒸发器出水温度在 7～15 ℃范围内；
⑤冷水机组的蒸发器吸气压力在 227～262 kPa 范围内；
⑥冷水机组的蒸发器排气压力在 810～915 kPa 范围内；
⑦冷水机组的冷凝器出水温度在 30～40 ℃范围内；
⑧冷水机组的压缩机启停时间正常，无间隔 20 min 以内的启停。

4)清水泵的巡检内容及标准

(1)清水泵的巡检内容

①清水泵是否干净、无杂物；
②清水泵的底座及泵体四周有无积水；
③清水泵在运转中有无较大振动；
④清水泵的螺母与垫圈、垫圈与设备底座的接触是否紧密；
⑤清水泵的压力表有无异常抖动。

(2)清水泵的巡检标准

①清水泵干净、无杂物；
②清水泵的底座及泵体四周无积水；
③清水泵在运转中无较大振动；
④清水泵的螺母与垫圈、垫圈与设备底座的接触紧密；
⑤清水泵的压力表无异常抖动。

5)空调大系统柜机(见图 2-22)的巡检内容及标准

(1)空调大系统柜机的巡检内容

①空调大系统柜机的检修门是否灵活开启、有无漏风；
②空调大系统柜机的密封垫层是否老化破损；
③空调大系统柜机的机组各段是否有过多积水；
④柜机的柜板及软接是否出现凸凹变形、破裂、漏风或漏水现象；
⑤柜体表面是否有灰尘；
⑥空调大系统柜机的风机或电机是否运行平稳且无杂音。

(2)空调大系统柜机的巡检标准

①空调大系统柜机的检修门能灵活开启、无漏风；
②空调大系统柜机的密封垫层未老化破损；
③空调大系统柜机的机组各段无过多积水；

图 2-22　空调大系统柜机

④柜机的柜板及软接未出现凸凹变形、破裂、漏风或漏水现象；

⑤柜体表面无灰尘；

⑥空调大系统柜机的风机或电机运行平稳且无杂音。

6）空调小系统柜机（见图2-23）的巡检内容及标准

（1）空调小系统柜机的巡检内容

①空调小系统柜机的风机和电机运行是否平稳；

②空调小系统柜机的风机和电机运行过程中有无杂音；

③空调小系统柜机的机组柜板及软接是否出现凸凹变形、破裂、漏风及漏水现象；

④空调小系统柜机的检修门是否关闭正确。

图2-23　空调小系统柜机

（2）空调小系统柜机的巡检标准

①空调小系统柜机的风机和电机运行平稳；

②空调小系统柜机的风机和电机运行过程中无杂音；

③空调小系统柜机的机组柜板及软接未出现凸凹变形、破裂、漏风及漏水现象；

④空调小系统柜机的检修门关闭正确。

7）风机（见图2-24）的巡检内容及标准

（1）风机的巡检内容

①风机的声音是否正常；

②风机在运行过程中是否有异常振动；

③风机有无破损及漏风；

④风机是否干燥；

⑤风机的就地控制箱指示是否正常。

图2-24　风机

（2）风机的巡检标准

①风机的声音正常；

②风机在运行过程中无异常振动；

③风机无破损及漏风；

④风机干燥；

⑤风机的就地控制箱指示正常。

8）水阀/电动蝶阀的巡检内容及标准

（1）水阀/电动蝶阀的巡检内容

①水阀/电动蝶阀在开启时有无堵塞；

②水阀/电动蝶阀在闭合时有无漏水；

③水阀/电动蝶阀的控制箱开度指示与阀门实际状态是否相符；

④水阀/电动蝶阀的阀门有无锈蚀；

⑤水阀/电动蝶阀的阀门有无明显滴漏；

⑥水阀/电动蝶阀的地面有无积水。

（2）水阀/电动蝶阀的巡检标准

①水阀/电动蝶阀在开启时无堵塞；

②水阀/电动蝶阀在闭合时无漏水；

③水阀/电动蝶阀的控制箱开度指示与阀门实际状态相符；
④水阀/电动蝶阀的阀门无锈蚀；
⑤水阀/电动蝶阀的阀门无明显滴漏；
⑥水阀/电动蝶阀的地面无积水。
9）水系统管路的巡检内容及标准
(1)水系统管路的巡检内容
①水系统管路的接口处有无明显滴漏；
②水系统管路接口处的地面有无积水；
③水系统管路的保温层是否完整；
④水系统管路的保温层是否有明显滴漏；
⑤水系统管路的保温层地面有无积水。
(2)水系统管路的巡检标准
①水系统管路的接口处无明显滴漏；
②水系统管路接口处的地面无积水；
③水系统管路的保温层完整；
④水系统管路的保温层无明显滴漏；
⑤水系统管路的保温层地面无积水。
10)风系统管路的巡检内容及标准
(1)风系统管路的巡检内容
①风系统管路的保温层是否完整；
②风系统管路有无胶钉脱落、破损及滴水现象；
③风系统管路的风口有无松动或脱落；
④风系统管路的散流器调节叶片有无松动；
⑤风系统管路的散流器调节机构是否灵活，外观是否变形；
⑥风系统运行时，风管及风口有无明显噪声及振动。
(2)风系统管路的巡检标准
①风系统管路的保温层完整；
②风系统管路无胶钉脱落、破损及滴水现象；
③风系统管路的风口无松动及脱落；
④风系统管路的散流器调节叶片无松动；
⑤风系统管路的散流器调节机构灵活，外观未变形；
⑥风系统运行时，风管及风口无明显噪声及振动。
2. 排热风室及风道区域的巡检
1)排热风室(见图2-25)的巡检内容及标准
(1)排热风室的巡检内容
①风室内是否卫生；
②风阀就地控制箱是否有报警；
③风阀就地控制箱的箱门是否锁闭完好；
④组合风阀的阀片有无变形、破损；
⑤组合风阀的阀片是否开关到位；
⑥组合风阀的阀片有无明显腐蚀锈蚀的痕迹；
⑦风室内有无明显积尘。

图 2-25　排热风室

(2)排热风室的巡检标准

①风室内卫生;

②风阀就地控制箱无报警;

③风阀就地控制箱的箱门锁闭完好;

④组合风阀的阀片无变形、破损;

⑤组合风阀的阀片开关到位;

⑥组合风阀的阀片无明显腐蚀锈蚀的痕迹;

⑦风室内无明显积尘。

2)风道区域的巡检内容及标准

(1)风道区域的巡检内容

①组合风阀及风量调节阀的阀片有无变形、破损;

②组合风阀及风量调节阀的阀片四周是否封堵严密;

③组合风阀及风量调节阀的阀体是否关闭严密且无明显漏光现象;

④组合风阀及风量调节阀的阀片在工作状况下是否开关到位;

⑤组合风阀及风量调节阀的线路板表面是否清洁无尘;

⑥组合风阀及风量调节阀有无腐蚀生锈及油漆涂层剥落现象。

(2)风道区域的巡检标准

①组合风阀及风量调节阀的阀片无变形、破损;

②组合风阀及风量调节阀的阀片四周封堵严密;

③组合风阀及风量调节阀的阀体关闭严密且无明显漏光现象;

④组合风阀及风量调节阀的阀片在工作状况下开关到位;

⑤组合风阀及风量调节阀的线路板表面清洁无尘;

⑥组合风阀及风量调节阀无腐蚀生锈及油漆涂层剥落现象。

二、城市轨道交通环控系统典型独立设备(设备房外)巡检

1. 冷却塔的巡检

1)冷却塔的巡检内容

(1)叶轮转动是否灵活;

(2)叶轮是否清洁且无损坏;

(3)冷却塔填料层是否清洁、均匀且无变形及阻塞;

(4)冷却塔接水槽有无积垢；
(5)冷却塔喷水管、补水管、溢流管等水路有无堵塞；
(6)冷却塔机身有无腐蚀、生锈及油漆涂层剥落现象；
(7)冷却塔积水池是否清洁；
(8)冷却塔塔体有无破损。

2)冷却塔的巡检标准

(1)叶轮转动灵活；
(2)叶轮清洁且无损坏；
(3)冷却塔填料层清洁、均匀且无变形及阻塞；
(4)冷却塔接水槽无积垢；
(5)冷却塔喷水管、补水管、溢流管等水路无堵塞；
(6)冷却塔机身无腐蚀、生锈及油漆涂层剥落现象；
(7)冷却塔积水池清洁；
(8)冷却塔塔体无破损。

2. 公共区域设备的巡检

公共区域设备是指分布在站台、站厅及出入口通道范围内的设备，主要是指风系统管路、水系统管路设备。

1)风系统管路的巡检内容及标准

(1)风系统管路的巡检内容

①风系统管路保温棉是否完好；
②进/出风口是否牢固；
③散流器调节叶片有无松动；
④调节机构是否灵活；
⑤风管及风口在运行时有无明显噪声及振动。

(2)风系统管路的巡检标准

①风系统管路保温棉完好；
②进/出风口牢固；
③散流器调节叶片无松动；
④调节机构灵活；
⑤风管及风口在运行时无明显噪声及振动。

2)水系统管路的巡检内容及标准

(1)水系统管路的巡检内容

①冷冻水管路有无滴漏现象；
②冷冻水管路的保温层是否完整；
③冷冻水管路的地面有无积水；
④空调季，站厅(或站台)内的体感温度是否适宜，有无明显的闷热感。

(2)水系统管路的巡检标准

①冷冻水管路无滴漏现象；
②冷冻水管路的保温层完整；
③冷冻水管路的地面无积水；
④空调季，站厅(或站台)内的体感温度适宜，无明显的闷热感。

任务书

根据“知识链接”的相关内容，登录城市轨道交通环控系统虚拟仿真实训平台，进行城市轨道交通环控系统相关设备巡检的模拟操作，作业时间 30 min，作业任务书见表 2-3。

表 2-3　城市轨道交通环控系统相关设备巡检作业任务书

<table>
<tr><td>作业任务</td><td>环控系统相关设备巡检</td><td colspan="2">日　期</td><td colspan="2"></td></tr>
<tr><td>班　组</td><td></td><td>计划开始时间</td><td></td><td>实际开始时间</td><td></td></tr>
<tr><td>组　长</td><td></td><td>计划完成时间</td><td></td><td>实际完成时间</td><td></td></tr>
<tr><td>作业地点</td><td colspan="5"></td></tr>
<tr><td>作业内容</td><td colspan="5"></td></tr>
<tr><td>作业过程中督查意见</td><td colspan="5"></td></tr>
</table>

任务分组

学生任务分组见表 2-4。

表 2-4　学生任务分组表

<table>
<tr><td>班　级</td><td colspan="2"></td><td>日　期</td><td></td></tr>
<tr><td>班　组</td><td colspan="2"></td><td>组　长</td><td></td></tr>
<tr><td rowspan="5">班组成员</td><td>姓　名</td><td>任务角色</td><td colspan="2">任务分工</td></tr>
<tr><td></td><td></td><td colspan="2"></td></tr>
<tr><td></td><td></td><td colspan="2"></td></tr>
<tr><td></td><td></td><td colspan="2"></td></tr>
<tr><td></td><td></td><td colspan="2"></td></tr>
</table>

任务实施

作业单见表 2-5。

表 2-5　城市轨道交通环控系统相关设备巡检作业单

<table>
<tr><td>班　级</td><td colspan="2"></td><td>姓　名</td><td></td><td>班　组</td><td></td></tr>
<tr><td>起始时间</td><td colspan="2"></td><td>终止时间</td><td></td><td>实际用时</td><td></td></tr>
<tr><td colspan="2">巡检对象</td><td colspan="2">巡检内容</td><td colspan="2">状态记录</td><td>情况说明</td></tr>
<tr><td rowspan="4">环控机房(兼冷水机房)的巡检</td><td rowspan="4">环控机房(兼冷水机房)防火门及门锁(门禁)的巡检</td><td colspan="2" rowspan="2">防火门是否破损</td><td colspan="2">□未破损</td><td rowspan="2"></td></tr>
<tr><td colspan="2">□破损</td></tr>
<tr><td colspan="2" rowspan="2">防火门的门牌标识是否完整</td><td colspan="2">□完整</td><td rowspan="2"></td></tr>
<tr><td colspan="2">□不完整</td></tr>
</table>

续表

巡检对象		巡检内容	状态记录	情况说明
环控机房（兼冷水机房）的巡检	环控机房（兼冷水机房）防火门及门锁（门禁）的巡检	防火门的安全责任牌是否平整、信息是否准确	□安全责任牌平整、信息准确	
			□安全责任牌不平整	
			□安全责任牌信息不准确	
		防火门的门锁（门禁）功能是否正常	□正常	
			□不正常	
	环控机房（兼冷水机房）环境卫生的巡检	机房地面是否清洁	□清洁	
			□不清洁	
		机房地面有无开裂、灰尘及脚印	□无开裂、灰尘及脚印	
			□开裂	
			□有灰尘	
			□有脚印	
		机房内定置化物品是否摆放整齐	□摆放整齐	
			□摆放不整齐	
		机房内清洁工具是否摆放在固定区域且有定置标识	□摆放在固定区域且有定置标识	
			□未摆放在固定区域	
			□无定置标识	
		机房内有无堆放的备件材料、废件及垃圾	□无堆放的备件材料、废件及垃圾	
			□有堆放的备件材料	
			□有堆放的废件	
			□有堆放的垃圾	
		机房内墙面是否清洁、起皮、霉斑及漏水	□清洁、未起皮、无霉斑及漏水	
			□不清洁	
			□起皮	
			□有霉斑	
			□漏水	
		机房内墙角是否有蜘蛛网	□墙角无蜘蛛网	
			□墙角有蜘蛛网	
		机房墙壁上的标识、插座及管理制度等物品是否松脱（或损坏）	□无松脱（或损坏）	
			□松脱	
			□损坏	
		机房天花板及照明设施是否完好	□完好	
			□不完好	
		机房地面排水沟是否存在破损、杂物、堵塞等情况	□无破损、杂物、堵塞等情况	
			□有破损	
			□有杂物	
			□有堵塞情况	
	冷水机组的巡检	冷水机组有无放电声	□有放电声	
			□无放电声	

续表

巡检对象		巡检内容	状态记录	情况说明
环控机房(兼冷水机房)的巡检	冷水机组的巡检	冷水机组的电磁系统有无过大噪声及过热现象	□无过大噪声及过热现象	
			□有过大噪声	
			□有过热现象	
		冷水机组有无油渍、灰尘、结露及过热烧损现象	□无油渍、灰尘、结露及过热烧损现象	
			□有油渍	
			□有灰尘	
			□有结露现象	
			□有过热烧损现象	
		冷水机组的蒸发器出水温度是否正常	□正常	
			□不正常	
		冷水机组的蒸发器吸气压力是否正常	□正常	
			□不正常	
		冷水机组的蒸发器排气压力是否正常	□正常	
			□不正常	
		冷水机组的冷凝器出水温度是否正常	□正常	
			□不正常	
		冷水机组的压缩机启停时间是否正常	□正常	
			□不正常	
	清水泵的巡检	清水泵是否干净、无杂物	□干净、无杂物	
			□不干净	
			□有杂物	
		清水泵的底座及泵体四周有无积水	□无积水	
			□有积水	
		清水泵在运转中有无较大振动	□有较大振动	
			□无较大振动	
		清水泵的螺母与垫圈、垫圈与设备底座的接触是否紧密	□接触紧密	
			□接触不紧密	
		清水泵的压力表有无异常抖动	□无异常抖动	
			□有异常抖动	
	空调大系统柜机的巡检	空调大系统柜机的检修门是否灵活开启、有无漏风	□灵活开启且无漏风	
			□不能灵活开启	
			□有漏风	
		空调大系统柜机的密封垫层是否老化破损	□未老化破损	
			□老化破损	
		空调大系统柜机的机组各段是否有过多积水	□机组各段无过多积水	
			□机组各段有过多积水	

续表

巡检对象		巡检内容	状态记录	情况说明
环控机房（兼冷水机房）的巡检	空调大系统柜机的巡检	空调大系统柜机的柜板及软接是否出现凹凹变形、破裂、漏风或漏水现象	□未出现凸凹变形、破裂、漏风或漏水现象	
			□出现凸凹变形现象	
			□出现破裂现象	
			□出现漏风现象	
			□出现漏水现象	
		柜体表面是否有灰尘	□有灰尘	
			□无灰尘	
		空调大系统柜机的风机或电机是否运行平稳且无杂音	□运行平稳且无杂音	
			□运行不平稳	
			□有杂音	
	空调小系统柜机的巡检	空调小系统柜机的风机和电机运行是否平稳	□运行平稳	
			□运行不平稳	
		空调小系统柜机的风机和电机运行过程中有无杂音	□运行过程中有杂音	
			□运行过程中无杂音	
		空调小系统柜机的机组柜板及软接是否出现凸凹变形、破裂、漏风及漏水现象	□未出现凸凹变形、破裂、漏风及漏水现象	
			□出现凸凹变形现象	
			□出现破裂现象	
			□出现漏风现象	
			□出现漏水现象	
		空调小系统柜机的检修门是否关闭正确	□关闭正确	
			□关闭不正确	
	风机的巡检	风机的声音是否正常	□正常	
			□不正常	
		风机在运行过程中是否有异常振动	□无异常振动	
			□有异常振动	
		风机有无破损及漏风	□无破损及漏风	
			□破损	
			□漏风	
		风机是否干燥	□干燥	
			□不干燥	
		风机的就地控制箱指示是否正常	□指示正常	
			□指示不正常	
	水阀/电动蝶阀的巡检	水阀/电动蝶阀在开启时有无堵塞	□堵塞	
			□无堵塞	
		水阀/电动蝶阀在闭合时有无漏水	□漏水	
			□无漏水	

续表

巡检对象		巡检内容	状态记录	情况说明
环控机房（兼冷水机房）的巡检	水阀/电动蝶阀的巡检	水阀/电动蝶阀的控制箱开度指示与阀门实际状态是否相符	□相符	
			□不相符	
		水阀/电动蝶阀的阀门有无锈蚀	□有锈蚀	
			□无锈蚀	
		水阀/电动蝶阀的阀门有无明显滴漏	□有明显滴漏	
			□无明显滴漏	
		水阀/电动蝶阀的地面有无积水	□地面有积水	
			□地面无积水	
	水系统管路的巡检	水系统管路的接口处有无明显滴漏	□接口处有明显滴漏	
			□接口处无明显滴漏	
		水系统管路接口处的地面有无积水	□地面有积水	
			□地面无积水	
		水系统管路的保温层是否完整	□保温层完整	
			□保温层不完整	
		水系统管路的保温层是否有明显滴漏	□保温层有明显滴漏	
			□保温层无明显滴漏	
		水系统管路的保温层地面有无积水	□地面有积水	
			□地面无积水	
	风系统管路的巡检	风系统管路的保温层是否完整	□保温层完整	
			□保温层不完整	
		风系统管路有无胶钉脱落、破损及滴水现象	□无胶钉脱落、破损及滴水现象	
			□有胶钉脱落现象	
			□有破损现象	
			□有滴水现象	
		风系统管路的风口有无松动或脱落	□无松动及脱落	
			□松动	
			□脱落	
		风系统管路的散流器调节叶片有无松动	□无松动	
			□松动	
		风系统管路的散流器调节机构是否灵活，外观是否变形	□调节机构灵活且外观未变形	
			□调节机构不灵活	
			□调节机构外观未变形	
		风系统运行时，风管及风口有无明显噪声及振动	□风管及风口无明显噪声且无振动	
			□风管及风口有明显噪声	
			□风管及风口有振动	

续表

巡检对象		巡检内容	状态记录	情况说明
排热风室及风道区域的巡检	排热风室的巡检	风室内是否卫生	□卫生	
			□不卫生	
		风阀就地控制箱是否有报警	□有报警	
			□无报警	
		风阀就地控制箱的箱门是否锁闭完好	□箱门锁闭完好	
			□箱门锁闭不完好	
		组合风阀的阀片有无变形、破损	□阀片无变形及破损	
			□阀片变形	
			□阀片破损	
		组合风阀的阀片是否开关到位	□阀片开关到位	
			□阀片开关不到位	
		组合风阀的阀片有无明显腐蚀锈蚀的痕迹	□有明显腐蚀锈蚀的痕迹	
			□无明显腐蚀锈蚀的痕迹	
		风室内有无明显积尘	□无明显积尘	
			□有明显积尘	
	风道区域的巡检	组合风阀及风量调节阀的阀片有无变形、破损	□阀片有无变形及破损	
			□阀片变形	
			□阀片破损	
		组合风阀及风量调节阀的阀片四周是否封堵严密	□四周封堵严密	
			□四周封堵不严密	
		组合风阀及风量调节阀的阀体是否关闭严密且无明显漏光现象	□关闭严密且无明显漏光现象	
			□关闭不严密	
			□有明显漏光现象	
		组合风阀及风量调节阀的阀片在工作状况下是否开关到位	□在工作状况下开关到位	
			□在工作状况下开关不到位	
		组合风阀及风量调节阀的线路板表面是否清洁无尘	□线路板表面清洁无尘	
			□线路板表面有灰尘	
		组合风阀及风量调节阀有无腐蚀生锈及油漆涂层剥落现象	□调节阀无腐蚀生锈及油漆涂层剥落现象	
			□调节阀有腐蚀生锈现象	
			□调节阀有油漆涂层剥落现象	
冷却塔的巡检	冷却塔的巡检	叶轮转动是否灵活	□灵活	
			□不灵活	
		叶轮是否清洁且无损坏	□清洁且无损坏	
			□不清洁	
			□损坏	
		冷却塔填料层是否清洁、均匀且无变形及阻塞	□清洁、均匀且无变形及阻塞	
			□不清洁	

续表

巡检对象		巡检内容	状态记录	情况说明
冷却塔的巡检	冷却塔的巡检	冷却塔填料层是否清洁、均匀且无变形及阻塞	□不均匀	
			□变形	
			□阻塞	
		冷却塔接水槽有无积垢	□有积垢	
			□无积垢	
		冷却塔喷水管、补水管、溢流管等水路有无堵塞	□水路堵塞	
			□水路无堵塞	
		冷却塔机身有无腐蚀、生锈及油漆涂层剥落现象	□无腐蚀、生锈及油漆涂层剥落现象	
			□有腐蚀现象	
			□有生锈现象	
			□有油漆涂层剥落现象	
		冷却塔积水池是否清洁	□清洁	
			□不清洁	
		冷却塔塔体有无破损	□无破损	
			□有破损	
公共区域设备的巡检	风系统管路的巡检	风系统管路保温棉是否完好	□保温棉完好	
			□保温棉不完好	
		进/出风口是否牢固	□牢固	
			□不牢固	
		散流器调节叶片有无松动	□松动	
			□未松动	
		调节机构是否灵活	□灵活	
			□不灵活	
		风管及风口在运行时有无明显噪声及振动	□无明显噪声及振动	
			□有明显噪声	
			□有振动	
	水系统管路的巡检	冷冻水管路有无滴漏现象	□无滴漏现象	
			□有滴漏现象	
		冷冻水管路的保温层是否完整	□保温层完整	
			□保温层不完整	
		冷冻水管路的地面有无积水	□有积水	
			□无积水	
		空调季,站厅(或站台)内的体感温度是否适宜,有无明显的闷热感	□适宜且无明显的闷热感	
			□不适宜	
			□有明显的闷热感	

故障记录：		
检查人签字：	班组成员签字：	班组长签字：
注意事项	1. “状态记录”据检查的实际情况在相应的□内打“√”。 2. “故障记录”栏填写巡检时发现的问题，确保填写规范、问题描述清楚，字迹书写清晰。 3. 签字处需填写相关人员的全名，不得代签及涂改。 4. 作业内容以表格所示范围为准，未呈现的内容不设故障，按照作业顺序进行	

任务评价

任务评价表见表 2-6。

表 2-6　城市轨道交通环控系统相关设备巡检任务评价表

【考评单】城市轨道交通环控系统相关设备巡检		日期：	
姓名：	学号：	班级：	教师签名：
自我评价	互相评价	教师评价	
□熟练 □一般 □不熟练	□熟练 □一般 □不熟练	□熟练 □一般 □不熟练	
日期：	日期：	日期：	

城市轨道交通环控系统相关设备巡检【评分细则】						
序号	**评分项**	**得分条件**	**分值**	**自我评价**	**互相评价**	**教师评价**
1	接受任务	明确工作任务，理解任务在现场工作中的重要程度	5			
2	知识评价	本次巡检前需要掌握的知识程度	5			
3	能力评价	能正确掌握环控机房（兼冷水机房）防火门及门锁（门禁）的巡检内容及标准	4			
		能正确掌握环控机房（兼冷水机房）环境卫生的巡检内容及标准	4			
		能正确掌握冷水机组的巡检内容及标准	4			
		能正确掌握清水泵的巡检内容及标准	4			
		能正确掌握空调大系统柜机的巡检内容及标准	4			
		能正确掌握空调小系统柜机的巡检内容及标准	4			
		能正确掌握风机的巡检内容及标准	4			
		能正确掌握水阀/电动蝶阀的巡检内容及标准	4			
		能正确掌握水系统管路（典型设备房）的巡检内容及标准	4			
		能正确掌握风系统管路（典型设备房）的巡检内容及标准	4			
		能正确掌握排热风室的巡检内容及标准	4			
		能正确掌握风道区域的巡检内容及标准	4			
		能正确掌握冷却塔的巡检内容及标准	4			
		能正确掌握风系统管路（典型独立设备，即设备房外）的巡检内容及标准	4			
		能正确掌握水系统管路（典型独立设备，即设备房外）的巡检内容及标准	4			

续表

序号	评分项	得分条件	分值	自我评价	互相评价	教师评价
4	素养评价	操作计划性强，安排得当	5			
		团队合作能力强，善于沟通	5			
		自主学习能力强，勇于克服困难	5			
		严谨认真，积极参与现场教学	5			
5	评价反馈	学生能快速、准确地进行相关操作，以小组评价方式组织客观评价	5			
		对学生在任务实施过程中发现的问题进行小组审议后及时反馈	5			
6	得　分		100			

任务三 处置城市轨道交通环控系统典型故障

任务目标

1. 知识目标

①掌握冷水机组典型故障的现象、原因以及处置办法；

②掌握组合空调机组典型故障的现象、原因以及处置办法。

2. 能力目标

①能够描述冷水机组典型故障的现象、原因以及处置办法；

②能够描述组合空调机组典型故障的现象、原因以及处置办法。

3. 素养目标

①培养发现问题、分析问题以及解决问题的能力；

②强化专业技术能力；

③加强安全操作的责任意识。

任务描述

处置环控系统典型故障在城市轨道交通环控系统运营过程中具有极为重要的作用，要求归纳出冷水机组典型故障、组合空调机组典型故障的现象，辨识故障原因，领悟处置办法，具备处置城市轨道交通环控系统典型故障的技能。

知识链接

一、冷水机组典型故障的处置

冷水机组典型故障的处置见表2-7。

说明：以下处置办法以京州地铁运营有限责任公司为例，其他地铁运营有限责任公司关于环控系统典型故障的处置办法不尽相同。

表 2-7　冷水机组典型故障的处置

故障现象	故障原因分析	处置办法
机组没有供电电压	①控制电流掉电； ②断路器打开； ③欠电压继电器打开； ④水流开关触点未闭合； ⑤故障停机后未复位； ⑥用户控制点未闭合； ⑦机组不需要制冷； ⑧处于时间表停用时间内	①检查主线路熔丝，确保无断丝； ②检查压缩机开关，确保其闭合，可直接合闸开机； ③检查 115 V 变压器主供电电压和熔丝，确保欠电压继电器未打开； ④启动水泵，检查流量开关，确保正常； ⑤查供电系统（相不平衡、相序、缺相和熔丝），确保无异常后复位开机； ⑥闭合用户控制点； ⑦检查蒸发器出水温度，确保在正常范围内； ⑧检查控制点时间表是否在停用时间
油温过高	①电机线圈故障； ②电机冷却不够； ③熔丝断开； ④机械故障	①检查电机线圈，确定是否故障； ②检查回油和二次补气，确保无异常； ③检查线路，必要时更换熔丝； ④检查压缩机，确保无异常
吸气压力低	①蒸发器供液量不足； ②蒸发器水流量不足； ③制冷剂不足； ④水侧结垢	①增加供液量，以满足要求； ②检查容器压降及供水系统，确保无异常； ③给机组检漏、测过冷度、调整供液量，确保制冷剂足量； ④在满负荷时，测蒸发器传热温差值比刚清洗时的传热温差值大 1.1 ℃时，应清洁管束
排气压力过高	①水流量不足； ②水侧结垢； ③冷却塔脏堵； ④布水器不转； ⑤冷却塔风机故障； ⑥维修后加氟过多或有不凝性气体	①检查水系统（包括水泵、管道和过滤器等），确保无异常； ②在满负荷时，测蒸发器传热温差值比刚清洗时的传热温差值大 1.1 ℃时，应清洁管束； ③检查冷却塔回水过滤器，确保无脏堵； ④检查布水器，确保运转； ⑤检查冷却塔风机，确保无异常； ⑥在机组满负荷运转时，检查机组过冷度并给机组排空（可多次）至放出气体为凉气
结冰报警	①运行设置点过低； ②加载速度不正确； ③水温传感器不正确	①检查冷水的出水温度设置，确保设置合理； ②检查加载速度，控制其在一个合理的范围内； ③校准水温传感器，确保传感器无异常

二、组合空调机组典型故障的处置

组合空调机组典型故障的处置见表 2-8。

表 2-8　组合空调机组典型故障的处置

故障现象	故障原因分析	处置办法
轴承温升过高	①轴承箱振动剧烈； ②润滑油脂质量不良、变质或填充过多和含有灰尘、污垢等杂质； ③轴承箱盖座连接螺栓之力过大或过小； ④轴与滚动轴承安装歪斜，前后两轴承不同心； ⑤滚动轴承损坏	①查明轴承箱振动的原因并消减振动； ②清除不良油脂或除去多余油脂并清除杂质，确保轴承箱内有适量的优质油脂； ③调整连接螺栓之力，确保其达到松紧合适的程度； ④重新安装轴承，确保前后两轴承同心； ⑤更换新轴承

续表

故障现象	故障原因分析	处置办法
电机电流过大且温升过高	①流量超过规定值或管道漏气； ②电机输入电压过低或电源单相断电； ③受轴承箱振动剧烈的影响； ④受并联风机工作情况恶化或发生故障的影响	①调节流量在规定范围内或消除管道漏气； ②消除电气故障，确保电压稳定； ③查明轴承箱振动的原因并消除轴承箱振动； ④查明原因并消除对本风机影响
空调柜风机段积水	①排水口堵塞； ②接水盘漏水； ③风机段负压过大	①清理排水口杂物并控制好封水位； ②修补或更换接水盘，确保不漏水； ③清洗尘网过滤袋或表冷器，调节风柜的进出风阀工况，确保风机段负压无异常

任务书

根据“知识链接”的相关内容，登录城市轨道交通环控系统虚拟仿真实训平台，进行处置城市轨道交通环控系统典型故障的模拟操作，作业时间 30 min，作业任务书见表 2-9。

表 2-9　城市轨道交通环控系统典型故障处置作业任务书

作业任务	城市轨道交通环控系统典型故障处置	日　期			
班　组		计划开始时间		实际开始时间	
组　长		计划完成时间		实际完成时间	
作业地点					
作业内容					
作业过程中督查意见					

任务分组

学生任务分组见表 2-10。

表 2-10　学生任务分组表

班　级			日　期	
班　组			组　长	
班组成员	姓　名	任务角色	任务分工	

任务实施

作业单见表2-11。

表2-11 城市轨道交通环控系统典型故障处置作业单

<table>
<tr><td>班 级</td><td></td><td>姓 名</td><td></td><td>班 组</td><td></td></tr>
<tr><td>起始时间</td><td></td><td>终止时间</td><td></td><td>实际用时</td><td></td></tr>
<tr><td>处置对象</td><td>故障现象</td><td colspan="2">故障原因分析</td><td colspan="2">处置办法</td></tr>
<tr><td rowspan="5">冷水机组</td><td>机组没有供电电压</td><td colspan="2">①
②
③
④
⑤
⑥
⑦
⑧</td><td colspan="2">①
②
③
④
⑤
⑥
⑦
⑧</td></tr>
<tr><td>油温过高</td><td colspan="2">①
②
③
④</td><td colspan="2">①
②
③
④</td></tr>
<tr><td>吸气压力低</td><td colspan="2">①
②
③
④</td><td colspan="2">①
②
③
④</td></tr>
<tr><td>排气压力过高</td><td colspan="2">①
②
③
④
⑤
⑥</td><td colspan="2">①
②
③
④
⑤
⑥</td></tr>
<tr><td>结冰报警</td><td colspan="2">①
②
③</td><td colspan="2">①
②
③</td></tr>
<tr><td rowspan="3">组合空调机组</td><td>轴承温升过高</td><td colspan="2">①
②
③
④</td><td colspan="2">①
②
③
④</td></tr>
<tr><td>电机电流过大且温升过高</td><td colspan="2">①
②
③
④</td><td colspan="2">①
②
③
④</td></tr>
<tr><td>空调柜风机段积水</td><td colspan="2">①
②
③</td><td colspan="2">①
②
③</td></tr>
</table>

任务评价

任务评价表见表2-12。

表 2-12　城市轨道交通环控系统典型故障处置任务评价表

【考评单】城市轨道交通环控系统典型故障处置		日期：	
姓名：	学号：	班级：	教师签名：
自我评价	互相评价	教师评价	
□熟练　□一般　□不熟练	□熟练　□一般　□不熟练	□熟练　□一般　□不熟练	
日期：	日期：	日期：	

城市轨道交通环控系统典型故障处置【评分细则】

序号	评分项	得分条件	分值	自我评价	互相评价	教师评价
1	接受任务	明确工作任务，理解任务在现场工作中的重要程度	5			
2	知识评价	本次处置操作前需要掌握的知识程度	5			
3	能力评价	能正确分析冷水机组没有供电电压的原因并掌握其处置办法	7.5			
		能正确分析冷水机组油温过高的原因并掌握其处置办法	7.5			
		能正确分析冷水机组吸气压力低的原因并掌握其处置办法	7.5			
		能正确分析冷水机组排气压力过高的原因并掌握其处置办法	7.5			
		能正确分析冷水机组结冰报警的原因并掌握其处置办法	7.5			
		能正确分析组合空调机组轴承温升过高的原因并掌握其处置办法	7.5			
		能正确分析组合空调机组电动机电流过大且温升过高的原因并掌握其处置办法	7.5			
		能正确分析组合空调机组空调柜风机段积水的原因并掌握其处置办法	7.5			
4	素养评价	操作计划性强，安排得当	5			
		团队合作能力强，善于沟通	5			
		自主学习能力强，勇于克服困难	5			
		严谨认真，积极参与现场教学	5			
5	评价反馈	学生能快速、准确地进行相关操作，以小组评价方式组织客观评价	5			
		对学生在任务实施过程中发现的问题进行小组审议后及时反馈	5			
6	得　分		100			

项目测试

文本

项目测试

项目三

城市轨道交通监控系统

项目描述

城市轨道交通监控系统(BAS)是集视频监控、数据分析、预警报警等多种功能于一体的综合性系统,其主要目的是保障城市轨道交通的行车安全。该系统通过对轨道交通设备、车辆以及人员等进行全方位的监控和管理,有效地预防和控制各种风险,提高了轨道交通的安全性。

本项目主要引导学生掌握城市轨道交通监控系统的组成、理解城市轨道交通监控系统运行的优先级。

项目知识导图

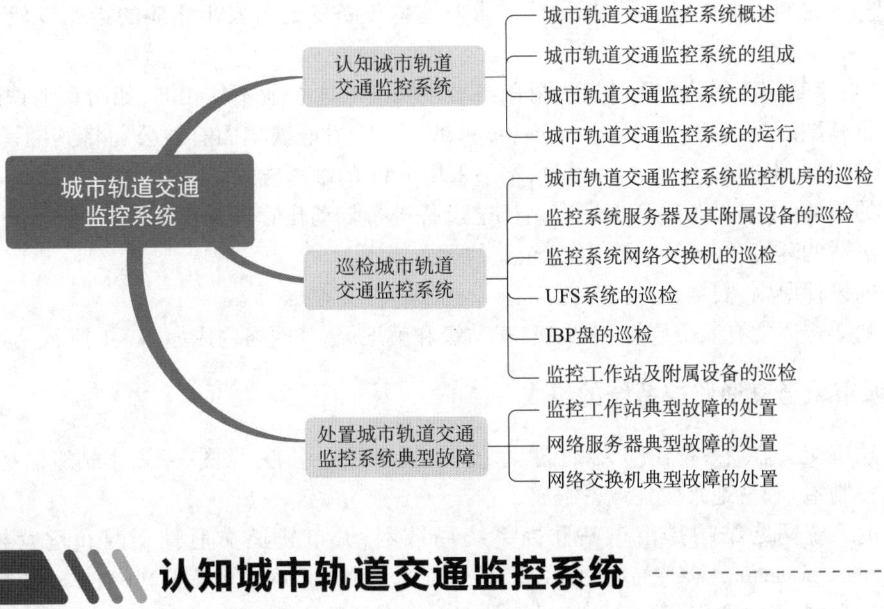

任务一 认知城市轨道交通监控系统

任务目标

1. 知识目标

①理解城市轨道交通监控系统概述;

②掌握城市轨道交通监控系统的组成;

③掌握城市轨道交通监控系统的功能;

④理解城市轨道交通监控系统的运行。

2. 能力目标

①能够描述城市轨道交通监控系统的组成及之间的相互关系；

②能够描述城市轨道交通监控系统的功能。

3. 素养目标

①培养持续学习的能力；

②养成团结协助的职业态度。

任务描述

城市轨道交通监控系统是以行车指挥、防灾安全及服务乘客为设计理念，提高了行车管理的智能化水平。要求归纳城市轨道交通监控系统的概念，熟悉城市轨道交通监控系统的组成，掌握城市轨道交通监控系统的运行原则，具备城市轨道交通监控系统的常用知识。

知识链接

一、城市轨道交通监控系统概述

视频

城轨交通监控系统

城市轨道交通监控系统是以计算机为基础的综合自动化系统，主要由监控工作站、服务器、各种控制器、终端设备、交换机及网络系统组成，通过计算机实现对所监视设备（如环控系统、自动扶梯系统、低压配电及照明系统、站台门系统、火灾报警系统、自动灭火系统、给排水系统和门禁系统等）的运行状态进行实时监控和动态分析。此外，还能根据运营需求对这些设备的运行发出相应的指令以便进行动态调整。

关于“城市轨道交通监控系统”的翻译，各城市轨道交通企业不尽相同，如南京地铁运营有限责任公司将其翻译为 BAS（building automatic system），广州地铁集团有限公司将其翻译为 EMCS（electrical and mechanical control system），本书采用 BAS 的翻译方式。

BAS 的目的：①对城市轨道交通车站机电设备进行自动化管理及控制；②为乘客及车站工作人员提供舒适的环境；③节约能源，降低企业的运营成本。

BAS 的设计原则：安全、可靠、节能。

BAS 的架构通常有三个层级：中央级、车站级和就地级，其网络构成如图 3-1 所示。

二、城市轨道交通监控系统的组成

城市轨道交通监控系统由中央级监控系统（设置在控制中心，见图 3-2）、车站级监控系统（设置在车站控制室）和就地级监控设备组成。

BAS 的系统网络结构是由车站监控系统局域网、城市轨道交通骨干网和运营控制中心（operation control center，OCC）局域网组成。车站监控系统局域网及运营控制中心局域网均采用冗余的高速以太网，两者之间通过骨干网进行数据和命令的传输。

地下车站的环控设备复杂且耗能多，地面车站及高架车站的环控设备相对简单且耗能少。因此，地下车站应设置 BAS，地面车站及高架车站通常不设置 BAS。

1. 中央级监控系统

中央级监控系统采用局域网，该系统包括主/备监控工作站、主/备服务器（见图 3-3）、档案管理计算机、打印机服务器、通信转换接口（见图 3-4）、打印机、大屏幕显示系统（见图 3-5）等设备。在集成系统中，中央级监控系统的设备也可作为其他系统的设备来使用。

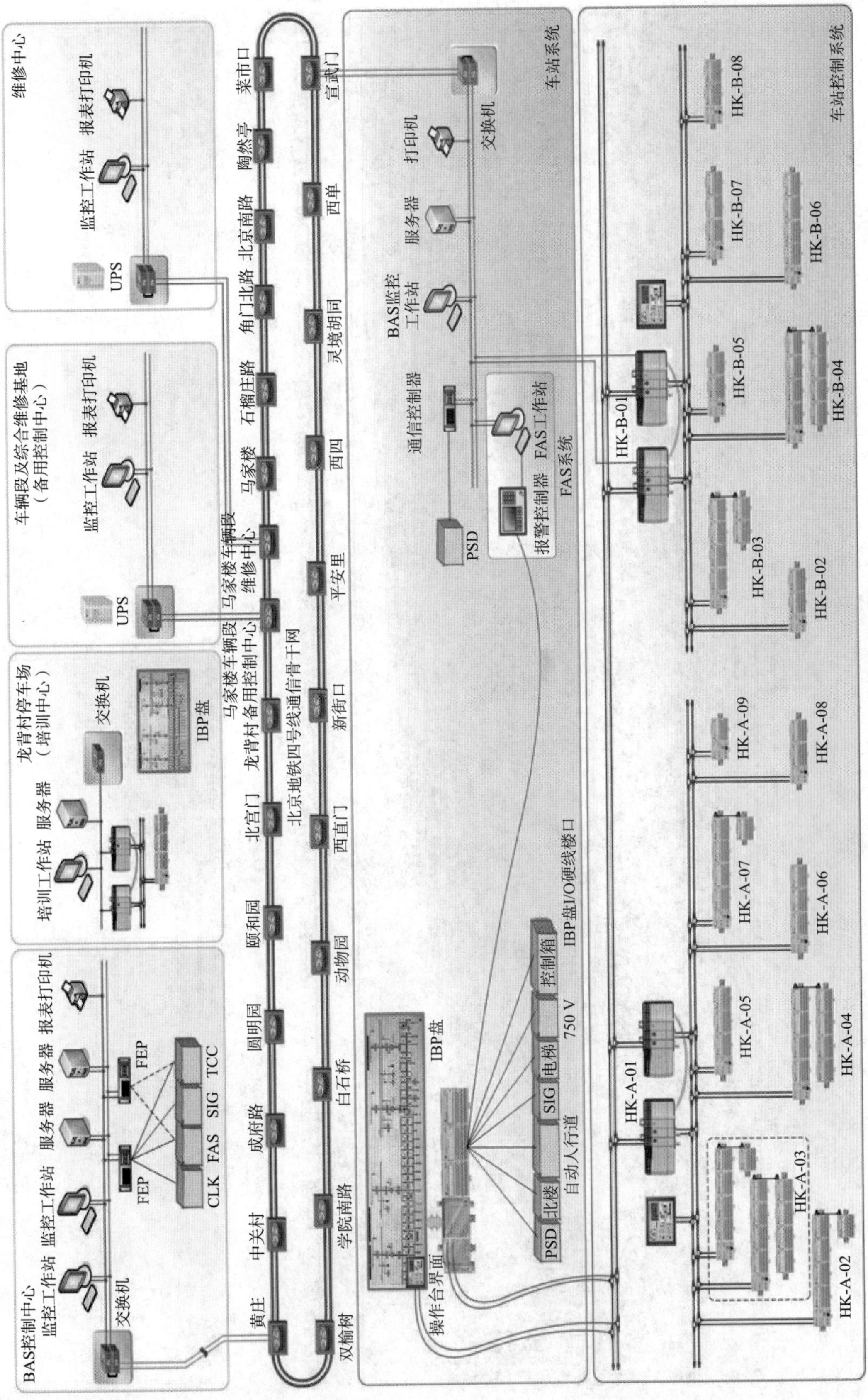

图3-1　BAS的网络构成图

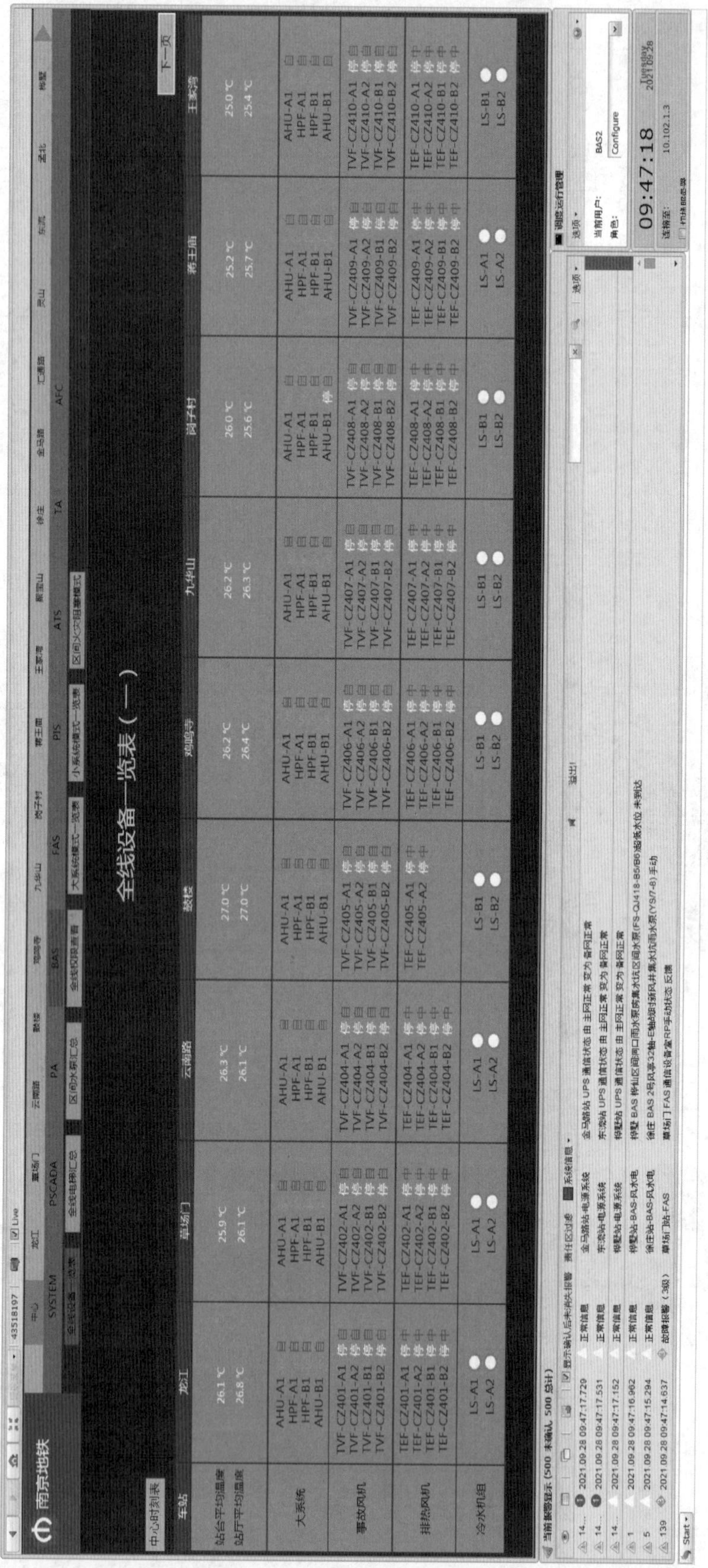

图3-2　BAS的中央级监控系统

图 3-3　服务器

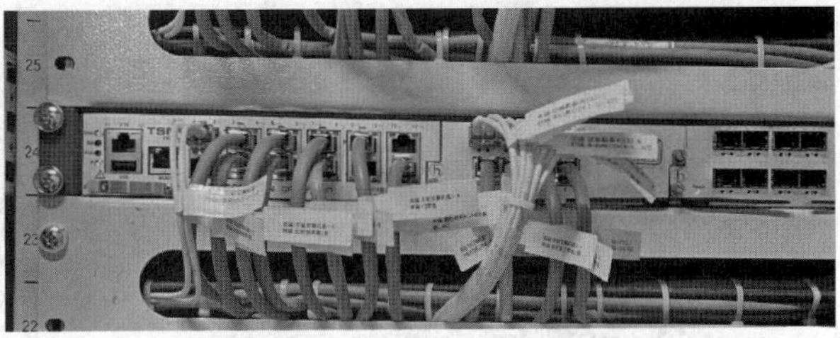

图 3-4　通信转换接口

图 3-5　大屏幕显示系统

（1）中央级局域网

中央级局域网采用高速的工业以太网，网络采用冗余配置及 TCP/IP 协议，通信速率为（10 Mbit/s）/（100 Mbit/s），通信介质为同轴电缆。中央级局域网把控制中心的所有 BAS 设备联系起来，通过城市轨道交通骨干网实现中央级局域网与车站级局域网的连接。

（2）中央级监控工作站

在控制中心配置两套中央级监控工作站（见图 3-6），执行 BAS 监控和数据采集的任务，主要用于环控调度员的日常环控设备监视、操作和调度管理工作。

（3）服务器

中央级监控系统配置冗余的两台服务器，实现全线数据的管理。

（4）维护工作站

维护工作站主要供维护工程师在控制中心从事全线 BAS 软件的维护、运行参数的设置、系统数据库的维护、用户操作界面修改、故障检查和资料查询等，实现可编程逻辑控制器（programmable logic controller，PLC）系统程序及各监控站的流程图（或数据库等）的远程上传、下载、监视及修改功能，满足远程系统维护的需求。

（5）打印机

打印机主要用于实现事件的实时打印、报表打印和日常维护管理的打印等功能。事件打印机用于操作记录、事故记录、报警记录和测量数据的实时打印。报表打印机用于各类数据报表的定期打印。

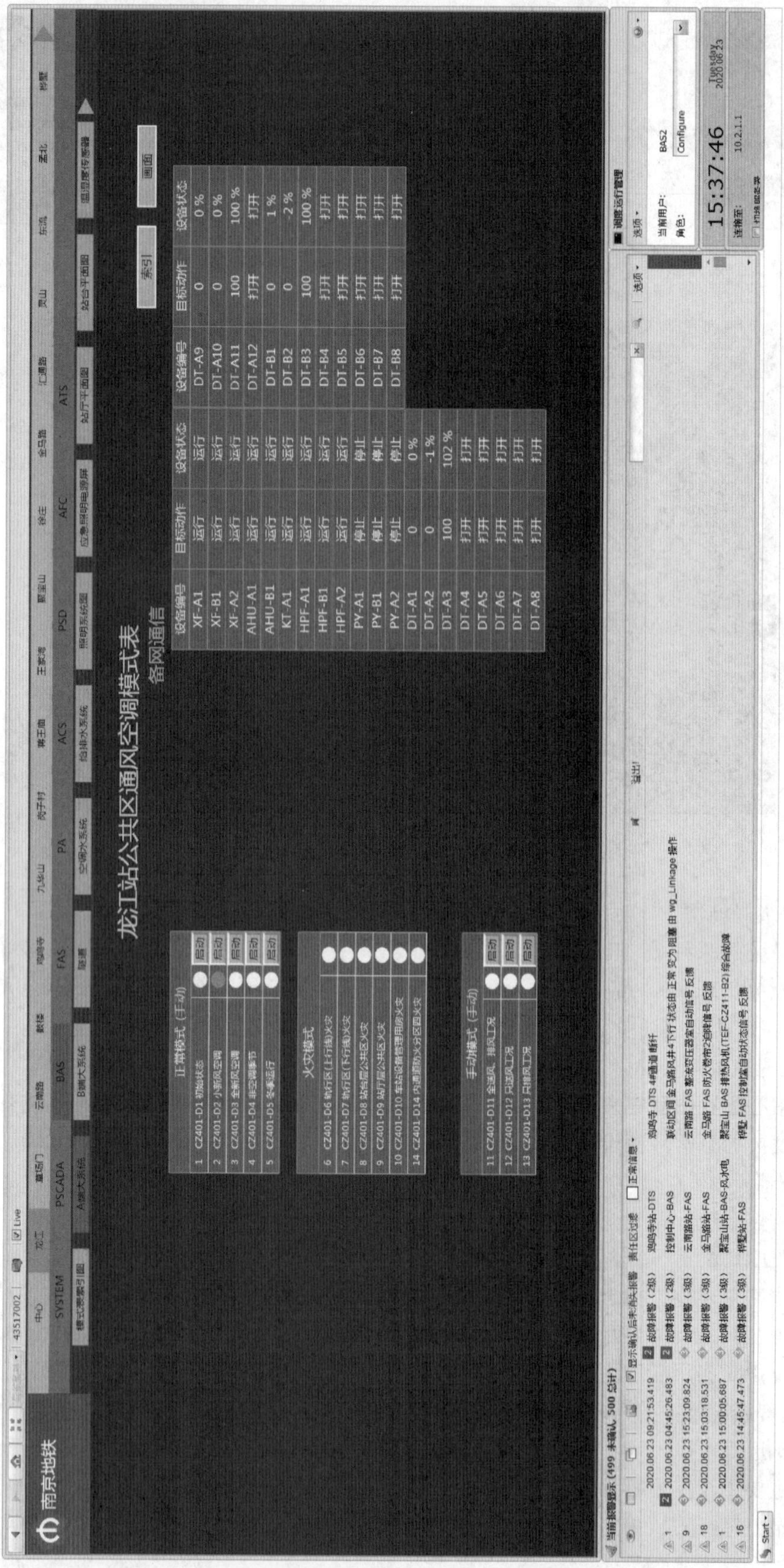

图3-6　中央级监控工作站

（6）大屏幕显示系统

中央级监控系统的大屏幕显示系统可与其他系统共用，用于显示某线路各站被监控设备的工作状态，便于调度人员及时了解相应设备的情况。

（7）不间断电源

在控制中心设置不间断电源，保证 BAS 供电电源的可靠性。

2. 车站级监控系统

车站级监控系统采用局域网，它是建立在开放的、高可靠性的冗余以太网上。车站级监控系统设有车站级局域网、车站级监控工作站（车站服务器，见图 3-7）、车站控制系统（主控 PLC）及综合后备盘（integrated backup panel，IBP）、打印机和不间断电源等。

图 3-7　车站级监控工作站

车站级监控系统的主要作用如下：

①监控隧道及车站的通风系统、空调大系统、空调小系统、制冷水系统、照明系统、给排水系统等设备（见图 3-8）；

②监测公共区和设备室等地点的温度及湿度；

③配置与屏蔽门、人防密闭隔断门、自动扶梯（电梯）及火灾报警系统（fire alarm system，FAS）的数据接口，对上述设备进行监控；

④在车站控制室设置 IBP 盘，实现紧急状态下对环控设备的手动模式控制。

（1）车站级局域网

车站级局域网采用高速的工业以太网，网络采用冗余配置及 TCP/IP 协议，通信速率为（10 Mbit/s）/（100 Mbit/s），传输介质为光纤或同轴电缆。车站级局域网把站内的所有 BAS 设备连接起来，通过城市轨道交通骨干网实现与中央级局域网的连接。

（2）车站级监控工作站

车站级监控工作站负责在正常及事故情况下对车站各系统设备的监视、管理和控制。工作站接入冗余的车站级局域网，通过城市轨道交通骨干网与中央级监控工作站互通信息，接收并执行中央级监控工作站发出的控制命令，将车站设备的运行状态信息上传到中央级监控工作站。此外，车站级监控工作站接收和处理由 BAS 控制器上传的相应设备的运行状态和数据并向 BAS 控制器下达对设备的控制指令。

（3）车站控制系统

车站控制系统采用硬件冗余的大型 PLC 设备组成 BAS 控制网络，以便对车站的设备进行监视、管理和控制。车站控制系统的主控 PLC 接收来自中央级监控工作站和车站级监控工作站的控制命令（包括控制模式、设定值的更改和其他关联参数的信息修改等）并通过就地控制器（连接在车站的冗余控制网络上）实现对车站的所辖设备和区间设备按照一定的控制策略进行启停控制、联锁控制、模式控制及优化控制等，并实时将这些状态信息传输至车站服务器中。

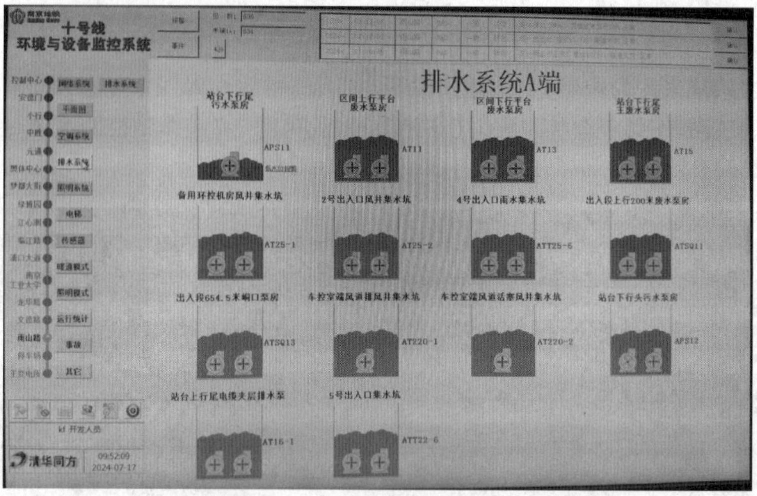

图 3-8　车站级监控系统的排水系统

在主控站的主/备 PLC 中配置大容量数据存储空间的处理器，将站内设备的信息备份在存储器中以保证过程数据存储的可靠性。当通信网络发生故障时，所有的控制器均能保持独立操作并暂时存储尚未上传至车站服务器的相关设备状态信息；当通信网络恢复正常运行时，控制器可即时将信息上传，保证系统运行的连续性。

（4）IBP 盘

IBP 盘设置在车站控制室内，作为车站级监控工作站的后备设备，可对隧道通风系统、车站空调大系统和空调小系统的设备进行监控，它是在紧急情况下使用的按键式模拟监控盘。在发生火灾或列车阻塞且车站级监控工作站或通信网络发生故障时，行车值班员按不同的事故区域和事故性质在 IBP 盘上启动相应的运行模式并向 PLC 发出相应的控制模式命令，如图 3-9 所示。

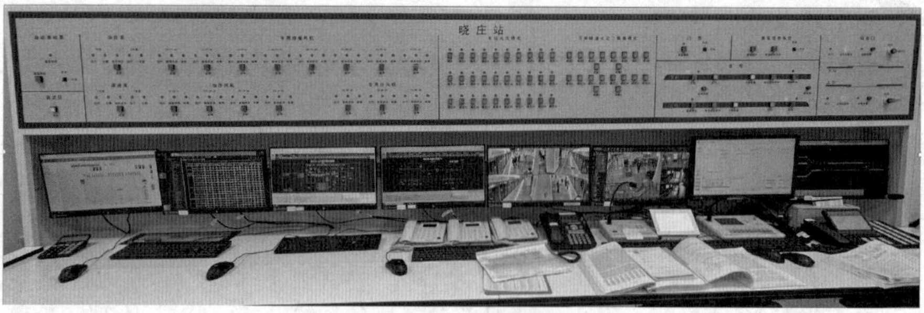

图 3-9　京州地铁 1 号线晓庄站 IBP 盘

（5）打印机

打印机主要用于实现本站的事件（操作记录、事故记录及测量数据等）打印、各类数据报表的定期打印和图表的输出打印。

（6）不间断电源

在车站控制室设置不间断电源，保证 BAS 供电电源的可靠性（见图 3-10）。

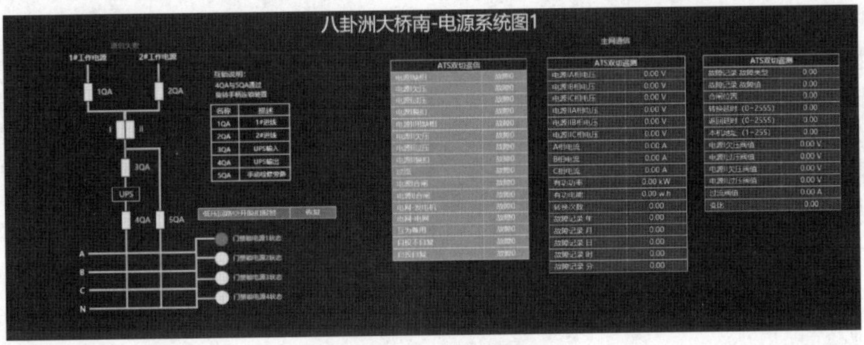

图 3-10　车站电源系统

3. 就地级监控设备

根据 BAS 设备的设置情况，在被控制设备的附近配置就地级监控设备和就地控制柜，具体如下：

(1)冗余 PLC

在环控机房配置冗余 PLC，每套 PLC 配置主/备 CPU 模块、电源模块、通信模块，确保控制系统的可靠性，实现对车站通风系统、隧道通风系统、空调大系统和空调小系统等设备的监视、管理和控制。

(2)就地控制器

就地控制器配置 PLC，通过冗余接口与车站的冗余控制网络进行连接，进而与 FAS 控制器、屏蔽门主机、冷水机组控制器、电扶梯及照明控制系统进行通信，实现对相关设备的监视和运行管理。

(3)传感器及执行机构

在城市轨道交通车站设置的传感器类型主要有温湿度传感器(见图 3-11)、压差传感器和流量传感器等，用于采集环境控制系统所需的各类参数。

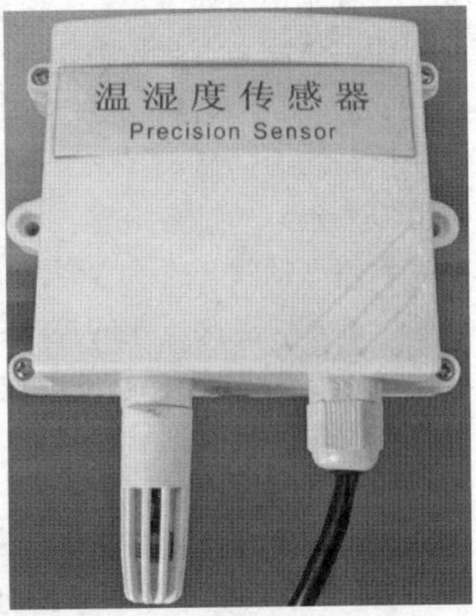

图 3-11　温湿度传感器

三、城市轨道交通监控系统的功能

城市轨道交通监控系统的功能包括系统功能、分级功能和结构功能三个部分，具体如下：

1. 系统功能

1)空调通风系统应具有的监控功能

(1)空调机组的启停控制

①风机状态的显示及过载报警；

②过滤网状态显示及报警；

③就地/遥控指示；

④新风、送风、混风和回风温度的检测；

⑤新风、送风、混风和回风湿度的检测；

⑥空调机冷冻水流量的调节；

⑦对变速风机进行变风量的控制；

⑧接收 FAS 的指令以便对风机进行联动控制；

⑨风机、风阀及调节阀之间的联锁控制和状态显示。

(2)隧道风机的启停控制

①正反转控制；

②风机状态显示；

③过载报警；

④就地/遥控指示；
⑤接收 FAS 的指令；
⑥对隧道风机进行联动控制。
(3)送/排风机的启停控制
①风机状态显示；
②过载报警；
③送风温度及湿度的检测；
④排风温度及湿度检测；
⑤就地/遥控指示；
⑥接收 FAS 的指令以便对送排风机进行联动控制。
2)空调制冷水系统应具有的监控功能
(1)冷水机组的启停控制
①运行状态的显示；
②过载报警；
③就地/遥控指示；
④冷冻水进/出口温度；
⑤冷冻水压力检测；
⑥冷却水进/出口温度；
⑦冷却水压力检测；
⑧运行时间及启停次数记录。
(2)冷冻水系统冷冻水泵的启停控制
①运行状态的显示；
②冷冻水泵的过载报警；
③水路电动阀开启、关断控制及状态显示；
④冷冻水旁通阀压差的控制；
⑤冷冻水泵、电动蝶阀的就地/遥控显示；
⑥水流量测量及冷量记录；
⑦分水温度及流量测量；
⑧集水温度及流量测量。
(3)冷却水系统冷却水泵的启停控制
①运行状态的显示；
②冷却塔风机的启停控制及状态显示；
③冷却塔风机的过载报警；
④水路电动阀的开启、关断控制及状态显示；
⑤冷却水泵、电动蝶阀的就地/遥控显示。
(4)制冷系统的控制系统
应预留数据通信接口以便获取冷水机组和水系统的相关参数。
3)对正常照明系统应具有的监控功能
①能定时和实时地控制其开关状态；
②接收其运行的反馈信号。
4)给水/排水系统应具有的监控功能
①水泵的启停控制；
②水泵运行状态的显示；

③水泵的故障报警；

④水位显示及危险水位报警；

⑤水泵运行时间的统计；

⑥主/备泵运行切换的控制；

⑦车站用水量记录。

5）防淹门系统（兼顾民防系统）应具有的监控功能

①显示防淹门（包括防护隔断门、防护密闭门）的开关状态；

②接收防淹门（包括防护隔断门、防护密闭门）的故障报警信号并将报警信号传送给 FAS。

6）自动扶梯应具有的监控功能

①自动扶梯运行状态的显示（见图 3-12）；

②接收自动扶梯的故障报警。

7）站台门系统应具有的监控功能

①站台门系统运行状态的显示（见图 3-13）；

②站台门系统的故障报警；

③在火灾等紧急情况下能够进行手动控制。

2. 分级功能

BAS 的分级功能包括中央级功能、车站级功能和就地级功能三个部分，具体如下：

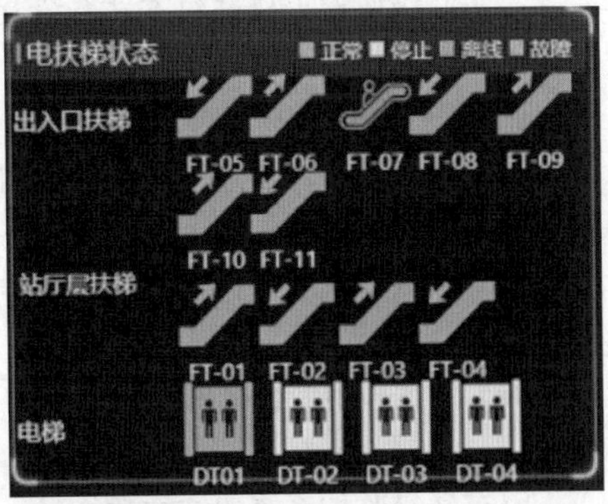

图 3-12　自动扶梯运行状态

（1）中央级功能

①根据城市轨道交通运行环境及车站其他系统的监控要求，中央级监控系统（通过维护工作站）确定并修改某线隧道通风系统及车站通风空调系统的运行模式并把该模式下载给车站，使车站设备按照给定的模式运行；

②对车站机电设备实行模式控制和时间表控制；

③根据通风空调系统提供的环控工艺要求，对区间隧道通风系统的设备进行正常模式控制及灾害模式控制；

④中央级监控工作站具有良好且灵活的人机界面，使监控人员可监视全线各站 BAS 设备的运行状态并对相关设备进行控制；

⑤中央级系统可对历史数据记录进行统计、分析、裁剪和处理，具有文件处理、归档及报表生成等功能。

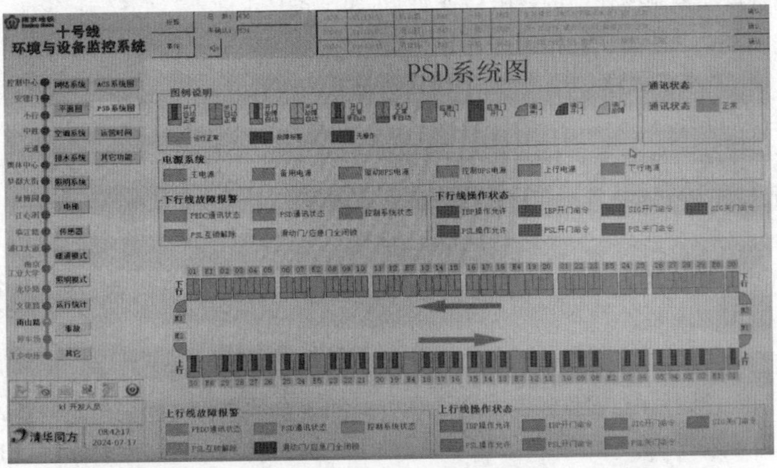

图 3-13　站台门系统运行状态

(2)车站级功能

①车站级监控工作站可监视车站各设备的运行状态和参数,具有对乘客导向系统的调节控制、逻辑控制和模式控制功能;

②车站控制系统(主控 PLC)可根据环境参数对环控系统设备进行运行工况的转换并进行最优化控制以便达到节能运行的目的;

③车站级监控工作站具有声光报警、报警画面自动弹出、报警确认和报警处理等功能;

④车站级监控工作站可将本站被控设备的运行状态、报警信号及测试点数据及时传送至控制中心并接受控制中心的运行模式和监控指令;

⑤车站级监控工作站对本站系统及网络具有在线监视(可显示网络负荷情况)、自动诊断、自动恢复及在线修改功能。

(3)就地级功能

①就地级控制器通过车站级局域网与车站控制系统(主控 PLC)通信,接受控制指令并对现场设备进行就地级控制;

②将现场设备的运行状态和参数传送至车站控制系统(主控 PLC)上。

3. 结构功能

BAS 的结构功能包括车站级监控系统的结构功能和中央级监控系统的结构功能两部分,具体如下:

1)车站级监控系统的结构功能

车站级监控系统具有工艺图展示功能、设备监视功能、设备点动控制功能、模式控制功能、时间表控制功能和控制方式选择功能等,具体如下:

(1)工艺图展示功能

工艺图展示功能是指展示车站及所辖区间的通风空调系统工艺图及空调水系统工艺图,主要包括隧道通风系统、空调大系统、空调小系统及空调水系统。

(2)设备监视功能

①监视车站及所辖区间的 BAS 设备的工作状态及故障报警信息;

②监视车站及所辖区间的 BAS 设备信息;

③监视传感器提供的车站温度及湿度等环境参数。

(3)设备点动控制功能

①按照监控点表对车站及所辖区间的 BAS 设备进行控制;

②提供设备点动控制操作前的权限检查功能(如设备是否处于“远方”);

③提供与设备点动控制功能相关的操作反馈信息(如“某某设备没有满足闭锁条件”,“控制权位置不在本地”,“网络故障”等),以便操作人员进行后续操作。

(4)模式控制功能

①按工艺子系统提供模式控制功能,实现通过一个模式号对一组环控设备进行控制的功能[模式包括正常模式和灾害模式(即阻塞模式和火灾模式),所有的模式控制命令都需要经过确认后方可下发];

②提供模式执行状态的反馈功能(包括“模式执行中”、“执行失败”和“执行成功”三种状态)。

(5)时间表控制功能

①提供时间表控制功能,根据控制中心下发的时间表自动执行时间表设定的模式命令;

②提供时间表查看功能,查看当前的车站可编程逻辑控制器今日时间表和明日时间表;

③提供时间表下载计划查看功能,查看当前车站的时间表下载计划;

④提供时间表的详细信息(包括起始时间、工艺子系统、模式信息)查看功能。

(6)控制方式选择功能

①提供设备点动控制、模式控制和时间表控制三种控制方式的选择功能(当选择点动控制方式时,需在设备对话框控制页中选择“单控”;当选择模式控制方式时,需在模式界面中选择“模式手动”;当选择时间表控制方式时,需在模式界面中选择“模式自动”);

②当火灾模式启动时,会自动清除模式相关设备的“单控”标志位,将所有设备切换为自动控制,使设备按照火灾模式的要求进行动作(但正常工况模式和阻塞工况模式启动时,不会清除设备的“单控”标志位);

③在任何模式的执行过程中,可把单个设备切换为“单控”并对单个设备进行点动控制。

2)中央级监控系统的结构功能

除具备车站级监控系统的结构功能外,中央级监控系统还具备以下结构功能:

(1)区间工艺图展示功能

该功能是指展示全线区间隧道的通风系统工艺图。

(2)全线重要环控设备信息的汇总监视功能

提供全线重要环控设备信息的汇总显示功能,包括但不限于全线空调大系统风机、全线冷水机组、全线应急电源、全线站厅及站台传感器。

(3)区间模式控制功能

①提供区间模式控制功能,在列车阻塞或发生火灾时实现通过一个模式号对一组环控设备进行控制的功能[模式包括正常模式和灾害模式(即阻塞模式和火灾模式),所有的模式控制命令都需要经过确认后方可下发];

②提供模式执行状态的反馈功能(包括“模式执行中”、“执行失败”和“执行成功”三种状态)。

(4)时间表在线编辑、下载及回读功能

①提供全线时间表控制功能(包括工作日时间表、周末时间表、特殊日时间表);

②提供时间表在线编辑及排定功能,方便企业根据城市轨道交通的运营需求在线修改时间表;

③提供时间表在线下载功能,将控制中心排定好的时间表下载到各站;

④提供时间表总览功能,回读当前各站的时间表信息。

四、城市轨道交通监控系统的运行

1. 监控操作优先级

(1)监控操作源优先级

BAS系统的监控操作源有中央级监控工作站(设置在OCC)、车站级监控工作站(设置在车站控制室,station control room,SCR)、综合后备盘(设置在SCR)和设备就地控制柜四种类型。操作的优先级原则是越靠近底层操作源(距离被操作设备越近),其优先级越高。根据该原则,上述监控操作源的优先级顺序关系见表3-1。

表3-1　监控操作源的优先级顺序关系

编号	优先级(↑)	名　　称	操作地点	实现方式
A1	1	就地控制柜	就地控制柜	手/自动转换开关
A2	2	综合后备盘	SCR	使能钥匙开关
A3	3	车站级监控工作站	SCR	人机界面切换按钮
A4	4	中央级监控工作站	OCC	—

(2)系统运行工况优先级

BAS 系统的运行工况有四种,分别是:①B1,异常工况(包括火灾工况);②B2,阻塞工况;③B3,停机工况;④B4,正常工况。显然,异常工况的优先级最高,正常工况的优先级最低。

2. 灾害工况控制优先级

异常工况和阻塞工况统称为灾害工况。结合监控操作源类型及工况类型,灾害工况控制优先级的判断原则是先判断操作源类型,后判断工况类型,具体见表 3-2。

表 3-2　系统灾害工况控制优先级情况

编号	优先级(↑)	控制类型	操作地点	备　注	级　别
A1	1	单台设备就地控制	就地控制柜	就地操作	就地级
A2B1	2	综合后备盘火灾模式控制	车站控制室 IBP	异常工况	综合后备盘级
A2B2	3	综合后备盘阻塞模式控制	车站控制室 IBP	异常工况	综合后备盘级
A3B1	4	车站控制室火灾模式控制	车站控制室监控工作站	一般为火灾自动报警系统联动	车站系统级
A3B2	5	车站控制室阻塞模式控制	车站控制室监控工作站	一般为火灾自动报警系统联动	车站系统级
A4B1	6	控制中心火灾模式控制	控制中心监控工作站	一般为环控调度员操作	控制中心系统级
A4B2	7	控制中心阻塞模式控制	控制中心监控工作站	一般为环控调度员操作	控制中心系统级

3. 正常工况控制优先级

正常工况下,BAS 对设备的控制方式有三种:手动控制、时间表控制和自动控制。

手动控制在任何状态下均有效,即手动控制可随时打断时间表控制或自动控制。当操作人员对某系统中某一设备进行手动操作后,则该设备便进入手动控制状态,不受时间表控制及自动控制的限制,但该系统的其他设备均保持在被手动操作某设备之前的运行状态。

并非 BAS 的所有系统均具有上述三种控制方式,具体见表 3-3。

表 3-3　BAS 对设备的控制方式

系统名称	控制方式			备　注
	手动(遥控)控制	时间表控制	自动控制	
隧道通风系统	√	—	√	—
空调大系统	√	√	√	焓值计算空调工况
空调小系统	√	√	√	—
制冷水系统	√	√	—	①运营时间决定是否允许制冷水系统投入运行; ②空调工况决定制冷水系统是否运行; ③冷负荷计算值决定运行的机组台数
给水系统	√	√	—	—
排水系统	√	√	—	水位的位置决定水泵是否运行及运行数量
照明系统	√	—	√	—

4. 时间表机制

时间表是BAS控制某些工艺系统或设备的一种方式。通常情况下,时间表的给定是由环境控制调度员(简称环调)在控制中心统一编辑并定义完成,之后下载至各个车站的主控PLC,系统允许各站对本站的时间表做出局部的在线调整。

(1)时间表类型

时间表可分为当前工作日时间表(周一至周五)、当前周末时间表(周六及周日)、预置工作日时间表(周一至周五)、预置周末时间表(周六及周日)和特殊时间表(节假日及特殊日)五种类型。当前时间表是指系统目前正在运行的时间表,预置时间表是系统根据用户预先定义的生效日将预置时间转为当前时间的时间表。

(2)时间表控制和其他控制方式的关系

在正常工况下,如果某个系统的当前时间表不存在且处于非手动控制状态下,对于有自动控制功能的系统,则会根据系统参数的设置情况和状态参数的检测情况自动运行;对于无自动控制功能的系统,此系统将停止运行。

5. BAS的操作

BAS属于应用级操作系统,配置交互性操作界面,操作人员根据相应的提示菜单即可完成操作。BAS必须由专业人员(环境控制调度员、行车值班员及维保人员)进行操作,操作时必须严格按照相关规定执行。操作人员必须使用专用钥匙对设备进行操作,操作完毕后应将钥匙交由行车值班员保管,切忌留在开关上;除指定的操作人员(或维保人员)外,不得借出。每日须填写设备运行情况记录,操作人员接班时应了解上一班期间相关设备的运行情况。发现不安全因素时,应立即关停设备并通知维修人员。设备故障或在维修设备时必须在适当位置处放置警示牌或护栏。爱护BAS设备,保持清洁,为设备的正常运转创造良好环境。

对于BAS所监控的各个设备,站务人员如需进行操作,必须得到环调的授权。在对大/小空调系统,隧道通风系统,空调冷冻/冷却水系统进行开关操作时,必须注意相关设备之间的启动顺序和联锁关系,即①先开风阀(水阀),后开风机(水泵);②风阀(水阀)不开,风机(水泵)不开;③冷水机组最后开、最先关;④就地操作时,联锁关系失效;⑤通过打开相应的风阀(水阀),使风(水)道能够形成完整且通畅的通道后再打开风机(水泵)。

任务实施

任务工单见表3-4。

表3-4　认知城市轨道交通监控系统任务工单

姓　　名		学　　号	
专　　业		指导教师	
小组成员及分工			
任务目标	①掌握城市轨道交通监控系统的概念。 ②掌握城市轨道交通监控系统的组成		
任务内容	以小组为单位,前往自己所在城市的地铁企业进行实地调研,发掘城市轨道交通监控系统的主要设备,归纳设备的功能		
引导问题	①城市轨道交通监控系统的设计原则是什么? ②城市轨道交通监控系统的功能有哪些		

<table>
<tr>
<td>实际训练</td>
<td>
①简述以下城市轨道交通监控系统相关图片的类型名称及作用。
<table>
<tr><th>序号</th><th>城市轨道交通监控系统相关图片</th><th>类型名称</th><th>作用</th></tr>
<tr><td>1</td><td>
</td><td></td><td></td></tr>
<tr><td>2</td><td></td><td></td><td></td></tr>
</table>
②简述城市轨道交通监控系统的组成。
③简述城市轨道交通监控系统的功能。
④查阅相关资料，分享 TCP/IP 网络体系结构的相关知识
</td>
</tr>
</table>

任务评价

任务评价表见表 3-5。

表 3-5　认知城市轨道交通监控系统任务评价表

序号	评价内容	评价标准	分值	评分记录		
				自我评价	互相评价	教师评价
1	城市轨道交通监控系统的概念	2 个关键词，每个关键词 5 分	10			
2	城市轨道交通 BAS 的功能	3 个功能，每个功能 10 分	30			
3	城市轨道交通监控系统的组成	3 个组成部分，每个组成部分 10 分	30			
4	城市轨道交通监控系统相关图片的类型名称及作用	2 个类型名称及作用，每个类型名称及作用 5 分	10			
5	团队协助，完成资料查阅，分享学习成果	有图片、有视频且资料内容不陈旧	20			
总成绩			100			

思考与练习

文本

思考与练习

任务二　巡检城市轨道交通监控系统

任务目标

1. 知识目标

①掌握城市轨道交通监控系统监控机房的巡检流程；

②掌握监控系统服务器及其附属设备的巡检流程；

③掌握监控系统网络交换机的巡检流程；

④掌握 UPS 系统的巡检流程；

⑤掌握 IBP 盘的巡检流程；

⑥掌握监控工作站及附属设备的巡检流程。

2. 能力目标

①能够描述城市轨道交通监控系统监控机房的巡检内容及标准；

②能够描述监控系统服务器及其附属设备的巡检内容及标准；

③能够描述监控系统网络交换机的巡检内容及标准；

④能够描述 UPS 系统的巡检内容及标准；

⑤能够描述 IBP 盘的巡检内容及标准；

⑥能够描述监控工作站及附属设备的巡检内容及标准。

3. 素养目标

①强化专业技术能力；

②培养职业素养；

③培养大国工匠精神。

任务描述

城市轨道交通监控系统的巡检内容较多，要求归纳出城市轨道交通监控系统监控机房、监控系统服务器及其附属设备、网络交换机、UPS 系统、IBP 盘、监控工作站及附属设备的巡检内容及标准，掌握巡检过程中的注意事项，具备巡检城市轨道交通监控系统的常用技能。

知识链接

一、城市轨道交通监控系统监控机房的巡检

1. 监控机房的防火门（含门禁）的巡检内容及标准

(1) 监控机房的防火门（含门禁）的巡检内容

①防火门是否破损；

②防火门的门牌标识是否完整；

③防火门的安全责任牌是否平整、信息是否准确；

④防火门的门锁（门禁）功能是否正常。

（2）监控机房的防火门（含门禁）的巡检标准

①防火门无破损；

②防火门的门牌标识完整；

③防火门的安全责任牌平整、信息准确；

④防火门的门锁（门禁）功能正常。

2. 监控机房卫生的巡检内容及标准

（1）监控机房卫生的巡检内容

①机房地面是否清洁；

②机房地面有无开裂、灰尘及脚印痕迹；

③机房的定置化物品是否摆放整齐；

④清洁工具是否摆放在固定区域且有定置标识；

⑤机房内是否有堆放的备件材料、废件或垃圾（临时放置时，需设置定置区域）；

⑥机房内墙面是否清洁、起皮、霉斑及漏水；

⑦机房内墙角是否有蜘蛛网；

⑧机房墙壁上的标识、插座及管理制度等物品是否松脱（或损坏）；

⑨机房天花板及照明设施是否完好；

⑩机房地面排水沟是否存在破损、杂物、堵塞等情况。

（2）监控机房卫生的巡检标准

①机房地面清洁；

②机房地面无开裂、灰尘及脚印痕迹；

③机房的定置化物品摆放整齐；

④清洁工具摆放在固定区域且有定置标识；

⑤机房内无堆放的备件材料、废件或垃圾（临时放置时，需设置定置区域）；

⑥机房内墙面清洁且无起皮、霉斑及漏水；

⑦机房内墙角无蜘蛛网；

⑧机房墙壁上的标识、插座及管理制度等物品无松脱（或损坏）；

⑨机房天花板及照明设施完好；

⑩机房地面排水沟不存在破损、杂物、堵塞等情况。

3. 监控机房温湿度的巡检内容及标准

（1）监控机房温湿度的巡检内容

①监控机房温湿度计显示是否正常；

②监控机房温湿度是否符合管理规定。

（2）监控机房温湿度的巡检标准

①监控机房温湿度计显示正常；

②监控机房的温度应小于 27 ℃，湿度介于 40%～60%RH。

4. 监控机房设备整体的巡检内容及标准

（1）监控机房设备整体的巡检内容

①设备的外观是否完好；

②设备有无灰尘、破损、变形及生锈等情况；

③设备的四周有无杂物；

④设备的各类标识(标签)信息是否完好;
⑤设备的各类标识(标签)是否存在掉落、歪斜或手写情况;
⑥设备的上方是否滴/漏水;
⑦监控机房的风管保温棉是否破损或渗漏水;
⑧监控机房的线槽盖板是否缺失、变形或脱落;
⑨机房内设备的支架是否有灰尘或蜘蛛网。
(2)监控机房设备整体的巡检标准
①设备的外观完好;
②设备无灰尘、破损、变形及生锈等情况;
③设备的四周无杂物;
④设备的各类标识(标签)信息完好;
⑤设备的各类标识(标签)不存在掉落、歪斜或手写情况;
⑥设备的上方无滴/漏水;
⑦监控机房的风管保温棉无破损或渗漏水;
⑧监控机房的线槽盖板无缺失、变形或脱落;
⑨机房内设备的支架无灰尘或蜘蛛网。

二、监控系统服务器及其附属设备的巡检

1. 服务器物理状态的巡检内容及标准
(1)服务器物理状态的巡检内容
①服务器物理状态是否正常;
②服务器温度是否在正常温度范围内;
③服务器是否散发出烧蚀异味。
(2)服务器物理状态的巡检标准
①服务器物理状态正常(无异响);
②服务器温度在正常温度范围内(5~35 ℃);
③服务器未散发出烧蚀异味。
2. 服务器软硬件运行状态的巡检内容及标准
(1)服务器软硬件运行状态的巡检内容
①指示灯是否正常;
②有无报警提示;
③软件运行是否正常。
(2)服务器软硬件运行状态的巡检标准
①指示灯正常(见图3-14);
②无报警提示;
③软件运行正常。

图3-14　服务器正常工作时指示灯状态

图片

服务器正常工作时指示灯状态

3. 服务器时钟状态的巡检内容及标准
(1)服务器时钟状态的巡检内容
①服务器时钟与通信时钟是否同步;
②服务器时钟与工作站时钟是否同步。
(2)服务器时钟状态的巡检标准
①服务器时钟与通信时钟同步;
②服务器时钟与工作站时钟同步。

4. 服务器线缆状态的巡检内容及标准

(1)服务器线缆状态的巡检内容

①服务器线缆是否紧固;

②服务器线缆有无破损。

(2)服务器线缆状态的巡检标准

①服务器线缆紧固;

②服务器线缆无破损。

三、监控系统网络交换机的巡检

1. 网络交换机物理状态的巡检内容及标准

(1)网络交换机物理状态的巡检内容

①网络交换机物理状态是否正常;

②网络交换机温度是否在正常温度范围内;

③网络交换机是否散发出烧蚀异味。

(2)网络交换机物理状态的巡检内容

①网络交换机物理状态正常(无异响);

②网络交换机温度在正常温度范围内(5 ~ 35 ℃);

③网络交换机未散发出烧蚀异味。

2. 网络交换机软件运行状态的巡检内容及标准

(1)网络交换机软件运行状态的巡检内容

①指示灯是否正常;

②有无报警提示;

③软件运行是否正常。

(2)网络交换机软件运行状态的巡检标准

①指示灯正常;

②无报警提示;

③软件运行正常。

3. 网络交换机线缆状态的巡检内容及标准

(1)网络交换机线缆状态的巡检内容

①网络交换机线缆是否紧固;

②网络交换机线缆有无破损。

(2)网络交换机线缆状态的巡检标准

①网络交换机线缆紧固;

②网络交换机线缆无破损。

四、UPS系统的巡检

1. 配电柜内部环境的巡检内容及标准

(1)配电柜内部环境的巡检内容

①配电柜内部环境的温度是否在正常温度范围内;

②配电柜内设备运行是否正常;

③配电柜内是否散发出烧蚀异味。

(2)配电柜内部环境的巡检标准

①配电柜内部环境的温度在正常温度范围内(5 ~ 35 ℃);

②配电柜内设备运行正常(无异响);

③配电柜内未散发出烧蚀异味。

2. UPS 运行状态的巡检内容及标准

(1)UPS 运行状态的巡检内容

①UPS 运行指示灯是否正常;

②电气参数是否正常;

③报警记录中有无重大故障。

(2)UPS 运行状态的巡检标准

①UPS 运行指示灯正常(无报警);

②电气参数正常;

③报警记录中无重大故障。

五、IBP 盘的巡检

IBP 盘的控制功能直接由各相关系统实现,IBP 盘上设置紧急控制按钮及状态指示灯等设备,通过控制电缆直接与各主要设备的二次端子连接,其控制级别高于车站级监控工作站。

IBP 盘设有无效/有效转换开关。正常情况下,该开关置于无效位置,防止误操作;只有在此开关处于有效位置时,操作员才可以通过 IBP 盘实现相应的控制功能。

1. IBP 盘柜内环境的巡检内容及标准

(1)IBP 盘柜内环境的巡检内容

①IBP 盘柜内部环境的温度是否在正常温度范围内;

②IBP 盘柜内设备运行是否正常;

③IBP 盘柜内是否散发出烧蚀异味。

(2)IBP 盘柜内环境的巡检标准

①IBP 盘柜内部环境的温度在正常温度范围内(5~35 ℃);

②IBP 盘柜内设备运行正常(无异响);

③IBP 盘柜内未散发出烧蚀异味。

2. IBP 盘柜内设备的巡检内容及标准

(1)IBP 盘柜内设备的巡检内容

①柜内照明是否正常;

②柜内风扇工作是否正常;

③端子排内侧线缆是否紧固且无破损;

④各专业区域有无裸露金属线头;

⑤柜内走线是否有序且整齐。

(2)IBP 盘柜内设备的巡检标准

①柜内照明正常;

②柜内风扇工作正常;

③端子排内侧线缆紧固且无破损;

④各专业区域无裸露金属线头;

⑤柜内走线有序且整齐(见图 3-15)。

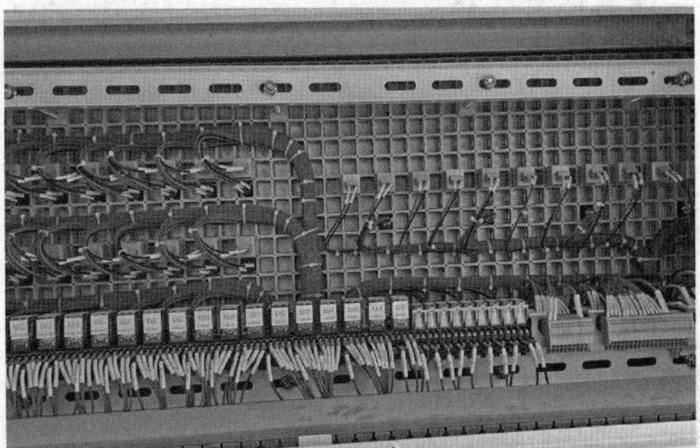

图 3-15　IBP 盘柜内走线

六、监控工作站及附属设备的巡检

1. 监控工作站设备本体的巡检内容及标准

(1)监控工作站设备本体的巡检内容

①监控工作站设备本体的温度是否在正常温度范围内；
②监控工作站设备本体运行是否正常；
③监控工作站设备本体是否散发出烧蚀异味。
(2)监控工作站设备本体的巡检标准
①监控工作站设备本体的温度在正常温度范围内(5～35 ℃)；
②监控工作站设备本体运行正常；
③监控工作站设备本体未散发出烧蚀异味。
2. 监控工作站设备运行状态的巡检内容及标准
(1)监控工作站设备运行状态的巡检内容
①设备运行指示灯是否正常；
②设备软件运行是否正常。
(2)监控工作站设备运行状态的巡检标准
①设备运行指示灯正常；
②设备软件运行正常。
3. 监控工作站线缆状态的巡检内容及标准
(1)监控工作站线缆状态的巡检内容
①监控工作站外部线缆是否紧固；
②监控工作站外部线缆有无破损。
(2)监控工作站线缆状态的巡检标准
①监控工作站外部线缆紧固；
②监控工作站外部线缆无破损。
4. 监控工作站设备表面卫生的巡检内容及标准
(1)监控工作站设备表面卫生的巡检内容
①监控工作站设备表面是否清洁；
②监控工作站设备表面有无灰尘。
(2)监控工作站设备表面卫生的巡检标准
①监控工作站设备表面清洁；
②监控工作站设备表面无灰尘。

任务书

根据“知识链接”的相关内容，登录城市轨道交通监控系统虚拟仿真实训平台，进行城市轨道交通监控系统相关设备巡检的模拟操作，作业时间30 min，作业任务书见表3-6。

表3-6 城市轨道交通监控系统相关设备巡检作业任务书

<table>
<tr><td>作业任务</td><td>城市轨道交通监控系统相关设备巡检</td><td colspan="2">日　期</td><td colspan="2"></td></tr>
<tr><td>班　组</td><td></td><td>计划开始时间</td><td></td><td>实际开始时间</td><td></td></tr>
<tr><td>组　长</td><td></td><td>计划完成时间</td><td></td><td>实际完成时间</td><td></td></tr>
<tr><td>作业地点</td><td colspan="5"></td></tr>
<tr><td>作业内容</td><td colspan="5"></td></tr>
<tr><td>作业过程中
督查意见</td><td colspan="5"></td></tr>
</table>

任务分组

学生任务分组见表3-7。

表3-7　学生任务分组表

班　级			日　期
班　组			组　长
班组成员	姓　名	任务角色	任务分工

任务实施

作业单见表3-8。

表3-8　城市轨道交通监控系统相关设备巡检作业单

班　级		姓　名		班　组	
起始时间		终止时间		实际用时	
巡检对象		巡检内容	状态记录	情况说明	
监控机房的巡检	监控机房的防火门（含门禁）的巡检	防火门是否破损	□未破损		
			□破损		
		防火门的门牌标识是否完整	□完整		
			□不完整		
		防火门的安全责任牌是否平整、信息是否准确	□安全责任牌平整且信息准确		
			□安全责任牌不平整		
			□安全责任牌信息不准确		
		防火门的门锁（门禁）功能是否正常	□正常		
			□不正常		
	监控机房卫生的巡检	机房地面是否清洁	□清洁		
			□不清洁		
		机房地面有无开裂、灰尘及脚印痕迹	□无开裂、灰尘及脚印		
			□开裂		
			□有灰尘		
			□有脚印		
		机房的定置化物品是否摆放整齐	□摆放整齐		
			□摆放不整齐		
		清洁工具是否摆放在固定区域且有定置标识	□摆放在固定区域且有定置标识		
			□未摆放在固定区域		
			□无定置标识		

续表

巡检对象		巡检内容	状态记录	情况说明
监控机房的巡检	监控机房卫生的巡检	机房内是否有堆放的备件材料、废件或垃圾	□无堆放的备件材料、废件及垃圾	
			□有堆放的备件材料	
			□有堆放的废件	
			□有堆放的垃圾	
		机房内墙面是否清洁、起皮、霉斑及漏水	□清洁、未起皮、霉斑及漏水	
			□不清洁	
			□起皮	
			□有霉斑	
			□漏水	
		机房内墙角是否有蜘蛛网	□墙角无蜘蛛网	
			□墙角有蜘蛛网	
		机房墙壁上的标识、插座及管理制度等物品是否松脱(或损坏)	□无松脱(或损坏)	
			□松脱	
			□损坏	
		机房天花板及照明设施是否完好	□完好	
			□不完好	
		机房地面排水沟是否存在破损、杂物、堵塞等情况	□无破损、杂物、堵塞等情况	
			□有破损	
			□有杂物	
			□有堵塞情况	
	监控机房温湿度的巡检	监控机房温湿度计显示是否正常	□显示正常	
			□显示不正常	
		监控机房温湿度是否符合管理规定	显示温度(　　)℃	
			□符合规定　□不符合规定	
			显示湿度(　　)RH	
			□符合规定　□不符合规定	
	监控机房设备整体的巡检	设备的外观是否完好	□完好	
			□不完好	
		设备有无灰尘、破损、变形及生锈等情况	□无灰尘、破损、变形及生锈	
			□有灰尘	
			□破损	
			□变形	
			□生锈	
		设备的四周有无杂物	□无杂物	
			□有杂物	
		设备的各类标识(标签)信息是否完好	□完好	
			□不完好	

续表

巡检对象		巡检内容	状态记录	情况说明
监控机房的巡检	监控机房设备整体的巡检	设备的各类标识（标签）是否存在掉落、歪斜或手写情况	□不存在掉落、歪斜或手写情况	
			□掉落	
			□歪斜	
			□手写情况	
		设备的上方是否滴/漏水	□不存在滴/漏水	
			□滴水	
			□漏水	
		监控机房的风管保温棉是否破损或渗漏水	□未破损或渗漏水	
			□破损	
			□渗漏水	
		监控机房的线槽盖板是否缺失、变形或脱落	□未缺失、变形或脱落	
			□缺失	
			□变形	
			□脱落	
		机房内设备的支架是否有灰尘或蜘蛛网	□无灰尘或蜘蛛网	
			□有灰尘	
			□有蜘蛛网	
监控系统服务器及其附属设备的巡检	服务器物理状态的巡检	服务器物理状态是否正常	□正常（无异响）	
			□不正常（有异响）	
		服务器温度是否在正常温度范围内	服务器温度（　　）℃	
			□正常范围　□非正常范围	
		服务器是否散发出烧蚀异味	□散发出烧蚀异味	
			□未散发出烧蚀异味	
	服务器软硬件运行状态的巡检	指示灯是否正常	□正常	
			□正常	
		有无报警提示	□有报警提示	
			□无报警提示	
		软件运行是否正常	□正常	
			□不正常	
	服务器时钟状态的巡检	服务器时钟与通信时钟是否同步	□同步	
			□不同步	
		服务器时钟与工作站时钟是否同步	□同步	
			□不同步	
	服务器线缆状态的巡检	服务器线缆是否紧固	□紧固	
			□不紧固	
		服务器线缆有无破损	□破损	
			□无破损	

续表

巡检对象		巡检内容	状态记录	情况说明
监控系统网络交换机的巡检	网络交换机物理状态的巡检	网络交换机物理状态是否正常	□状态正常(无异响)	
			□状态不正常(有异响)	
		网络交换机温度是否在正常温度范围内	网络交换机温度(　　) ℃	
			□正常范围　□非正常范围	
		网络交换机是否散发出烧蚀异味	□散发出烧蚀异味	
			□未散发出烧蚀异味	
	网络交换机软件运行状态的巡检	指示灯是否正常	□正常	
			□不正常	
		有无报警提示	□有报警提示	
			□无报警提示	
		软件运行是否正常	□正常	
			□不正常	
	网络交换机线缆状态的巡检	网络交换机线缆是否紧固	□紧固	
			□不紧固	
		网络交换机线缆有无破损	□破损	
			□无破损	
UPS系统的巡检	配电柜内部环境的巡检	配电柜内部环境的温度是否在正常温度范围内	内部环境温度(　　) ℃	
			□正常范围　□非正常范围	
		配电柜内设备运行是否正常	□正常	
			□不正常	
		配电柜内是否散发出烧蚀异味	□散发出烧蚀异味	
			□未散发出烧蚀异味	
	UPS运行状态的巡检	UPS运行指示灯是否正常	□正常(无报警)	
			□不正常(有报警)	
		电气参数是否正常	□正常	
			□不正常	
		报警记录中有无重大故障	□有重大故障	
			□无重大故障	
IBP盘的巡检	IBP盘柜内环境的巡检	IBP盘柜内部环境的温度是否在正常温度范围内	内部环境的温度(　　) ℃	
			□正常范围　□非正常范围	
		IBP盘柜内设备运行是否正常	□正常	
			□不正常	
		IBP盘柜内是否散发出烧蚀异味	□散发出烧蚀异味	
			□未散发出烧蚀异味	
	IBP盘柜内设备的巡检	柜内照明是否正常	□正常	
			□不正常	
		柜内风扇工作是否正常	□正常	
			□不正常	

续表

巡检对象		巡检内容	状态记录	情况说明
IBP盘的巡检	IBP盘柜内设备的巡检	端子排内侧线缆是否紧固且无破损	□紧固且无破损	
			□不紧固	
			□破损	
		各专业区域有无裸露金属线头	□有	
			□无	
		柜内走线是否有序且整齐	□有序且整齐	
			□无序	
			□不整齐	
监控工作站及附属设备的巡检	监控工作站设备本体的巡检	监控工作站设备本体的温度是否在正常温度范围内	□在正常温度范围内	
			□不在正常温度范围内	
		监控工作站设备本体运行是否正常	□正常	
			□不正常	
		监控工作站设备本体是否散发出烧蚀异味	□散发出烧蚀异味	
			□未散发出烧蚀异味	
	监控工作站设备运行状态的巡检	设备运行指示灯是否正常	□正常	
			□不正常	
		设备软件运行是否正常	□正常	
			□不正常	
	监控工作站线缆状态的巡检	监控工作站外部线缆是否紧固	□紧固	
			□不紧固	
		监控工作站外部线缆有无破损	□破损	
			□无破损	
	监控工作站设备表面卫生的巡检	监控工作站设备表面是否清洁	□清洁	
			□不清洁	
		监控工作站设备表面有无灰尘	□有灰尘	
			□无灰尘	
故障记录：				
检查人签字：		班组成员签字：	班组长签字：	
注意事项		1.“状态记录”据检查的实际情况在相应的□内打“√”。 2.“故障记录”栏填写巡检时发现的问题，确保填写规范、问题描述清楚，字迹书写清晰。 3. 签字处需填写相关人员的全名，不得代签及涂改。 4. 作业内容以表格所示范围为准，未呈现的内容不设故障，按照作业顺序进行		

任务评价

任务评价表见表3-9。

表 3-9　城市轨道交通监控系统相关设备巡检任务评价表

【考评单】城市轨道交通监控系统相关设备巡检		日期：	
姓名：	学号：	班级：	教师签名：
自我评价	互相评价	教师评价	
□熟练　□一般　□不熟练	□熟练　□一般　□不熟练	□熟练　□一般　□不熟练	
日期：	日期：	日期：	

城市轨道交通监控系统相关设备巡检【评分细则】

序号	评分项	得分条件	分值	自我评价	互相评价	教师评价
1	接受任务	明确工作任务，理解任务在现场工作中的重要程度	3			
2	知识评价	本次巡检前需要掌握的知识程度	3			
3	能力评价	能正确掌握监控机房的防火门（含门禁）的巡检内容及标准	4			
		能正确掌握监控机房卫生的巡检内容及标准	4			
		能正确掌握监控机房温湿度的巡检内容及标准	4			
		能正确掌握监控机房设备整体的巡检内容及标准	4			
		能正确掌握服务器物理状态的巡检内容及标准	4			
		能正确掌握服务器软硬件运行状态的巡检内容及标准	4			
		能正确掌握服务器时钟状态的巡检内容及标准	4			
		能正确掌握服务器线缆状态的巡检内容及标准	4			
		能正确掌握网络交换机物理状态的巡检内容及标准	4			
		能正确掌握网络交换机软件运行状态的巡检内容及标准	4			
		能正确掌握网络交换机线缆状态的巡检内容及标准	4			
		能正确掌握配电柜内部环境的巡检内容及标准	4			
		能正确掌握 UPS 运行状态的巡检内容及标准	4			
		能正确掌握 IBP 盘柜内环境的巡检内容及标准	4			
		能正确掌握 IBP 盘柜内设备的巡检内容及标准	4			
		能正确掌握监控工作站设备本体的巡检内容及标准	4			
		能正确掌握监控工作站设备运行状态的巡检内容及标准	4			
		能正确掌握监控工作站线缆状态的巡检内容及标准	4			
		能正确掌握监控工作站设备表面卫生的巡检内容及标准	4			
4	素养评价	操作计划性强，安排得当	3			
		团队合作能力强，善于沟通	3			
		自主学习能力强，勇于克服困难	3			
		严谨认真，积极参与现场教学	3			
5	评价反馈	学生能快速、准确地进行相关操作，以小组评价方式组织客观评价	3			
		对学生在任务实施过程中发现的问题进行小组审议后及时反馈	3			
6	得　　分		100			

任务三　处置城市轨道交通监控系统典型故障

任务目标

1. 知识目标

①掌握监控工作站典型故障的现象、原因以及处置办法；

②掌握网络服务器典型故障的现象、原因以及处置办法；

③掌握网络交换机典型故障的现象、原因以及处置办法。

2. 能力目标

①能够描述监控工作站典型故障的现象、原因以及处置办法；

②能够描述网络服务器典型故障的现象、原因以及处置办法；

③能够描述网络交换机典型故障的现象、原因以及处置办法。

3. 素养目标

①培养发现问题、分析问题以及解决问题的能力；

②强化专业技术能力；

③培养大国工匠精神。

任务描述

处置监控系统典型故障在城市轨道交通监控系统运营过程中极为重要，要求归纳出监控工作站典型故障、网络服务器典型故障以及网络交换机典型故障的现象，辨识故障原因，领悟处置办法，具备处置城市轨道交通监控系统典型故障的技能。

知识链接

一、监控工作站典型故障的处置

监控工作站典型故障的处置见表3-10。

说明：以下处置流程以京州地铁运营有限责任公司为例，其他地铁运营有限责任公司关于监控系统典型故障的处置流程不尽相同。

表3-10　监控工作站典型故障的处置

序号	故障现象	故障分析	处置办法
1	监控画面无显示	电源供电异常（电压不稳、线路短路/断路）	检查供电线路的电压稳定性，排查短路或断路点，必要时更换电源模块
		视频传输线路中断	逐段排查视频信号传输路径，替换故障部件
		视频交换输出端故障	重启视频交换矩阵或更换输出端口模块
2	监控画面卡顿或延迟严重	解码器处理能力不足	升级解码器硬件，必要时更换高性能设备
		网络带宽不足	优化网络架构（如更换千兆交换机，缩短传输距离）
		设备连接线缆质量差（如劣质网线导致信号衰减）	更换符合标准的高质量线缆，确保传输距离在合理的范围内

二、网络服务器典型故障的处置

网络服务器典型故障的处置见表3-11。

表3-11　网络服务器典型故障的处置

序号	故障现象	故障分析	处置办法
1	服务器卡顿或死机	硬件资源不足（CPU/内存过载、磁盘空间耗尽）	检查服务器负载状态，清理冗余数据或扩容存储
			优化进程分配，必要时升级硬件配置
		系统软件冲突或未修复的系统漏洞	隔离冲突程序，进行兼容性测试
			重启服务器，更新系统补丁或退至稳定版本
2	网络服务中断	网络配置错误	检查网络参数配置，修复IP地址冲突
			重启网卡或重置网络服务
		物理链路故障	排查服务器与交换机的连接线路
			更换故障网线或交换机端口

三、网络交换机典型故障的处置

网络交换机典型故障的处置见表3-12。

表3-12　网络交换机典型故障的处置

序号	故障现象	故障分析	处置办法
1	设备整体断电	外部供电不稳定	检查外部供电插座电压
		电源线路老化	更换电源线路
		雷击导致电源模块损坏	引入稳压器或UPS系统
		机内电路板连带故障	更换电源模块或电路板
2	端口通信异常	光纤/网口物理污染（灰尘、污垢）	使用酒精棉球清理端口
		插拔不当导致端口损坏	更换故障端口
		水晶头尺寸不符合要求	检查并更换符合标准的网线
3	交换机运行卡顿/死机	病毒攻击导致系统资源耗尽	断开网络进行病毒查杀
		固件版本过低或软件缺陷	升级交换机固件版本
		散热不良或环境温度过高	改善机房散热条件（如增加风扇或空调）

任务书

根据“知识链接”的相关内容，登录城市轨道交通监控系统虚拟仿真实训平台，进行处置城市轨道交通监控系统典型故障的模拟操作，作业时间30 min，作业任务书见表3-13。

表 3-13　城市轨道交通监控系统典型故障处置任务书

作业任务	城市轨道交通监控系统典型故障处置	日　期			
班　组		计划开始时间		实际开始时间	
组　长		计划完成时间		实际完成时间	
作业地点					
作业内容					
作业过程中督查意见					

任务分组

学生任务分组见表 3-14。

表 3-14　学生任务分组表

班　级		日　期	
班　组		组　长	
班组成员	姓　名	任务角色	任务分工

任务实施

作业单见表 3-15。

表 3-15　城市轨道交通监控系统典型故障处置作业单

班　级		姓　名		班　组	
起始时间		终止时间		实际用时	
处置对象	故障现象	故障分析		处置办法	
监控工作站典型故障	监控画面无显示				
	监控画面卡顿或延迟严重				

续表

处置对象	故障现象	故障分析	处置办法
网络服务器典型故障	服务器卡顿或死机		
	网络服务中断		
网络交换机典型故障	设备整体断电		
	端口通信异常		
	交换机运行卡顿/死机		

任务评价

任务评价表见表 3-16。

表 3-16　城市轨道交通监控系统典型故障处置任务评价表

【考评单】城市轨道交通监控系统典型故障处置			日期：			
姓名：	学号：		班级：		教师签名：	
自我评价	互相评价		教师评价			
□熟练　□一般　□不熟练	□熟练　□一般　□不熟练		□熟练　□一般　□不熟练			
日期：	日期：		日期：			
城市轨道交通监控系统典型故障处置【评分细则】						
序号	**评分项**	**得分条件**	**分值**	**自我评价**	**互相评价**	**教师评价**
1	接受任务	明确工作任务，理解任务在现场工作中的重要程度	5			
2	知识评价	本次处置操作前需要掌握的知识程度	5			
3	能力评价	能正确分析工作站死机或软件卡死、退出的原因并掌握其处置办法	10			
		能正确分析工作站网络不通的原因并掌握其处置办法	10			
		能正确分析操作系统、应用软件、通信组件等软件故障的原因并掌握其处置办法	10			
		能正确分析网卡、内存、硬盘、CPU、主板、电源模块等硬件故障的原因并掌握其处置办法	10			

续表

序号	评分项	得分条件	分值	自我评价	互相评价	教师评价
3	能力评价	能正确分析交换机通信故障的原因并掌握其处置办法	10			
		能正确分析电源单元、风扇、底板、介质模块等硬件故障的原因并掌握其处置办法	10			
4	素养评价	操作计划性强，安排得当	5			
		团队合作能力强，善于沟通	5			
		自主学习能力强，勇于克服困难	5			
		严谨认真，积极参与现场教学	5			
5	评价反馈	学生能快速、准确地进行相关操作，以小组评价方式组织客观评价	5			
		对学生在任务实施过程中发现的问题进行小组审议后及时反馈	5			
6	得　分		100			

项目测试

文本

项目测试

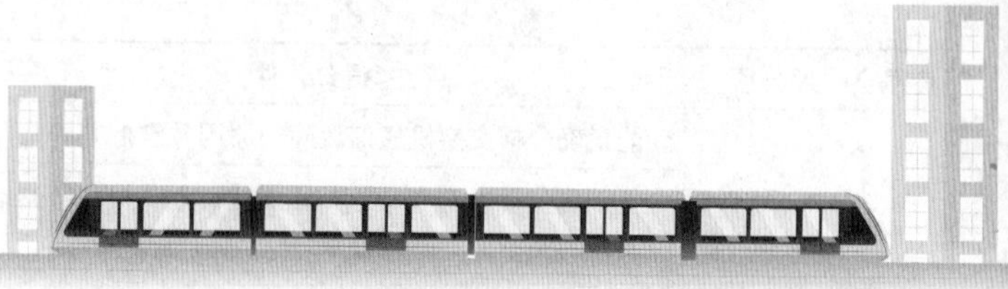

项目四

城市轨道交通自动扶梯系统

项目描述

自动扶梯是由一台特殊结构形式的链式输送机和两台特殊结构形式的胶带输送机组合而成且常被用于建筑物的不同层高间向上或向下倾斜输送乘客的固定电力驱动设备，自动扶梯带有循环运动的梯路。

本项目主要引导学生理解自动扶梯的功能。

项目知识导图

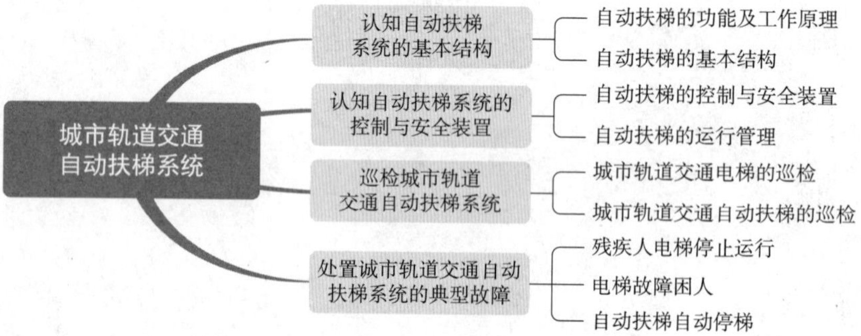

任务一 认知自动扶梯系统的基本结构

任务目标

1. 知识目标

①理解自动扶梯的功能；

②掌握自动扶梯的工作原理；

③掌握自动扶梯的基本结构。

2. 能力目标

①能够描述自动扶梯的工作原理；

②能够描述自动扶梯的基本结构。

3. 素养目标

①培养良好的工作素养；

②培养举一反三的能力；

③培养吃苦耐劳的精神。

任务描述

城市轨道交通自动扶梯的基本结构较为复杂，要求归纳出自动扶梯的功能及工作原理，掌握自动扶梯的基本结构，具备必要的关于自动扶梯的常用知识。

知识链接

一、自动扶梯的功能及工作原理

1. 自动扶梯的功能

在城市轨道交通车站中，自动扶梯的主要用途是解决乘客的快速疏散问题。通常情况下，地下车站的站台一般距离地面 5 ~ 7 m（浅埋式车站）甚至是 7 ~ 10 m（深埋式车站），若乘客进/出站只依赖于楼梯，则乘客的乘降速度将受到较大的干扰，这必将影响列车的运输效率。自动扶梯能提供一种自动输送乘客的能力，既满足了乘客快速进/出站的要求又满足了乘客对乘降舒适度的要求。

自动扶梯是由一部链式输送机和两部胶带式输送机组合而成的升降式传送系统，用于在建筑物的不同楼层间连续运载人员上下。自动扶梯具有连续输送功能，能够在较短的时间内输送大量乘客，其主要特点如下：

①输送能力大，运输效率高，特别适合于有大量人流汇集与疏散的场所（如商店、车站、机场和码头等）；

②自动扶梯能够逆转，上下行都能运行，以满足不同场景的需求；

③自动扶梯结构中有水平区段，可产生附加的能量损失，扶梯提升的高度较大时，乘客在自动扶梯上停留的时间较长；

④自动扶梯有智能控制功能，造价较高。

2. 自动扶梯的工作原理

自动扶梯的核心部件是两根链条，这两根链条绕着两对齿轮进行循环转动。在扶梯的顶部有一台电动机来驱动传动齿轮以便转动链圈（见图 4-1）。

自动扶梯由两组传送带组成：一组传送带是链传送带（由链条拖动的一串梯级）；另一组是摩擦传送带（由传送胶带组成的扶手带），这两组传送带都是由同一个驱动主轴来带动，确保两组传送带具有相同的线速度。

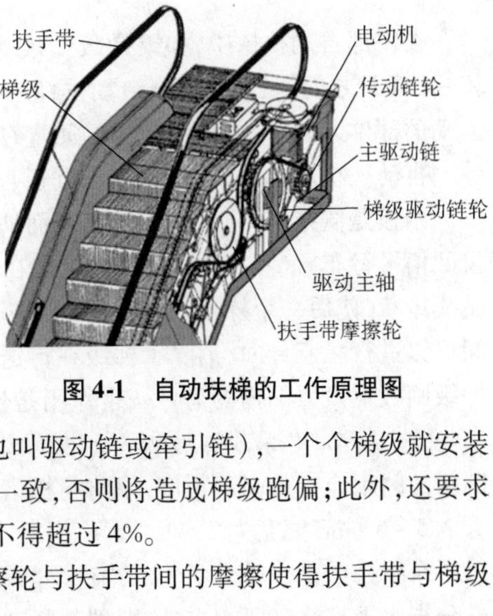

图 4-1　自动扶梯的工作原理图

在驱动主轴的左右两边装有梯级驱动链轮和扶手带驱动链轮。梯级驱动链轮分别带动左右两条梯级链（也叫驱动链或牵引链），一个个梯级就安装在梯级链上。为安全起见，左右两个梯级链的长度必须一致，否则将造成梯级跑偏；此外，还要求两个梯级链满足在 5 000 N 的预紧力作用下其长度误差不得超过 4%。

驱动主轴上的扶手带驱动链轮带动摩擦轮，通过摩擦轮与扶手带间的摩擦使得扶手带与梯级保持同步的运行速度。

在正常的情况下，自动扶梯的启动与制动都是在空载状态下进行（紧急制动除外）的。自动扶梯的运行速度一般控制在0.5～0.75 m/s之间。自动扶梯在正常运行的过程中无须变速（节能运行除外）。

二、自动扶梯的基本结构

视频

自动扶梯的构造

自动扶梯主要包括梯路、动力驱动装置、框架结构和安全控制装置四大部分。具体如下：

1. 梯路

梯路是供乘客站立并能连续提升的装置，包括梯级、牵引构件和梯路导轨系统（见图4-2）。

梯级是自动扶梯的主要承载部件，它是由踏板、踢板、支架及主/辅轮组成，如图4-3所示。梯级的宽度一般在580～1 100 mm之间，梯级的高度一般不高于240 mm。梯级的踏板面与踢板面做成齿槽，相互啮合，齿顶的距离不大于6 mm。梯级支架前端（远离踢板的一端）的两轮是梯级的主轮，它与梯级链连接；支架后端（靠近踢板的一端）的两轮是梯级的辅轮。主/辅轮是梯级的主要承载部件，主/辅轮的磨损及变形是影响自动扶梯运行质量的主要原因之一。

图4-2　自动扶梯的梯路导轨系统

图4-3　梯级的组成

在一部自动扶梯中，梯级是数量最多的部件。一部小提升高度自动扶梯的梯级数量通常在50～100只之间，大提升高度自动扶梯的梯级数量多达600～700只；由于梯级的数量多且为经常运动的部件，因此一部自动扶梯的质量在很大程度上取决于该扶梯的梯级结构及质量。

自动扶梯的梯级设计要求：自重轻、工艺性能好、装拆维修方便。

踏板是供乘客站立的平台，其表面应有足够的粗糙度。通常情况下，踏板表面采用众多的凸齿凹槽平行布置（见图4-4），以防乘客在踏板上滑动失重而造成危险。踢板面一般呈现圆弧面且做成齿状，使后一个梯级的踏板前端的齿嵌入前一个梯级踢板的凹槽内，从而使自动扶梯各梯级间可以进行相互导向，消除了梯级在传送过程中的左右晃动，进而保障了各梯级间的运行平稳性。梯级踏板上设置凹槽的另外一个作用是使梯级在运行过程中通过上下出入口处时能嵌入梳齿板中（见图4-5），使得梯级上的垃圾（如硬币、小石子等）不至于掉落到梯级与裙板间进而划伤裙板。凹槽的间距应有较高的精度，以防与梳齿板不匹配。通常情况下，凹槽的深度为10 mm，槽齿顶宽为2.5～5 mm，槽宽为7 mm。

牵引构件是传递牵引力的构件。目前常用的形式有两种，分别是牵引链条（驱动装置安装在上分支水平直线区段的末端，即端部驱动）和牵引齿条（驱动装置安装在倾斜直线区段的上分支与下分支之间，即中间驱动）。整部自动扶梯一般由两根闭合环路的牵引链条（或牵引齿条）来完成牵引力的任务。

图 4-4　踏板的表面

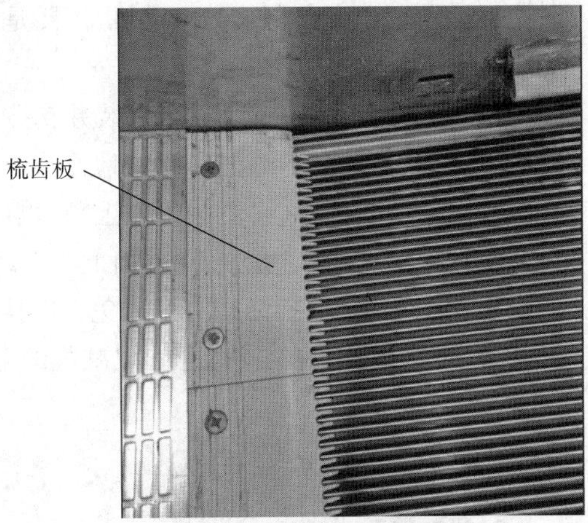

图 4-5　梳齿板

牵引链条通常为套筒滚子链，它是由链板、销轴和套筒（见图 4-6）等组成。为安装及检修方便，牵引链条多为可拆式，即在一定的分段长度处可进行链条的拆装。牵引链条是自动扶梯的主要传递动力的构件，其质量直接关系到自动扶梯运行的平稳性及噪声大小。

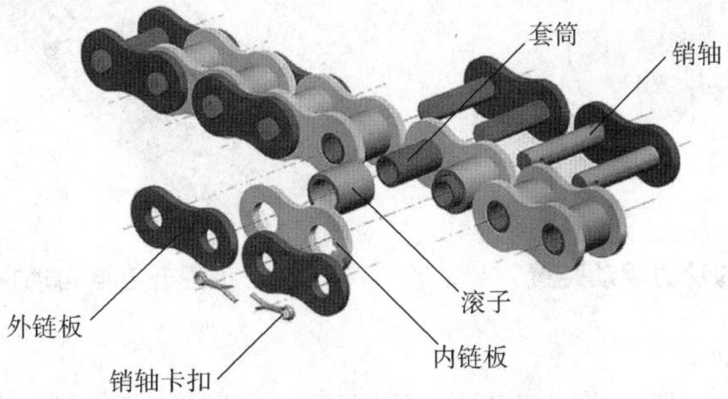

图 4-6　套筒滚子链

梯路导轨系统决定了各梯级在运动过程中的轨迹，它是自动扶梯的工作灵魂与主导。自动扶梯的梯路导轨系统包括主轮导轨、辅轮导轨（导轨是梯级运行的受载导轨）、主轮反轨、辅轮反轨（反轨在主轮及辅轮的上方，防止主轮及辅轮的上跳）、侧轨（又称主轮防偏侧轨，其主要作用是防止梯级跑偏，保证梯级顺利地通过梳齿板）、导轨支架及转向壁等，它主要担负由主轮和辅轮传递来的梯路荷载，引导梯级按照一定的规律运动。导轨系统中的倾斜直线区段是其主要的工作区段，用以完成乘客的输送任务。

2. 动力驱动装置

自动扶梯的工作强度很大，需要长时间地进行连续不断的强荷载传送；同时，又要求自动扶梯有尽可能紧凑的结构空间，以便减少对有限空间的占用。在此背景下，要求自动扶梯的动力驱动装置要满足：①有足够的刚度、强度及充分的安全性（尤其是出现过载时）；②机器零件的耐磨性好，以便保持系统长期可靠工作；③机器零件结构紧凑，确保拆装和维修方便。

自动扶梯的动力驱动装置（见图 4-7）主要包括电动机、减速器、制动器、传动链轮及飞轮等。根据动力驱动装置在自动扶梯中安装的位置不同，可分为端部驱动装置（以牵引链条为牵引件）和中间驱动装置（以牵引齿条为牵引件）两种。端部驱动装置安装在自动扶梯框架结构外建筑物的基座上,中间驱动装置安装在自动扶梯梯路中部的上下分支之间,结构相对紧凑。

自动扶梯驱动装置的电动机一般采用深槽或笼型异步电动机,具有较大的启动转矩,无须调速;也有采用交流变频调速的电动机,主要是为了节省能源,在轻载或空载时采用低速运行。

3. 框架结构

自动扶梯的框架结构是用来安装并支撑自动扶梯运动件的金属框架,主要是用来承受各种荷载以及将建筑物的两个不同高度的地面连接起来。图4-8为小提升高度自动扶梯的金属框架结构简图,它是由驱动段(可能设置在上部,也可能设置在下部)、张紧段和中间段组成的金属结构整体,其两端支撑在建筑物的不同层面上。自动扶梯的框架结构通常可分为有机架式框架结构及板梁式(采用工字钢)框架结构。为避免自动扶梯框架结构与建筑物的直接接触而产生振动及噪声传播,通常在框架结构的支座下垫以减震的金属片而将金属结构与建筑物隔离开来。

图4-7 自动扶梯的动力驱动装置

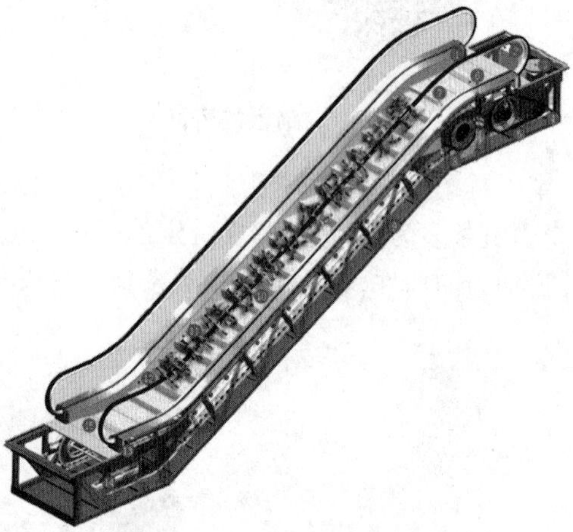

图4-8 小提升高度自动扶梯的金属框架结构简图

4. 安全控制装置

自动扶梯的安全控制装置是指其制动器。所谓的制动器是依靠摩擦而使机构进行制动的部件。制动器的一方与机构的固定机架相连,另一方与机构的转动件相连。当机构启动时,摩擦件的双方脱离,机构的转动件进行运转;当机构需要制动时,摩擦件的双方相互靠拢并压紧使得摩擦件与转动件相互挤压并产生足够的摩擦力矩进而消耗转动件的动能,使得转动机构减速直至停车。

自动扶梯所采用的制动器有三种类型:工作制动器、辅助制动器和紧急制动器。

(1)工作制动器

自动扶梯的工作制动器通常有盘式制动器(见图4-9)、块式制动器(见图4-10)和带式制动器(见图4-11)等。对于图4-9所示的盘式制动器而言,当制动器的励磁线圈接通直流电源后,环形励磁线圈便产生了磁场;当产生的电磁力大于弹簧的弹簧力时,圆柱螺旋压缩弹簧使得制动器的摩擦件与转动件分离,制动器释放;当制动器的励磁线圈断电时,线圈的电流衰减为零,磁场也随之衰减为零,工作弹簧便将摩擦件的衬垫片与制动器的转动件紧紧压为一体,使制动器由之前的释放状态转为制动状态。

工作制动器一般安装在电动机的高速轴上,需要制动时,几乎以匀减速使驱动主轴停止运转并保持停止状态。在自动扶梯不工作时,其制动器处于制动状态,以确保自动扶梯在静止状态下处于绝对安全(这一机制与地铁列车的制动系统极为相似)。当制动器的转动件需要工作时,通过接通电流以便释放制动器而使得转动件运转。

图 4-9　盘式制动器

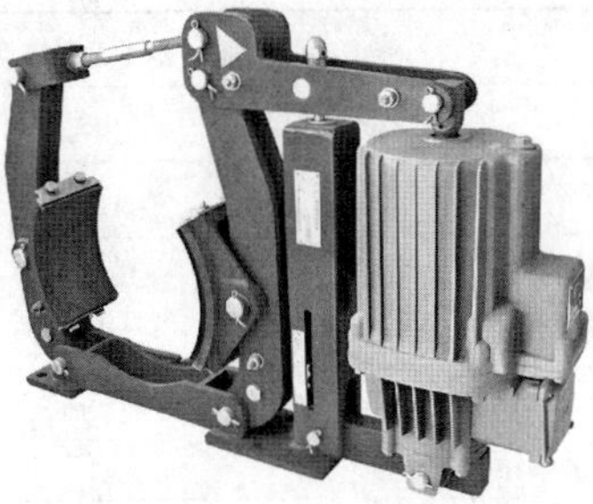

图 4-10　块式制动器

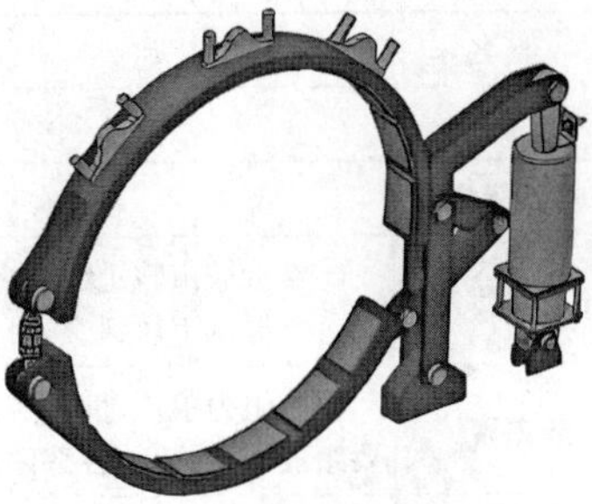

图 4-11　带式制动器

(2)辅助制动器

与工作制动器的作用相同,辅助制动器用于停梯时起保险作用,尤其是自动扶梯在满载乘客向下运行时起辅助制动的作用。

(3)紧急制动器

紧急制动器(见图 4-12)又称附加制动器。当驱动机组(电动机)与梯级驱动链轮之间的主驱动链突然断裂时,两者之间便失去了联系,此时即便切断电源使电动机停止运转但却无法阻止自动扶梯停止运转,甚至在自动扶梯上行时因主驱动链突然断裂而导致扶梯会突然改变方向而加速向下运行,造成乘客受到伤害。为避免该类事件的发生,需在驱动主轴上设一紧急制动器,在自动扶梯出现异常情况时起紧急制动的作用,保护乘客的安全。

图 4-12　紧急制动器

紧急制动器的动作条件:

①自动扶梯的运行速度超过额定速度的 40% 时;

②梯级出现非操作的反向运行时(主驱动链断裂)。

自动扶梯在空载状态下及荷载状态下的制停距离应满足以下条件:

①当 $v=0.5$ m/s 时,制停距离 S 应该满足 $0.2\ \text{m}<S<1.0\ \text{m}$;

②当 $v=0.65$ m/s 时,制停距离 S 应该满足 $0.3\ \text{m}<S<1.3\ \text{m}$;

③当 $v=0.75$ m/s 时,制停距离 S 应该满足 $0.35\ \text{m}<S<1.5\ \text{m}$。

届时,平均加速度 a 应满足 $-0.8\ \text{m/s}^2<a<-0.6\ \text{m/s}^2$,制停距离的下限对应于空载状态,制停距离的上限对应于满载状态。

所谓的“满载状态”,是指自动扶梯 2/3 及以上的梯级上站满了乘客(每名乘客按 60 kg 体重来计算)。当梯级宽度在 600 mm 时,平均每梯级站立 1 人可视为达到“满载状态”;当梯级宽度在 800 mm 时,平均每两梯级站立 3 人可视为达到“满载状态”;当梯级宽度在 1 000 mm 时,平均每梯级站立 2 人可视为达到“满载状态”。

任务实施

任务工单见表 4-1。

表 4-1　认知城市轨道交通自动扶梯的基本结构任务工单

<table>
<tr><td>姓　名</td><td></td><td>学　号</td><td></td></tr>
<tr><td>专　业</td><td></td><td>指导教师</td><td></td></tr>
<tr><td>小组成员及分工</td><td colspan="3"></td></tr>
<tr><td>任务目标</td><td colspan="3">①掌握城市轨道交通自动扶梯系统的特点。
②掌握城市轨道交通自动扶梯的基本结构</td></tr>
<tr><td>任务内容</td><td colspan="3">以小组为单位,前往自己所在城市的地铁企业进行实地调研,发掘城市轨道交通自动扶梯系统的主要组成部件,归纳各部件的作用</td></tr>
<tr><td>引导问题</td><td colspan="3">①城市轨道交通自动扶梯系统的功能有哪些?

②城市轨道交通自动扶梯的安全控制装置有哪些类型</td></tr>
<tr><td>实际训练</td><td colspan="3">①将以下城市轨道交通自动扶梯系统相关图片的方框处补充完整。
<table>
<tr><td>序号</td><td>城市轨道交通自动扶梯系统相关图片</td></tr>
<tr><td>1</td><td>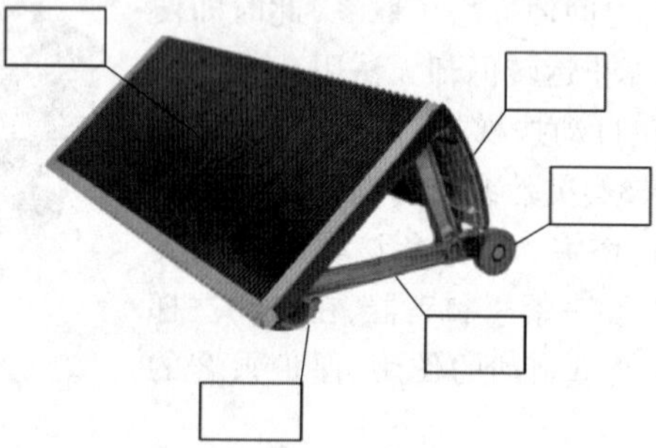</td></tr>
<tr><td>2</td><td>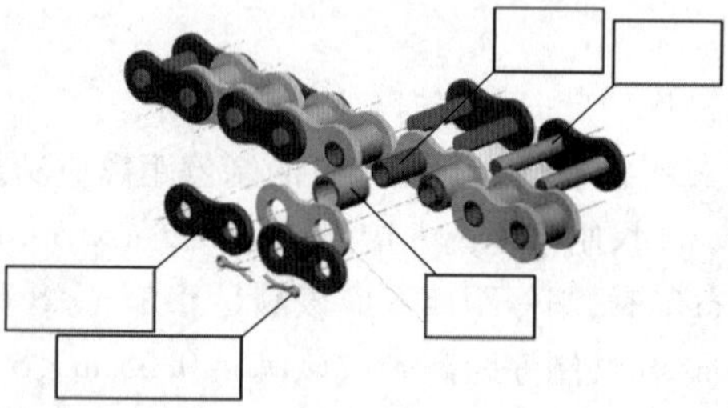</td></tr>
</table>
②简述城市轨道交通自动扶梯的工作原理。

③简述城市轨道交通自动扶梯的基本结构。

④查阅相关资料,分享防止自动扶梯伤人的相关知识</td></tr>
</table>

任务评价

任务评价表见表 4-2。

表 4-2　认知城市轨道交通自动扶梯的基本结构任务评价表

序号	评价内容	评价标准	分值	评分记录		
				自我评价	互相评价	教师评价
1	城市轨道交通自动扶梯系统的特点	4 个特点，每个特点 2.5 分	10			
2	城市轨道交通自动扶梯的工作原理	4 个要素，每个要素 5 分	20			
3	城市轨道交通自动扶梯系统相关图片的方框处补充完整	10 个方框处，每个方框处 3 分	30			
4	城市轨道交通自动扶梯的基本结构	4 个部分，每个部分 5 分	20			
5	团队协助，完成资料查阅，分享学习成果	有图片、有视频且资料内容不陈旧	20			
总成绩			100			

思考与练习

文本

思考与练习

任务二　认知自动扶梯系统的控制与安全装置

任务目标

1. 知识目标

①掌握自动扶梯的控制原理；

②掌握自动扶梯的运行管理。

2. 能力目标

①能够描述自动扶梯的控制与安全装置；

②能够描述自动扶梯的运行管理。

3. 素养目标

①培养认真细致的工作作风；

②培养举一反三的能力；

③强化专业技术能力。

任务描述

自动扶梯的控制与安全装置在自动扶梯的日常运行过程中扮演着极为重要的角色，要求归纳出自动扶梯的控制与安全装置的组成结构，掌握自动扶梯的运行管理，具备自动扶梯控制与安全装置的常用知识。

知识链接

一、自动扶梯的控制与安全装置

视频
自动扶梯的安全保护与防护装置

为了使自动扶梯能够更好地协调、安全地工作，还需为自动扶梯增设一系列的控制与安全保障装置，以便整个自动扶梯的运行更加平稳，消除乘客乘坐自动扶梯的后顾之忧。这一系列的控制与安全装置主要包括张紧装置、扶手装置、电气控制设备和安全装置等。

1. 张紧装置

张紧装置在自动扶梯中的作用如下：

①使自动扶梯的牵引链条获得必要的张力从而使扶梯正常运转；

②补偿牵引链条在运转过程中的伸张；

③辅助实现牵引链条及梯级由一个分支过渡到另一个分支的改向功能。

2. 扶手装置

扶手装置（见图 4-13）是供站立于踏板上的乘客扶手以防摔倒之用，它是一个重要的安全保护设备。扶手装置是由扶手驱动系统、扶手胶带和栏杆等组成。实际上，扶手装置是两台装在自动扶梯梯路两侧的胶带式输送机。

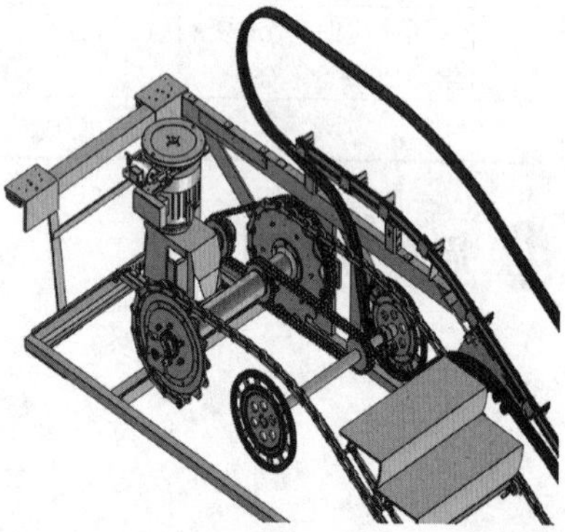

图 4-13　自动扶梯的扶手装置

3. 电气控制设备

自动扶梯的电气控制设备主要包括动力电路主开关、附属电路开关和照明电路开关等。根据自动扶梯电气控制方式的不同，可分为继电式电气控制、电子式电气控制和 PC 式（可编程控制器）电气控制三种。

（1）继电式电气控制

继电式电气控制自动扶梯的控制系统全部由接触器、继电器和行程开关等部件组成，结构相对较为简单，自动化程度较低，通过行程开关和继电器的组合来实现控制要求。

（2）电子式电气控制

针对继电式电气控制系统中所呈现的反应迟钝、易丢失瞬间故障信息的缺点，电子式电气控制自动扶梯的控制系统采用空气延时触点作为延时继电器、霍尔接近开关作为故障检测元件、光耦合器作为信号传输器件并利用逻辑电路从而实现了灵敏、可靠和抗干扰的系统控制。

（3）PC 式电气控制

与前两种控制系统相比，PC 式（可编程控制器）电气控制自动扶梯的控制系统具有可靠性高、抗干扰能力强、功能完善、编程简单、使用方便、控制程序可变及柔性好等特点。PC 式电气控制与继电式电气控制均由输入部分、逻辑部分和输出部分组成，其输入部分收集并保存被控制对象的实际运行数据和信息，逻辑部分处理输入部分所获取的信息并按照被控对象的实际动作要求而做出逻辑反应，输出部分可指出正在被控制的诸多装置中有哪几个设备需要实时操作处理。因 PC 式电气控制采用了微机技术，具有自己独立的软件及硬件系统，必要时只需改变运行程序而不必改变硬件设备便可实现多元控制功能的要求，这充分显示出 PC 式电气控制模式的灵活多变，也是继电式电气控制系统和电子式电气控制系统所无法比拟的。

4. 安全装置

自动扶梯的安全装置主要是防止自动扶梯在运行中可能会出现危及乘客安全的事故,以及在出现类似的事故后能及时中断扶梯的运行以便减少可能对乘客造成的伤害。自动扶梯的安全装置可分为必备安全装置和辅助安全装置两种。具体如下:

(1)必备安全装置

①工作制动器。自动扶梯正常停车时使用的制动器。在制动电路断开后该制动器应立即启动。

②紧急制动器。当驱动机组(电动机)与梯级驱动链轮之间采用传动链条进行连接时,应设置紧急制动器,以确保乘客的安全。

③速度监控装置。自动扶梯一旦发生失速(速度过大或过小),速度监控装置便切断自动扶梯的电源。

④梳齿板保护装置。在乘客所带物品嵌入梳齿槽后,该装置能使自动扶梯立即停止运转。

⑤梯级塌陷保护装置。一旦发生梯级塌陷,该装置便会使自动扶梯立即停止运转。

⑥裙板保护装置。当裙板与梯级之间的缝隙有异物进入后,该装置会使自动扶梯立即停止运转。

⑦电动机保护装置。该装置可以防止自动扶梯驱动电动机超载或电流过大。

⑧相位保护装置。该装置可以有效防止自动扶梯电源相位接错或相位脱开。

⑨急停按钮装置(见图4-14)。该装置为红色紧急开关,遇有紧急情况时按下该开关便可使自动扶梯立即停车。

(2)辅助安全装置

①辅助制动器。在自动扶梯停梯时,起保险作用。

②梯级上的黄色边框。该标志为安全站立区域的显示标志。

③扶手胶带同步监控装置。该装置用于监控扶手带的运行速度与梯级的运行速度是否相同,确保二者同步,以保障乘客的安全乘降。

图4-14 自动扶梯的急停按钮

二、自动扶梯的运行管理

自动扶梯运行管理的目的是保证设备处于正常运行的状态,实现系统的设计功能,为车站迅速运送乘客、维护良好的乘车环境提供强有力的保障。

1. 自动扶梯日常管理中应遵循的相关规定

①自动扶梯每日运转前应检查扶梯的踏板、扶手带、梳齿板、裙板保护胶条(或毛刷),去除夹杂在其中的碎小石子或口香糖等;

②用手感触以判断裙板及竖板的润滑剂是否充足;

③确认自动扶梯周围的安全设施(如三角警示牌、防止进入的栅栏等)有无破损等。

2. 自动扶梯的相关操作

(1)启动自动扶梯的操作

①将钥匙插入报警开关以便鸣响警笛,发出警示信号以告知附近的人员自动扶梯即将运转;

②确认自动扶梯的周围及扶梯的踏板上无人时,将钥匙插入自动扶梯的启动开关,向想要使用的方向(向上或向下)旋转,自动扶梯便开始工作;

③放开手,钥匙自动回到中立位置;

④待自动扶梯启动后,确认扶梯踏板和扶手带是否正常工作;若有异常声响或振动时,应立即按压紧急停止按钮以便停运自动扶梯;

⑤确认自动扶梯正常运转后,再试运转5~10 min,在试运转的过程中按压紧急停止按钮(在运行中如需使用自动扶梯的紧急停止按钮时,应事先通知乘客;在紧急状态下不得不使用紧急停

止按钮时，应告知乘客“紧急停止，请抓紧扶手带”后再进行操作；当扶梯踏板上有乘客时，除发生紧急情况外绝不能停止运行扶梯）以确认其工作情况；

⑥待自动扶梯平稳运行后，再将钥匙拔出；操作人员方可离开设备，自动扶梯投入运营。

（2）停止自动扶梯的操作

①将钥匙插入报警开关以便鸣响警笛，发出警示信号以告知附近的人员自动扶梯即将停止运行，禁止乘客进入自动扶梯的乘梯口；

②在确认自动扶梯附近及扶梯踏板上无人后再将钥匙插入扶梯的停止开关进行操作；

③待扶梯停止后，将钥匙从扶梯开关中拔出；

④当天的运行结束后，应认真检查扶梯踏板、扶手带、梳齿板和保护裙板并清洁；

⑤为防止乘客将停用中的自动扶梯当楼梯使用，应采取相应措施挡住乘梯口并设置停用牌以告知乘客。

（3）自动扶梯换向运行的操作

①进行自动扶梯换向操作前，应利用通知停止的警笛发出警示信号以告知附近的人员自动扶梯即将停止运行，禁止乘客进入自动扶梯的乘梯口；

②在确认扶梯踏板上无人后再将钥匙插入扶梯的停止开关进行操作；

③待扶梯完全停止后，再重新操作启动开关使得扶梯向希望的方向运行（若乘梯口有扶梯运行方向的标识显示，一旦扶梯转换运行方向，则扶梯运行方向的标识也要随之改变）；

④待自动扶梯平稳运行后，将钥匙拔出；操作人员可离开设备，自动扶梯投入运营。

任务书

根据“知识链接”的相关内容，登录城市轨道交通自动扶梯系统虚拟仿真实训平台，进行自动扶梯系统的模拟操作，作业时间30 min，作业任务书见表4-3。

表4-3　自动扶梯的模拟操作作业任务书

作业任务	自动扶梯系统的模拟操作	日　　期			
班　　组		计划开始时间		实际开始时间	
组　　长		计划完成时间		实际完成时间	
作业地点					
作业内容					
作业过程中督查意见					

任务分组

学生任务分组见表4-4。

表4-4　学生任务分组表

班　　级			日　　期	
班　　组			组　　长	
班组成员	姓　　名	任务角色	任务分工	

任务实施

作业单见表4-5。

表 4-5　自动扶梯系统的模拟操作作业单

班　级		姓　名		班　组	
起始时间		终止时间		实际用时	
作业项目	作业过程				
启动自动扶梯的操作	①				
	②				
	③				
	④				
	⑤				
	⑥				
停止自动扶梯的操作	①				
	②				
	③				
	④				
	⑤				
自动扶梯换向运行的操作	①				
	②				
	③				
	④				

任务评价

任务评价表见表4-6。

表 4-6　自动扶梯的模拟操作任务评价表

【考评单】自动扶梯的模拟操作		日期：	
姓名：	学号：	班级：	教师签名：
自我评价	互相评价	教师评价	
□熟练　□一般　□不熟练	□熟练　□一般　□不熟练	□熟练　□一般　□不熟练	
日期：	日期：	日期：	

自动扶梯的模拟操作【评分细则】

序号	评分项	得分条件	分值	自我评价	互相评价	教师评价
1	接受任务	明确工作任务，理解任务在现场工作中的重要程度	5			
2	知识评价	本次操作前需要掌握的知识程度	5			
3	能力评价	能正确进行启动自动扶梯的操作	20			
		能正确进行停止自动扶梯的操作	20			
		能正确进行自动扶梯换向运行的操作	20			

续表

序号	评分项	得分条件	分值	自我评价	互相评价	教师评价
4	素养评价	操作计划性强,安排得当	5			
		团队合作能力强,善于沟通	5			
		自主学习能力强,勇于克服困难	5			
		严谨认真,积极参与现场教学	5			
5	评价反馈	学生能快速、准确地进行相关操作,以小组评价方式组织客观评价	5			
		对学生在任务实施过程中发现的问题进行小组审议后及时反馈	5			
6	得　分		100			

任务三 巡检城市轨道交通自动扶梯系统

任务目标

1. 知识目标

①掌握城市轨道交通电梯的巡检流程；

②掌握城市轨道交通自动扶梯的巡检流程。

2. 能力目标

①能够描述电梯的电梯锁、电梯内外按钮及显示、电梯厅门套、厅门地坎及平层、厅门及轿门、轿厢运行、井道及底坑的巡检内容及标准；

②能够描述自动扶梯机房盖板、自动扶梯相关标识、自动扶梯梳齿板、自动扶梯梯级、自动扶梯运行状态(通过试乘试用来确认)、自动扶梯扶手带、自动扶梯毛刷以及自动扶梯运行指示灯的巡检内容及标准。

3. 素养目标

①培养认真刻苦的工作作风；

②养成团结协助的职业态度；

③培养认真细致的工作作风。

任务描述

巡检城市轨道交通自动扶梯的意义重大,要求归纳出城市轨道交通电梯、自动扶梯的巡检内容及标准,掌握巡检过程中的注意事项,具备巡检城市轨道交通自动扶梯的常用技能。

知识链接

一、城市轨道交通电梯的巡检

1. 电梯锁的巡检内容及标准

(1)电梯锁的巡检内容

①基站锁匙开关是否完好；

②受控层开关是否完好。

(2)电梯锁的巡检标准

①基站锁匙开关完好；

②受控层开关完好。

2. 电梯内外按钮及显示的巡检内容及标准

(1)电梯内外按钮及显示(见图4-15)的巡检内容

①电梯内外楼层的显示是否正确；

②电梯的相关按钮是否完好；

③电梯相关按钮的功能是否健全。

(2)电梯内外按钮及显示的巡检标准

①电梯内外楼层的显示正确；

②电梯的相关按钮完好；

③电梯相关按钮的功能健全。

图4-15　电梯内外按钮及显示

3. 电梯厅门套、厅门地坎及平层的巡检内容及标准

(1)电梯厅门套、厅门地坎及平层的巡检内容

①电梯厅门套、厅门地坎是否完好；

②电梯厅门套、厅门地坎是否清洁；

③电梯厅门套、厅门地坎是否卡夹异物；

④电梯的平层是否准确。

(2)电梯厅门套、厅门地坎及平层的巡检标准

①电梯厅门套、厅门地坎完好；

②电梯厅门套、厅门地坎清洁；

③电梯厅门套、厅门地坎无卡夹异物；

④电梯的平层准确(高度差在 ±5 mm 以内)。

4. 电梯厅门及轿门的巡检内容及标准

(1)电梯厅门及轿门的巡检内容

①电梯的厅门及轿门是否完好；

②电梯的厅门及轿门在开/关过程中是否畅顺,有无异响。

(2)电梯厅门及轿门的巡检标准

①电梯的厅门及轿门完好；

②电梯的厅门及轿门在开/关过程中畅顺且无异响。

5. 电梯轿厢运行的巡检内容及标准

(1)电梯轿厢运行的巡检内容

①轿厢在上/下行方向的运行过程中是否畅顺；

②轿厢在启动、运行及停止时有无异常噪声、振动及碰撞。

(2)电梯轿厢运行的巡检内容

①轿厢在上/下行方向的运行过程中畅顺；

②轿厢在启动、运行及停止时无异常噪声、振动及碰撞。

6. 电梯井道及底坑的巡检内容及标准

(1)电梯井道及底坑的巡检内容

①井道壁及底坑是否有漏水或积水；

②底坑的卫生状况是否良好(如有纸屑等生活垃圾应及时清理)。

(2)电梯井道及底坑的巡检内容

①井道壁及底坑无漏水或积水；

②底坑的卫生状况良好。

二、城市轨道交通自动扶梯的巡检

1. 自动扶梯机房盖板的巡检内容及标准

(1)机房盖板的巡检内容

①机房盖板是否缺失；

②机房盖板是否摆放平整。

(2)机房盖板的巡检标准

①机房盖板未缺失；

②机房盖板摆放平整。

2. 自动扶梯相关标识的巡检内容及标准

(1)自动扶梯相关标识的巡检内容

①警示标识的位置是否正确；

②相关标识的文字是否清晰。

(2)自动扶梯相关标识的巡检标准

①警示标识(见图4-16)的位置正确；

②相关标识的文字清晰。

图4-16　自动扶梯的警示标识

3. 自动扶梯梳齿板的巡检内容及标准

(1)自动扶梯梳齿板的巡检内容

①梳齿板有无断齿；

②梳齿板是否清洁；

③梳齿板有无卡夹异物。

(2)自动扶梯梳齿板的巡检标准

①梳齿板无断齿；

②梳齿板清洁；

③梳齿板无卡夹异物。

4. 自动扶梯梯级的巡检内容及标准

(1)自动扶梯梯级的巡检内容

①梯级有无破损；

②梯级是否清洁；

③在梯级通过梳齿板时，梳齿是否居中。

(2)自动扶梯梯级的巡检标准

①梯级无破损；

②梯级清洁；

③在梯级通过梳齿板时，梳齿居中。

5. 自动扶梯运行状态(通过试乘试用来确认)的巡检内容及标准

(1)自动扶梯运行状态的巡检内容

①梯级运行状态是否平稳；

②自动扶梯运行时，设备运转有无异响及异味；

③自动扶梯的语音提示功能是否正常；

④自动扶梯运行时，梳齿板与梯级之间有无碰擦；

⑤自动扶梯运行时，相邻梯级之间有无碰擦；

⑥自动扶梯运行时，梯级与裙板之间有无碰擦；

⑦梯级与裙板之间有无卡夹异物。

(2)自动扶梯运行状态的巡检标准

①梯级运行状态平稳；

②自动扶梯运行时，设备运转无异响及异味；

③自动扶梯的语音提示功能正常；

④自动扶梯运行时，梳齿板与梯级之间无碰擦；

⑤自动扶梯运行时，相邻梯级之间无碰擦；

⑥自动扶梯运行时，梯级与裙板之间无碰擦；

⑦梯级与裙板之间无卡夹异物。

6. 自动扶梯扶手带的巡检内容及标准

(1)自动扶梯扶手带的巡检内容

①扶手带与扶手带护口周边槽缝之间有无卡夹异物；

②扶手带有无开裂及发热现象；

③扶手带运行与梯级运行是否同步(扶手带运行可以略快于梯级运行)。

(2)自动扶梯扶手带的巡检标准

①扶手带与扶手带护口周边槽缝之间无卡夹异物；

②扶手带无开裂及发热现象；

③扶手带运行与梯级运行同步(扶手带运行可以略快于梯级运行)。

7. 自动扶梯毛刷的巡检内容及标准

(1)自动扶梯毛刷的巡检内容

①毛刷有无破损或缺失；

②毛刷是否清洁。

(2)自动扶梯毛刷的巡检标准

①毛刷无破损或缺失；

②毛刷清洁。

8. 自动扶梯运行指示灯的巡检内容及标准

(1)自动扶梯运行指示灯(见图4-17)的巡检内容

①运行指示灯显示是否正常；

②运行指示灯指示是否正确。

(2)自动扶梯运行指示灯的巡检标准

①运行指示灯显示正常；

②运行指示灯指示正确。

图4-17　自动扶梯运行指示灯

任务书

根据“知识链接”的相关内容，登录城市轨道交通自动扶梯系统虚拟仿真实训平台，进行城市轨道交通自动扶梯系统相关设备巡检的模拟操作，作业时间30 min，作业任务书见表4-7。

表 4-7　城市轨道交通自动扶梯系统相关设备巡检作业任务书

作业任务	城市轨道交通自动扶梯系统相关设备巡检	日　期			
班　组		计划开始时间		实际开始时间	
组　长		计划完成时间		实际完成时间	
作业地点					
作业内容					
作业过程中督查意见					

任务分组

学生任务分组见表 4-8。

表 4-8　学生任务分组表

班　级			日　期	
班　组			组　长	
班组成员	姓　名	任务角色	任务分工	

任务实施

作业单见表 4-9。

表 4-9　城市轨道交通自动扶梯系统相关设备巡检作业单

班　级		姓　名		班　组	
起始时间		终止时间		实际用时	
巡检对象		巡检内容	状态记录	情况说明	
城市轨道交通电梯的巡检	电梯锁的巡检	基站锁匙开关是否完好	□完好		
			□不完好		
		受控层开关是否完好	□完好		
			□不完好		
	电梯内外按钮及显示的巡检	电梯内外楼层的显示是否正确	□正确		
			□不正确		

续表

巡检对象		巡检内容	状态记录	情况说明
城市轨道交通电梯的巡检	电梯内外按钮及显示的巡检	电梯的相关按钮是否完好	□完好	
			□不完好	
		电梯相关按钮的功能是否健全	□健全	
			□不健全	
	电梯厅门套、厅门地坎及平层的巡检	电梯厅门套、厅门地坎是否完好	□完好	
			□不完好	
		电梯厅门套、厅门地坎是否清洁	□清洁	
			□不清洁	
		电梯厅门套、厅门地坎是否卡夹异物	□卡夹异物	
			□无卡夹异物	
		电梯的平层是否准确	高度差(　　)mm	
			□准确　□不准确	
	电梯厅门及轿门的巡检	电梯的厅门及轿门是否完好	□完好	
			□不完好	
		电梯的厅门及轿门在开/关过程中是否畅顺,有无异响	□畅顺且无异响	
			□畅顺	
			□有异响	
	电梯轿厢运行的巡检	轿厢在上/下行方向的运行过程中是否畅顺	□畅顺	
			□不畅顺	
		轿厢在启动、运行及停止时有无异常噪声、振动及碰撞	□无异常噪声、振动及碰撞	
			□有异常噪声	
			□有振动	
			□有碰撞	
	电梯井道及底坑的巡检	井道壁及底坑是否有漏水或积水	□无漏水或积水	
			□有漏水	
			□有积水	
		底坑的卫生状况是否良好	□状况良好	
			□状况不良	
城市轨道交通自动扶梯的巡检	自动扶梯机房盖板的巡检	机房盖板是否缺失	□缺失	
			□未缺失	
		机房盖板是否摆放平整	□平整	
			□不平整	
	自动扶梯相关标识的巡检	警示标识的位置是否正确	□正确	
			□不正确	
		相关标识的文字是否清晰	□清晰	
			□不清晰	
	自动扶梯梳齿板的巡检	梳齿板有无断齿	□断齿	
			□无断齿	

续表

巡检对象		巡检内容	状态记录	情况说明
城市轨道交通自动扶梯的巡检	自动扶梯梳齿板的巡检	梳齿板是否清洁	□清洁	
			□不清洁	
		梳齿板有无卡夹异物	□卡夹异物	
			□无卡夹异物	
	自动扶梯梯级的巡检	梯级有无破损	□破损	
			□无破损	
		梯级是否清洁	□清洁	
			□不清洁	
		在梯级通过梳齿板时，梳齿是否居中	□居中	
			□不居中	
	自动扶梯运行状态的巡检	梯级运行状态是否平稳	□平稳	
			□不平稳	
		自动扶梯运行时，设备运转有无异响及异味	□无异响及异味	
			□有异响	
			□有异味	
		自动扶梯的语音提示功能是否正常	□正常	
			□不正常	
		自动扶梯运行时，梳齿板与梯级之间有无碰擦	□有碰擦	
			□无碰擦	
		自动扶梯运行时，相邻梯级之间有无碰擦	□有碰擦	
			□无碰擦	
		自动扶梯运行时，梯级与裙板之间有无碰擦	□有碰擦	
			□无碰擦	
		梯级与裙板之间有无卡夹异物	□卡夹异物	
			□无卡夹异物	
	自动扶梯扶手带的巡检	扶手带与扶手带护口周边槽缝之间有无卡夹异物	□卡夹异物	
			□无卡夹异物	
		扶手带有无开裂及发热现象	□无开裂及发热现象	
			□有开裂现象	
			□有发热现象	
		扶手带运行与梯级运行是否同步	□同步	
			□不同步	
	自动扶梯毛刷的巡检	毛刷有无破损或缺失	□无破损或缺失	
			□有破损	
			□有缺失	
		毛刷是否清洁	□清洁	
			□不清洁	

续表

巡检对象		巡检内容	状态记录	情况说明
城市轨道交通自动扶梯的巡检	自动扶梯运行指示灯的巡检	运行指示灯显示是否正常	□正常	
			□不正常	
		运行指示灯指示是否正确	□正确	
			□不正确	
故障记录：				
检查人签字：		班组成员签字：		班组长签字：
注意事项		1. “状态记录”据检查的实际情况在相应的□内打“√”。 2. “故障记录”栏填写巡检时发现的问题，确保填写规范、问题描述清楚，字迹书写清晰。 3. 签字处需填写相关人员的全名，不得代签及涂改。 4. 作业内容以表格所示范围为准，未呈现的内容不设故障，按照作业顺序进行		

任务评价

任务评价表见表4-10。

表4-10　城市轨道交通自动扶梯系统相关设备巡检任务评价表

【考评单】城市轨道交通自动扶梯系统相关设备巡检		日期：	
姓名：	学号：	班级：	教师签名：
自我评价	互相评价	教师评价	
□熟练　□一般　□不熟练	□熟练　□一般　□不熟练	□熟练　□一般　□不熟练	
日期：	日期：	日期：	

城市轨道交通自动扶梯系统相关设备巡检【评分细则】

序号	评分项	得分条件	分值	自我评价	互相评价	教师评价
1	接受任务	明确工作任务，理解任务在现场工作中的重要程度	4			
2	知识评价	本次巡检前需要掌握的知识程度	4			
3	能力评价	能正确掌握电梯锁的巡检内容及标准	5			
		能正确掌握电梯内外按钮及显示的巡检内容及标准	5			
		能正确掌握电梯厅门套、厅门地坎及平层的巡检内容及标准	5			
		能正确掌握电梯厅门及轿门的巡检内容及标准	5			
		能正确掌握电梯轿厢运行的巡检内容及标准	5			
		能正确掌握电梯井道及底坑的巡检内容及标准	5			
		能正确掌握自动扶梯机房盖板的巡检内容及标准	5			
		能正确掌握自动扶梯相关标识的巡检内容及标准	5			
		能正确掌握自动扶梯梳齿板的巡检内容及标准	5			
		能正确掌握自动扶梯梯级的巡检内容及标准	5			

续表

序号	评分项	得分条件	分值	自我评价	互相评价	教师评价
3	能力评价	能正确掌握自动扶梯运行状态的巡检内容及标准	5			
		能正确掌握自动扶梯扶手带的巡检内容及标准	5			
		能正确掌握自动扶梯毛刷的巡检内容及标准	5			
		能正确掌握自动扶梯运行指示灯的巡检内容及标准	5			
4	素养评价	操作计划性强,安排得当	3			
		团队合作能力强,善于沟通	3			
		自主学习能力强,勇于克服困难	3			
		严谨认真,积极参与现场教学	3			
5	评价反馈	学生能快速、准确地进行相关操作,以小组评价方式组织客观评价	5			
		对学生在任务实施过程中发现的问题进行小组审议后及时反馈	5			
6	得　分		100			

任务四　处置城市轨道交通自动扶梯系统典型故障

任务目标

1. 知识目标

①掌握残疾人电梯停止运行的处置流程(或办法);

②掌握电梯故障困人的处置流程(或办法);

③掌握自动扶梯自动停梯的处置流程(或办法)。

2. 能力目标

①能够描述残疾人电梯停止运行的处置流程(或办法);

②能够描述电梯故障困人的处置流程(或办法);

③能够描述自动扶梯自动停梯的处置流程(或办法)。

3. 素养目标

①培养发现问题、分析问题以及解决问题的能力;

②加强安全操作的责任意识;

③养成团结协助的职业态度。

任务描述

处置自动扶梯系统的典型故障在城市轨道交通自动扶梯系统运营过程中极为重要,要求归纳出残疾人电梯停止运行、电梯故障困人以及自动扶梯自动停梯时的处置流程(或办法),具备处置城市轨道交通自动扶梯系统典型故障的技能。

知识链接

处置城市轨道交通自动扶梯系统的典型故障见表4-11。

说明:以下处置流程(或办法)以京州地铁运营有限责任公司为例,其他地铁运营有限责任公司关于自动扶梯系统的典型故障处置流程（或办法）不尽相同。

表 4-11　处置城市轨道交通自动扶梯系统的典型故障

序号	故障现象	处置流程（或办法）
1	残疾人电梯停止运行	①查看残疾人电梯的楼层显示是否亮起，若未亮起，应立即报修；若亮起，则根据显示内容进行相关判断，进入下一步
		②查看残疾人电梯的受控层开关是否被打开，若已打开应将其关闭；若未打开，进入下一步
		③查看残疾人电梯门有无常开，若呈现常开，应进一步查看地坎槽内及门边有无卡夹杂物（如有杂物，应将其清除）；若未呈现常开，则进入下一步
		④查看车站控制室控制台上的残疾人电梯消防按钮（黄底红色蘑菇头）是否被按下，若被按下，恢复即可；若未被按下，则进入下一步
		⑤立即报修
2	电梯故障困人	①通过车站控制室内控制台上的紧急电话安抚被困人员；通过轿厢内的摄像头及紧急电话询问的方式了解现场情况，劝诫被困人员保持冷静，耐心等待维修人员，切忌自行扒撬轿门，应手握扶手靠轿壁站立
		②在安抚被困人员的同时，站务人员应拨打电梯公司的报警电话或维保人员手机并记录时间
		③站务人员通知设备维修调度，由设调通知电扶梯工区以便派人尽快赶到现场
		④站务人员携带全套电梯专用钥匙（包括三角钥匙、控制柜钥匙、锁梯钥匙及受控层钥匙）在关人电梯的顶层厅门处等待
		⑤到达厅门处的持电梯操作证人员向现场站务人员询问情况后，依据电梯控制柜中张贴的紧急救助程序进行操作，尽快将被困人员放出
		⑥如持电梯操作证人员使用电梯控制柜中紧急操作程序后仍不能放出乘客，应继续安抚被困人员，等待电梯公司的维修人员赶到后配合施救
		⑦释放被困乘客后，应要求电梯公司的维保人员全面检修电梯及提供全面的事故分析报告
3	自动扶梯自动停梯	①查看自动扶梯的运行指示灯是否正常亮起，若未亮起，则立即报修；若已亮起，则进入下一步
		②查看扶梯两端的梳齿板上有无卡夹异物（如小石子、螺钉或硬币等）及扶手带出入口有无卡夹异物，若无异物，则立即报修；若有异物，则清除异物后进入下一步
		③试开自动扶梯，试开时确保先试开上行方向；若试开不成功，则立即报修；若试开成功，则进入下一步
		④试开上行方向正常后，再试开下行方向；若试开下行方向成功，则自动扶梯投入使用；若试开下行方向不成功或启动后在 1 h 内再次无故停梯，应立即报修

任务书

根据“知识链接”的相关内容，登录城市轨道交通自动扶梯系统虚拟仿真实训平台，进行处置城市轨道交通自动扶梯系统典型故障的模拟操作，作业时间 30 min，作业任务书见表 4-12。

表 4-12　城市轨道交通自动扶梯系统典型故障处置作业任务书

<table>
<tr><td>作业任务</td><td colspan="2">城市轨道交通自动扶梯系统典型故障处置</td><td>日　期</td><td colspan="2"></td></tr>
<tr><td>班　组</td><td></td><td>计划开始时间</td><td></td><td>实际开始时间</td><td></td></tr>
<tr><td>组　长</td><td></td><td>计划完成时间</td><td></td><td>实际完成时间</td><td></td></tr>
<tr><td>作业地点</td><td colspan="5"></td></tr>
<tr><td>作业内容</td><td colspan="5"></td></tr>
<tr><td>作业过程中
督查意见</td><td colspan="5"></td></tr>
</table>

任务分组

学生任务分组见表4-13。

表4-13　学生任务分组表

班　级		日　期	
班　组		组　长	
班组成员	姓　名	任务角色	任务分工

任务实施

作业单见表4-14。

表4-14　城市轨道交通自动扶梯系统典型故障处置作业单

班　级		姓　名		班　组	
起始时间		终止时间		实际用时	
序号	故障现象	处置流程(或办法)			
1	残疾人电梯停止运行	①			
		②			
		③			
		④			
		⑤			
2	电梯故障困人	①			
		②			
		③			
		④			
		⑤			
		⑥			
		⑦			
3	自动扶梯自动停梯	①			
		②			
		③			
		④			

任务评价

任务评价表见表4-15。

表 4-15　城市轨道交通自动扶梯系统典型故障处置任务评价表

【考评单】城市轨道交通自动扶梯系统典型故障处置		日期：	
姓名：	学号：	班级：	教师签名：
自我评价	互相评价	教师评价	
□熟练　□一般　□不熟练	□熟练　□一般　□不熟练	□熟练　□一般　□不熟练	
日期：	日期：	日期：	

城市轨道交通自动扶梯系统典型故障处置【评分细则】

序号	评分项	得分条件	分值	自我评价	互相评价	教师评价
1	接受任务	明确工作任务，理解任务在现场工作中的重要程度	5			
2	知识评价	本次处置操作前需要掌握的知识程度	5			
3	能力评价	能正确分析残疾人电梯停止运行的原因并掌握其处置流程（或办法）	20			
		能正确分析电梯故障困人的原因并掌握其处置流程（或办法）	20			
		能正确分析自动扶梯自动停梯的原因并掌握其处置流程（或办法）	20			
4	素养评价	操作计划性强，安排得当	5			
		团队合作能力强，善于沟通	5			
		自主学习能力强，勇于克服困难	5			
		严谨认真，积极参与现场教学	5			
5	评价反馈	学生能快速、准确地进行相关操作，以小组评价方式组织客观评价	5			
		对学生在任务实施过程中发现的问题进行小组审议后及时反馈	5			
6	得　　分		100			

项目测试

文本

项目测试

项目五

城市轨道交通低压配电及照明系统

项目描述

城市轨道交通低压配电系统是为城市轨道交通运营提供所需电能的系统，它不仅为城市轨道交通电动列车提供牵引用电，而且还为城市轨道交通运营服务的其他设备、设施提供电能（如照明、通风、空调、给排水、通信、信号、防灾报警以及自动扶梯等）。城市轨道交通照明系统主要保障城市轨道交通的运营安全和运行效率。城市轨道交通低压配电及照明系统应具备安全可靠、技术先进、功能齐全、调度方便以及经济合理等特点。在城市轨道交通运营中，低压配电及照明系统中断不但会造成城市轨道交通运输系统的瘫痪，而且会危及乘客的生命与财产安全。鉴于此，高度可靠而又经济合理的低压配电及照明系统是城市轨道交通正常运营的前提和重要保证。

项目知识导图

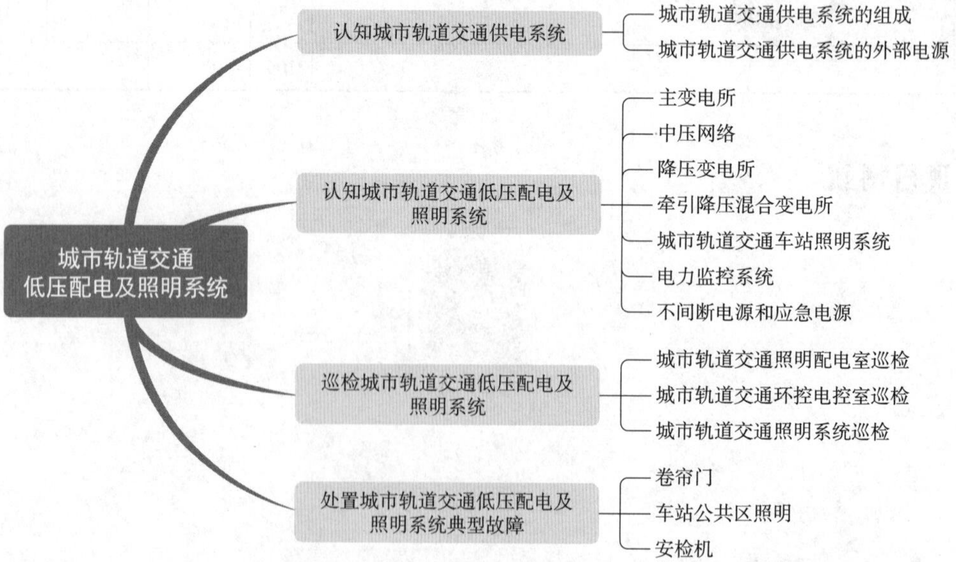

任务一　认知城市轨道交通供电系统

任务目标

1. 知识目标

①掌握城市轨道交通供电系统的组成；

②掌握城市轨道交通供电系统的外部电源。

2. 能力目标

①能够描述城市轨道交通供电系统的组成；

②能够描述城市轨道交通供电系统的外部电源。

3. 素养目标

①培养良好的职业素养；

②培养认真细致的工作作风。

任务描述

城市轨道交通供电系统的主要作用是为城市轨道交通的正常运营提供所需的电能，要求归纳出城市轨道交通供电系统的组成，认知城市轨道交通供电系统的外部电源，具备必要的城市轨道交通供电系统的常用知识。

知识链接

一、城市轨道交通供电系统的组成

城市轨道交通供电系统是由电力系统经升压变压器、高压输电网、主变电所、配电网络、降压变电所和换流器等环节向城市轨道交通线路输送电能的全体供电系统。城市轨道交通供电系统主要用于向城市轨道交通车辆和各类机电设备系统提供安全、可靠的电力供应，满足各级供电网络在正常情况下的监视、测量、计量、调整和控制功能；在事故情况下的安全操作联锁功能以及在灾害情况下的故障保护功能。

城市轨道交通供电系统主要包括电源系统、牵引供电系统、动力照明供电系统和电力监控系统四部分。

1. 电源系统

电源系统是将来自城市电网的高压电源降压为城市轨道交通系统可以使用的中压电源，或者是将城市电网的中压电源引入城市轨道交通系统并通过中压环网的供电网络分配给牵引供电系统和动力照明供电系统。显然，城市电网的高压电源及中压电源属于外部电源（见图5-1中“虚线2”的上方），城市轨道交通内部的中压电源属于内部电源（通常也称为中压环网，见图5-1中“虚线2”的下方）。

2. 牵引供电系统

牵引供电系统是将引自主变电所（或地方电网）的中压电源经过牵引变电所降压整流后变为适合城市轨道交通车辆使用的直流电源并通过接触网和回流网供给城市轨道交通车辆使用的系统。

城市轨道交通牵引变电站及其以后部分统称为“牵引供电系统”，它包括直流牵引变电所、馈电线、接触网、轨道（走行轨）及回流线等。在城市轨道交通牵引供电系统中，电能从牵引变电所经馈电线、接触网输送给电动列车,再从电动列车经钢轨(俗称"轨道回路")及回流线流回牵引变电所。由馈电线、接触网、轨道回路及回流线组成的供电网络称为牵引网。因此,城市轨道交通牵引供电系统即由直流牵引变电所和牵引网组成,如图 5-2 所示。

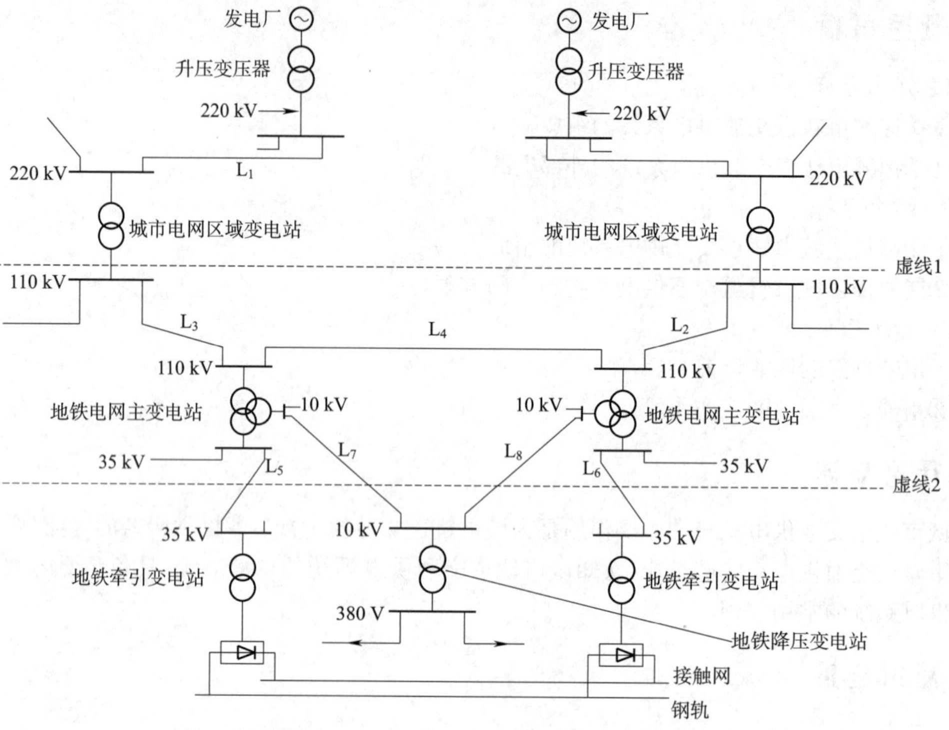

图 5-1　供电系统结构图

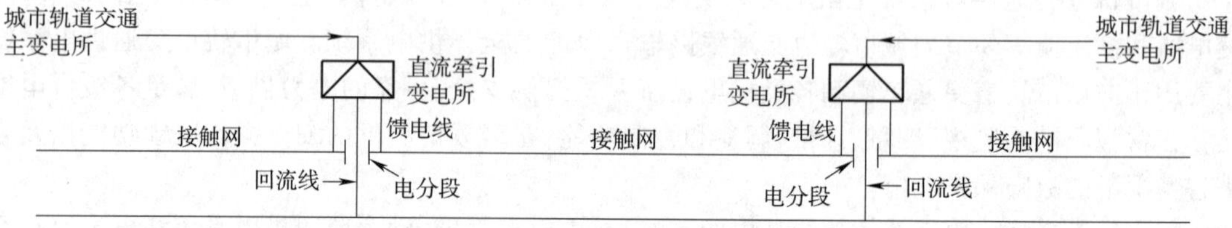

图 5-2　城市轨道交通牵引供电系统

(1)直流牵引变电所

直流牵引变电所是供给城市轨道交通一定区域内牵引电能的变电所,是牵引供电系统的核心。直流牵引变电所一般由进/出线单元、变压变流单元及馈出单元构成,其主要功能是将中压环网的 AC 35 kV 或 AC 10 kV 的三相高压交流电源经变压变流单元后转换为适合城市轨道交通传输和城市轨道交通列车所需的 DC 1 500 V 或 DC 750 V 电源并将其分配到上/下行线路供列车使用。

(2)馈电线

馈电线是从牵引变电所向接触网输送牵引电能的导线。

(3)接触网

接触网是沿列车走行轨架设的一种特殊的供电线路,可经电动列车的受电器(俗称受电弓、受电靴)向列车提供电能。

(4)轨道(走行轨)

轨道构成了牵引供电回路的一部分。列车在走行时,利用走行轨作为牵引电流回流的电路。

(5)回流线

回流线是用以供牵引电流返回牵引变电所的导线。

(6)电分段

为便于检修和缩小事故范围,将接触网分割成若干小段,称为电分段。

3. 动力照明供电系统

城市轨道交通的动力照明供电系统是将中压电源通过降压变电所降压为380 V/220 V的低压电源以供风机、空调及灯具等动力与照明设备使用。城市轨道交通动力照明供电系统如图5-3所示。

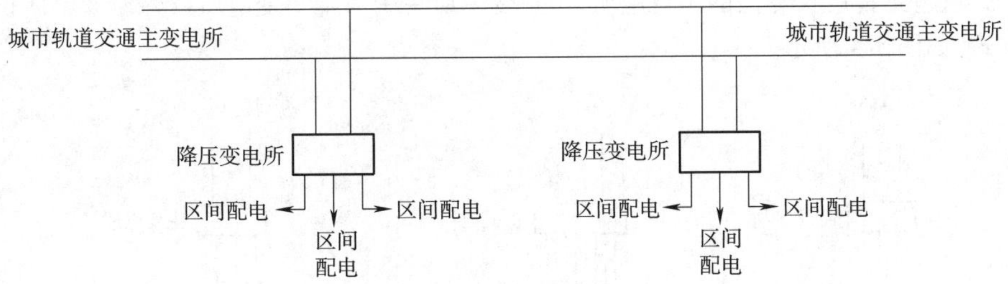

图5-3　城市轨道交通动力照明供电系统

(1)降压变电所

降压变电所将三相电源的进线电压降压变为三相380 V的交流电,其主要的用电设备是风机、水泵、照明、通信、信号及防火报警设备等。

(2)配电所(室)

配电所(室)仅起到对电能进行分配的作用。降压变电所通过配电所(室)将三相380 V和单相220 V的交流电分别供给动力设备及照明设备,各配电所(室)对本车站及两侧区间的动力设备和照明设备进行配电。

(3)配电线路

配电所(室)与用电设备之间的导线称为配电线路。在动力供电系统中,可在每个车站设置一个降压变电所,也可几个车站合设一个降压变电所,还可将降压(动力)变压器附设在某个牵引变电站所之中而构成牵引与动力混合变电所。

城市轨道交通车站及区间照明电源采用380 V/220 V三相五线制系统配电。正常情况下,工作照明、事故照明均由交流供电;当交流电源不工作时,事故照明自动切换为蓄电池供电,确保事故期间必要的紧急照明。

4. 电力监控系统

电力监控系统的功能是实时对城市轨道交通各变电所、接触网设备进行远程数据的采集和监控。在城市轨道交通控制中心,通过调度端、通信通道和执行端(变电所综合自动化系统)对主要的电气设备进行监视、测量及控制,实现对整个供电系统的运营调度和管理。

二、城市轨道交通供电系统的外部电源

城市轨道交通供电系统的外部电源是指为城市轨道交通供电系统的主变电所(或电源开闭所)供电的外部城市电网电源。

发电厂(站)是发出电能的中心,一般可分为火力发电站、水力发电站和原子能核电站等。为减少电能在传输过程中的线路电压损失和能量损耗,发电厂发出的电能应先经过升压变压器升高电压后以110 kV或220 kV甚至更高的高压通过三相输电线路输送到区域变电所;在区域变电所

中，电能先经过降压变压器把 110 kV 或 220 kV 甚至更高的电压降低电压等级（如 10 kV、35 kV 或 110 kV），再经过三相配电线路配送给本区域内的各用电中心。城市轨道交通系统的用电既可从区域变电所的高压线路中取得电源，也可从下一级电压的城市地方电网中取得电源，这取决于城市轨道交通系统和城市地方电网的具体情况以及用电容量的大小，涉及外部电源的供电方案。

1. 外部电源的供电方案

城市轨道交通外部电源的供电方案一般有三种，分别是集中式供电、分散式供电及混合式供电。

(1)集中式供电

集中式供电是指设置专门的主变电所，由主变电所集中为牵引变电所及降压变电所供电的外部供电方式，如图 5-4 所示。

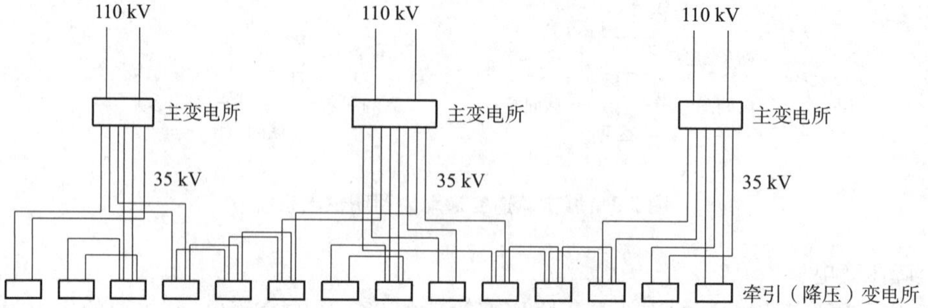

图 5-4 集中式供电方案

每个主变电所有两路独立的进线电源。主变电所的进线电压一般是 110 kV，经主变电所降压后变为 35 kV 或 10 kV（也可以是 20 kV）。牵引变电所及降压变电所均有两个独立的引入电源。

集中式供电方案的主要特点如下：

①在城市轨道交通运营线的沿线建设专用的主变电所，集中为牵引变电所及降压变电所供电。

②城市轨道交通供电系统从城市电网引入高压电源，与城市电网的接口比较少；每座主变电所只从城市电网引入两路独立的进线电源，其外部电源的电压等级一般为 110 kV。

③城市轨道交通集中式供电系统相对独立，自成一体，便于运营管理。

我国大多数地铁企业均采用集中式供电方案。

(2)分散式供电

分散式供电是指沿城市轨道交通运营线分散引入城市中压电源直接（或通过电源开闭所间接）为牵引变电所及降压变电所供电的外部供电方式，如图 5-5 所示。因城市电网中的 35 kV 电压趋于淘汰，故分散式供电一般均从城市电网中引入 10 kV 的中压电源，这要求城市轨道交通沿线有足够的电源引入点及备用容量。

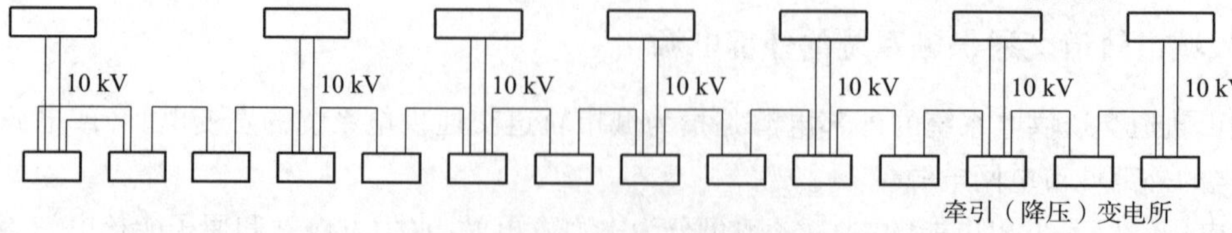

图 5-5 分散式供电方案

分散式供电方案的主要特点如下：

①在城市轨道交通运营线的沿线直接从城市电网中分散地引入多路中压电源作为城市轨道交通的电源。

②城市轨道交通供电系统从城市电网引入中压电源，与城市电网的接口比较多，平均每4～5个车站便要引入两路电源；引入电源的电压等级多为10 kV，也有少量的35 kV。

③城市轨道交通分散式供电系统与城市电网关联密切，独立性差，运营管理相对复杂。

分散式供电方案在北京地铁中比较常见，如北京地铁1号线、2号线、4号线、5号线及9号线都采用了分散式供电方案。

(3)混合式供电

混合式供电方案是介于集中式供电方案与分散式供电方案之间的一种组合式方案，是主变电所和城市中压电源共同为牵引变电所及降压变电所供电的外部供电方式。

混合式供电方案多以集中式供电方案为主、分散式供电方案为辅的供电方式。若一条地铁运营线比较长，远端站点的变电所距离主变电所很远，这些远端站点的变电所可直接从附近的城市电网中压电源处获取电能而形成以集中式供电方案为主、个别地段采用分散式供电方案进行补充的组合结构，使供电系统更加完善和可靠。

武汉市轨道交通一期工程便采用这种以集中式供电方案为主的混合式供电方案。

当然，也有以分散式供电方案为主的混合式供电方案，如北京地铁10号线二期工程便采用以分散式供电方案为主的混合式供电方案。

2. 外部电源的电压等级

(1)标准电压

根据国家《标准电压》(GB/T 156—2017)的规定，我国交流电网的标准电压是1 000 kV、750 kV、500 kV、330 kV、220 kV、110 kV、66 kV、35 kV、(25 kV)、20 kV、10 kV、(6 kV)、(3 kV)、380 V/660 V及220 V/380 V，共计16个电压等级。上述括号内的25 kV是交流单相牵引系统的标称电压，6 kV和3 kV仅限于某些应用领域系统的使用，一般不会出现在公共配电系统中。

通常情况下，将220 kV及以上的电压等级称为高压输电网，将110 kV和66 kV的电压等级称为高压配电网，将1 kV以上、35 kV以下的电压等级称为中压配电网，将1 kV及以下的电压等级称为低压配电网。

(2)集中式供电对外部电源电压等级的要求

集中式供电方案要求从城市电网中引入高压电源。因330 kV及以上的电压等级是地区高压输电电压等级，故不宜用于电力用户。目前，220 kV变电所的变压器装机容量多在2×120～3×250 MV·A之间。对于中等客运量的城市轨道交通，其主变压器的装机容量多数在2×25～2×63 MV·A之间，远远未达到220 kV变电所的正常装机容量。

若城市轨道交通主变电所的外部电源采用220 kV电压等级，这将不能充分发挥220 kV电压等级的供电能力，将会造成电力资源的浪费而且还将增加设备的投资并加大管理的难度。鉴于此，对于集中式外部电源的供电方案，目前一般采用110 kV电压等级。

东北地区的沈阳及哈尔滨等城市因为历史原因则采用66 kV的电压等级。

(3)分散式供电对外部电源电压等级的要求

分散式供电方案要求从城市电网中直接引入中压电源。故对于分散式供电方案，其中压网络的电压等级应与城市电网的电压等级相一致。根据城市电网的情况，可以采用10 kV的电压等级，也可以采用35 kV的电压等级。

3. 城市轨道交通供电系统对外部电源的要求

(1)相关国家标准对一级负荷电源的规定

根据国家标准《供配电系统设计规范》(GB 50052—2009)和《地铁设计规范》(GB 50157—2013)的相关规定,一级负荷的供电电源应符合如下规定:

①一级负荷应由两路电源供电,当其中的一路电源发生故障时,另一路电源不应同时受到损坏。

②一级负荷中特别重要的负荷,除由两路电源供电外,尚应增设应急电源并严禁将其他负荷接入应急系统中。

《供配电系统设计规范》(GB 50052—2009)规定,下列电源可作为应急电源:

①独立于正常电源的发电机组;

②供电网络中独立于正常电源的专用馈电线路;

③蓄电池;

④干电池。

根据上述标准中对一级负荷供电电源的要求,城市轨道交通供电系统的主变电所、牵引变电所及降压变电所都应能获得两路电源。

(2)城市轨道交通供电系统对电源的要求

①两路电源应来自不同的变电所或同一变电所的不同母线。

②每个进线电源的容量应满足该变电所的全部一级负荷和二级负荷的要求。

③两路电源应分列独立运行,互为备用;当一路电源发生故障时,由另一路电源即刻恢复供电。

④为便于运营管理和减少损耗,要求集中式供电的主变电所的位置和分散式供电的电源点应尽量靠近城市轨道交通运营线,以减少引入城市轨道交通的电缆长度。

任务实施

任务工单见表5-1。

表5-1 认知城市轨道交通供电系统任务工单

姓　名		学　号	
专　业		指导教师	
小组成员及分工			
任务目标	①掌握城市轨道交通供电系统的组成。 ②掌握城市轨道交通供电系统的外部电源		
任务内容	以小组为单位,前往自己所在城市的地铁企业进行实地调研,发掘城市轨道交通供电系统的组成部分,归纳各组成部分的作用		
引导问题	①城市轨道交通供电系统主要包括哪些部分? ②城市轨道交通牵引供电系统由哪些部分组成		

<table>
<tr><td>实际训练</td><td>①将以下城市轨道交通供电系统相关图片的画斜线方框处补充完整。
<table><tr><th>序号</th><th>城市轨道交通供电系统相关图片</th></tr><tr><td>1</td><td>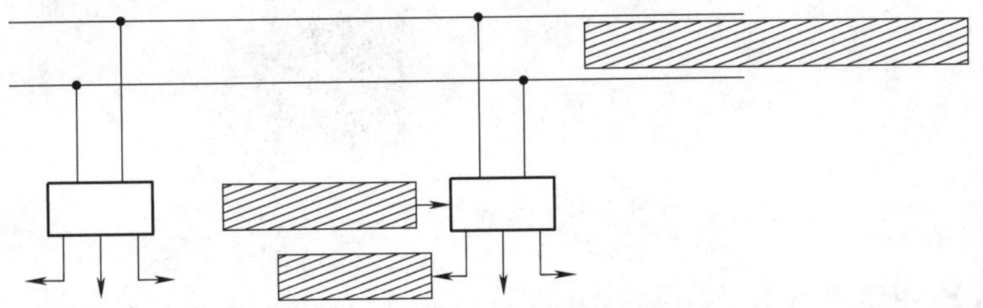</td></tr><tr><td>2</td><td>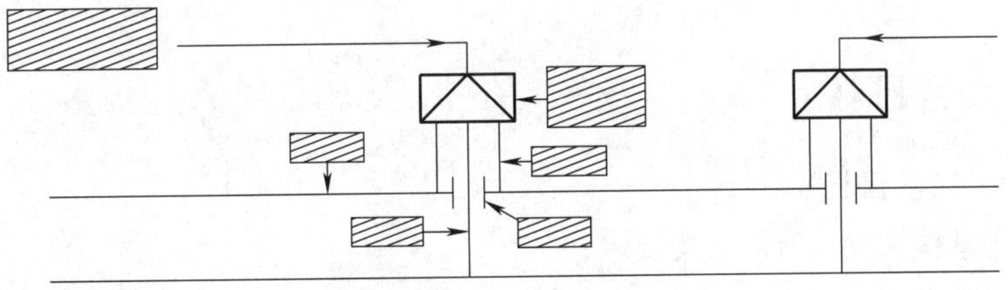</td></tr></table>
②简述城市轨道交通供电系统的组成。

③简述城市轨道交通供电系统的外部电源。

④查阅相关资料，分享国家标准《标准电压》（GB/T 156—2017）以及《供配电系统设计规范》（GB 50052—2009）的相关知识</td></tr>
</table>

任务评价

任务评价表见表5-2。

表5-2　认知城市轨道交通供电系统任务评价表

序号	评价内容	评价标准	分值	评分记录		
				自我评价	互相评价	教师评价
1	城市轨道交通供电系统的组成	4个组成部分，每个组成部分5分	20			
2	城市轨道交通供电系统的外部电源	外部电源的供电方案相关知识10分，外部电源的电压等级相关知识5分	15			
3	城市轨道交通供电系统相关图片的画斜线方框处补充完整	序号1相关图片的画斜线方框处每处4分，序号2相关图片的画斜线方框处每处3分	30			
4	团队协助，完成资料查阅，分享学习成果	有图片、有视频且资料内容不陈旧	35			
总成绩			100			

思考与练习

文本

思考与练习

任务二 认知城市轨道交通低压配电及照明系统

任务目标

1. 知识目标

①掌握主变电所的布置要求;

②掌握中压网络的特点;

③掌握降压变电所的布置要求;

④掌握牵引降压混合变电所的组成;

⑤掌握城市轨道交通车站照明系统的组成;

⑥掌握电力监控系统的组成;

⑦掌握不间断电源和应急电源工作原理。

2. 能力目标

①能够描述主变电所的位置和布置,主变压器、高压开关设备、成套设备和电气主接线;

②能够描述中压网络的电压等级、构成形式以及中压网络的运行;

③能够描述降压变电所的设置、主接线以及交流开关柜;

④能够描述牵引降压混合变电所的整流机组和直流开关柜;

⑤能够描述城市轨道交通车站照明系统的组成、分类和控制方式;

⑥能够描述电力监控系统的远动技术、组成和功能;

⑦能够描述不间断电源的工作原理以及应急电源的工作原理。

3. 素养目标

①培养勇于实践的工作作风;

②培养认真细致的工作作风;

③培养勇于创新和乐于奉献的品质。

任务描述

城市轨道交通低压配电及照明系统涉及的内容繁多,要求熟悉电力监控系统,掌握不间断电源和应急电源,归纳出主变电所、中压网络、降压变电所、牵引降压混合变电所以及城市轨道交通车站照明系统的相关内容,具备城市轨道交通低压配电及照明系统的常用知识。

知识链接

一、主变电所

1. 主变电所的位置和布置

变电所是城市轨道交通供电系统的重要组成部分，一般在城市轨道交通运营线的沿线设置。城市轨道交通的变电所可以建在地下，也可以建在地面。地下变电所不占用地面，但土建造价高；地面变电所占用地面大，但土建造价低。城市轨道交通的变电所应装设自动消防报警装置、防火门和防火墙等隔离设施以及有效的灭火系统。

城市轨道交通供电系统一般设置三类变电所：主变电所（分散式供电方案时为电源开闭所）、降压变电所和牵引变电所。

主变电所是指采用集中式供电方案时连接城市电网的高压电源经其降压后为牵引变电所和降压变电所提供中压电源的一种城市轨道交通变电所。

根据城市轨道交通用电负荷的特点，主变电所一般沿运营线的线路进行布置。根据电压的损失要求确定主变电所的数量后，通过与城市规划部门及电力部门的协商便可确定主变电所的位置。

（1）主变电所位置的确定

一条城市轨道交通线路设置一个主变电所还是设置两个及以上的主变电所取决于负荷分布、负荷大小（负荷矩）以及中压网络电缆的压降应满足设计要求。《地铁设计规范》（GB 50157—2013）要求：供电系统的中压网络应按列车运行的远期通过能力设计，对互为备用的线路，一路退出运行，另一路应承担其一、二级负荷的供电，线路末端的电压损失不宜超过5%。根据此项规定，在沿线用电负荷基本均匀的情况下，若设置一个主变电所则首选位置应考虑在线路长度的中心位置附近；若设置两个主变电所，则首选位置应考虑在线路长度的（1/4）处及（3/4）处；若线路很长而不能满足压降的要求时也可考虑设置三个主变电所。

（2）主变电所的结构形式

主变电所按其结构形式可分为户外式、户内式和地下式三种类型。户外式可进一步分为全户外式和半户外式，户内式可进一步分为常规户内式和小型户内式，地下式可进一步分为全地下式和半地下式。城市轨道交通主变电所通常采用户内式，也有部分为半户外式或地下式。

对于户内式变电所和地下式变电所，其消防和通风显得尤为重要。从消防的角度考虑，电气设备应尽量无油化，采用全封闭组合电器成套配电设备并配备先进的消防措施和隔音装置，以防故障而引起火灾。

（3）主变电所的布置

①主变电所的总体布置。主变电所一般采用户内式，大多数主变电所单独建设，可设置成两层或三层的小楼。主变电所的地下设置电缆夹层，在地面层设置两个油浸式变压器（见图5-6）的单独房间，变压器室设有储油坑。考虑运输方便，接地和所用变压器室设置在地面层。为方便电缆进出开关柜，将中压开关柜也设置在地面层。此外，还将接地电阻室及值班室设置在地面层。

因控制室设备的运输相对方便，一般将控制室设置在二层或三层，室内采用防静电地板将地坪抬高，控制电缆在防静电地板下敷设。

110 kV GIS（SF_6全封闭组合电器）设备室也可设置在二层或三层，110 kV 进线可通过主变压器的上方接至主变压器。

②主变电所的设备布置。主变电所的设备布置是指根据变电所设备房间的划分、设备距墙体的距离要求、设备与设备之间的距离要求以及维护通道、操作通道和运输通道的要求等而对各种设备进行合理排列与布置。

a. 主变压器布置。为运输方便,变压器室一般布置在一层,每台主变压器布置在一个单独的房间内(有载调压开关也布置在主变压器室内)。主变压器的高度较高,一般占用一层和二层的两层空间。

主变压器的一次侧高压电缆通过主变压器室上部接至主变压器接线端子,二次侧中压出线侧采用封闭母线接至中压开关柜。

b. 高压 GIS 室布置。高压 GIS 可布置在二层靠近两台主变压器上空的地方,GIS 设备出线可直接与主变压器的进线连接;也可布置在地面,如在两台主变压器之间。

c. 接地变压器室布置。若主变电所需要设置接地变压器,则接地变压器可与所用变压器合并为接地变压器兼所用变压器,其容量一般为 250 ~ 450 kV · A,多为干式变压器(见图 5-7),一般不带外壳,采用单独房间安装。它与四周墙壁的净距离不小于 600 mm;中压电压等级为 10 kV 时,与门的距离不小于 1 000 mm;中压电压等级为 35 kV 时,与门的距离不小于 1 200 mm。

图 5-6　油浸式变压器

图 5-7　干式变压器

d. 接地电阻室布置。若主变电所需设置接地电阻,则接地电阻需设置单独的房间进行布置。接地电阻外轮廓与四周墙壁的净距按照干式变压器的净距要求进行设置。

e. 中压开关柜室布置。35 kV 开关柜一般采用真空断路器气体绝缘金属全封闭设备,10 kV 开关柜一般采用真空断路器空气绝缘金属全封闭设备,可与其他低压设备布置在同一个房间。在实际应用中,中压开关柜一般布置在单独的房间内。根据房间的具体布局,中压开关柜可布置成单排,也可布置成两排。

按照设计规范的要求,当中压开关柜室的长度大于 7 m 时,为便于人员的快速疏散,需设置两个出口。

(4)主变电所的设备

为了实现主变电所的受电、变电和配电的功能,在变电所中须将各种电气设备按一定的接线方案连接起来,形成一个完整的供配电系统。在供配电系统中,担负输送、变换和分配电能任务的电路称为主电路,又称一次电路;用来监测、指示、控制和保护主电路及其主电路中设备运行的电路称为二次电路,又称二次电路。主变电所中的电气设备也分为两大类:一次电路中的所有电气设备,称为一次设备或一次元件;二次电路中的所有电气设备,称为二次设备或二次元件。

一次设备根据其在一次电路中的功能可将其分为变换设备、开关设备、保护设备、补偿设备和成套设备等类型,具体如下:

①变换设备。变换设备是用以变换电能电压或电流的设备,如电力变压器、整流器、电压互感器、电流互感器等。

②开关设备。开关设备是用以控制电路通断的设备,如各种高低压开关设备。

③保护设备。保护设备是用以防止电路过电流或过电压的设备，如高低压熔断器、限流电抗器及避雷器等。

④补偿设备。补偿设备是用以补偿电路的无功功率以提高系统功率因数的设备，如高低压电容器及静止无功发生装置(SVG)等。

⑤成套设备。成套设备是按一定的线路方案将有关的一次设备及二次设备进行组合而形成的设备，如高压开关柜、中压开关柜、低压配电屏及高低压电容器柜等。

主变电所中的电气设备主要包括主变压器、高压开关柜、中压开关柜、所用变压器及控制屏等，有些设备在牵引变电所和降压变电所中也会出现。

2. 主变压器

城市轨道交通主变电所中的变压器包括主变压器和所用电变压器。主变压器是主变电所的核心设备。

变压器是一种静止的电气设备，它是利用电磁感应的原理将某一等级的交流电压和电流转变成同频率的另一等级的交流电压和电流。

变压器的分类方法很多，按相数进行分类，可将变压器分为单相变压器和三相变压器；按绕组数及耦合方式进行分类，可将变压器分为双绕组变压器、三绕组变压器和自耦变压器；按变压器内部的绝缘介质进行分类，可将变压器分为油浸式变压器和干式变压器。

变压器(文字符号为T或TM)是城市轨道交通变电所中实现电能输送、电压变换以满足不同电压等级负荷要求的核心设备之一。城市轨道交通供电系统中使用最多的是三相油浸式电力变压器和三相环氧树脂浇筑干式变压器。主变压器都是三相油浸式电力变压器。

单相变压器的工作原理如图5-8所示，它是一种按电磁感应原理进行工作的电气设备。一个单相变压器的一次侧、二次侧两个线圈绕在一个铁芯上，二次侧开路，一次侧施加交流电压 U_1，则一次线圈中流过电流 I_1，在铁芯中产生交变磁通 Φ。磁通 Φ 穿过一、二次线圈且在铁芯中闭合，在一次线圈上产生感应电动势 E_1，在二次线圈上产生感应电动势 E_2，当变压器的二次侧接上负载后，在电动势的作用下将有二次电流 I_2 通过，此时负载两端会有一个电压降 U_2。如果忽略线圈的电压降，则 U_2 约等于 E_2，U_1 约等于 E_1，所以有 $U_1/U_2=E_1/E_2=W_1/W_2=K$，其中 U_1、U_2 表示一、二次线圈的端电压，W_1、W_2 表示一、二次线圈的匝数，K 表示变压器的变比。由此看出，因变压器的一、二次侧匝数不同，故起到变换电压的作用；变压器的电压变比是绕组的匝数比，电流变比是绕组匝数比的倒数。根据该原理，可制造出单相变压器、三相变压器、双绕组变压器和三绕组变压器等。

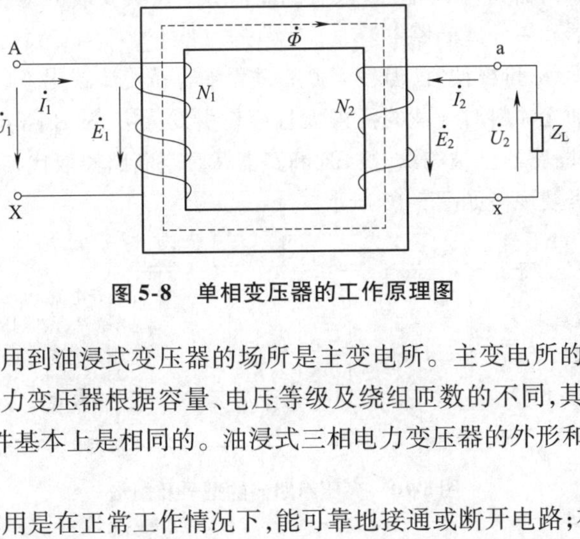

图5-8　单相变压器的工作原理图

城市轨道交通中应用到油浸式变压器的场所是主变电所。主变电所的主变压器通常是油浸式三相电力变压器。电力变压器根据容量、电压等级及绕组匝数的不同，其外形和附件设备也不会完全一致，但主要部件基本上是相同的。油浸式三相电力变压器的外形和结构如图5-9所示。

3. 高压开关设备

高压开关设备的作用是在正常工作情况下，能可靠地接通或断开电路；在改变运行方式时，能

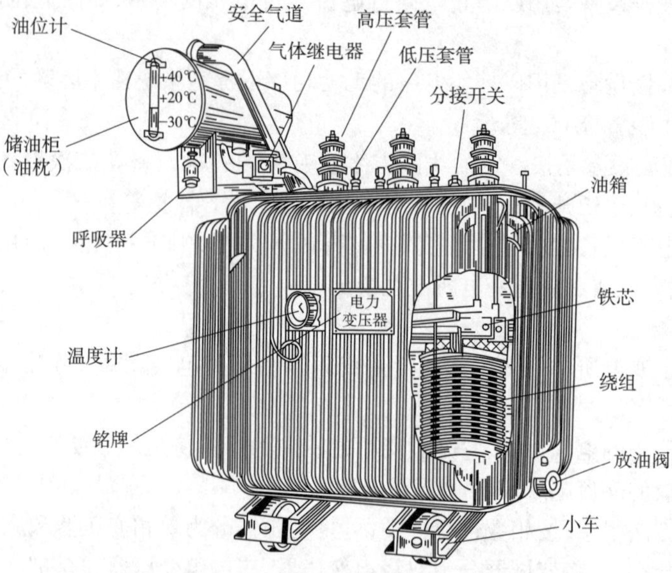

图 5-9　油浸式三相电力变压器的外形和结构

进行切换操作；在系统发生故障时，能迅速切除故障部分以便保证非故障部分的正常运行；在设备检修时，能隔离带电部分的设备以保证工作人员的安全。

开关电器的种类很多，按安装地点进行分类，可将开关电器分为屋内式开关和屋外式开关；按功能进行分类，可将开关电器分为高压断路器、高压隔离开关等。

（1）高压断路器

视 频

断路器的工作原理

①高压断路器的功能。高压断路器（文字符号为 QF）是变电所高压电气设备中最重要的设备，是一次电力系统中控制电路及保护电路的关键设备。高压断路器的主要作用有两个：一是控制作用，即根据需要将部分电气设备或线路投入或退出运行；二是保护作用，即在电气设备或电力线路发生故障时继电保护装置即刻发出跳闸信号，启动断路器跳闸，将故障部分设备或电力线路从电网中迅速切除，确保电网中无故障部分的运行。

②高压断路器的分类和型号。高压断路器有很多种类型。按其采用的灭弧介质进行分类，可将高压断路器分为油断路器、SF_6断路器及真空断路器等。按其安装的地点进行分类，可将高压断路器分为屋内式断路器和屋外式断路器。

油断路器的结构简单、价格便宜，但在灭弧的过程中容易使油碳化，所以油断路器的检修周期短，维护工作量大，再加之油料对环境的污染大且容易引发火灾，故断路器的发展趋势是无油化。在城市轨道交通中，油断路器已被淘汰，被 SF_6 断路器及真空断路器取代。

高压断路器的型号及规格如图 5-10 所示。

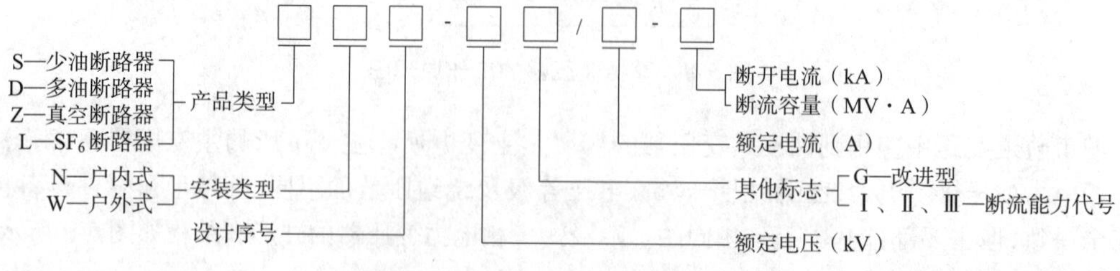

图 5-10　高压断路器的型号及规格

例如：型号为 ZN18-10G/300-750 的高压断路器，其代表的含义是真空（Z）户内（N）、设计序号为18（18）、额定电压为10 kV（10）、改进型（G）、额定电流为300 A（300）且断流容量为750 MV · A（750）的断路器。

③真空断路器。真空断路器利用真空度约为10^{-4} Pa（实际运行中不低于10^{-2} Pa）的高真空作为内绝缘和灭弧介质。当灭弧室内被抽成高真空时，其绝缘强度要比绝缘油、一个大气压力下的SF_6及空气的绝缘强度要高很多。真空断路器并不是不产生电弧，真空被击穿产生的电弧是由触头蒸发出来的金属蒸气形成的。

视频

断路器与隔离开关

视频

隔离开关的种类及工作过程

视频

六氟化硫断路器的工作原理

随着冶金技术的不断进步，真空断路器的制造水平也不断提高。真空断路器因其体积小、性能好、无污染及寿命长等诸多优点而被广泛应用于10～35 kV电压等级的电网中。真空断路器是城市轨道交通中压网络中最为常见的断路器。

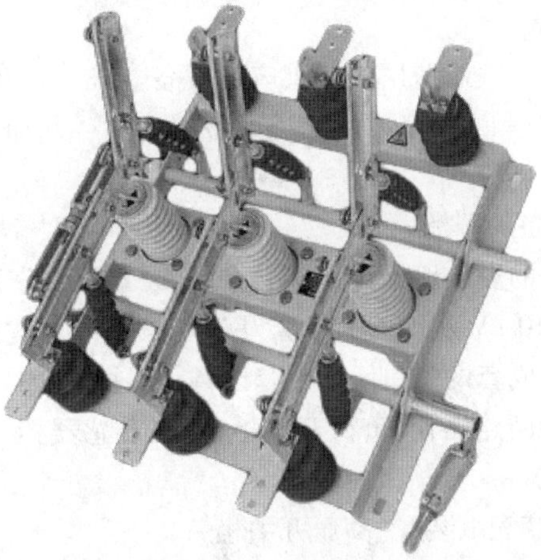

图 5-11　隔离开关

（2）高压隔离开关

①高压隔离开关的功能。高压隔离开关（文字符号为 QS）又称隔离刀闸，是一种结构比较简单的高压开关电器（见图 5-11），在合闸状态下能可靠地流过额定电流和短路电流。高压隔离开关没有专门的灭弧装置，不能直接用来切断负荷电流和短路电流。高压隔离开关在使用时应与断路器配合，只有在断路器断开后才能进行高压隔离开关的操作。隔离开关在分闸时，动/静触头间形成明显可见的断口，绝缘可靠。

高压隔离开关的功能如下：

a. 隔离高压电源，保证其他设备的检修安全。

b. 进行倒闸操作。需合闸时，先闭合高压隔离开关，后闭合高压断路器；需分闸时，先断开高压断路器，后断开高压隔离开关。类似该操作，称为倒闸操作。

c. 接通和断开小电流电路。

②高压隔离开关的分类和型号。按照不同的分类标准，可将高压隔离开关进行分类如下：

a. 按装设的地点进行分类，可将高压隔离开关分为户内式高压隔离开关和户外式高压隔离开关。

b. 按绝缘支柱的数目进行分类，可将高压隔离开关分为单柱式高压隔离开关、双柱式高压隔离开关和三柱式高压隔离开关。

c. 按动触头的运动方式进行分类，可将高压隔离开关分为水平旋转式高压隔离开关、垂直旋转式高压隔离开关、摆动式高压隔离开关和插入式高压隔离开关。

d. 按有无接地闸刀进行分类，可将高压隔离开关分为无接地闸刀高压隔离开关、一侧有接地闸刀高压隔离开关和两侧有接地闸刀高压隔离开关。

高压隔离开关的型号及规格如图 5-12 所示。

例如：型号为 GW9-10G/630 的高压隔离开关，其代表的含义是户外（W）、设计序号为9（9）、额定电压为10 kV（10）、改进型（G）、额定电流为630 A（630）的隔离开关（G）。

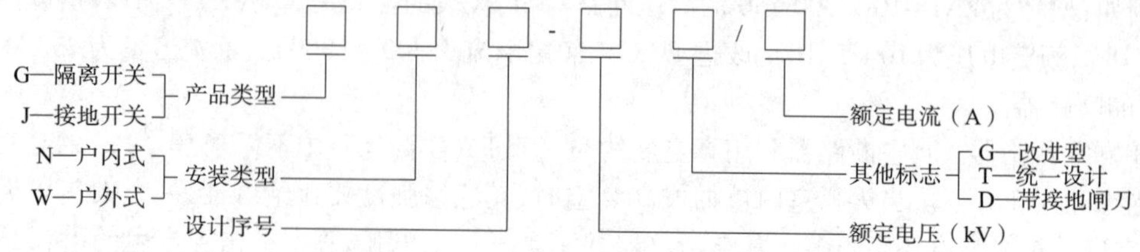

图 5-12　高压隔离开关的型号及规格示意图

4. 成套设备

成套设备是电气制造厂成套供应的设备。成套设备是按电气主接线的要求，把开关设备、保护测量电器、母线和一些必要的辅助设备组合在一起而形成的金属柜以便用来接受、分配和控制电能的总体装置。

（1）成套设备的分类

按电气设备的安装地点进行分类，可将成套设备分为屋内成套设备和屋外成套设备。城市轨道交通应用的 110 kV 及以下的成套设备均采用屋内式成套设备。按电压等级进行分类，可将成套设备分为高压成套设备和低压成套设备。根据一次线路安装的主要元器件和用途进行分类，可将成套设备分为断路器柜、负荷开关柜、电压互感器柜、隔离开关柜、进线柜、馈线柜、母联柜和无功补偿柜等。

（2）高压成套配电装置（高压开关柜）

高压成套配电装置是按照不同用途的接线方案将所需的高压设备和相关的一、二次设备按一定的线路方案组装而成的一种高压配电装置，又称高压开关柜。

高压开关柜有固定式和移开式（手车式）两大类。固定式高压开关柜的柜内所有电器部件都固定在不能移动的框架上，构造简单，在我国城市轨道交通中有大量的应用，主要是 110 kV 交流开关柜和 35 kV 或 10 kV 交流开关柜。为了区别，通常把 35 kV 或 10 kV 的交流开关柜称为中压开关柜。

（3）110 kV 成套装置

城市轨道交通中的 110 kV 成套装置多是户内安装的 GIS 设备。GIS 的中文全称是气体绝缘金属全封闭开关设备。它把断路器、隔离开关、接地开关、互感器、避雷器、母线和连接件等单元全部封装在接地的金属壳体内，壳内充以压力为 0.2～0.5 MPa 的 SF_6 气体来作为相间和对地的绝缘。GIS 设备既封闭又组合，占地面积小，占用空间少，基本不受外界环境的影响，不产生噪声和无线电干扰，运行安全可靠，维护工作量少。

GIS 设备具有很大的优越性，前提条件是封装的电气设备要具有很高的可靠性。

5. 电气主接线

变电所的电气主接线是指由变压器、断路器、开关设备、母线等及其连接的导线所组成的接受和分配电能的电路。电气主接线反映了变电所的基本结构和功能，在运行中它能表明电能输送和分配的关系以及变电所一次设备的运行方式，成为实际运行操作的依据。电气主接线对供电系统运行的可靠性、电能质量、运行的灵活性和经济性起着决定性作用。因此，电气主接线是变电所的主体部分。

（1）电气主接线图

用规定的设备文字和图形符号将各电气设备按连接的顺序排列起来，以便详细表示电气设备的组成和连接关系的图形称为电气主接线图。电气主接线图一般画成单线图（即用单相接线表示三相系统）。

电气主接线图常用的文字和图形符号见表 5-3。

表 5-3　电气主接线图常用的文字和图形符号

电气设备名称	文字符号	图形符号	电气设备名称	文字符号	图形符号
刀开关	QK		负荷开关	QL	
断路器（自动开关）	QF		熔断器	FU	
隔离开关	QS		熔断器式开关	S	
阀式避雷器	F		电缆及终端头		
三相变压器	T	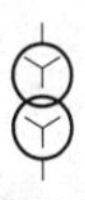	交流发动机	G	
三相变压器	T	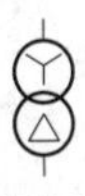	交流电动机	M	
电流互感器（具有一个二次绕组）	TA		单相变压器	T	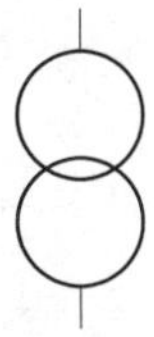
电流互感器（具有两个铁芯和两个二次绕组）	TA	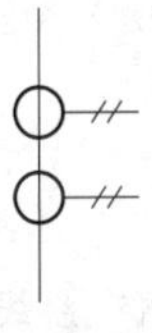	电压互感器	TV	
母线	W		三绕组变压器	T	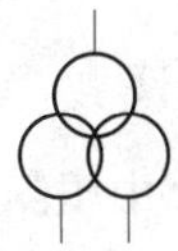
导线、线路	W		三绕组电压互感器	TV	
三相导线		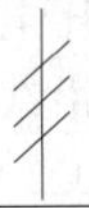	电抗器	L	
端子	X		电容器	C	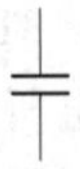

（2）主变电所电气主接线

《地铁设计规范》（GB 50157—2013）规定“地铁变电所可分为主变电所、电源开闭所、牵引变电所、降压变电所。牵引变电所与降压变电所可合建成牵引降压混合变电所。”这些变电所是如何连接在一起而构成供电网络的？它们的供电对象对电源的具体要求都有哪些？这些因素决定了变电所电气主接线的结构和运行方式。

①高压侧电气主接线。主变电所高压侧电气主接线最为常见的是线路-变压器组接线，也有部分采用内桥形接线。图 5-13 为某主变电所电气主接线图，其高压侧采用线路-变压器组接线的形式。

该变电所有两路电源进线，分别为1号进线和2号进线。正常情况下，各带一台主变压器，两路电源同时供电，两台主变压器1B和2B同时工作，互为备用。进线侧设进线隔离开关1011（或1022）和进线断路器101（或102）以及接地开关，一般为GIS组合电器。然后通过电缆连接到变压器，经过变压器电压变换（如110 kV或35 kV）后送往中压母线。

典型的断路器—隔离开关组合是断路器的两侧各有一把隔离开关，实际应用中可视需要进行变化，少设置一些隔离开关以减小投资。通常情况下，设备侧可以不设隔离开关，但母线侧的隔离开关不能缺少。

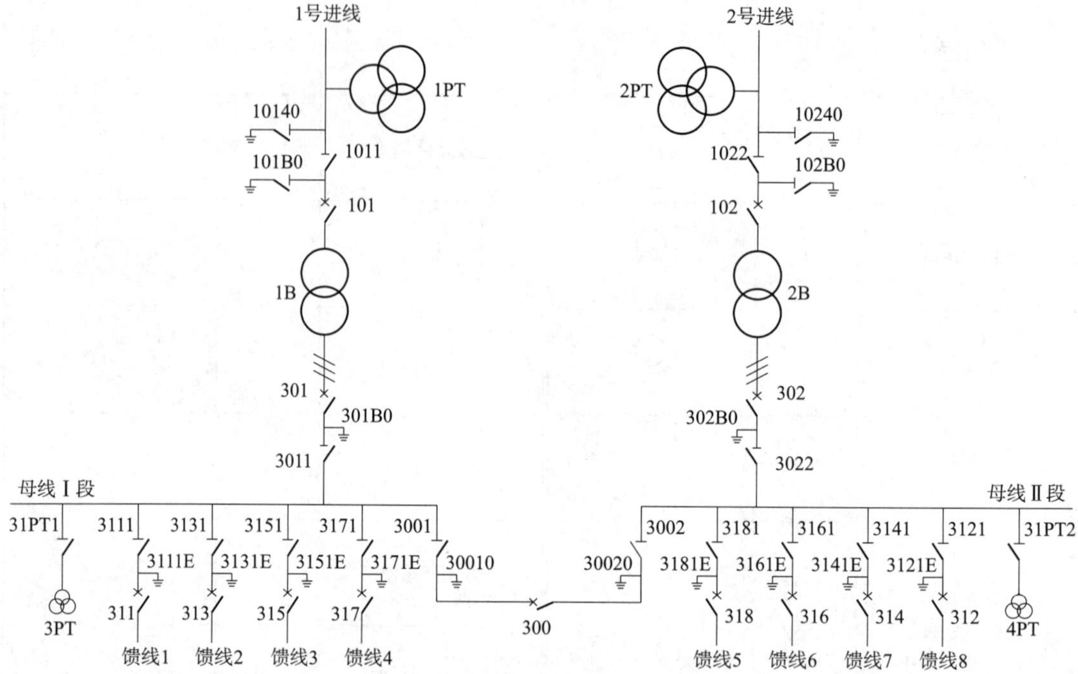

图5-13　某主变电所电气主接线图

②中压侧电气主接线。主变电所的中压侧均采用单母线分段接线，利用分段断路器300（俗称母联断路器）分为母线Ⅰ段和母线Ⅱ段（见图5-13）。

主变压器1B通过断路器301和隔离开关3011将中压电能输送至母线Ⅰ段，通过馈线断路器311、313、315、317分别将中压电能输送给城市轨道交通沿线的降压变电所和牵引降压混合变电所。同样地，主变压器2B通过断路器302和隔离开关3022将中压电能输送至母线Ⅱ段，通过馈线断路器312、314、316和318分别将中压电能输送给城市轨道交通沿线的降压变电所和牵引降压混合变电所。这些馈线两两组合（如311和312、313和314、315和316、317和318）作为降压变电所和牵引降压混合变电所的两路电源。

正常情况下，分段断路器300断开，两段母线分别运行。当一台主变压器或一条电源线路出现故障而退出运行时，只需在变电所的中压侧做转移负荷操作即可，即合上分段断路器300后由之前正常运行的一路电源和变压器承担本所范围内的全部一、二级用电负荷。

二、中压网络

在城市轨道交通中，通过中压电缆在纵向层面上把上级主变电所和下级牵引变电所及降压变电所连接起来，在横向层面上把全线的所有牵引变电所及降压变电所连接起来而形成的供电系统网络，称为中压网络。

城市轨道交通的外部电源受地方供电系统的控制，这对城市轨道交通而言是不可控制的因素。当外部电源发生故障时，中压网络的可靠性便成为城市轨道交通供电系统的关键因素。

中压网络有两大属性：中压网络的电压等级和中压网络的构成形式。

1. 中压网络的电压等级

我国现在运行的中压配电标准电压等级有 35 kV、25 kV、20 kV、10 kV、6 kV 和 3 kV。目前，国内城市轨道交通中最为常见的中压网络电压等级是 35 kV（若采用国外设备则为 33 kV）和 10 kV。

(1)35 kV 中压网络的特点

35 kV 是国家标准电压等级。电压相对较高，输电容量大，输电距离较长，国产设备成熟。设备的体积较大，占用变电所的面积较大，不利于减少车站的体量。该设备的价格适中，但国内没有 35 kV 的环网开关，不能使用价格相对比较便宜的断路器柜。

国内大部分的城市轨道交通运营线采用 35 kV 的中压网络。

(2)33 kV 中压网络的特点

33 kV 是国际标准电压等级，不是国家标准电压等级。输电容量较大，输电距离较长。设备来源于国外，不利于国产化。国外开关设备的体积较小，价格比较高。广州地铁 1 号线、2 号线、3 号线和 4 号线以及上海地铁 1 号线和 2 号线采用了 33 kV 的中压网络。

(3)20 kV 中压网络的特点

20 kV 既是国家标准电压等级又是国际标准电压级。其输电容量及输电距离均比较适中，比 10 kV 输电系统的容量大、输电距离长，先期引进国外技术的开关设备早已实现了国产化，体积较小，占用变电所的面积远小于国产的 35 kV 设备，有利于减少车站的体量，节省土建投资成本，价格适中。

国内城市轨道交通系统目前尚未采用 20 kV 的中压网络，国外城市轨道交通系统普遍采用 20 kV 的中压网络。

(4)10 kV 中压网络的特点

10 kV 是国家标准电压等级。其输电容量较小，输电距离较短，设备来源于国内，设备体积适中，设备价格较低，环网开关技术成熟，运营经验丰富，可用其构成操作灵活的环网系统。目前，国内有北京、长春及大连等多个城市的轨道交通系统采用了 10 kV 中压网络。

2. 中压网络供电可靠性的要求构成形式

(1)中压网络供电可靠性的要求

中压网络的重要指标是供电可靠性。供电可靠性是指供电系统设备对用户连续供电的能力，具体要求如下：

①中压网络负荷的转移能力必须满足“$N-1$ 准则”（又称单一故障安全准则，即供电系统的 N 个元件中的任何一个独立的元件发生故障而被切除后，剩余的元件不会过负荷，电压和频率均在允许的范围内，供电系统仍能保持稳定的运行和正常供电）。

②主变电所（电源开闭所）在失去任何一路进线（或一台主变压器）而降低供电能力时，中压网络应具备转移一、二级负荷的能力。

③主变电所（电源开闭所）的一段中压母线因故切除时，中压网络应具备转移其一、二级负荷的能力。

在城市电网中，中压网络常用的接线形式有单电源辐射网、“手拉手”环网、“网格式”环网、电缆单环网和电缆双环网等。在城市轨道交通供电系统中，最为常见的中压网络接线形式是电缆双环网。

(2)中压网络的构成形式

中压网络的构成形式与城市轨道交通供电系统的外部电源供电方式有密切关系。对集中供电而言,中压网络的构成形式为树形结构(二叉树),如图5-14所示。对分散供电而言,中压网络的构成形式通常采用点对点的结构,如图5-15所示。

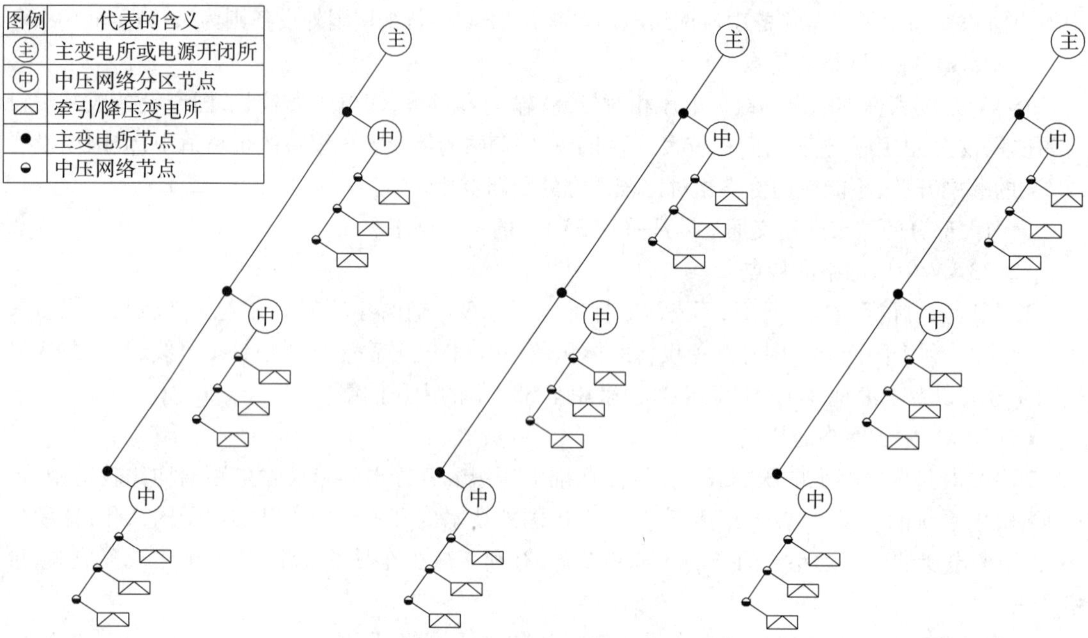

图5-14　中压网络树形结构示意图

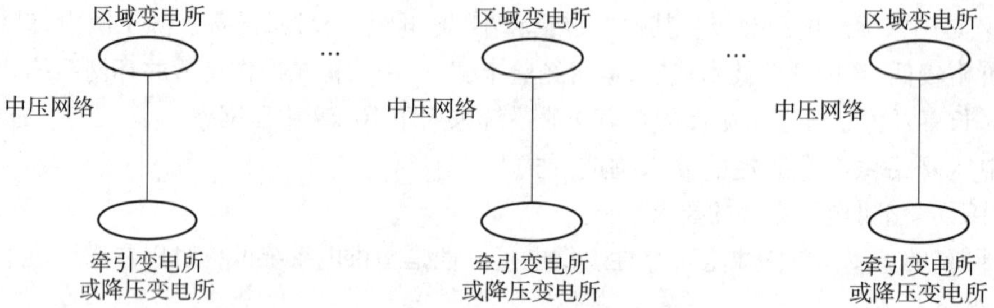

图5-15　中压网络点对点结构示意图

当前,在各个城市的轨道交通建设中,供电系统多采用集中供电方式,其中压网络的构成形式主要以树形结构为主。树形结构的构成形式比较灵活,根据用电负荷的性质,树形结构大致可分为混合网络构架和独立网络构架两种。

独立网络构架是指由主变电所(或电源开闭所)提供的中压电能通过两个相互独立的中压网络路径分别分配给牵引供电系统和动力照明供电系统这两类子系统,即两级网络构架是由牵引整流和动力照明两个子网络组成,如图5-16所示。独立网络构架的优点是中压网络供电的质量高,网络接线结构清晰,子系统之间的电气部分相互独立,干扰小,事故的影响范围也小;其缺点是网络结构复杂,设备投资相对较高。

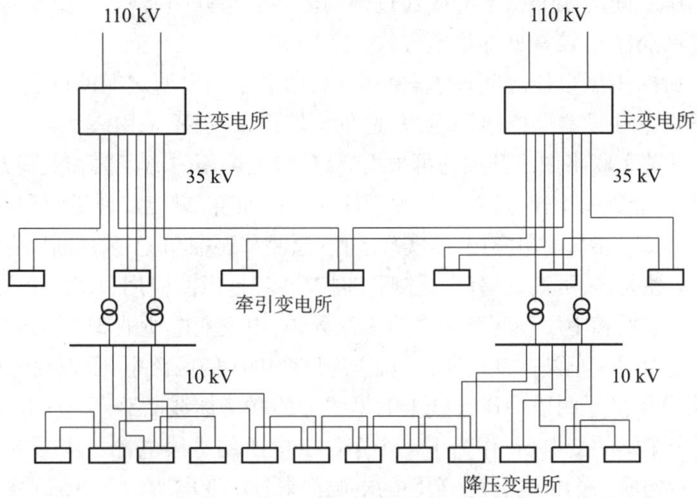

图 5-16　牵引动力照明独立网络示意图

混合网络构架是指由主变电所提供的中压电源通过同一中压网络路径直接分配给牵引供电系统和动力照明供电系统这两个子系统，如图 5-17 所示。混合网络构架的优点是中压网络结构简单，设备的利用率较高，投资成本相对较少；缺点是事故影响范围较大，排除故障时的情况相对复杂。我国国内绝大多数轨道交通采用的中压网络为混合网络构架方式。

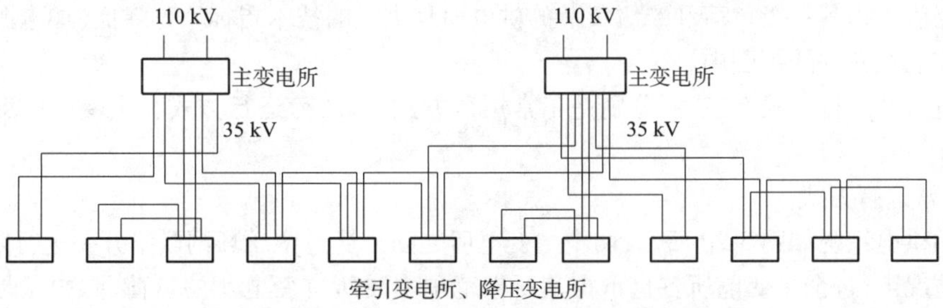

图 5-17　牵引动力照明混合网络示意图

混合网络中的牵引网络和动力照明网络采用同一电压等级，国内多为 35 kV 电压等级。这种网络构架将整条线路分割成若干供电分区，每个供电分区内设有若干个牵引变电所及降压变电所，每个供电分区均从变电所的不同母线就近引入两路中压电源。中压网络采用双线双环网接线方式（见图 5-18）。

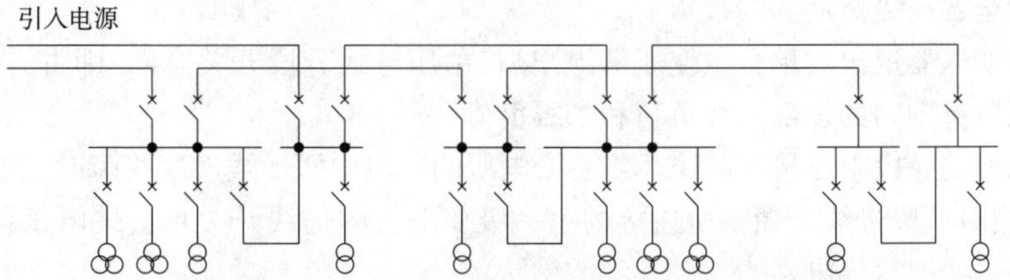

图 5-18　混合型中压网络基本接线示意图

中压网络的构成及其运行方式取决于主变电所之间的电源关系，即供电系统的正常运行方式和供电系统的故障运行方式。两个主变电所之间的电源关系有两种。具体如下：

①两个主变电所之间的相邻供电分区通过环网电缆进行联络，建立彼此的电源关系。该方式下，区间的电缆较少，属于比较常见的供电方式。

②两个主变电所的中压母线之间设置联络电源，两个主变电所之间的供电分区间不再设置联络电缆。该方式下需单独设置联络电源电缆，造价比较高，一般不采用。

变电所的进线开关和联络馈线开关均可采用断路器，也可用隔离开关和负荷开关。采用隔离开关时，因隔离开关不能带负荷操作，这对于电力管理和调度而言，只能实现遥信和遥测功能而不能实现遥控功能；采用负荷开关时，简单实用，能实现遥信、遥测和遥控功能；采用断路器时，具备继电保护功能，可靠性高，经济性欠佳，可实现遥信、遥测和遥控功能，是当前应用最多的开关方式。图5-19为京州市轨道交通主变电所和中压环网系统中的一部分，图中主变电所的313馈线断路器和323馈线断路器通过中压电缆为同一车站的变电所供电，作为该变电所的两路电源；该变电所的进线开关101和102采用断路器，分别接至两段中压母线上。母线上的联络馈线断路器103和104又通过中压电缆把电源送往下一个车站的变电所，作为下一个车站变电所的进线电源。从图5-19中可以看出，左侧的四个车站变电所构成一个供电分区，它们的电源都来自主变电所313和323。

3. 中压网络的运行

通常情况下，城市轨道交通各变电所的两路进线电源应分别运行，只有在当地电力部门许可的情况下方可进行短时间内的合环运行。城市轨道交通供电系统要满足列车运行及动力照明用电设备运行对电源的不同需求。牵引用电负荷为一级负荷，动力照明用电设备负荷涉及一级负荷、二级负荷和三级负荷这三种类型。一级负荷应由双电源且双回线路供电，当其中的一路电源发生故障时，另一路电源不应该同时受到损坏；对于互为备用的线路，在某一路线路退出运行时，另一路线路应承担其一级负荷和二级负荷的供电而且供电的技术指标不得降低（如电源电缆的电压损失应控制在允许的范围内）。

主变电所的运行方式有三种，分别是正常运行方式、单故障运行方式和主变电所退出运行方式。具体如下：

（1）正常运行方式

典型的供电系统如图5-20所示，两个主变电所之间是通过中压环网联络开关进行联系的。

正常情况下，每个主变电所各自承担其所辖范围内的所有变电所的负荷，除中压母线分段开关、应急联络开关为断开状态外，其余的进/出线开关均在闭合状态。

（2）单故障运行方式

①主变电所的一路进线电源失电。如果主变电所采用桥形接线，桥断路器合闸，则由另一路进线电源向分挂在两段母线上的两台主变压器供电，承担此主变电所范围内的全部一级负荷和二级负荷。

如果主变电所采用线路-变压器组的接线形式，则由另一路进线电源的主变压器承担本主变电所范围内的全部一级负荷和二级负荷。

②单台主变压器退出。单台主变压器退出后，中压母线分段开关合闸，则由另一台主变压器承担本主变电所范围内的全部一级负荷和二级负荷。

③主变电所的一段中压母线故障。当主变电所的一段中压母线出现故障时，该段母线上的进线开关跳闸，同时该段母线上馈线所连接的第一级变电所的进线开关也会失电压跳闸，主变电所的另一段中压母线继续供电。

（3）主变电所退出运行方式

当一个主变电所退出运行后，首先应将该主变电所的所有馈线开关分闸，使得该主变电所与中压网络电气隔离。解除应急联络开关QF1和QF2的锁闭关系并合闸，由相邻的主变电所通过两个供电分区之间的联络电缆进行供电，保证一定的运输能力和必要的动力照明。

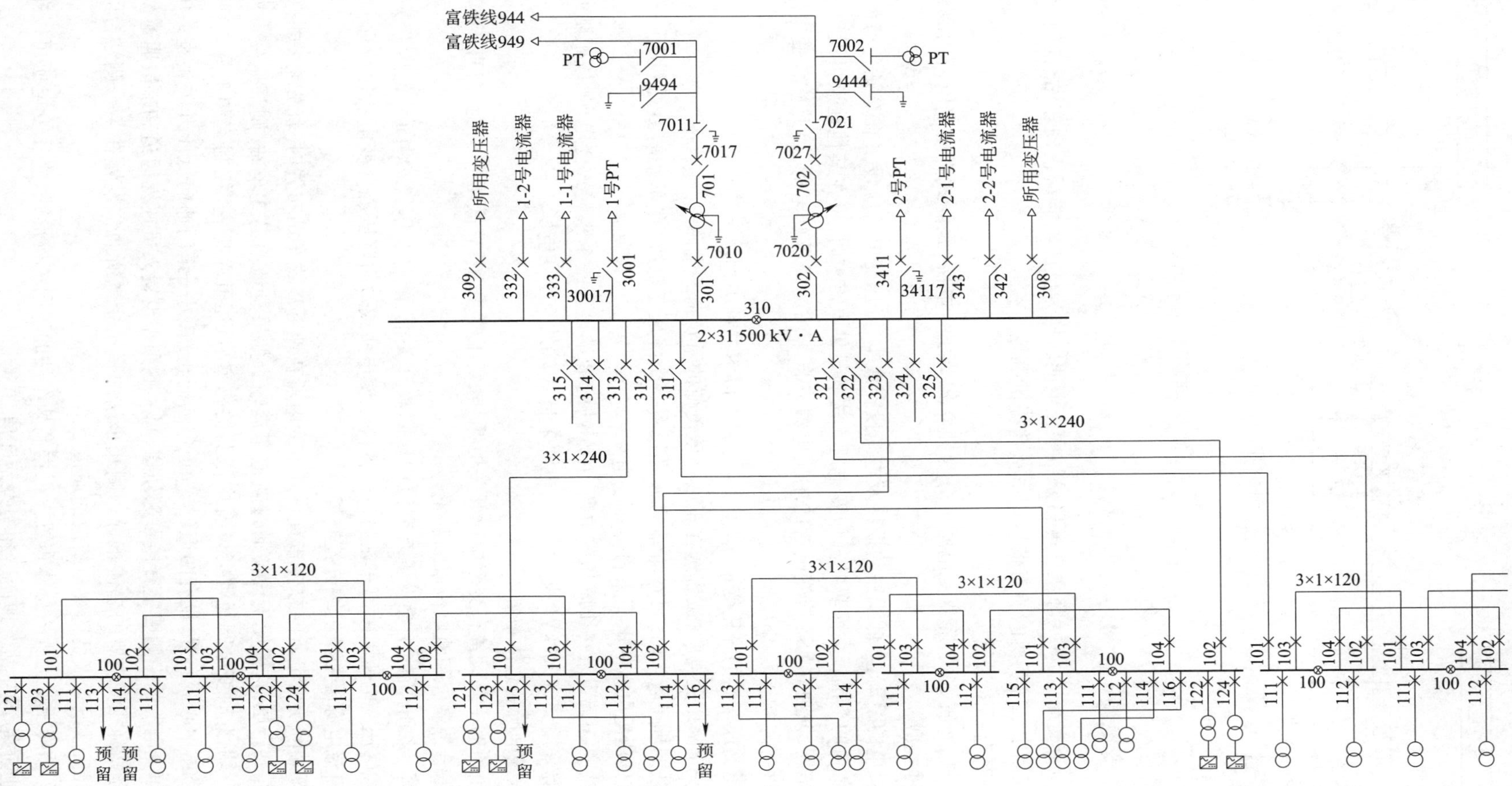

图 5-19　京州市轨道交通主变电所和中压环网系统（部分）示意图

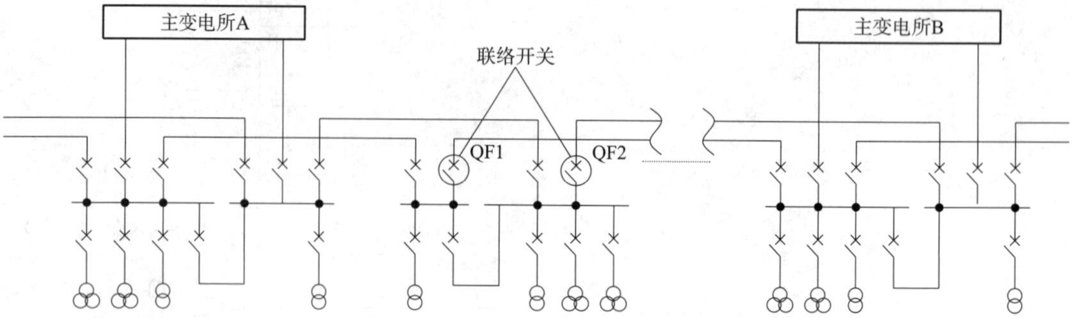

图 5-20　供电分区联络电源示意图

三、降压变电所

在城市轨道交通运营中，降压变电所是将中压电能转换为低压电能后再向车站、区间、车辆段（停车场）、控制中心等场所的所有低压用电负荷提供电源。

1. 降压变电所的设置

根据设备的布置方式，降压变电所可分为独立式降压变电所、跟随式降压变电所和混合式降压变电所三种类型。

为缩短供电的距离、降低线路的损耗及电缆投资成本，降压变电所应设置在车站负荷的中心。当车站用电负荷的范围较大而车站降压变电所无法满足供电需求时，可在其他地点再设置一个独立的降压变电所，该独立的降压变电所的中压电源来自车站的降压变电所，因此称该变电所为跟随式降压变电所。

城市轨道交通车站的降压变电所的设置方式有以下三种类型：

①设置一个降压变电所，位置选在车站低压负荷的重负荷一端。

②当车站的规模较大时，可在车站的 A 端设置一个降压变电所，在车站的 B 端设置一个低压配电室，而该低压配电室的电源来自降压变电所。

③在车站的 A 端设置一个降压变电所，在车站的 B 端设置一个跟随式变电所，该跟随式变电所的进线电源采用交流 35 kV（或 10 kV），电源来自 A 端的降压变电所。

（1）降压变电所的总体布置

降压变电所的主要设备有交流中压开关柜、配电变压器、0.4 kV 低压开关柜、交直流电源屏、微型计算机综合控制屏和轨电位限制装置等。

跟随式降压变电所的主要设备有交流中压隔离开关柜、配电变压器、0.4 kV 低压开关柜等。也有些跟随式降压变电所因距离车站另一端的降压变电所或牵引降压混合变电所比较远，此时也会设置有交直流电源屏和微机综合控制屏。

①岛式车站降压变电所的总体布置。降压变电所在地下岛式车站布置时，优先考虑将变电所的设备布置在站台层，这样便于设备通过轨道车运输。如果是地面岛式车站，则降压变电所应设置在车站的一端，此时变电所通常会设有中压开关柜室、低压开关柜室、控制室和工具材料室等。控制室靠近车站中心侧布置，设有两道门，一道门通向车站，另一道门通向低压开关柜室或中压开关柜室。降压变电所的一侧墙壁直接贴邻轨道，另一侧则需设置人员巡视通道和疏散通道。

②侧式车站降压变电所的总体布置。侧式车站的降压变电所通常设置在某一侧站台的某一端，靠近轨道侧，需设置人员巡视与疏散的通道。

③高架车站降压变电所的总体布置。根据高架车站的不同结构形式，降压变电所可以布置在高架车站的地面站厅层、站旁地面层和架空站厅层。

④车辆段(停车场)降压变电所的总体布置。车辆段(停车场)一般需设置2~3座降压变电所,其中一座变电所与牵引变电所合建为牵引降压混合变电所,其他的变电所可以设计成跟随式降压变电所,与其他建筑物合建在车辆段(停车场)的第一层。

⑤区间降压变电所的总体布置。对于长、大的地下区间而隧道通风的用电量较大时,可考虑设置区间降压变电所。区间降压变电所一般设置在隧道内或山体的隧道口处。在隧道内,区间降压变电所一般采用建筑物式,需要对隧道进行局部开挖;在隧道口处,可以采用箱式降压变电所。

(2)降压变电所的设备布置

降压变电所的典型平面布置图如图5-21所示。中压开关柜室内布置一列中压开关柜,柜后维护通道的最小宽度是800 mm,柜前为操作通道,固定式中压开关柜的柜前最小宽度是1 500 mm,手推式中压开关柜的柜前最小宽度为单车长度+1 200 mm。

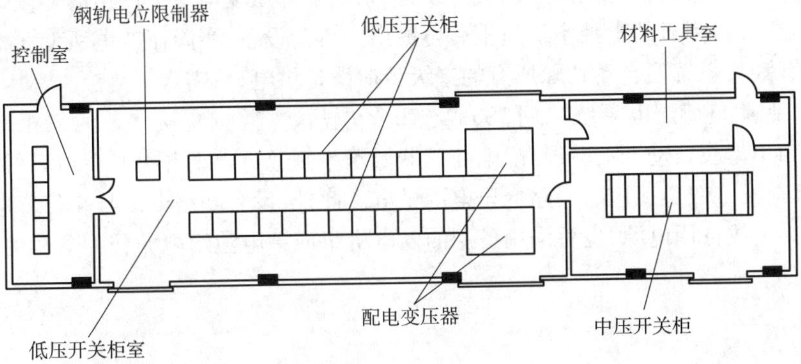

图5-21 降压变电所的典型平面布置图

低压开关柜室内布置有配电变压器及低压开关柜等。同一段母线的配电变压器和低压开关柜可并排布置,两台配电变压器最常见的布置为面对面布置。对于35 kV的配电变压器,当其容量在1 000~1 600 kV·A时,两台配电变压器面对面布置所需的最小宽度是7 600 mm(变压器距门1 200 mm+变压器自身深度2 000 mm+变压器间距1 200 mm+变压器自身深度2 000 mm+变压器距门1 200 mm)。

控制室内布置的设备有交直流电源屏和控制信号屏等。因设备较少,控制室内通常采用一字形单排布置;在特别困难的情况下才会考虑双排布置或L形布置。

2. 降压变电所主接线

城市轨道交通降压变电所是为车站及线路区间的动力负荷、照明负荷和通信信号电源供电而设,因此每个车站都需要降压变电所。降压变电所的主接线特点及要求如下:

(1)降压变电所对供电电源应按一级负荷考虑,由环形电网或两路电源供电,进线电压侧采用单母线分段系统,如图5-22所示。一般设有两台配电变压器,每台变压器应满足一级负荷和二级负荷所需的容量;正常情况下,由两台变压器分别供电。

动力、照明的一级负荷设备包括排烟事故风机、消防水泵、事故照明、通信信号、防灾报警系统、售检票系统及防淹门等,若这些类型的负荷中断供电,必将导致地下车站、通信设备和信号设备无法正常工作,引起列车运行秩序的混乱且在发生事故时不能进行报警和消防救灾。二级负荷设备包括车站、线路区间和作业场所内的工作照明以及地下车站的风机、排水泵、排污泵、自动扶梯和人防工程等,这些类型的负荷一旦断电,将对地铁列车的正常运营造成困难。除上述一级负荷设备和二级负荷设备以外,维修机械、清扫机械、空调等动力和广告照明等则为三级负荷设备。

为保证重要设备的电力供应,低压配电系统应做到在应急时刻集中力量保证一级负荷设备的电力供应、尽量保证二级负荷设备的电力供应、切断三级负荷设备的电力供应。此外，在配电时还应根据不同的负荷设备等级提供如下的配电方式：

①对降压变电所直接供配电的一级负荷设备，系统由降压变电所低压柜的两段母线各馈出一路电源至一级负荷设备附近的双电源切换箱，经电源切换箱实现双电源的末端切换后再馈出给负荷设备。正常情况下，这两路电源有一路在工作，另一路在备用，且可互为备用。此处，两路互为备用且可以不间断地自动投放的电源系统称为不间断电源系统（UPS）。此外，还为一级负荷设备配置应急电源以保证在两路电源均失电的情况下仍能正常配电。

②对降压变电所直接供配电的二级负荷设备，系统由降压变电所低压柜的一段母线馈出一路电源至二级负荷设备附近的电源配电箱后再馈出给负荷设备；若该段母线失电压或故障时，母线分段断路器（也称母联断路器，其作用是联结两段母线）自动合闸，可由另一段母线继续供电。

③对降压变电所直接供配电的三级负荷设备，系统由降压变电所低压柜的一段母线馈出一路电源至三级负荷设备附近的电控室低压柜后再馈出给负荷设备；当降压变电所低压柜的任一段母线失电压或故障时，系统便自动切除所有的三级负荷设备供电，后需人工复位。

（2）动力、照明负荷配电系统采用380 V/220 V电压、中性点直接接地的三相四线制配电系统，配电母线为单母线自动开关分段，配电变压器低压一侧通过自动开关与每段母线连接，动力与照明的一级负荷及二级负荷应有两路低压电源供电。此外，设有联络电缆与相邻变电所的低压电源相连接，作为事故备用电源，也可采用备用的发电机组或蓄电池组电源作为事故的备用电源，如图5-22所示。

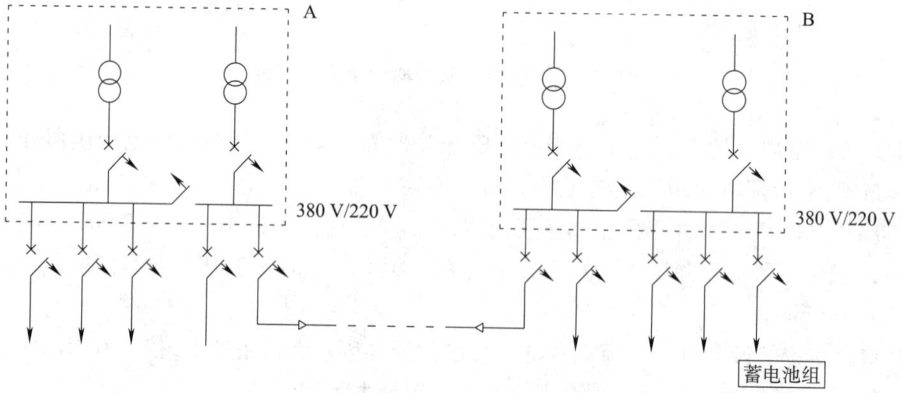

图5-22　降压变电所低压配电系统示意图

降压变电所的中压主接线一般采用单母线分段，根据系统运行的需要，可设母线分段开关（见图5-23）或不设母线分段开关（见图5-24）。跟随式降压变电所一般采用线路-变压器组接线。

在城市轨道交通的低压用电设备中，一级负荷和二级负荷占了绝大多数，这对低压电源的可靠性要求比较高。主变电所和中压网络等输变电环节已采取了一系列的措施来提高供电系统的可靠性，在0.4 kV配电系统的这一环节中采用单母线分段接线，设置单母线分段开关（见图5-25）。

3. 交流开关柜

常用的交流开关柜均为成套开关柜，它是经过定型的模/数化设备，具有模/数标准、结构紧凑、零件通用、布置灵活、可靠性及安全性高的特点。交流开关柜设置了防止电气误操作以及保障人身安全的“五防”闭锁装置。所谓的“五防”就是防止误操作断路器、防止带负荷拉合隔离开关（防止带负荷推拉小车）、防止带电接地线（防止带电关合接地开关）、防止带接地线送电（接地开关处于接地位置时）以及防止误入带电间隔。

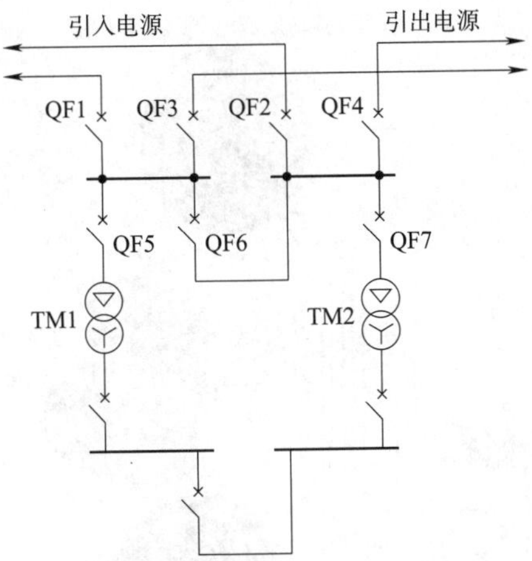

图 5-23　中压单母线分段接线
（设母线分段开关）示意图

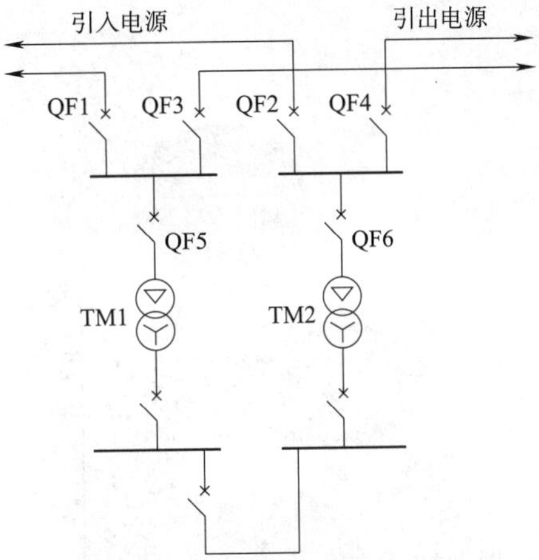

图 5-24　中压单母线分段接线
（不设母线分段开关）示意图

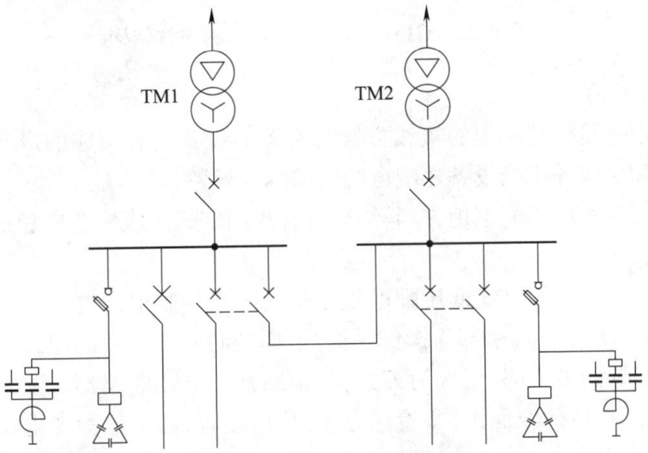

图 5-25　低压主接线示意图

“五防”采用断路器、隔离开关、接地开关与柜门之间的强制性机械闭锁方式或电磁闭锁方式实现。交流开关柜采用“五防”闭锁后可有效地防止误分误合、带负荷分合、带电接地、带地送电、误入带电间隔等电气误操作造成人身伤害或设备损伤。

(1) 中压交流开关柜

城市轨道交通的中压交流开关柜大多采用 GIS（见图 5-26），一般设置为柜式或箱式。为了避免与 110 kV GIS 相混淆，也将中压交流开关柜称为 C-GIS。

图 5-26 中的中压断路器一般采用真空断路器。配用的操作机构为弹簧储能式或弹簧液压式，隔离开关一般采用三工位的隔离开关，具有分闸、合闸及接地的三个工作位置。

降压变电所的中压交流开关柜通常有如下柜型：

①进线柜。负责与主变电所供电分区内的上一个降压变电所或牵引降压混合变电所联系的开关柜。

②出线柜。负责与供电分区内的下一个降压变电所或牵引降压混合变电所联系的开关柜。

③馈线柜。降压变电所的中压母线连接至动力变压器的开关柜。

④母联柜。连接变电所的两段母线的开关柜，此处的母联并不是双母线接线形式中的母线联络断路器，而是指单母线分段接线形式中的分段断路器。

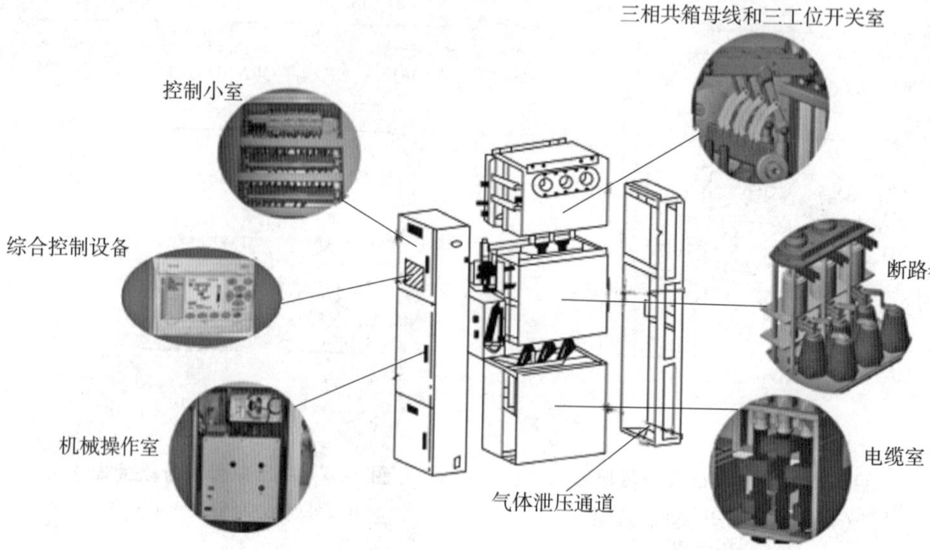

图 5-26　GIS(HMGS-G20 型)**的整体结构**

(2)低压交流开关柜

低压交流开关柜也是按照一定的接线方案将有关的设备组装而成的成套装置。低压交流开关柜一般作为动力和照明等用电设备之配电线路的配电设备。

低压交流开关柜又称低压配电柜,按其结构可分为固定式低压配电柜和抽屉式低压配电柜两大类型。具体如下:

①固定式低压配电柜。固定式低压配电柜是最为简单的配电装置。其正面的面板上部为测量仪表(面板的后面有刀开关),中部为操作手柄,下部是向外双开启的门,门内有互感器、继电器等。母线应布置在屏幕的最上部,依次为刀开关、熔断器和低压断路器。互感器和电能表等都装于屏幕后,这样便于屏前后的双面维护,检修方便,价格便宜,通常作为变电所和配电所的低压配电装置。

②抽屉式低压配电柜。抽屉式低压配电柜将主要的设备均装在抽屉内,其封闭性好,可靠性高。在故障或检修时,只需将抽屉抽出随即换上同类型的抽屉便可迅速供电,提高了供电的可靠性且便于设备的检修。与固定式低压配电柜相比,抽屉式低压配电柜的设备费用高,结构复杂,钢材用量多。

变电所 0.4 kV 开关柜的主要类型有进线柜、母联柜、馈线柜、过渡柜和转接柜等。进线开关、母联开关、三级负荷总开关均设置电动操作机构,可实现就地/远动的合分闸操作。母联柜设置独立的 PLC,实现进线开关、母联开关和三级负荷总开关的自动投入和来电自复功能。

(3)常用的低压断路器

低压断路器(low voltage circuit-breaker,LVCB)又称为低压自动空气开关,是低压供电系统中既能分合负荷电流又能分断短路电流的开关电器。低压断路器的类型较多,常用的有框架式低压断路器和塑料外壳式低压断路器等,以施耐德框架式断路器为例予以介绍如下:

施耐德框架式断路器 Masterpact MT(N)系列(见图 5-27)有抽屉式和固定式两种类型。所有的 Masterpact MT 断路器都带有 Micrologic 控制单元,可在现场进行更换。Micrologic 控制单元用于对电源回路及负荷的保护,它带有 Modbus 通信选件功能;通过 Modbus 通信选件,监控系统可实现对 Masterpact MT 断路器的遥信、遥测、遥控和遥调。

四、牵引降压混合变电所

在城市轨道交通供电系统中，每隔一段距离需设置专门的牵引变电所为电客车的运行提供电能。一般情况下，牵引变电所与降压变电所建在一起而称为牵引降压混合变电所。牵引降压混合变电所除承担普通降压变电所的功能外，还需完成从城市轨道交通的中压网络中取电且经过降压—整流—馈电环节后将电能输送至城市轨道交通列车的接触网（或接触轨）上供城市轨道交通列车的牵引使用，然后再从钢轨、回流线流回至牵引变电所。

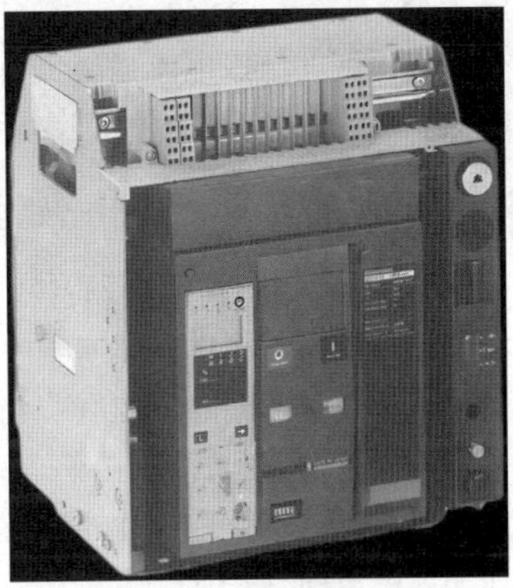

图 5-27　施耐德框架式断路器

牵引变电所是牵引供电系统的核心，它引入两个独立的中压交流电源并将交流电能转换为直流电能，承担着向电动列车提供直流牵引电能的功能。

1. 整流机组

整流变压器将中压环网的 AC 35 kV（或 33 kV、10 kV）降压为 AC 1 180 V，再通过整流器整流输出 DC 1 500 V，经电动隔离开关为接触网供电，实现直流牵引列车。整流变压器和整流器组成整流机组，它是城市轨道交通牵引变电所的核心设备之一。

整流变压器为干式变压器，其外观如图 5-28 所示。它的基本结构与普通干式配电变压器类似，主要的不同点在于整流变压器采用四线圈结构，两两上下叠装。两高压线圈（三角形联结）并联轴向双分裂，网侧移相，中部出线结构。低压线圈则轴向双分裂，一组用于星形联结，另一组用于三角形联结，上下分别出线。

图 5-28　整流变压器

2. 直流开关柜

城市轨道交通采用的直流开关柜是户内牵引供电系统中的核心设备，安装在牵引变电所或者牵引降压混合变电所中，完成牵引直流电能的分配与控制，实现馈线及接触网（或接触轨）等设备的测控保护并将设备的运行状态通过测控装置上传到监控设备中。

城市轨道交通牵引直流开关柜分为 750 V 和 1 500 V 两种电压等级，主要可分为进线柜、馈线柜、负极柜、端子柜和排流柜等。

（1）进线柜

进线柜又称正极柜，安装于整流器与直流正极母线间，实现整流机组向直流母线的馈电、控制和保护。

（2）馈线柜

安装于直流正极母线与接触网的上网隔离开关之间，内部布置有正极母线、直流快速断路器及相关的控制保护设备。

（3）负极柜

安装于负极母线与整流器之间，完成直流系统回路负极电流的收集。其柜内装有负极母排、电动隔离开关及相关的联锁保护装置。

（4）端子柜

作为直流开关柜与外围设备二次回路的接口，柜内配有相关的直流柜与外部二次回路标准连接端子排，以及实现联锁功能的 PLC、继电器及联锁保护设备，实现馈线开关与相关设备的联锁控制功能。端子柜与馈线柜临近安装。

(5)排流柜

将泄漏的杂散电流强制负极,防止杂散电化学腐蚀负极电流返回到路径内的金属设备及隧道结构钢筋中去,它是一种杂散电流的防护设备。

五、城市轨道交通车站照明系统

1. 车站照明系统的组成

城市轨道交通车站照明系统采用380 V三相五线制及220 V单相三线制的方式供电,该系统的供电范围是车站降压变电所变压器后的照明设备及线路。

为便于运营和管理,在车站两端的站台层和站厅层各设置一照明配电室,上层配电室与下层配电室对齐,便于对本层用电设备的管理以及上下层电缆的敷设。公用照明的配电箱集中设置在照明配电室内,便于控制。

2. 车站照明系统的分类

车站照明系统通常可分为一般照明、应急照明、区间照明、广告照明和安全照明等。

(1)一般照明

一般照明是指为照亮整个场地但不必考虑特殊部位的需求而设置的照明。

(2)应急照明

为确保地铁车站出现故障时能够顺利、安全地疏散旅客,通常在地下车站设置220 V蓄电池组,在两路交流电源都失电压的状态下向应急照明(又称事故照明)设备供电。地下铁道的应急照明多为白炽灯,正常情况下由交流电源供电,当交流电源停电时会自动切换到蓄电池组供电。应急照明在车站的站台、站厅及出入口处为长明灯,不集中控制,在车站附属房间及设备用房处采用就地控制。

站台层和站厅层的照明主要由一般照明和应急照明构成。站台、站厅照明的每个分区都是两路照明电源,分为6~8个支路,交叉配电。在运营高峰过后可停掉一部分支路,以便于节约照明用电。附属房间可由单独回路供电。在夜间列车停运后把一般照明关掉,车站照明靠应急照明。

应急照明的设置方式如下:

①重要房间设置应急照明,其照度为正常照度的10%左右;

②站内通道每隔20 m设置标志灯;

③站台、站厅及出入口处设置长明灯,不集中控制;

④侧墙上的导向标志灯间距应在10~15 m范围内;

⑤安全(疏散)出口标志灯应安装在出口的顶部或靠近出口上方的墙面上。

(3)区间照明

区间照明是指设置在轨道区间的照明灯,通常设置在隧道行车方向的两侧墙壁上。区间照明通常可分为一般照明、疏散照明和指示照明。一般照明设置在站台的两端及隧道的入口处,通常采用70 W的高压钠灯作为照明箱提供照明,每隔20 m设置一个;疏散照明通常采用36 W的荧光灯提供照明,每隔20 m设置一个;指示照明一般作为出口标志灯而每隔50 m设置一个,按照不同的属性照明交叉设置。

(4)广告照明

广告照明设置于站台及站厅的公共区,采用荧光灯灯箱的形式提供照明。广告照明一般由照明配电室的配电控制箱统一分配供电。

(5)安全照明

站台板下的安全照明采用36 V的安全电压,照明变压器设于照明配电室内。

城市轨道交通不同场所照明的照度要求如下:

①遵循“力求实用、便于维修”的原则；

②应依据不同的场所要求与建筑形式相配合，确保车站及区间的各项功能正常。

3. 车站照明系统的控制方式

车站照明系统的控制方式分为就地级控制、照明配电室集中控制和车站控制室集中控制三种类型。

(1)就地级控制

各设备及管理用房的进门处设置就地开关控制箱(盒)，控制相应的设备及管理用房的一般照明。区间隧道的一般照明由设置在隧道两端入口处的区间隧道一般照明配电箱控制。

(2)照明配电室集中控制

照明配电室内设有相应照明场所的照明配电箱，可在配电室内集中控制相应场所的一般照明、节电照明、应急照明及广告照明等。正常情况下，照明配电箱的所有开关均应全部合上，以便通过就地级控制和车站控制室集中控制相应场所的照明。

(3)车站控制室集中控制

车站控制室内设有照明控制柜，通过控制柜上的转换开关和按钮可实现对站台、站厅公共区的一般照明、节电照明和广告照明的手动/自动控制(手动控制是指通过就地开关控制柜上的按钮开/关或照明配电室内照明配电箱上的按钮开/关进行控制，自动控制是指通过机电设备监控系统来实现控制)的转换以及区间隧道一般照明的手动控制。

在机电设备监控系统上可监控站台、站厅公共区的一般照明、节电照明和广告照明的工作状态(如手动状态、停止运行状态、自动状态)。

六、电力监控系统

1. 远动技术

供电系统设有电力调度所，统一指挥供电系统在正常状态及事故状态下的运行工作，集中管理沿城市轨道交通线路分布的诸多牵引变电所、降压变电所和主变电所中的电力设备。为了保证供电系统运行的可靠性和经济性，电力调度所必须及时地掌握系统的实际运行情况。一方面，电力调度所需收集信息，要求各变电所将断路器的位置信号、事故信号及主要的运行参数等迅速、正确、可靠地反馈给调度所；另一方面，调度所在切实了解到系统的运行情况并进行判断处理后应对相应的变电所下达命令以便直接操作某些设备(或调整某些参量，或完成实时控制的任务)。为完成变电所与调度所之间远距离信息的实时自动传输，必须采用远动技术。所谓远动技术，就是调度所与各被控制端(包括变电所等)之间实现遥控、遥信、遥测和遥调技术的总称。远动技术是实现系统实时调度和进一步实现调度综合自动化的基础。

(1)遥控

遥控是从电力调度所发出命令以实现远方的操作和切换。这种命令只取有限个离散值，通常只取两种状态的指令，例如开关的“合”与“分”指令。

(2)遥信

遥信是将被控站的设备状态信号远距离地传送给调度所，如开关位置信号、报警信号等。

(3)遥测

遥测是将被控站的某些运行参数传送给调度所，如有功功率和无功功率、电能、电压和电流等电气参数及接触网故障点等非电气参数。

(4)遥调

遥调是电力调度所直接对被控站的某些设备的工作状态和参数进行调整，如调节变电所的某些量值(如电压等)。

由此可见，远动技术是综合应用“4C”[computation（计算机技术）、control（自动控制理论）、communication（通信技术）、CRT（显示技术）]技术而形成的一门独立的学科。

以微型计算机为主要构成、以完成常规的“四遥”功能为目标的监视控制和数据采集系统称为电力监控（supervisory control and data acquisition，SCADA）系统。这种远动系统的被控制端简称为远方终端（remote terminal unit，RTU）。由于计算机的运算速度越来越快、功能越来越强，这使得微机远动系统除了完成常规的“四遥”功能外，还可完成许多其他的数据处理和管理功能，如根据需要编制各种不同的图形及报表，提供复示终端，与其他系统进行联网，可供操作人员进行在线培训，防止误操作及辅助决策等。

2. 城市轨道交通电力监控系统的组成

城市轨道交通电力监控系统是以现代计算机技术、网络通信技术及自动化技术为基础而构建的具有监视和控制供电系统设备运行状态的计算机集成系统。城市轨道交通电力监控系统主要由设置在控制中心的电力监控调度系统和设置在城市轨道交通线路沿线变电所的综合自动化系统、供电复示系统以及连接两者的网络通信通道构成，其基本结构如图5-29所示。

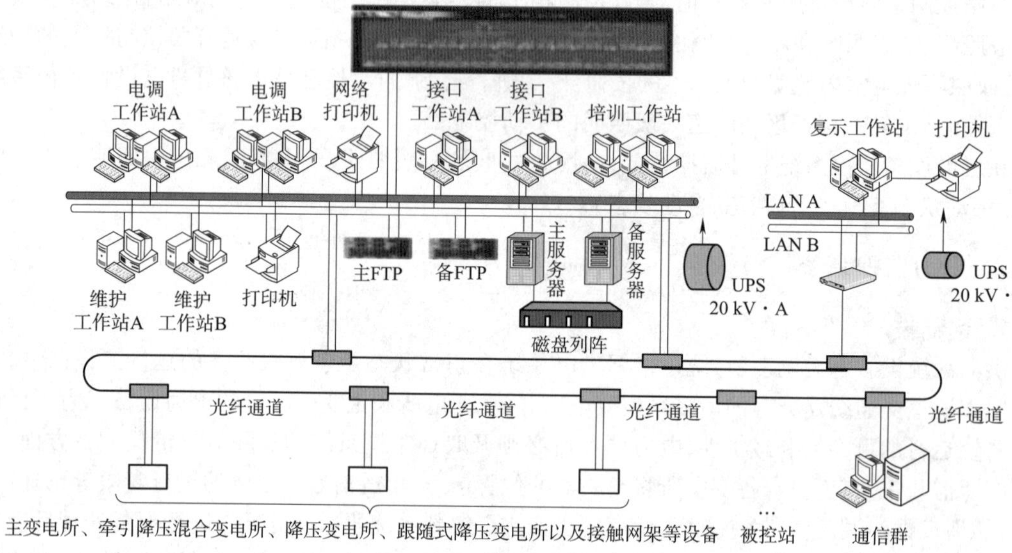

图5-29 城市轨道交通电力监控系统基本结构图

（1）控制中心的电力监控调度系统

位于控制中心的电力监控调度系统是城市轨道交通综合监控系统的一个子系统，其主要的组成设备有系统局域网络设备、服务器、工作站、网络打印机及其他网络设备和中心不间断电源UPS（uninterrupted power supply）等。系统局域网络主要由构成通信网络的交换机及光纤等设备，采用双以太网结构以及TCP/IP网络协议。设备包括中心机房网络交换机、调度大厅接入交换机和防火墙等。服务器主要包括系统服务器以及前置服务器。系统服务器用于整个电力监控系统的网络管理、数据处理以及与其他计算机的资源共享等；前置服务器用于系统的网络管理、数据处理以及客户机的访问等，实现与各变电所自动化系统间的数据交换及预处理等功能。工作站主要包括调度员工作站、维护工作站和数据文档工作站等，调度员工作站主要用于电力调度人员完成对供电设备的日常监控和调度管理等相关任务，系统维护工作站具有对电力监控系统进行软件维护、修改以及网络管理等，数据文档工作站主要用于产生电力监控系统所需的各种报表。

（2）变电所综合自动化系统

变电所综合自动化系统主要采用分层分布式结构，由站级管理层、网络通信层和间隔设备层组成。

①站级管理层。站级管理层包括控制信号盘及安装于控制信号盘内的通信管理机、一体化监控计算机、用于维护的便携式计算机和交换机等设备。通信管理机用于对变电所内各种设备的信息进行采集并处理,形成标准的信息并通过数据通道传送到变电所监控计算机和综合监控系统。一体化监控计算机用于在维修或紧急情况下变电所获得工作权限后在本机上对某车站的电力设备进行监控以及获得相邻站相关设备的运行信息等。交换机用于综控屏设备的接入。

②网络通信层。网络通信层实现站级管理层与间隔设备层之间的通信。变电所内的网络通信层包括网络通信服务器、交换机、监控单元之间的通信光缆、电缆及光电转换装置等。网络通信服务器用于接入不同厂家的智能设备,用于站内设备的通信接口以及通信规约的转换。光电转换装置用于实现智能设备与站内光纤以太网之间的连接。

③间隔设备层。间隔设备层包括分散安装于供电一次设备中的各种微型计算机保护测控单元、智能监控设备以及采用硬接点输出的现场设备。其设备主要包括:35 kV 开关柜保护测控单元及电能表、400 V 开关柜智能单元及电能表、1 500 V 开关柜保护测控单元及智能单元和各类智能监控设备(如排流柜、所用交流电源、所用直流电源、杂散电流监控单元和区间隔离开关监控设备等)。

(3)供电复示系统

在车辆段综合基地供电车间调度室内设有电力监控系统的复示终端,以监视全线供电系统的运行情况;亦可在主变电所内增设复示终端,用于现场运营人员便利掌握设备的运行状态及事故信息等,提高作业人员的作业效率。

供电复示系统的设备与调度站的设备相似,主要设备包括复示工作站、设备管理工作站、交换机、打印机和 UPS 等。

(4)网络通信及通道

网络通信及通道主要用于控制中心、被控制站以及复示系统之间进行数据交换。网络形式主要采用以太网双通信通道,其设备主要包括以太网交换机、光缆及光电转换装置等。

3. 城市轨道交通电力监控系统的功能

(1)控制中心电力监控系统的功能

控制中心电力监控系统可以实现对沿线所有变电所内部的电压、电流、功率、电能量和开关量等信息的采集,实现对全线变电所所内设备的工作情况进行监视以及全线所有电力设备的控制工作。主要功能如下:

①数据的采集与处理。系统通过通信通道采集变电站综合自动化系统中各电气设备的运行数据,经监控软件处理后在计算机界面进行显示。

②"四遥"功能。所谓的"四遥"功能,即遥控、遥信、遥测和遥调四项功能,其中遥控功能的操作界面如图 5-30 所示,"四遥"监控对象见表 5-4。

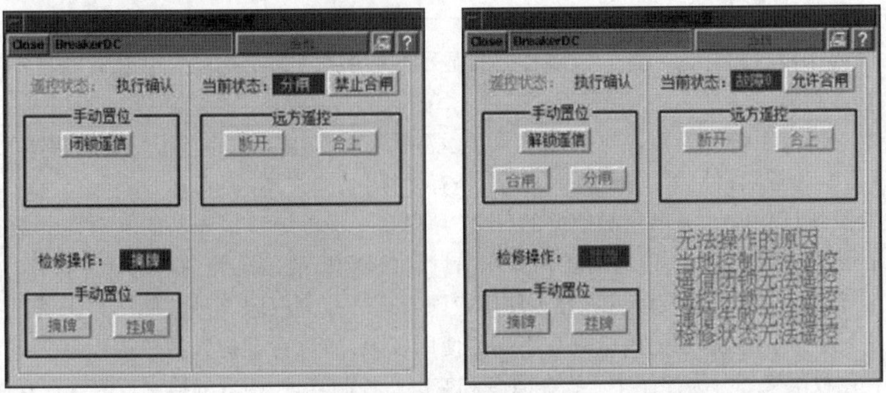

图 5-30 控制中心电力监控系统遥控功能的操作界面

表 5-4 城市轨道交通电力监控系统“四遥”监控对象

监控方式	监控对象		
	主变电所	牵引降压混合变电所	降压变电所
遥控	①110 kV 断路器/电动隔离开关。 ②变压器二次侧35 kV 断路器。 ③35 kV 母联断路器。 ④35 kV 馈线断路器。 ⑤其他切换开关	①35 kV 进/出线断路器。 ②35 kV 母联断路器。 ③35 kV 馈线断路器。 ④400 V 进线、母联、三级负荷总开关。 ⑤1 500 V 直流电动隔离开关。 ⑥1 500 V 直流快速断路器。 ⑦接触网电动隔离开关。 ⑧35 kV 母联开关自投。 ⑨重合闸投切	①35 kV 进/出线断路器。 ②35 kV 母联断路器。 ③35 kV 馈线断路器。 ④400 V 进线、母联、三级负荷总开关。 ⑤35 kV 母联开关自投
遥信	①遥控开关合/分位置。 ②自动装置位置。 ③远方/当地开关位置。 ④进线检压信号。 ⑤主变电所保护信号。 ⑥馈线保护信号。 ⑦主变电所用电交直流系统监测信号。 ⑧设备自检信号。 ⑨自动装置动作信号。 ⑩主变电所抽头位置	①遥控开关合/分位置。 ②自动装置位置。 ③远方/当地位置信号。 ④母线检压信号。 ⑤35 kV 进/出线保护信号。 ⑥35 kV 馈线保护信号。 ⑦整流机组保护信号。 ⑧动力变压器保护信号。 ⑨1 500 V 直流馈线保护信号。 ⑩400 V 系统保护信号。 ⑪设备自检信号。 ⑫钢轨电位限制装置状态信号。 ⑬变电所用电交直流系统监测信号	①遥控开关合/分位置。 ②自动装置位置。 ③远方/当地位置信号。 ④母线检压信号。 ⑤35 kV 进/出线保护信号。 ⑥35 kV 馈线保护信号。 ⑦400 V 系统保护信号。 ⑧设备自检信号。 ⑨变电所用电交直流系统监测信号
遥测	①110 kV 主变电所电流/电压。 ②110 kV 主变电所有功功率/有功电能。 ③110 kV 主变电所功率因数。 ④110 kV 主变电所无功功率/无功电能。 ⑤主变电所二次侧电流。 ⑥35 kV 主变电所母线电压。 ⑦35 kV 主变电所馈线电流(交直流系统有关电量)	①35 kV 进/出线电流。 ②35 kV 母线电压。 ③35 kV 母联电流。 ④整流/动力变压器一次侧电流/有功功率/有功电能。 ⑤整流机组输出电流。 ⑥1 500 V 直流母线电压。 ⑦1 500 V 馈线电流。 ⑧回流线电流。 ⑨400 V 进线电流/电压(交直流系统有关电量)	①35 kV 进/出线电流。 ②35 kV 母线电压。 ③35 kV 母联电流。 ④动力变压器一次侧电流/有功功率/有功电能。 ⑤40 V 进线电流/电压(交直流系统有关电量)
遥调	主变压器有载调压		

③采样数据显示和查询功能。以多种方式显示实时数据(如工况图、曲线图和表格等)并对客户机提供查询功能。

④报警功能。系统能够对供电系统的异常运营状态提供报警功能。报警分为事故报警、预告报警、变位报警和越限报警等。报警的方式应具有多样化,如文本、声音和图形等。

⑤报表及统计功能。提供监测数据的日报、月报和年报等统计报表功能并对监测数据进行统计、分析、存档和查询。此外,还应对各种操作信息、报警和事故信息等进行统计并保存。

⑥权限管理功能。系统权限管理分为使用权限管理和控制权限管理。使用权限管理主要是将使用权限进行分级,不同级别的人员具有不同的使用权限,如运行维护人员分为检修管理员级和检修员级。控制权限管理分为控制中心控制管理和变电所控制管理,两者的控制权限管理互斥。

⑦系统时钟同步功能。通过全球导航卫星系统获得标准时钟信息。

(2)变电所综合自动化系统的功能

变电所综合自动化系统负责完成收集变电站内部各间隔层装置所采集到的信息,完成分析、处理、显示、报警、记录和控制等功能,并将这些信息传送至电力调度控制中心,接受调度控制中心的命令并对各间隔层的相关设备进行控制。变电所综合自动化系统的主要功能如下:

①实时数据的采集和处理功能。采集变电所电力运行过程中的实时数据和设备运行状态,包括各种状态量、模拟量、脉冲量(电能量)、数字量和保护信息并对这些数据进行处理后存储且经过通信通道传送到电力调度控制中心。

②操作控制功能。变电所综合自动化系统采用分散控制、集中管理的结构而形成三级控制的方式。正常运行时,采用远动控制;当设备检修时,采用所内集中控制或设备本体控制;当系统故障时,在设备的开关柜上进行就地控制。三种控制方式相互闭锁,以达到安全控制的目的。正常情况下,控制权限在控制中心,由控制中心实施监控功能;此时,站内的监控计算机将闭锁控制功能。在紧急情况下,远方控制中心可将控制权限下放到变电所的监控系统。此时,远方控制中心便失去了控制权限,变电所综合自动化系统可对所内任一设备进行操控,如断路器的分/合闸遥控等。

③报警功能。报警通常有两种情况:一种是事故报警;另一种是预告报警。前者包括非操作引起的断路器跳闸、保护装置动作或偷跳信号等;后者包括一般的设备变位、状态异常信息、模拟量越限报警、计算机站控层的各个部件(间隔层单元)的状态异常等。

报警方式主要有图形报警、音响报警、文字显示及打印输出等形式。

④自诊断与自恢复功能。自诊断是指计算机监控系统能够在线诊断系统的全部软件和硬件的运行工况,当发现异常或者故障时能及时地显示和打印报警信息并在运行工况图上用不同的颜色进行区分显示。系统的自恢复功能主要体现在:当软件运行异常时,系统能够自动恢复正常运行;当软件发生死锁时,系统能自动启动并恢复正常运行;当系统发生软/硬件故障时,备用设备能够自动切换。

(3)复示系统的功能

在车辆段(综合基地)供电车间的调度室内设有电力监控系统的复示终端,用以监视全线供电系统的运行情况;也可在主变电所增设复示终端,用于现场的运营人员对设备的运行状态以及事故信息的掌握,提高作业人员的作业效率。但复示系统不具备对电气设备的控制功能。

复示系统的功能主要体现在设备信息的管理功能、记录(操作记录、缺陷记录、事故异常记录、巡视记录、修理试验记录和开关跳闸记录等)功能、维修提示功能和工作票管理功能等。

七、不间断电源和应急电源

1. 不间断电源

不间断电源(UPS)的分类较多,此处以保障性较强的双转换式 UPS 为例进行介绍。双转换式 UPS 的基本组成为整流器/充电器、逆变器、静态开关(静态旁路)、手动旁路开关(手动维修旁路)和电池等装置串联在交流输入和负载之间,如图 5-31 所示。UPS 系统的运行方式如下:

(1)正常运行方式(见图 5-32)

提供给负载的所有电力都经过整流器/充电器和逆变器的双重转换(AC/DC/AC)。双转换方式因此而得名。整流器/充电器对电池进行浮充电以保持电池处于满充状态。

(2)后备运行方式(见图 5-33)

当交流输入的电压超出 UPS 允许的容限范围或市电中断时,逆变器和电池无间断地投入,继续为负载供电。UPS 将持续运行直到电池放电终止,或在市电恢复正常时回到正常运行方式。

(3)恢复充电运行方式(见图5-34)

提供给负载的电力都经过整流器/充电器和逆变器的双重转换,同时整流器/充电器开始给电池进行恢复性充电。

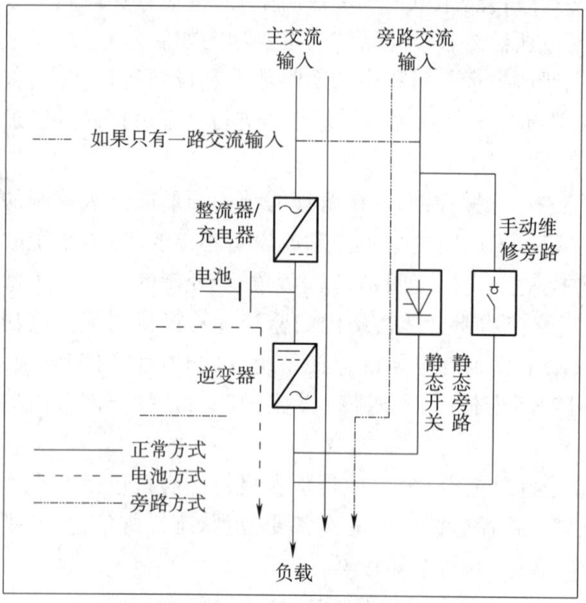

图5-31　UPS的工作原理

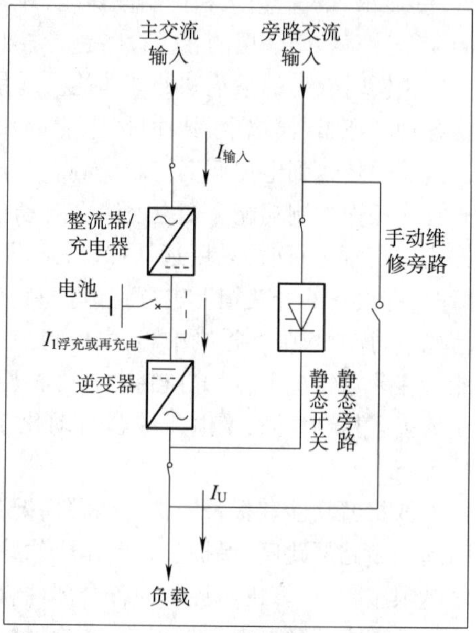

图5-32　UPS正常运行方式

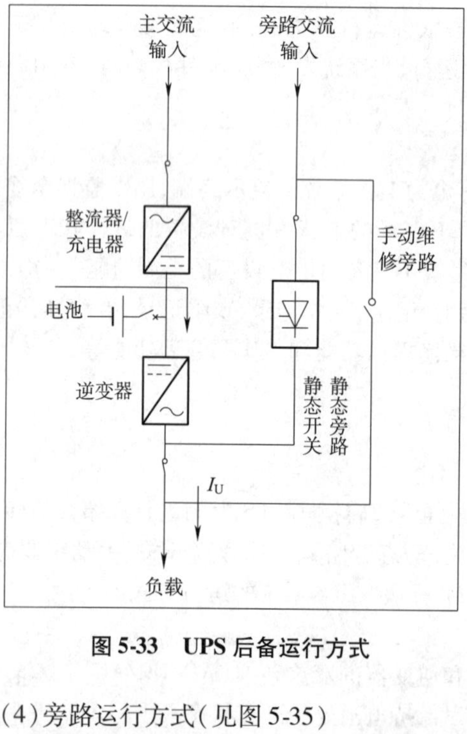

图5-33　UPS后备运行方式

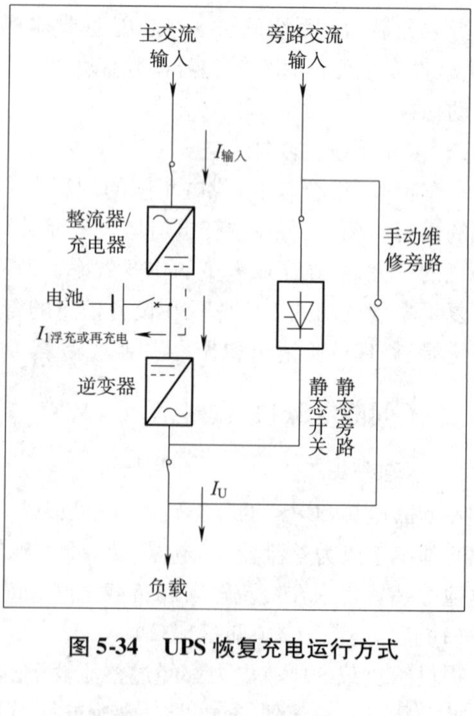

图5-34　UPS恢复充电运行方式

(4)旁路运行方式(见图5-35)

当逆变器停止工作时,负载可以无间断地切换到旁路的交流输入(根据安装方式的不同,由市电或后备电源供电)。引起旁路运行的原因有:①UPS内部故障;②负载电流瞬变电流尖峰(冲击电流或故障电流);③人为停止逆变器。

(5)维修运行方式(见图 5-36)

UPS 维修时,通过手动的方式将负载无间断地切换到维修旁路,可将 UPS 的内部进行隔离,在不中断负载运行的情况下对 UPS 进行维护和修理。此时,整流器/充电器、逆变器和静态开关均被关闭且从主电源中隔离出来,电池被其保护型断路器隔离。

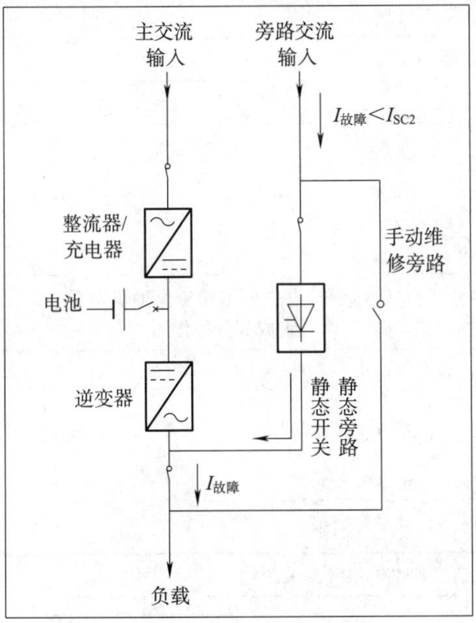

图 5-35　UPS 旁路运行方式

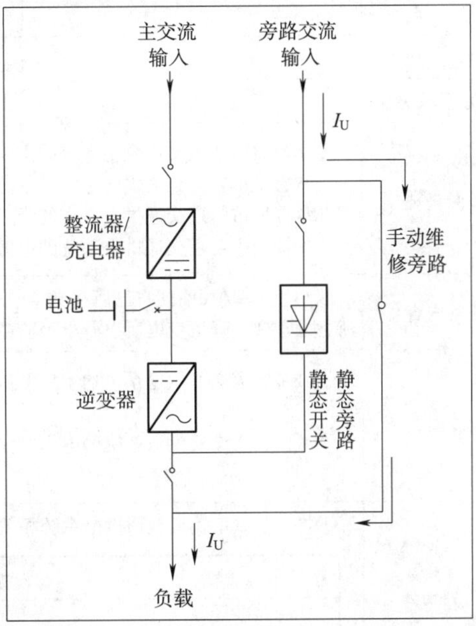

图 5-36　UPS 维修运行方式

2. 应急电源

应急电源(emergency power supply,EPS)系统在城市轨道交通中扮演着重要角色。后备式应急电源能为车站的应急照明设备提供应急电源,在正常照明因事故而熄灭时,保证应急照明设备能够安全、连续地使用,从而避免出现因应急照明设备无法正常使用导致人员慌乱而造成的不安全事件。

EPS 系统(见图 5-37)在市电正常时,市电输出给所带的负载供电,其中一路电源给蓄电池充电;市电故障时,由蓄电池经逆变器输出给所带的负载供电;检修时,需将开关打到旁路检修状态以便开始检修。EPS 与 UPS 最重要的区别在于 EPS 只能解决市电停电时的应急供电,但无法消除电源干扰(间断)且需 0.8 ~4 s 的间断转换时间。

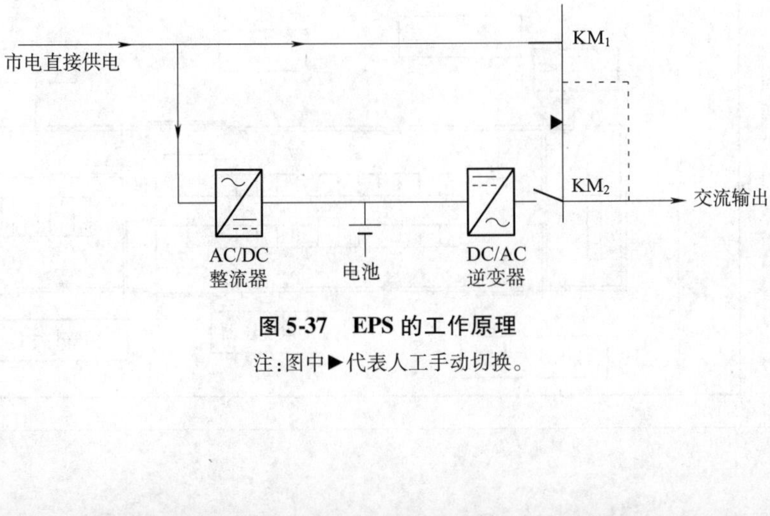

图 5-37　EPS 的工作原理

注:图中▶代表人工手动切换。

任务实施

任务工单见表5-5。

表5-5　认知城市轨道交通低压配电及照明系统任务工单

<table>
<tr><td>姓　名</td><td></td><td>学　号</td><td></td></tr>
<tr><td>专　业</td><td></td><td>指导教师</td><td></td></tr>
<tr><td>小组成员及分工</td><td colspan="3"></td></tr>
<tr><td>任务目标</td><td colspan="3">①掌握城市轨道交通供电系统的主变电所。
②掌握城市轨道交通供电系统的中压网络。
③掌握城市轨道交通供电系统的降压变电所。
④掌握城市轨道交通供电系统的电力监控系统</td></tr>
<tr><td>任务内容</td><td colspan="3">以小组为单位,前往自己所在城市的地铁企业进行实地调研,发掘城市轨道交通供电系统的主变电所、中压网络、降压变电所以及电力监控系统的组成部分,归纳各组成部分的作用</td></tr>
<tr><td>引导问题</td><td colspan="3">①城市轨道交通供电系统的主变电所主要由哪些部分组成?

②城市轨道交通供电系统的电力监控系统由哪些部分组成</td></tr>
<tr><td>实际训练</td><td colspan="3">①将以下城市轨道交通供电系统相关图片的方框处补充完整。
<table>
<tr><td>序号</td><td>城市轨道交通供电系统相关图片</td></tr>
<tr><td>1</td><td>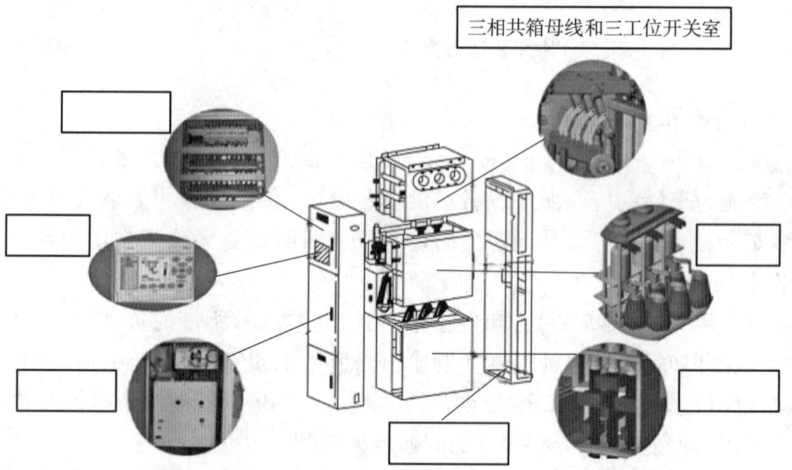
</td></tr>
<tr><td>2</td><td>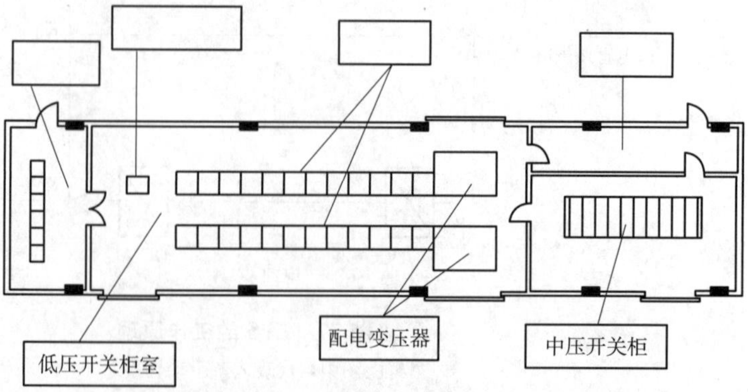
</td></tr>
</table></td></tr>
</table>

实际训练	②简述城市轨道交通供电系统主变电所的主要组成部分。 ③简述城市轨道交通供电系统中压网络的主要组成部分。 ④简述城市轨道交通供电系统降压变电所的主要组成部分。 ⑤简述城市轨道交通供电系统电力监控系统的主要组成部分

任务评价

任务评价表见表5-6。

表5-6　认知城市轨道交通低压配电及照明系统任务评价表

序号	评价内容	评价标准	分值	评分记录		
				自我评价	互相评价	教师评价
1	城市轨道交通供电系统主变电所的主要组成部分	4个组成部分，每个组成部分6分	24			
2	城市轨道交通供电系统中压网络的主要组成部分	3个组成部分，每个组成部分6分	18			
3	城市轨道交通供电系统降压变电所的主要组成部分	3个组成部分，每个组成部分6分	18			
4	城市轨道交通供电系统电力监控系统的主要组成部分	3个组成部分，每个组成部分5分	15			
5	城市轨道交通供电系统相关图片的方框处补充完整	10个空白处，每个空白处2.5分	25			
总成绩			100			

思考与练习

文本

思考与练习

任务三　巡检城市轨道交通低压配电及照明系统

任务目标

1. 知识目标

①掌握城市轨道交通照明配电室的巡检流程；

②掌握城市轨道交通环控电控室的巡检流程；

③掌握城市轨道交通照明系统的巡检流程。

2. 能力目标

①能够描述城市轨道交通照明配电室防火门(门禁)、照明配电室环境卫生、低压配电箱、双电源切换装置以及EPS应急电源的巡检内容及标准;

②能够描述城市轨道交通环控电控室防火门(门禁)、环控电控室环境卫生、环控电控柜以及低压控制柜(风机、组合空调机组)的巡检内容及标准;

③能够描述城市轨道交通智能照明主机以及应急照明系统的巡检内容及标准。

3. 素养目标

①培养学习新知识的能力;

②强化专业技术能力;

③培养发现问题的能力。

任务描述

城市轨道交通低压配电及照明系统的巡检内容较多,要求归纳出城市轨道交通照明配电室、环控电控室以及城市轨道交通照明系统的巡检内容及标准,掌握巡检过程中的注意事项,具备巡检城市轨道交通低压配电及照明系统的常用技能。

知识链接

一、城市轨道交通照明配电室巡检

1. 城市轨道交通照明配电室防火门(门禁)的巡检内容及标准

(1)城市轨道交通照明配电室防火门(门禁)的巡检内容

①防火门是否破损;

②防火门的门牌标识是否完整;

③防火门的安全责任牌是否平整、信息是否准确;

④防火门的门锁(门禁)功能是否正常。

(2)城市轨道交通照明配电室防火门(门禁)的巡检标准

①防火门无破损;

②防火门的门牌标识完整;

③防火门的安全责任牌平整、信息准确;

④防火门的门锁(门禁)功能正常。

2. 城市轨道交通照明配电室环境卫生的巡检内容及标准

(1)城市轨道交通照明配电室环境卫生的巡检内容

①配电室地面是否清洁;

②配电室地面有无开裂、灰尘及脚印;

③配电室内定置化物品是否摆放整齐;

④配电室内清洁工具是否摆放在固定区域且有定置标识;

⑤配电室内有无堆放的备件材料、废件及垃圾;

⑥配电室内墙面是否清洁、起皮、霉斑及漏水;

⑦配电室内墙角是否有蜘蛛网;

⑧配电室墙壁上的标识、插座及管理制度等物品是否松脱(或损坏);

⑨配电室天花板及照明设施是否完好;

⑩配电室地面排水沟是否存在破损、杂物、堵塞等情况。

(2)城市轨道交通照明配电室环境卫生的巡检标准

①配电室地面清洁；

②配电室地面无开裂、灰尘及脚印；

③配电室内定置化物品摆放整齐；

④配电室内清洁工具摆放在固定区域且有定置标识；

⑤配电室内无堆放的备件材料、废件及垃圾；

⑥配电室内墙面清洁、未起皮、无霉斑及漏水；

⑦配电室内墙角无蜘蛛网；

⑧配电室墙壁上的标识、插座及管理制度等物品无松脱(或损坏)；

⑨配电室天花板及照明设施完好；

⑩配电室地面排水沟无破损、杂物、堵塞等情况。

3. 城市轨道交通低压配电箱的巡检内容及标准

(1)城市轨道交通低压配电箱的巡检内容

①低压配电箱的周边有无渗漏及焦煳味；

②低压配电箱内的防火封堵是否完好；

③低压配电箱的电源指示灯和故障指示灯是否亮起；

④低压配电箱的转换开关是否处于“自动”或“远方”位置；

⑤低压配电箱内的断路器当在使用中时是否处于合闸状态且无异常跳闸断路器；

⑥低压配电箱内的智能模块电源红色指示灯是否正常点亮；

⑦低压配电箱内的智能模块通信灯是否存在不定时闪烁现象；

⑧低压配电箱内的智能模块手自动按钮是否处于自动状态。

(2)城市轨道交通低压配电箱的巡检标准

①低压配电箱的周边无渗漏及焦煳味；

②低压配电箱内的防火封堵完好；

③低压配电箱的电源指示灯亮起且故障指示灯未亮起；

④低压配电箱的转换开关处于“自动”或“远方”位置；

⑤低压配电箱内的断路器当在使用中时处于合闸状态且无异常跳闸断路器；

⑥低压配电箱内的智能模块电源红色指示灯应正常点亮；

⑦低压配电箱内的智能模块通信灯不存在不定时闪烁现象；

⑧低压配电箱内的智能模块手自动按钮处于自动状态。

4. 双电源切换装置的巡检内容及标准

(1)双电源切换装置的巡检内容

①双电源切换装置的开关是否处于“自动”运行状态且无报警；

②双电源切换装置的主、备电源指示灯亮起状态是否符合运行模式设定；

③双电源切换装置的电压显示屏显示电压是否正常；

④双电源切换装置的回路接线是否紧固无松动。

(2)双电源切换装置的巡检标准

①双电源切换装置的开关处于“自动”运行状态且无报警；

②双电源切换装置的主、备电源指示灯亮起状态符合运行模式设定；

③双电源切换装置的电压显示屏显示相电压应为$220\times(1\pm10\%)$ V,线电压应为$380\times(1\pm10\%)$ V。

④双电源切换装置的回路接线紧固无松动。

5. EPS应急电源的巡检内容及标准

(1)EPS应急电源的巡检内容

①EPS应急电源外部运行环境的温度及通风情况是否良好；

②EPS 应急电源机柜内有无异常气味及振动异响；

③EPS 应急电源机柜内外有无积尘；

④EPS 应急电源监控模块面板的液晶显示屏各参数（包含电池单节电压、浮充状态下的电池压差、有无故障信息）显示是否正常；

⑤EPS 两路进线电源的指示灯是否正常；

⑥EPS 的电气元件有无破损、松动及发热痕迹；

⑦EPS 的接插件和接线是否紧固；

⑧EPS 的蓄电池有无漏液、破损及鼓包现象，接线端子有无白色盐霜现象；

⑨EPS 的断路器在有馈出线路（在使用时）是否处于合闸状态；

⑩EPS 的风扇有无破损、变形及积尘现象。

（2）EPS 应急电源的巡检标准

①EPS 应急电源外部运行环境的温度在 0 ~ 40 ℃，通风情况良好；

②EPS 应急电源机柜内无异常气味及振动异响；

③EPS 应急电源机柜内外无积尘；

④EPS 应急电源监控模块面板的液晶显示屏各参数（电池单节电压在 DC 10.8 ~ 15 V 范围，浮充状态下的电池压差不大于 0.48 V，无故障信息）显示正常；

⑤EPS 两路进线电源的指示灯无闪烁且指示正常；

⑥EPS 的电气元件无破损、松动及发热痕迹；

⑦EPS 的接插件和接线紧固；

⑧EPS 的蓄电池无漏液、破损及鼓包现象且接线端子无白色盐霜现象；

⑨EPS 的断路器在有馈出线路（在使用时）处于合闸状态；

⑩EPS 的风扇无破损、变形及积尘现象。

二、城市轨道交通环控电控室巡检

1. 城市轨道交通环控电控室防火门（门禁）的巡检内容及标准

（1）城市轨道交通环控电控室防火门（门禁）的巡检内容

①防火门是否破损；

②防火门的门牌标识是否完整；

③防火门的安全责任牌是否平整、信息是否准确；

④防火门的门锁（门禁）功能是否正常。

（2）城市轨道交通环控电控室防火门（门禁）的巡检标准

①防火门无破损；

②防火门的门牌标识完整；

③防火门的安全责任牌平整、信息准确；

④防火门的门锁（门禁）功能正常。

2. 城市轨道交通环控电控室环境卫生的巡检内容及标准

（1）城市轨道交通环控电控室环境卫生的巡检内容

①环控电控室地面是否清洁；

②环控电控室地面有无开裂、灰尘及脚印；

③环控电控室内定置化物品是否摆放整齐；

④环控电控室内清洁工具是否摆放在固定区域且有定置标识；

⑤环控电控室内有无堆放的备件材料、废件及垃圾；

⑥环控电控室内墙面是否清洁、起皮、霉斑及漏水；

⑦环控电控室内墙角是否有蜘蛛网；
⑧环控电控室墙壁上的标识、插座及管理制度等物品是否松脱（或损坏）；
⑨环控电控室天花板及照明设施是否完好；
⑩环控电控室地面排水沟是否存在破损、杂物、堵塞等情况。
(2)城市轨道交通环控电控室环境卫生的巡检标准
①环控电控室地面清洁；
②环控电控室地面无开裂、灰尘及脚印；
③环控电控室内定置化物品摆放整齐；
④环控电控室内清洁工具需摆放在固定区域且有定置标识；
⑤环控电控室内无堆放的备件材料、废件及垃圾；
⑥环控电控室内墙面清洁、未起皮、无霉斑及漏水；
⑦环控电控室内墙角无蜘蛛网；
⑧环控电控室墙壁上的标识、插座及管理制度等物品无松脱（或损坏）；
⑨环控电控室天花板及照明设施完好；
⑩环控电控室地面排水沟无破损、杂物、堵塞等情况。
3. 城市轨道交通环控电控柜的巡检内容及标准
(1)城市轨道交通环控电控柜的巡检内容
①环控电控柜柜面上的指示灯（灯泡）是否存在损坏或不亮现象；
②断路器、控制器及各电表显示的三相电压值是否在正常范围内；
③环控电控柜的转换开关位置是否处于“自动”或“远方”位置；
④环控电控柜的柜内及周围环境有无焦煳味；
⑤环控电控柜的接触器及继电器的线圈交流声有无异常；
⑥环控电控柜的双电源切换开关是否处于“自动”运行状态；
⑦环控电控柜的进线柜主/备用回路电源是否亮绿灯且无报警声；
⑧环控电控柜已投入运行的断路器是否存在跳闸现象；
⑨环控电控柜的各接线端子是否存在发热、烧黑及放电痕迹现象；
⑩环控电控柜的各通信设备与后台的通信是否正常。
(2)城市轨道交通环控电控柜的巡检标准
①环控电控柜柜面上的指示灯（灯泡）不存在损坏或不亮现象；
②断路器、控制器及各电表显示的三相电压值均在正常范围 $380\times(1\pm10\%)$ V 内；
③环控电控柜的转换开关位置应处于“自动”或“远方”位置；
④环控电控柜的柜内及周围环境无焦煳味；
⑤环控电控柜的接触器及继电器的线圈交流声无异常；
⑥环控电控柜的双电源切换开关应处于“自动”运行状态；
⑦环控电控柜的进线柜主/备用回路电源亮绿灯且无报警声；
⑧环控电控柜已投入运行的断路器不存在跳闸现象；
⑨环控电控柜的各接线端子不存在发热、烧黑及放电痕迹现象；
⑩环控电控柜的各通信设备与后台的通信正常。
4. 城市轨道交通低压控制柜（风机、组合空调机组）的巡检内容及标准
(1)低压控制柜（风机、组合空调机组）的巡检内容
①低压控制柜的指示灯是否存在指示状态与设备运行状态不一致或黄色故障灯亮起的现象；
②低压控制柜的轴温表数值显示是否存在显示不正常及报警现象；
③低压控制柜的设备标牌是否完好；

④低压控制柜的转换开关是否处于“自动”或“远方”位置；
⑤低压控制柜内部及周围环境有无焦煳味；
⑥低压控制柜的接触器及继电器的线圈交流声有无异常；
⑦低压控制柜的双电源切换开关是否处于“自动”运行状态；
⑧低压控制柜的进线柜主/备用回路电源是否亮绿灯且无报警声；
⑨低压控制柜内各接线端子是否存在发热、烧黑及放电痕迹现象；
⑩低压控制柜内的电气元件是否存在破损或松动现象。
(2)低压控制柜(风机、组合空调机组)的巡检标准
①低压控制柜的指示灯不存在指示状态与设备运行状态不一致及黄色故障灯亮起的现象；
②低压控制柜的轴温表数值显示不存在显示不正常及报警现象；
③低压控制柜的设备标牌完好；
④低压控制柜的转换开关处于“自动”或“远方”位置；
⑤低压控制柜内部及周围环境无焦煳味；
⑥低压控制柜的接触器及继电器的线圈交流声无异常；
⑦低压控制柜的双电源切换开关处于“自动”运行状态；
⑧低压控制柜的进线柜主/备用回路电源亮绿灯且无报警声；
⑨低压控制柜内各接线端子不存在发热、烧黑及放电痕迹现象；
⑩低压控制柜内的电气元件不存在破损或松动现象。

三、城市轨道交通照明系统巡检

1. 城市轨道交通智能照明主机的巡检内容及标准
(1)城市轨道交通智能照明主机的巡检内容
①智能照明主机柜内网关电源指示灯是否亮红灯；
②智能照明主机柜内的通信灯绿灯是否存在不定时闪烁现象；
③智能照明主机柜内的所有接线及接线端子是否紧固；
④智能照明主机柜内的线路是否绑扎整齐；
⑤智能照明主机各个场景模式的切换及模块开关的动作状态是否符合设定的场景模式；
⑥智能照明主机是否存在灰尘及污垢；
⑦智能照明主机的时间显示是否与北京时间同步。
(2)城市轨道交通智能照明主机的巡检标准
①智能照明主机柜内网关电源指示灯亮红灯；
②智能照明主机柜内的通信灯绿灯存在不定时闪烁现象；
③智能照明主机柜内的所有接线及接线端子紧固；
④智能照明主机柜内的线路绑扎整齐；
⑤智能照明主机各个场景模式的切换及模块开关的动作状态符合设定的场景模式；
⑥智能照明主机不存在灰尘及污垢；
⑦智能照明主机的时间显示与北京时间同步。
2. 城市轨道交通应急照明系统的巡检内容及标准
(1)城市轨道交通应急照明系统的巡检内容
①应急照明灯具光源的应急点亮响应时间是否大于5 s；
②应急照明灯具的照度是否低于3.0 lx；
③应急照明灯具的应急点亮持续工作时间是否小于90 min。

(2)城市轨道交通应急照明系统的巡检标准

①应急照明灯具光源的应急点亮响应时间不应大于5 s;

②应急照明灯具的照度不应低于3.0 lx;

③应急照明灯具的应急点亮持续工作时间不应小于90 min。

任务书

根据“知识链接”的相关内容,登录城市轨道交通供电及照明系统虚拟仿真实训平台,进行城市轨道交通供电及照明系统相关设备巡检的模拟操作,作业时间30 min,作业任务书见表5-7。

表5-7　城市轨道交通供电及照明系统相关设备巡检作业任务书

<table>
<tr><td>作业任务</td><td>城市轨道交通供电及照明系统相关设备巡检</td><td colspan="2">日　期</td><td colspan="2"></td></tr>
<tr><td>班　组</td><td></td><td>计划开始时间</td><td></td><td>实际开始时间</td><td></td></tr>
<tr><td>组　长</td><td></td><td>计划完成时间</td><td></td><td>实际完成时间</td><td></td></tr>
<tr><td>作业地点</td><td colspan="5"></td></tr>
<tr><td>作业内容</td><td colspan="5"></td></tr>
<tr><td>作业过程中
督查意见</td><td colspan="5"></td></tr>
</table>

任务分组

学生任务分组见表5-8。

表5-8　学生任务分组表

<table>
<tr><td>班　级</td><td colspan="2"></td><td>日　期</td><td></td></tr>
<tr><td>班　组</td><td colspan="2"></td><td>组　长</td><td></td></tr>
<tr><td rowspan="5">班组成员</td><td>姓　名</td><td>任务角色</td><td colspan="2">任务分工</td></tr>
<tr><td></td><td></td><td colspan="2"></td></tr>
<tr><td></td><td></td><td colspan="2"></td></tr>
<tr><td></td><td></td><td colspan="2"></td></tr>
<tr><td></td><td></td><td colspan="2"></td></tr>
</table>

任务实施

作业单见表5-9。

表5-9　城市轨道交通供电及照明系统相关设备巡检作业单

<table>
<tr><td>班　级</td><td colspan="2"></td><td>姓　名</td><td></td><td>班　组</td><td></td></tr>
<tr><td>起始时间</td><td colspan="2"></td><td>终止时间</td><td></td><td>实际用时</td><td></td></tr>
<tr><td colspan="2">巡检对象</td><td colspan="2">巡检内容</td><td colspan="2">状态记录</td><td>情况说明</td></tr>
<tr><td rowspan="7">城市轨道交通照明配电室巡检</td><td rowspan="7">城市轨道交通照明配电室防火门(门禁)的巡检</td><td colspan="2" rowspan="2">防火门是否破损</td><td colspan="2">□未破损</td><td rowspan="2"></td></tr>
<tr><td colspan="2">□破损</td></tr>
<tr><td colspan="2" rowspan="2">防火门的门牌标识是否完整</td><td colspan="2">□完整</td><td rowspan="2"></td></tr>
<tr><td colspan="2">□不完整</td></tr>
<tr><td colspan="2" rowspan="3">防火门的安全责任牌是否平整、信息是否准确</td><td colspan="2">□安全责任牌平整、信息准确</td><td rowspan="3"></td></tr>
<tr><td colspan="2">□安全责任牌不平整</td></tr>
<tr><td colspan="2">□安全责任牌信息不准确</td></tr>
</table>

续表

巡检对象		巡检内容	状态记录	情况说明
城市轨道交通照明配电室巡检	城市轨道交通照明配电室防火门(门禁)的巡检	防火门的门锁(门禁)功能是否正常	□正常	
			□不正常	
	城市轨道交通照明配电室环境卫生的巡检	配电室地面是否清洁	□清洁	
			□不清洁	
		配电室地面有无开裂、灰尘及脚印	□无开裂、灰尘及脚印	
			□有开裂	
			□有灰尘	
			□有脚印	
		配电室内定置化物品是否摆放整齐	□摆放整齐	
			□摆放不整齐	
		配电室内清洁工具是否摆放在固定区域且有定置标识	□摆放在固定区域且有定置标识	
			□未摆放在固定区域	
			□无定置标识	
		配电室内有无堆放的备件材料、废件及垃圾	□无堆放的备件材料、废件及垃圾	
			□有堆放的备件材料	
			□有堆放的废件	
			□有堆放的垃圾	
		配电室内墙面是否清洁、起皮、霉斑及漏水	□清洁、未起皮、无霉斑及漏水	
			□不清洁	
			□起皮	
			□有霉斑	
			□漏水	
		配电室内墙角是否有蜘蛛网	□墙角无蜘蛛网	
			□墙角有蜘蛛网	
		配电室墙壁上的标识、插座及管理制度等物品是否松脱(或损坏)	□无松脱(或损坏)	
			□松脱	
			□损坏	
		配电室天花板及照明设施是否完好	□完好	
			□不完好	
		配电室地面排水沟是否存在破损、杂物、堵塞等情况	□无破损、杂物、堵塞等情况	
			□有破损	
			□有杂物	
			□有堵塞情况	
	城市轨道交通低压配电箱的巡检	低压配电箱的周边有无渗漏及焦煳味	□有渗漏	
			□无渗漏	
			□有焦煳味	
			□无焦煳味	

续表

巡检对象		巡检内容	状态记录	情况说明
城市轨道交通照明配电室巡检	城市轨道交通低压配电箱的巡检	低压配电箱内的防火封堵是否完好	□完好	
			□不完好	
		低压配电箱的电源指示灯和故障指示灯是否亮起	□电源指示灯亮起	
			□电源指示灯未亮起	
			□故障指示灯亮起	
			□故障指示灯未亮起	
		低压配电箱的转换开关是否处于“自动”或“远方”位置	□处于“自动”位置	
			□处于“远方”位置	
			□未处于“自动”及“远方”位置	
		低压配电箱内的断路器当在使用中时是否处于合闸状态且无异常跳闸断路器	□未处于合闸状态	
			□处于合闸状态且无异常跳闸断路器	
			□处于合闸状态且有异常跳闸断路器	
		低压配电箱内的智能模块电源红色指示灯是否正常点亮	□正常点亮	
			□未正常点亮	
		低压配电箱内的智能模块通信灯是否存在不定时闪烁现象	□存在不定时闪烁现象	
			□不存在不定时闪烁现象	
		低压配电箱内的智能模块手自动按钮是否处于自动状态	□处于自动状态	
			□未处于自动状态	
	双电源切换装置的巡检	双电源切换装置的开关是否处于“自动”运行状态且无报警	□未处于“自动”运行状态	
			□有报警	
			□处于“自动”运行状态且无报警	
		双电源切换装置的主、备电源指示灯亮起状态是否符合运行模式设定	□不符合运行模式设定	
			□符合运行模式设定	
		双电源切换装置的电压显示屏显示电压是否正常	□正常	
			□不正常	
		双电源切换装置的回路接线是否紧固无松动	□松动	
			□紧固无松动	
	EPS 应急电源的巡检	EPS 应急电源外部运行环境的温度及通风情况是否良好	运行环境的温度(　　) ℃	
			□温度良好　□温度不良好	
			□通风情况良好	
			□通风情况不良好	
		EPS 应急电源机柜内有无异常气味及振动异响	□有异常气味	
			□有振动异响	
			□无异常气味及振动异响	
		EPS 应急电源机柜内外有无积尘	□无积尘	
			□有积尘	

续表

巡检对象		巡检内容	状态记录		情况说明
城市轨道交通照明配电室巡检	EPS应急电源的巡检	EPS应急电源监控模块面板的液晶显示屏各参数(包含电池单节电压、浮充状态下的电池压差、有无故障信息)显示是否正常	电池单节电压值为DC(　　)V		
			□正常	□不正常	
			浮充状态下电池压差为(　　)V		
			□正常	□不正常	
			□有故障信息		
			□无故障信息		
		EPS两路进线电源的指示灯是否正常	□指示灯无闪烁且指示正常		
			□指示不正常		
		EPS的电气元件有无破损、松动及发热痕迹	□有破损		
			□有松动		
			□有发热痕迹		
			□无破损、松动及发热痕迹		
		EPS的接插件和接线是否紧固	□紧固		
			□不紧固		
		EPS的蓄电池有无漏液、破损及鼓包现象,接线端子有无白色盐霜现象	□蓄电池有漏液现象		
			□蓄电池有破损现象		
			□蓄电池有鼓包现象		
			□接线端子有白色盐霜现象		
			□蓄电池无漏液、破损及鼓包现象,接线端子无白色盐霜现象		
		EPS的断路器在有馈出线路(在使用时)是否处于合闸状态	□处于合闸状态		
			□未处于合闸状态		
		EPS的风扇有无破损、变形及积尘现象	□有破损现象		
			□有变形现象		
			□有积尘现象		
			□无破损、变形及积尘现象		
城市轨道交通环控电控室巡检	城市轨道交通环控电控室防火门(门禁)的巡检	防火门是否破损	□未破损		
			□破损		
		防火门的门牌标识是否完整	□完整		
			□不完整		
		防火门的安全责任牌是否平整、信息是否准确	□安全责任牌平整、信息准确		
			□安全责任牌不平整		
			□安全责任牌信息不准确		
		防火门的门锁(门禁)功能是否正常	□正常		
			□不正常		
	城市轨道交通环控电控室环境卫生的巡检	环控电控室地面是否清洁	□清洁		
			□不清洁		

续表

巡检对象		巡检内容	状态记录	情况说明
城市轨道交通环控电控室巡检	城市轨道交通环控电控室环境卫生的巡检	环控电控室地面有无开裂、灰尘及脚印	□无开裂、灰尘及脚印	
			□有开裂	
			□有灰尘	
			□有脚印	
		环控电控室内定置化物品是否摆放整齐	□摆放整齐	
			□摆放不整齐	
		环控电控室内清洁工具是否摆放在固定区域且有定置标识	□摆放在固定区域且有定置标识	
			□未摆放在固定区域	
			□无定置标识	
		环控电控室内有无堆放的备件材料、废件及垃圾	□无堆放的备件材料、废件及垃圾	
			□有堆放的备件材料	
			□有堆放的废件	
			□有堆放的垃圾	
		环控电控室内墙面是否清洁、起皮、霉斑及漏水	□清洁、未起皮、无霉斑及漏水	
			□不清洁	
			□起皮	
			□有霉斑	
			□漏水	
		环控电控室内墙角是否有蜘蛛网	□墙角无蜘蛛网	
			□墙角有蜘蛛网	
		环控电控室墙壁上的标识、插座及管理制度等物品是否松脱(或损坏)	□无松脱(或损坏)	
			□松脱	
			□损坏	
		环控电控室天花板及照明设施是否完好	□完好	
			□不完好	
		环控电控室地面排水沟是否存在破损、杂物、堵塞等情况	□无破损、杂物、堵塞等情况	
			□有破损	
			□有杂物	
			□有堵塞情况	
	城市轨道交通环控电控柜的巡检	环控电控柜柜面上的指示灯(灯泡)是否存在损坏或不亮现象	□存在损坏现象	
			□存在不亮现象	
			□不存在损坏及不亮现象	
		断路器、控制器及各电表显示的三相电压值是否在正常范围内	三相电压值为(　　)V	
			□在正常范围　□　不在正常范围	
		环控电控柜的转换开关位置是否处于"自动"或"远方"位置	□处于"自动"位置	
			□处于"远方"位置	
			□未处于"自动"及"远方"位置	

续表

巡检对象		巡检内容	状态记录	情况说明
城市轨道交通环控电控室巡检	城市轨道交通环控电控柜的巡检	环控电控柜的柜内及周围环境有无焦烟味	□有焦烟味	
			□无焦烟味	
		环控电控柜的接触器及继电器的线圈交流声有无异常	□有异常	
			□无异常	
		环控电控柜的双电源切换开关是否处于“自动”运行状态	□未处于“自动”运行状态	
			□处于“自动”运行状态	
		环控电控柜的进线柜主/备用回路电源是否亮绿灯且无报警声	□未亮绿灯且无报警声	
			□未亮绿灯且有报警声	
			□亮绿灯且有报警声	
			□亮绿灯且无报警声	
		环控电控柜已投入运行的断路器是否存在跳闸现象	□存在跳闸现象	
			□不存在跳闸现象	
		环控电控柜的各接线端子是否存在发热、烧黑及放电痕迹现象	□存在发热现象	
			□存在烧黑现象	
			□存在放电痕迹现象	
			□不存在发热、烧黑及放电痕迹现象	
		环控电控柜的各通信设备与后台的通信是否正常	□通信正常	
			□通信不正常	
	低压控制柜(风机、组合空调机组)的巡检	低压控制柜的指示灯是否存在指示状态与设备运行状态不一致或黄色故障灯亮起的现象	□存在指示状态与设备运行状态不一致现象	
			□存在黄色故障灯亮起的现象	
			□不存在指示状态与设备运行状态不一致或黄色故障灯亮起的现象	
		低压控制柜的轴温表数值显示是否存在显示不正常及报警现象	□存在显示不正常现象	
			□存在报警现象	
			□不存在显示不正常及报警现象	
		低压控制柜的设备标牌是否完好	□完好	
			□不完好	
		低压控制柜的转换开关是否处于“自动”或“远方”位置	□未处于“自动”及“远方”位置	
			□处于“自动”或“远方”位置	
		低压控制柜内部及周围环境有无焦烟味	□有焦烟味	
			□无焦烟味	
		低压控制柜的接触器及继电器的线圈交流声有无异常	□线圈交流声有异常	
			□线圈交流声无异常	
		低压控制柜的双电源切换开关是否处于“自动”运行状态	□未处于“自动”运行状态	
			□处于“自动”运行状态	
		低压控制柜的进线柜主/备用回路电源是否亮绿灯且无报警声	□未亮绿灯且有报警声	
			□未亮绿灯且无报警声	

续表

巡检对象		巡检内容	状态记录		情况说明
城市轨道交通环控电控室巡检	低压控制柜(风机、组合空调机组)的巡检	低压控制柜的进线柜主/备用回路电源是否亮绿灯且无报警声	□亮绿灯且有报警声		
			□亮绿灯且无报警声		
		低压控制柜内各接线端子是否存在发热、烧黑及放电痕迹现象	□存在发热现象		
			□存在烧黑现象		
			□存在放电痕迹现象		
			□不存在发热、烧黑及放电痕迹现象		
		低压控制柜内的电气元件是否存在破损或松动现象	□存在破损现象		
			□存在松动现象		
			□不存在破损或松动现象		
城市轨道交通照明系统的巡检	城市轨道交通智能照明主机的巡检	智能照明主机柜内网关电源指示灯是否亮红灯	□指示灯未亮红灯		
			□指示灯亮红灯		
		智能照明主机柜内的通信灯绿灯是否存在不定时闪烁现象	□不存在不定时闪烁现象		
			□存在不定时闪烁现象		
		智能照明主机柜内的所有接线及接线端子是否紧固	□紧固		
			□不紧固		
		智能照明主机柜内的线路是否绑扎整齐	□绑扎整齐		
			□未绑扎整齐		
		智能照明主机各个场景模式的切换及模块开关的动作状态是否符合设定的场景模式	□不符合设定的场景模式		
			□符合设定的场景模式		
		智能照明主机是否存在灰尘及污垢	□存在灰尘		
			□存在污垢		
			□不存在灰尘及污垢		
		智能照明主机的时间显示是否与北京时间同步	□不与北京时间同步		
			□与北京时间同步		
	城市轨道交通应急照明系统的巡检	应急照明灯具光源的应急点亮响应时间是否大于5 s	应急点亮响应时间为(　　)s		
			□大于5 s	□不大于5 s	
		应急照明灯具的照度是否低于3.0 lx	照明灯具的照度值为(　　) lx		
			□低于3.0 lx	□不低于3.0 lx	
		应急照明灯具的应急点亮持续工作时间是否小于90 min	持续工作时间为(　　) min		
			□小于90 min	□不小于90 min	
故障记录：					
检查人签字：		班组成员签字：		班组长签字：	
注意事项		1. “状态记录”据检查的实际情况在相应的□内打“√”。 2. “故障记录”栏填写巡检时发现的问题，确保填写规范、问题描述清楚，字迹书写清晰。 3. 签字处需填写相关人员的全名，不得代签及涂改。 4. 作业内容以表格所示范围为准，未呈现的内容不设故障，按照作业顺序进行			

任务评价

任务评价反馈见表5-10。

表5-10　城市轨道交通供电及照明系统相关设备巡检评价表

【考评单】城市轨道交通供电及照明系统相关设备巡检		日期：	
姓名：	学号：	班级：	教师签名：
自我评价	互相评价	教师评价	
□熟练　□一般　□不熟练	□熟练　□一般　□不熟练	□熟练　□一般　□不熟练	
日期：	日期：	日期：	

城市轨道交通供电及照明系统相关设备巡检【评分细则】

序号	评分项	得分条件	分值	自我评价	互相评价	教师评价
1	接受任务	明确工作任务，理解任务在现场工作中的重要程度	5			
2	知识评价	本次巡检前需要掌握的知识程度	5			
3	能力评价	能正确掌握城市轨道交通照明配电室防火门（门禁）的巡检内容及标准	6			
		能正确掌握城市轨道交通照明配电室环境卫生的巡检内容及标准	6			
		能正确掌握城市轨道交通低压配电箱的巡检内容及标准	6			
		能正确掌握双电源切换装置的巡检内容及标准	6			
		能正确掌握EPS应急电源的巡检内容及标准	6			
		能正确掌握城市轨道交通环控电控室防火门（门禁）的巡检内容及标准	6			
		能正确掌握城市轨道交通环控电控室环境卫生的巡检内容及标准	6			
		能正确掌握城市轨道交通环控电控柜的巡检内容及标准	6			
		能正确掌握城市轨道交通低压控制柜（风机、组合空调机组）的巡检内容及标准	6			
		能正确掌握城市轨道交通智能照明主机的巡检内容及标准	6			
		能正确掌握城市轨道交通应急照明系统的巡检内容及标准	6			
4	素养评价	操作计划性强，安排得当	4			
		团队合作能力强，善于沟通	4			
		自主学习能力强，勇于克服困难	4			
		严谨认真，积极参与现场教学	4			
5	评价反馈	学生能快速、准确地进行相关操作，以小组评价方式组织客观评价	4			
		对学生在任务实施过程中发现的问题进行小组审议后及时反馈	4			
6	得　分		100			

任务四　处置城市轨道交通低压配电及照明系统典型故障

任务目标

1. 知识目标

①掌握卷帘门故障的现象及处置办法；

②掌握车站公共区照明故障的现象及处置办法；

③掌握安检机故障的现象及处置办法。

2. 能力目标

①能够描述卷帘门故障的现象及处置办法；

②能够描述车站公共区照明故障的现象及处置办法；

③能够描述安检机故障的现象及处置办法。

3. 素养目标

①培养认真细致的工作作风；

②提升职业道德修养；

③培养爱岗敬业、勇于创新和乐于奉献的品质。

任务描述

处置低压配电及照明系统典型故障在城市轨道交通供电系统运营过程中极为重要，要求归纳出卷帘门、车站公共区照明以及安检机典型故障的现象，领悟处置流程，具备处置城市轨道交通低压配电及照明系统典型故障的技能。

知识链接

处置城市轨道交通低压配电及照明系统典型故障见表5-11。

说明：以下处置流程以京州地铁运营有限责任公司为例，其他地铁运营有限责任公司关于低压配电及照明系统典型故障的处置流程不尽相同。

表5-11　处置城市轨道交通低压配电及照明系统典型故障

处置故障设备名称	故障现象描述	处置流程
卷帘门	运营时段，卷帘门控制系统失灵，导致卷帘门无法正常上下开合	①接报后，快速前往现场进行查看； ②切断卷帘门控制系统的电源； ③手动拉动卷帘门的链条，确认上升与下降的方式后，将卷帘门上升到正常的开启位置； ④清理现场，按要求进行现场保障，将现场情况告知检修工班进一步检查
车站公共区照明	车站公共区照明大面积不亮	①确认照明不亮的位置，找到相应配电室； ②观察配电室照明配电控制箱内的电源指示灯是否正常亮起； ③若电源指示灯未亮起且转换开关处于“自动”状态，则需进一步查看照明电源回路的断路器是否跳闸；若电源回路的断路器未跳闸，则需紧急报修检修工班；若电源回路的断路器跳闸，应尝试将跳闸的断路器合上，若合闸不成功，则需紧急报修检修工班； ④若电源指示灯亮起且转换开关处于“自动”状态，但运行指示灯未亮起，则需转动转换开关至手动状态，之后按下启动按钮；若运行指示灯依旧无法亮起，则需紧急报修检修工班

续表

处置故障设备名称	故障现象描述	处置流程
安检机	安检机失电	①找到安检机配电控制箱； ②确认电源状态，若电源开关跳闸，则需切断安检机电路后尝试合闸，若合闸不成功，则需紧急报修检修工班；若合闸成功但闭合安检机电路后依旧无电，则需紧急报修检修工班； ③若电源开关未跳闸，则表明上级电源的双电源转换开关(见图5-38)已被卡死，无法自动切换，则需将手动切换转换开关转至正常供电电源位置，若安检机依旧无电，则需紧急报修检修工班

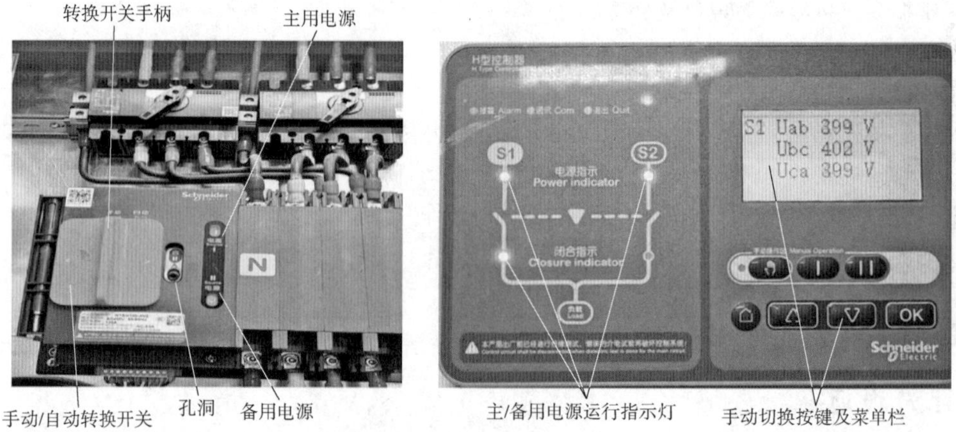

图5-38　双电源转换开关

①在双电源装置无法自动切换时，将手柄滑至“手动”位置处采用手动模式，之后用摇杆插入孔洞进行上/下摇动以便实现手动切换Ⅰ、Ⅱ路电源(其中，Ⅰ路电源通常为主用电源，Ⅱ路电源通常为备用电源)。

②主/备用电源运行指示灯中的“上方指示灯”闪烁，表示主/备用电源有电；“下方指示灯”闪烁，表示在确定电源有电的情况下，接线端子未松脱且控制回路的熔断器未熔断。

任务书

根据“知识链接”的相关内容，登录城市轨道交通供电及照明系统虚拟仿真实训平台，进行处置城市轨道交通供电及照明系统典型故障的模拟操作，作业时间30 min，作业任务书见表5-12。

表5-12　城市轨道交通供电及照明系统典型故障处置作业任务书

作业任务	城市轨道交通供电及照明系统典型故障处置	日　期			
班　组		计划开始时间		实际开始时间	
组　长		计划完成时间		实际完成时间	
作业地点					
作业内容					
作业过程中督查意见					

任务分组

学生任务分组见表5-13。

表5-13　学生任务分组表

班　级		日　期	
班　组		组　长	
班组成员	姓　名	任务角色	任务分工

任务实施

作业单见表5-14。

表5-14　城市轨道交通供电及照明系统典型故障处置作业单

班　级		姓　名		班　组	
起始时间		终止时间		实际用时	
处置故障设备名称	故障现象描述	处置流程			
卷帘门	运营时段，卷帘门控制系统失灵，导致卷帘门无法正常上下开合	① ② ③ ④			
车站公共区照明	车站公共区照明大面积不亮	① ② ③ ④			
安检机	安检机失电	① ② ③			

任务评价

任务评价表见表5-15。

表5-15　城市轨道交通供电及照明系统典型故障处置任务评价表

【考评单】城市轨道交通供电及照明系统典型故障处置		日期：	
姓名：	学号：	班级：	教师签名：
自我评价	互相评价	教师评价	
□熟练　□一般　□不熟练	□熟练　□一般　□不熟练	□熟练　□一般　□不熟练	
日期：	日期：	日期：	

城市轨道交通供电及照明系统典型故障处置【评分细则】

序号	评分项	得分条件	分值	自我评价	互相评价	教师评价
1	接受任务	明确工作任务，理解任务在现场工作中的重要程度	5			
2	知识评价	本次处置操作前需要掌握的知识程度	5			
3	能力评价	能正确掌握卷帘门控制系统失灵时的处置流程	20			
		能正确掌握车站公共区照明大面积不亮时的处置流程	20			
		能正确掌握安检机失电时的处置流程	20			
4	素养评价	操作计划性强，安排得当	5			
		团队合作能力强，善于沟通	5			
		自主学习能力强，勇于克服困难	5			
		严谨认真，积极参与现场教学	5			
5	评价反馈	学生能快速、准确地进行相关操作，以小组评价方式组织客观评价	5			
		对学生在任务实施过程中发现的问题进行小组审议后及时反馈	5			
6	得　分		100			

项目测试

文本

项目测试

项目六

城市轨道交通站台门系统

项目描述

站台门系统是非常重要的城市轨道交通车站机电设备。在列车还未进站时,站台门处于关闭状态,保证了乘客候车的安全,有效降低了车站空调系统的负荷;在列车进站停稳且列车车门与站台门严格对准时,列车车门与站台门联动开启,以供乘客上下车;待乘降结束后,车门与站台门同步关闭。

本项目主要引导学生掌握城市轨道交通站台门系统的基本结构、相关设备及控制系统。

项目知识导图

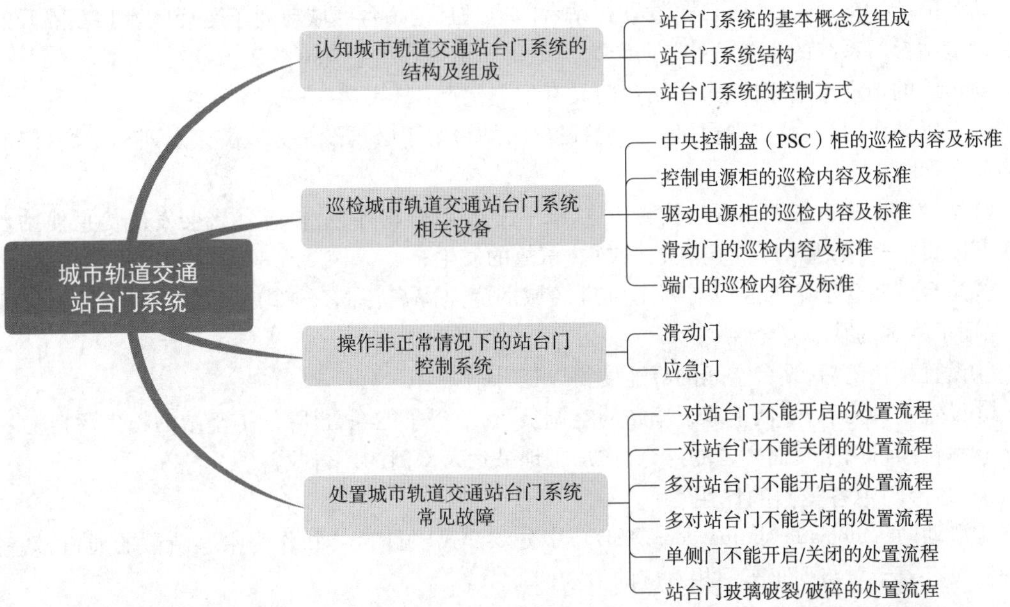

任务一 认知城市轨道交通站台门系统的结构及组成

任务目标

1. 知识目标

①理解站台门系统的基本概念及组成;

②掌握站台门系统结构；

③掌握站台门系统的控制方式。

2. 能力目标

①能够描述站台门系统结构；

②能够描述站台门系统的控制方式。

3. 素养目标

①培养良好的职业素养；

②培养认真细致的工作作风；

③培养沟通协调能力和持续学习能力。

任务描述

城市轨道交通站台门系统是现代城市轨道交通的重要组成部分，主要作用是隔离乘客与轨道，确保乘客的安全；要求归纳出站台门系统的基本概念及组成，认知站台门系统结构，掌握站台门系统的控制方式，具备必要的城市轨道交通站台门系统的常用知识。

知识链接

一、站台门系统的基本概念及组成

1. 站台门系统概述

站台门（platform edge door）是设置在站台的边缘且把站台区域与列车运行区域相互隔开的设备。设置站台门系统的主要目的是防止人员跌落轨道而产生意外事故。

与传统的地下车站相比，采用站台门具有如下优点：

①设置站台门后，可实现司机一人全程操作，站台上不必再设站务人员接发列车（站台门的开启由列车司机操纵）；

②站台门上装有各类障碍物检测传感器，一旦有障碍物存在，传感器将会发出信息使站台门再次开闭机构动作，避免了车门夹人（或物）事故的发生；

③站台门实现了站台区域与列车行进区域的完全隔离，乘客候车时不会与列车发生任何关系，保证了乘客的乘车安全性；

④设置站台门后，站台空间的舒适度得以提升；

⑤设置站台门后，降低了地下车站的空调负荷，节省了能耗，也降低了车站的粉尘污染；

⑥站台门可用于平面广告的媒介，增加了地铁运营部门的广告收益。

2. 站台门中各类门的作用

①滑动门（automatic sliding door，ASD），中分双开式（见图 6-1），作为乘客疏散的通道，站台的每一侧设有若干对与列车车门相对应的滑动门。

滑动门均设有障碍物检测传感器，能检测到至少 5 mm（厚）×40 mm（宽）的障碍物。当滑动门关门受阻时，门操作机构能通过探测器感知到有障碍物存在时便立即释放关门力，停顿 2 s 后滑动门会自动打开，然后再次尝试关门动作；若重复三次依旧不能实现关门，滑动门会全部打开并进行报警，等待工作人员进行处理。

②固定门（fixed door，FIX），固定安装于两滑动门之间，与滑动门一起形成一道屏障，将站台公共区域与轨道区域隔离开来。

③应急门（emergency escape door，EED），设有门锁装置，在紧急情况下需手动打开，在站台一侧由站务人员用专用钥匙打开应急门，在轨道一侧由列车司机通过广播指导乘客推压应急推杆以

打开应急门。

④端头门(platform end door,PED),安装在站台门系统的前后两端,主要为车站工作人员在站台区域与轨道区域之间进出提供便利,兼顾紧急情况下疏散乘客的要求(见图6-2)。端头门设有门锁装置,在紧急情况下允许手动打开,在站台一侧由站务人员用专用钥匙打开端头门,在轨道一侧由乘客推压应急推杆以打开端头门;端头门的门锁装置与应急门的门锁装置相同。在城市轨道交通列车正常运营时,端头门的活动门处于关闭且锁紧状态,不会因列车运行所产生的“活塞风”而导致端头门的活动门自行解锁而打开。

图6-1　滑动门

图6-2　端门

端头门的功能及注意事项如下:

a. 端头门的活动门可向站台一侧旋转90°平开且可定位在90°位置;

b. 端头门的活动门开启后,滑动门上方的门头指示灯亮起;如有列车运行,需关闭且锁紧活动门,否则会因列车运行所产生的“活塞风”造成活动门的严重损毁;

c. 端头门的活动门设有状态检测装置,检测信息可传递至中央控制盘(platform screen doors central interface panel,PSC);当端头门的活动门开启时间超过10 s(0~3 s内可根据具体需求进行调整)时可触发报警(设备用房的蜂鸣器会响起,监控室的指示灯会亮起)。

图6-3　全高封闭式站台门

3. 站台门的分类

站台门系统设置在车站的有效长度范围内,以有效站台的中心线为中心,向站台两端对称布置。站台门的分类如下:

(1)从封闭形式上分类

从目前各个城市设置的站台门系统来看,站台门可分为全高封闭式站台门(见图6-3)、全高开放式站台门(见图6-4)和半高开放式站台门(见图6-5)三种类型。

图6-4　全高开放式站台门

图6-5　半高开放式站台门

全高封闭式站台门和全高开放式站台门的门体结构高度均为 2 450 mm，安装于地下车站；半高开放式站台门的门体结构高度为 1 500 mm，主要安装在地面车站及高架桥车站。如果地下车站站台边缘的顶部不具备安装全高封闭式站台门的条件，或者采用车站进风、区间排风的地下车站，应考虑安装半高开放式站台门。

(2)从结构形式上分类

根据站台门的具体结构，站台门可分为上部悬吊式站台门、下部支撑式站台门及上部悬吊与下部支撑相结合式站台门三种类型。

(3)从供电方式上分类

根据站台门系统的供电方式，站台门可分为集中式供电站台门和分散式供电站台门两种类型。集中式供电站台门的优点是门机驱动电源直接从设备室内引出，在设备室内即可对电源的参数进行监控和调整。集中式供电站台门的缺点是集中供电的变压整流装置体积较大，占用了设备室的大量空间；此外，集中式供电站台门的电能损耗也比较大，一旦不能正常供电，则整侧站台门均无法正常动作，其故障的影响范围较大。分散式供电站台门的优点是驱动电源不设置在设备室内，节省了设备室的空间，供电线路的电能损耗比较小，整体性能优越于集中式供电站台门。分散式供电站台门的缺点是在设备室内无法监控电源的参数，线路的布置较复杂，变压整流装置的数量较多，设备故障率比集中式供电站台门的设备故障率高，但其影响范围比较小。

二、站台门系统结构

站台门系统由机械部分和电气部分构成。机械部分包括门体结构和门机传动系统设备。电气部分包括电源供电系统和电气控制系统。

1. 站台门系统的机械部分

站台门系统的机械部分包括门体结构和门机系统设备。门体结构（以全高站台门为例）主要由顶箱、门状态指示灯、框架结构、门本体、踢脚板、门槛和下部支承结构等组成。门机系统设备主要由门控器（door control unit，DCU）、驱动系统、配电端子箱、就地控制盒（local control box，LCB）和声光报警装置等组成。具体如下：

(1)门体结构

①顶箱。顶箱的主要功能是对内部的部件进行密封保护，通常采用防电磁干扰措施；此外，顶箱内藏有重要的机械部件，保证门体的自动开关。

②门状态指示灯。在顶箱的上侧方有一个用于照明的设备灯带，该灯带可以反映出滑动门的状态（开启过程中、关闭过程中或故障状态）。

③框架结构。框架结构由底部支撑（见图 6-6）、门体立柱（见图 6-7）、门机梁、顶部支撑（见图 6-8）构成，通过各部分之间的刚性连接形成一个整体的受力框架。站台门根据现场实际情况，可采用顶部悬挂、底部支撑及顶部悬挂与底部支撑相结合的三种方式，将站台门的自重和所承受的动载荷（活塞风）有效地传递给土建，提高站台门结构的稳固性。

图 6-6 底部支撑

图 6-7 门体立柱

图 6-8 顶部支撑

④门本体。门本体(见图6-9)是整个站台门系统的机械构件,是整个站台门系统的外在表现,包括滑动门、固定门、应急门、司机手推门、端头门五种门体及对应的门槛。

图6-9　门本体

滑动门的数量及位置的设置应与列车的车门一一对应。在正常运行情况下,确保滑动门是乘客上下车的通道;在发生火灾或故障时,确保滑动门是乘客疏散的通道。滑动门具有自动、隔离和测试三种控制模式。在正常状态下,滑动门处于自动模式;检修人员进行检修作业时,滑动门处于测试模式;在滑动门发生故障时,车站的站务人员将其操作至隔离模式,此时被隔离的滑动门不再参与整侧滑动门系统的运作。在测试和隔离模式下,滑动门不再接受系统级和站台级(包含就地控制盘PSL和综合后备盘IBP)控制且关闭和锁紧信号。在滑动门的轨道侧设有开门把手,当系统级控制及站台级控制均失效时,乘客可以自行将滑动门打开。站务工作人员可通过设置在站台侧的就地控制盒(LCB)实现三种模式的控制。

两组滑动门之间的门体结构由固定门组成,固定门是不能打开的。

视频

固定门玻璃破裂的应急处理

应急门是当列车进站的停车误差超过了设计时所考虑的精度范围且列车又不能再做位置的调整(包含列车未能完全进站或完全出站而发生的异常情况)而设置的疏散通道。

端头门的结构和应急门的结构一致,只是端头门设置在站台的两端,与靠站台而设置的站台门垂直相接,最终与设备用房外墙和站台门形成一个全封闭的屏障。

滑动门、应急门和端头门的闭锁机构在其关闭状态下都能够进行自锁,能有效防止在站台侧用外力将其打开。

在门打开后但未达到全开位置时,应急门或端头门能通过闭门器自动将门关闭并锁紧;在门打开后且达到全开位置(与整侧门所在方向成90°)时,应急门或端头门能通过闭门器保持全开稳定。

⑤踢脚板。站台门的踢脚板采用不锈钢材料,主要用来提高站台门的强度,防止乘客有意或无意地踢脏或踢碎门体玻璃。

⑥门槛。站台门的门槛(见图6-10)包括固定门门槛、应急门门槛、端头门门槛和滑动门门槛,受力构件均采用优质碳素钢且热浸镀锌处理,保证其使用寿命不小于30年,外表材料采用不锈钢板且表面蚀刻处理。

⑦下部支承结构。站台门的下部支承结构包括踏步板、固定支座、绝缘衬垫、调节装置、下部预埋件等。下部支承结构部件的表面必须进行整体的防腐蚀处理,以满足城市轨道交通环境下30年防腐寿命的要求。踏步板表面有防滑齿形槽,具有足够的耐磨性能和防滑要求。踏步板是站台门安装的基准面且与站台装饰面等高。整个下部支承结构通过下部预埋件与站台牢固连接。

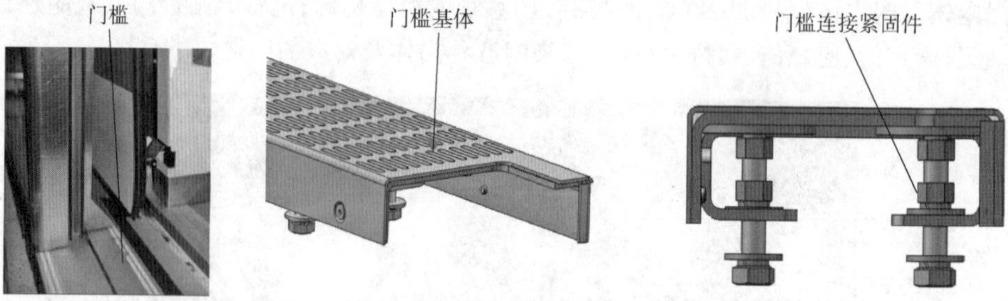

图 6-10　门槛

(2)门机系统设备

站台门的门机系统设备主要由门控器(DCU)、直流无刷电动机及减速箱、驱动带、电磁闸锁、模式开关、就地供电电源单元和控制电路等组成(见图 6-11),安装在维护罩内的铝型材料导轨上,通过 DCU 接口与中央控制盘(PSC)连接。门机系统设备是站台门系统的重要组成部分,它通过电动机和传动机构来驱动门体的水平移动,实现站台门的开与关并将电压和电流等信息反馈给门机控制器,以便控制系统判断站台门的运行状态。

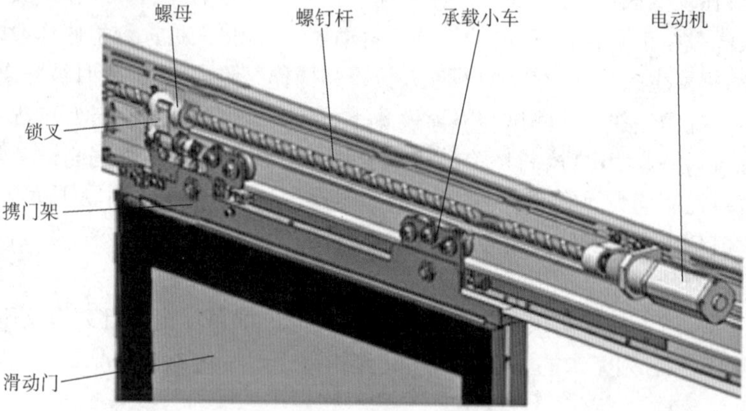

图 6-11　站台门的门机系统设备

在正常工作状态下,门机开关的指令由 DCU 控制。DCU 接收到开门或关门的信号之后控制电动机运转,电动机通过减速器减速并带动传动装置运动,传动装置通过门悬挂单元带动滑动门运动。当门完全关闭或即将打开时,触发电磁锁动作,发送门状态信号给 DCU,之后 DCU 再将信号传递至 PSC,进而保证列车进出车站时的开门与关门动作。

①门机控制单元。DCU 是门机系统设备的核心部件,其内部装有一个微型处理器,该处理器是软件、电动机速度曲线及相关数据的存储单元,具有自诊断功能。DCU 根据电动机速度曲线来驱动及控制电动机按照所设定的曲线参数进行运作。

②传动装置部分。站台门系统的直流无刷电动机的转轴与减速箱直接相连,电动机在关门阶段一般会经过加速、速度保持、减速、低速保持和制动五个过程。

③驱动装置部分。每侧站台的 DCU 采用现场总线的方式与就地控制器连接,构成分布式的控制网络,在 DCU 的指令下完成驱动。

④锁紧装置。每一道滑动门均设有一套电磁式门锁紧装置(电磁闸锁),闸锁上装有四个开关,其中的两个开关是锁闭监测开关(用于证实门锁是否已闭合且锁紧),另外两个开关是应急安全开关(用于证实滑动门是否因其被手动解锁装置而打开过)。

2. 站台门系统的电气部分

站台门系统的电气部分包括电源供电系统和电气控制系统,具体如下:

(1)电源供电系统。站台门的电源供电系统主要包括驱动电源供电系统和控制电源供电系统两大部分。

①驱动电源供电系统。站台门的驱动电源供电系统是由双电源自动切换箱、驱动电源 UPS、驱动电源屏及其他相关设备组成的。由低压配电系统提供的两路独立的380 V、50 Hz 的三相交流电源经双电源自动切换箱后通过驱动电源 UPS 与驱动电源屏相连,为两侧的滑动门提供驱动电源。每个站台配置一个配电盘,电源按照逻辑顺序给 6 个就地供电单元(local power supply unit,LPSU)配电。鉴于此,单一供电电路的故障只会影响一个站台门单元。每个滑动门单元的门机内包含一个 LPSU,当输入的两路交流电源都发生故障或其他异常情况时,驱动电源 UPS 将采用蓄电池供电(蓄电池的容量一般满足在断电后开关站台门 3 ~ 5 次的要求)。

②控制电源供电系统。为提高电源的可靠性,站台门系统的控制电源供电系统通常采用不间断电源(uninterrupted power supply,UPS)供电。

(2)电气控制系统

标准车站的站台门电气控制系统主要由中央控制盘(PSC)、就地控制盘(PSL)、门控器(DCU)、声光报警装置、模式开关(自动/旁路/测试)、站台门状态报警盘(platform screen door status alarm panel,PSAP)、操作指示盘(presentation supervision appliance,PSA)、站台门控制开关(platform edge door control switch,PCS)、站台门主控制器(platform edge door control,PEDC,每个 PSC 含有两个 PEDC)、安全继电器、总线网络和硬线控制电路等组成,以单个车站为单位构成一个完整的监控系统。

a. 中央控制盘(PSC)。PSC 是站台门控制系统的核心,采用先进的工业控制计算机实现与信号系统及 EMCS 系统通信的功能;此外,PSC 还能接收和发送信号系统以及 DCU 和 PSL 等设备的各种控制信号和状态信息。PSC 操控简单,可通过 PSA 的人机交互界面进行故障诊断及调试。PSC 留有专用接口可连接便携式计算机实现对系统进行编程、数据下载及参数修改等程序控制功能。

b. 就地控制盘(PSL)。根据列车运行的需要,可在站台靠列车行进方向的一端或两端设置 PSL,其布设位置应与列车正常停车时的驾驶室门相对应。PSL 与站台门主控制器(PEDC)及门控器(DCU)之间均采用硬线连接,控制及监督开门信号、关门信号和滑动门关闭锁紧等关键信号。当设置两个 PSL 时(列车有双向运行需求情况下),这两个 PSL 具有同等优先级,当操作其中任意一个 PSL 时,则另一个 PSL 将失去控制作用。

c. 门控器(DCU)。DCU 是滑动门的电气控制装置,它是门机系统的核心。每个滑动门均配有一个 DCU,其内部装有一个微处理器,该处理器是电动机速度曲线、数据及相关软件的存储单元,具有自诊断功能。DCU 内还配置模式(自动/旁路/测试)开关的控制输入接口、手动开/关门控制的输入接口、门状态指示灯接口、两路冗余网络总线接口及用于连接 PSL 和 PEDC 的硬线接口,DCU 还提供声光报警装置的 I/O 接口、开/关门指令的接口。此外,DCU 还可对相邻的 EED 开关状态信号进行检测。

d. 声光报警装置。声光报警装置设置在每挡全高站台门的顶盒面板上。

e. 模式开关。模式开关位于每挡全高站台门的上方,具有自动/旁路/测试的选择功能。当模式开关处于“旁路”状态时,该挡站台门与整个站台门控制系统脱离;当模式开关处于“测试”状态时,它能向 DCU 发出开/关门的指令,用于对该挡站台门进行测试。

f. 站台门状态报警盘(PSAP)。PSAP 布置在每个车站的车控室内,具有声光报警器且有消声功能,能对站台门系统的状态进行实时监控。

g. 操作指示盘(PSA)。PSA 布置在车站的控制室内,它具有足够的存储单元并通过网络接口与 PSC 连接。PSA 的人机交互界面(human machine interaction,HMI)能显示各挡站台门的开/关状态和故障信息,可通过 PSA 内置的编程/调试接口实现对系统的编程、数据及程序下载、参数修改等控制功能。

h. 站台门控制开关(PCS)。PCS 位于车站控制室内,由相应的钥匙对站台门进行控制,钥匙由车站值班员负责管理。

i. 现场总线。现场总线是现场通信网络和控制系统的集成。现场总线技术在站台门控制系统中起到关键的作用,站台门控制系统采用网络技术将现场总线节点处的各设备连接成为网络集成式的全分布控制系统,实现对站台门的控制以及监视等综合自动化功能。

三、站台门系统的控制方式

站台门系统的控制设备主要由中央控制盘、就地控制盘、远程监视设备、门控单元及通信接口设备等组成,如图 6-12 所示。

通常情况下,每个地铁车站均设有一套中央接口盘来控制站台两侧的所有站台门,每侧站台门都由一套独立的逻辑控制子系统[包括就地控制盒、控制单元、就地控制盘及控制回路等]组成,确保一侧站台门的故障不会影响另一侧站台门的正常运行。

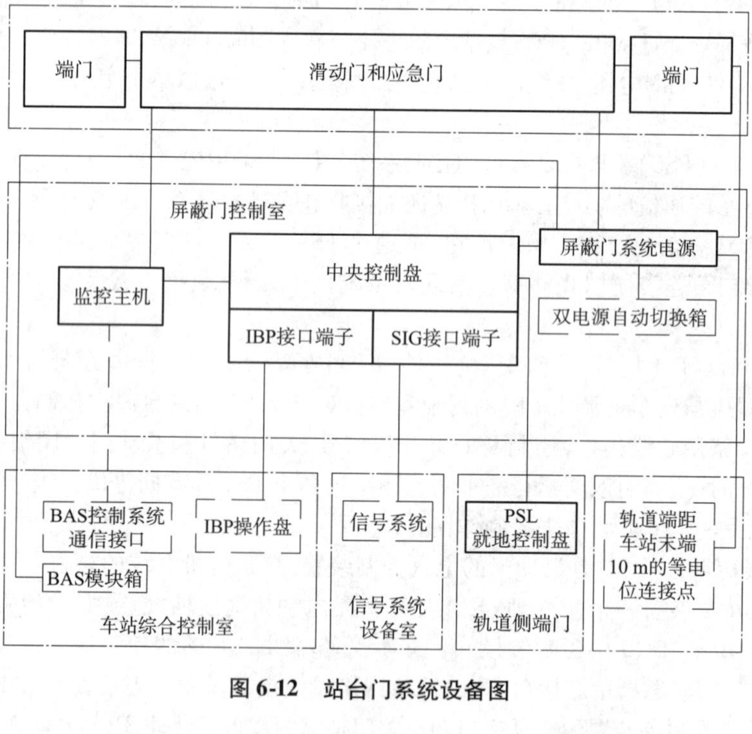

图 6-12　站台门系统设备图

站台门系统设备在车站的分布情况及各个控制单元之间的关系如图 6-13 所示。中央控制盘及监控主机一般设置在车站站台门设备室内,站台门操作指示盘、综合后备盘(integrated backup panel,IBP)设置在车站综合控制室内,就地控制盘通常安装在站台的端头和端尾(安装的方向与轨道方向一致),与列车正常停车时的驾驶室相对应。站台门系统的各控制优先级如图 6-14 所示,具体如下:

站台门的控制系统通常有三种控制级别、五种控制方式。即:①中央控制盘(PSC)控制,在列车正常运行的情况下使用,当列车进站时由信号系统通过 PSC 控制站台门;②就地控制盘(PSL)

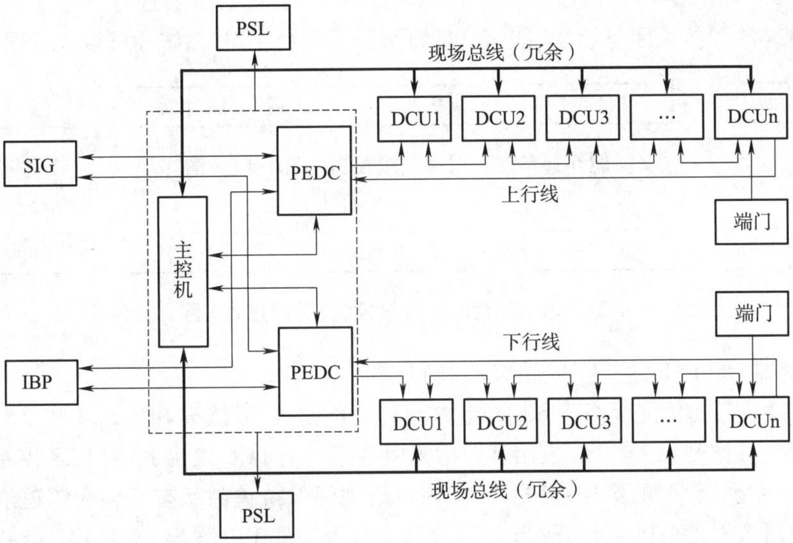

图 6-13　站台门系统设备在车站的分布情况及各控制单元之间的关系

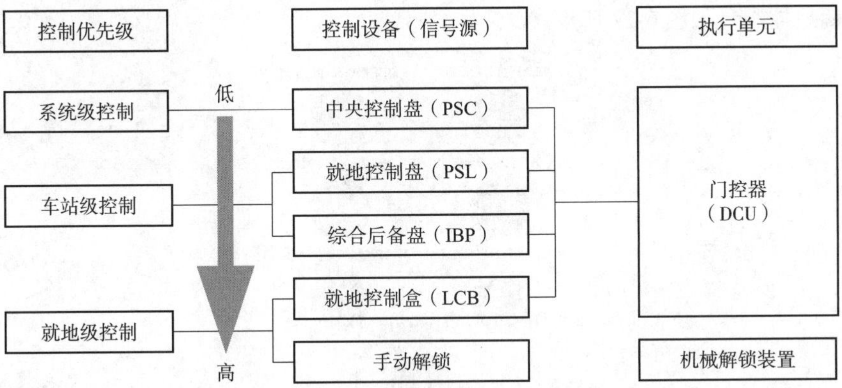

图 6-14　站台门控制系统图

控制，在中央控制盘（PSC）不能正常实现对站台门的控制时，列车司机或站台工作人员通过站台前端的就地控制盘（PSL）对站台门进行开/关门操作；③综合后备盘（IBP）控制，当车站或区间发生火灾等紧急情况而需要在车站对乘客进行疏散时，车站值班员通过设置在综合控制室的综合后备盘（按压紧急控制按钮）实现对站台门的开启；④就地控制盒（LCB）控制，在单道滑动门处，利用就地控制盒电控的方式控制滑动门的开启与关闭；⑤手动解锁操作，当滑动门因故障无法正常开启时，乘客从轨道一侧通过操作手柄进行机械解锁而将滑动门打开，或站台工作人员从站台一侧通过钥匙进行机械解锁而将滑动门打开。

1. 中央控制盘（PSC）控制（系统级控制）

中央控制盘（PSC）由单元控制器（platform electrical door controller，PEDC）和监视设备构成，每个单元控制器只控制某一侧的站台门，各单元控制器都配备有与相应一侧的信号系统接口设备。PSC 内部能完成与其他系统进行连接前的所有准备工作，如将两侧站台门的状态信息进行集成并把该信息以车站为单位与 BAS 系统进行数据传送。

在正常运行的条件下，信号系统通过 PSC 来控制站台两侧的站台门。每个 PSC 由两个 PEDC 组成，这两个 PEDC 分别控制着上行方向的站台门和下行方向的站台门，均互不干扰。具体的开门过程如图 6-15 所示，关门过程如图 6-16 所示。门体开到位后，乘客进行下车或上车；门体关闭且锁紧后，PSC 将“门体关闭且锁紧”的信息反馈给信号系统，信号系统才可以放行列车离开车站。

图 6-15　站台门系统级控制（开门过程）图

图 6-16　站台门系统级控制（关门过程）图

2. 就地控制盘（PSL）控制（车站级控制）

PSL 控制站台门的优先级高于 SIG 控制站台门的优先级，但低于 IBP、LCB 和手动解锁控制站台门的优先级。操作现象：当 PSL 发出开门指令但某道门的 LCB 发出关门（LCB 控制站台门的优先级高于 PSL 控制站台门的优先级）指令时，该道滑动门保持关门状态不动而该道滑动门所在站台一侧的剩余所有滑动门则会打开；当 PSL 发出关门指令但 IBP 发出开门（IBP 控制站台门的优先级高于 PSL 控制站台门的优先级）指令时，则此 PSL 所在站台一侧的所有滑动门均会打开。

就地控制盘被设置在端头门里面的墙壁上，具有相应一侧站台门的开门或关门的功能及互锁解除功能，就地控制盘如图 6-17 所示。

图片
就地控制盘

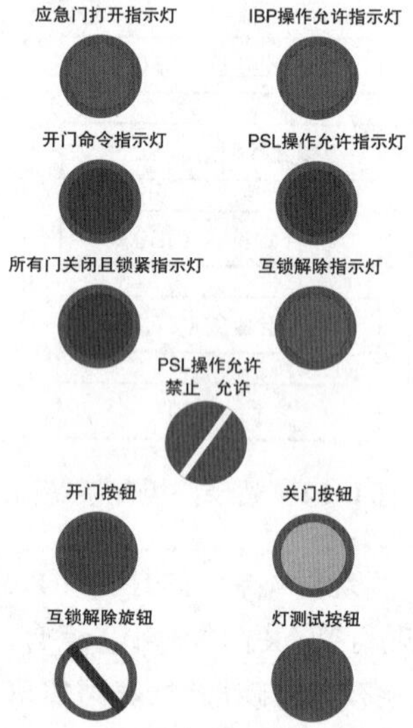

图 6-17　就地控制盘

当站台门的系统级控制出现故障（或信号系统故障，或信号系统与中央控制盘开/关门指令的界面发生故障）的情况下，由列车司机或站务人员在站台端头的就地控制盘（PSL）上对滑动门进行开/关门控制，具体如下：

（1）开门操作

①列车司机或站务人员将钥匙插入“PSL 操作允许”锁孔。

②旋转至“允许”位置，“PSL 操作允许”绿色指示灯亮起。

③按压“开门”按钮，“开门命令”绿色指示灯亮起，发出“开门”指令，滑动门开始打开；届时，位于中央控制盘、就地控制盘和综合后备盘上的所有“关闭且锁紧”状态指示灯熄灭。待滑动门完全打开后，中央控制盘面板上的“开门”状态指示灯亮起。

(2)关门操作

①列车司机或站务人员将钥匙插入“PSL 操作允许”锁孔。

②旋转至“允许”位置,“PSL 操作允许”绿色指示灯亮起。

③按压“关门”按钮,发出“关门”指令,滑动门开始关闭,待站台门全部关闭且锁紧后,PSC、IBP 和 PSL 上的“所有门关闭且锁紧”的绿色指示灯亮起。

(3)互锁解除操作

在站台门全部关闭后,若“所有门关闭且锁紧”的信息丢失(或信号系统无法确认站台门是否关闭且锁紧)导致地铁列车不能收到有效的速度码而无法离开车站时,需进行互锁解除操作,具体过程:

①列车司机或站务人员将钥匙插入“PSL 操作允许”锁孔。

②旋转至“允许”位置,“PSL 操作允许”绿色指示灯亮起。

③在就地控制盘上转动“互锁解除”旋钮进行“互锁解除”操作,操作成功后“互锁解除”红色指示灯亮起,此时“互锁解除”信号发送至信号系统。

④释放转动力,互锁解除旋钮通过“自复位”功能回到正常的“原位”,“互锁解除”红色指示灯熄灭。

PSL 的指示灯具有提示效果,主要的提示信息及指示灯颜色如下:

①“关闭且锁紧”状态指示灯为绿色。当所有的站台门关闭且锁紧后,绿色指示灯亮起;当某一个 ASD 或 EED 没有关闭且锁紧后,绿色指示灯将会熄灭。

②“互锁解除”指示灯为红色。用力转动“互锁解除”旋钮,红色指示灯亮起。

3. 综合后备盘(IBP)控制(车站级控制)

IBP 控制是以每一侧的站台门为独立的控制对象。在紧急情况下,车站值班员在车站控制室内操作 IBP 上的“开门”按钮,打开滑动门;待滑动门完全打开后,PSC、PSL 和 IBP 上的所有“开门”状态的指示灯亮起。本操作属于紧急状态下的开门命令,其优先级高于 PSL 控制和 PSC 控制。

在 IBP 上设有“自动 & 手动”钥匙、“自动 & 开门”钥匙、“开门”状态指示灯、“关门”状态指示灯和“故障”指示灯。若使用 IBP 开门,则需使用“自动 & 手动”钥匙将锁孔位置拧至“手动”位置且用“自动 & 开门”钥匙将锁孔位置拧至“开门”位置。

IBP 的“开门”状态指示灯和“关门”状态指示灯能实时反映门的状态,其显示功能与 PSL 盘的状态指示灯显示功能一致。

IBP 的控制界面如图 6-18 所示。

4. 就地控制盒(LCB)控制(就地级控制)

全高站台门的就地控制盒(LCB)安装在每道滑动门上方的顶箱维护罩内,通过门槛下方的钥匙开关进行运行模式的转换。运行模式主要有自动、开门、关门和隔离四种模式,在正常运行的状态下,采用自动模式;在门体故障的状态(无论发生网络通信故障、电源故障、门机故障或其他故障)下,采用隔离模式;在维修状态下,采用开门模式或关门模式。就地控制盒(LCB)及钥匙开关的位置如图 6-19 所示。

就地控制盒一般设有“自动”、“关门”、“开门”和“隔离”四个匙位,钥匙从自然状态的“自动”位置顺时针旋转 90°后到达“关门”位置,在“关门”位置上再继续顺时针旋转 90°后到达“开门”位置,在“自动”位置处逆时针旋转 90°后到达“隔离”位置。只有钥匙处于“自动”位置时方可取出。具体功能如下:

①当转换开关处于“自动”位置时,允许门控器(DCU)接收中央控制盘(PSC)发出的“开门命令”及“关门命令”;

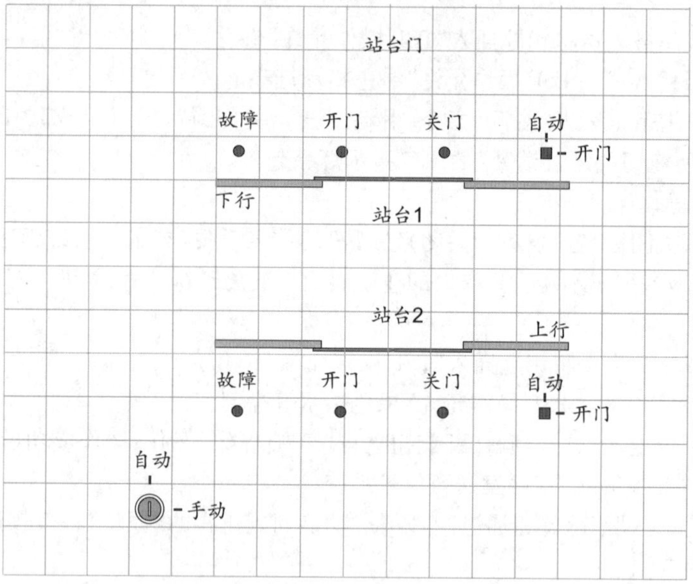

图 6-18 IBP 盘的控制界面

②当转换开关处于“隔离”位置时，该滑动门单元与系统隔离，隔断本单元的电力供应，便于该滑动门的维修，但不影响整个站台门系统的正常工作；

③当转换开关处于“开门”或“关门”位置时，不执行来自中央控制盘(PSC)的命令；届时，此门的安全回路被旁路，门体的“开”与“关”不影响整侧门的“开”与“关”，也不影响列车的运行，该情景常用于应急情况。

5. 手动解锁控制(就地级控制)

当上述控制系统均无效或乘客需紧急开门时，可使用门体中间的钥匙及手动解锁扳手(见图 6-20)开启站台门，站台人员及乘客均可进行此项操作。手动解锁控制的优先级别最高，无须考虑系统是否有电源驱动。按照优先级从低到高的顺序将这五种控制方式进行排序如下：中央控制盘(PSC)控制、就地控制盘(PSL)控制、综合后备盘(IBP)控制、就地控制盒(LCB)控制、手动解锁操作。手动解锁操作具有最高的优先权，中央控制盘(PSC)控制具有最低的优先权。

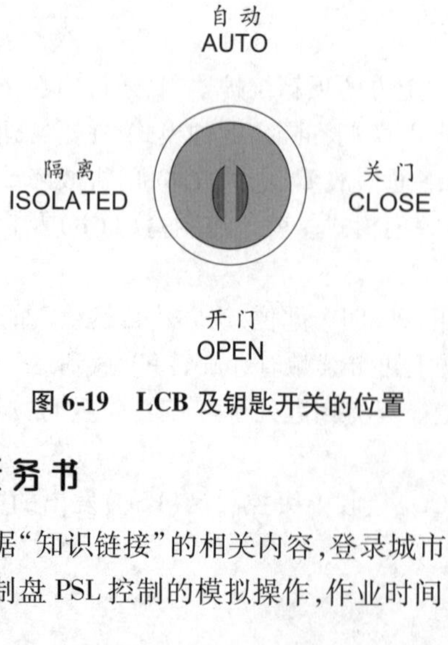

图 6-19 LCB 及钥匙开关的位置

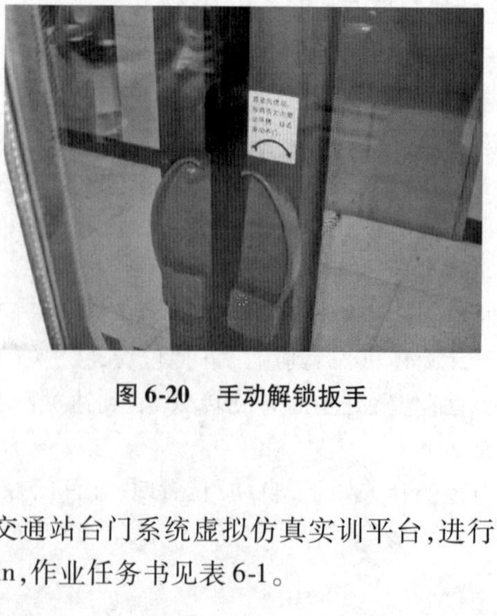

图 6-20 手动解锁扳手

任务书

根据“知识链接”的相关内容，登录城市轨道交通站台门系统虚拟仿真实训平台，进行站台门就地控制盘 PSL 控制的模拟操作，作业时间 30 min，作业任务书见表 6-1。

表 6-1　站台门就地控制盘 PSL 控制的模拟操作作业任务书

作业任务	站台门就地控制盘 PSL 控制的模拟操作	日　期			
班　组		计划开始时间		实际开始时间	
组　长		计划完成时间		实际完成时间	
作业地点					
作业内容					
作业过程中督查意见					

任务分组

学生任务分组见表 6-2。

表 6-2　学生任务分组表

班　级			日　期	
班　组			组　长	
班组成员	姓　名	任务角色	任务分工	

任务实施

作业单见表 6-3。

表 6-3　站台门就地控制盘(PSL)控制的模拟操作作业单

班　级		姓　名		班　组	
起始时间		终止时间		实际用时	
作业项目	作业过程		状态记录		
开门操作	①		无		
	②		□“PSL 操作允许”绿色指示灯亮起		□未亮起
	③		□“开门命令”绿色指示灯亮起		□未亮起
关门操作	①		无		
	②		□“PSL 操作允许”绿色指示灯亮起		□未亮起
	③		□“所有门关闭且锁紧”的绿色指示灯亮起		□未亮起
互锁解除操作	①		无		
	②		□“PSL 操作允许”绿色指示灯亮起		□未亮起
	③		□“互锁解除”红色指示灯亮起		□未亮起
	④		□“互锁解除”红色指示灯亮起		□未亮起

任务评价

任务评价表见表6-4。

表6-4　站台门就地控制盘(PSL)控制的模拟操作任务评价表

【考评单】站台门就地控制盘PSL控制的模拟操作		日期：	
姓名：	学号：	班级：	教师签名：
自我评价	互相评价	教师评价	
□熟练　□一般　□不熟练	□熟练　□一般　□不熟练	□熟练　□一般　□不熟练	
日期：	日期：	日期：	

站台门就地控制盘(PSL)控制的模拟操作【评分细则】

序号	评分项	得分条件	分值	自我评价	互相评价	教师评价
1	接受任务	明确工作任务，理解任务在现场工作中的重要程度	5			
2	知识评价	本次操作前需要掌握的知识程度	5			
3	能力评价	能正确、及时地进行PSL的开门操作	15			
		能正确、及时地进行PSL的关门操作	15			
		能正确、及时地进行PSL的互锁解除操作	15			
		能描述上述操作过程中各种指示灯的具体含义	15			
4	素养评价	操作计划性强，安排得当	5			
		团队合作能力强，善于沟通	5			
		自主学习能力强，勇于克服困难	5			
		严谨认真，积极参与现场教学	5			
5	评价反馈	学生能快速、准确地进行相关操作，以小组评价方式组织客观评价	5			
		对学生在任务实施过程中发现的问题进行小组审议后及时反馈	5			
6	得　分		100			

任务二　巡检城市轨道交通站台门系统相关设备

任务目标

1. 知识目标

①掌握中央控制盘(PSC)柜、控制电源柜以及驱动电源柜的巡检流程；

②掌握滑动门的巡检流程。

2. 能力目标

①能够描述中央控制盘(PSC)柜的巡检内容及标准；

②能够描述控制电源柜的巡检内容及标准；

③能够描述驱动电源柜的巡检内容及标准；

④能够描述滑动门的巡检内容及标准；

⑤能够描述端头门的巡检内容及标准。

3. 素养目标

①加强安全操作的责任意识；

②培养良好的职业素养；

③培养大国工匠精神。

任务描述

巡检城市轨道交通站台门系统的意义重大，要求归纳出站台门系统的中央控制盘（PSC）柜、控制电源柜、驱动电源柜、滑动门以及端头门的巡检内容及标准，掌握巡检过程中的注意事项，具备巡检城市轨道交通站台门系统的常用技能。

知识链接

一、中央控制盘（PSC）柜的巡检内容及标准

1. 中央控制盘（PSC）柜的巡检内容

①站台门设备室内的 PSC 柜是否工作正常；

②站台门处于关闭状态时，PSC 的关闭和锁紧指示灯是否亮绿灯；

③站台门处于打开状态时，PSC 的开门状态指示灯是否亮红灯；

④PSC 柜监控系统有无报警信息。

2. 中央控制盘（PSC）柜的巡检标准

①PSC 主控单元均绿灯（见图 6-21），正常；

②站台门处于关闭状态时，PSC 的关闭和锁紧指示灯亮绿灯；

③站台门处于打开状态时，PSC 的开门状态指示灯亮红灯；

④PSC 报警指示单元无报警信息（见图 6-22）。

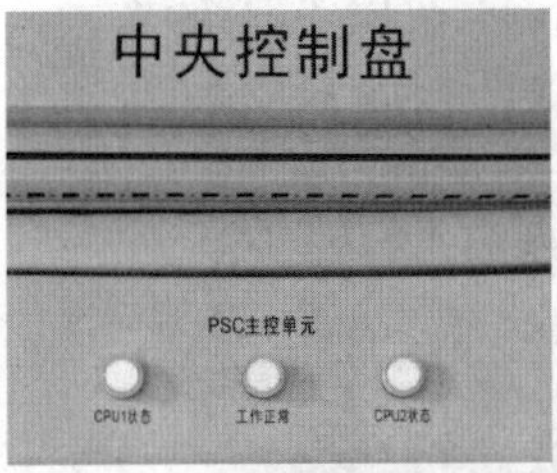

图 6-21　主控单元正常状态

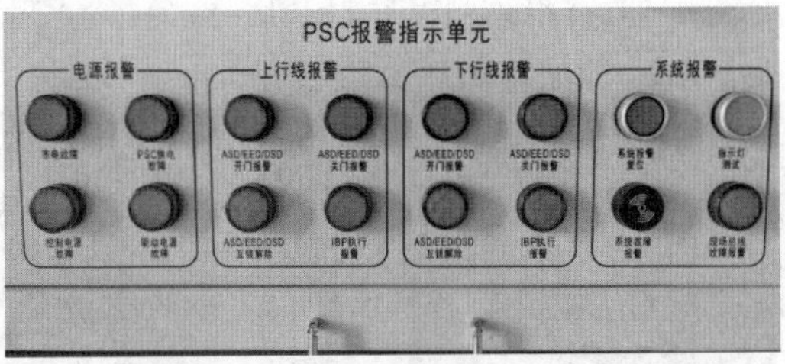

图 6-22　PSC 报警指示盘正常状态

图片

主控单元正常状态

二、控制电源柜的巡检内容及标准

1. 控制电源柜的巡检内容

①电源监控系统有无故障报警信息；

②控制母线 DC 110 V 电压表指示是否正常；

③控制母线 DC 24 V 电压表指示是否正常；

④控制母线 AC 220 V 电压表指示是否正常。

2. 控制电源柜的巡检标准

①控制母线 DC 110 V 电压表的指示电压值在（110 ± 5）V 内浮动；

②控制母线 DC 24 V 电压表的指示电压值在（24 ± 1）V 内浮动；

③控制母线 AC 220 V 电压表的指示电压值在（220 ± 8）V 内浮动。

三、驱动电源柜的巡检内容及标准

1. 驱动电源柜的巡检内容

①驱动输出 DC 110 V 电压表指示是否正常；

②电池 DC 110 V 电压表指示是否正常；

③市电 AC 380 V 电压表指示是否正常。

2. 驱动电源柜的巡检标准

①驱动输出 DC 110 V 电压表的指示电压值在 120 V 左右浮动（原因：有线路损耗，输出值较高）；

②电池 DC 110 V 电压表的指示电压值在 110 V 左右浮动；

③市电 AC 380 V 电压表的指示电压值在 400 V 左右浮动。

四、滑动门的巡检内容及标准

1. 滑动门的巡检内容

①滑动门的运作是否正常；

②滑动门的门槛导槽是否有异物；

③滑动门的门状态指示灯是否正常；

④滑动门的门体是否有抖动。

2. 滑动门的巡检标准

①滑动门的运作正常；

②滑动门的门槛导槽无异物（若有，则应切除此滑动门，将模式开关操作至“手动开”位置，取出异物）；

③滑动门的门状态指示灯正常（在该侧站台没有列车时，绿色指示灯亮起；在列车联动开关门的过程中，红色指示灯闪烁；在滑动门彻底打开后，红色指示灯稳定亮起，见图 6-23）；

图 6-23　端头门状态

④滑动门的门体无抖动（若抖动，则应立即上报）。

五、端头门的巡检内容及标准

1. 端头门的巡检内容

①端头门是否处于打开状态；

②端头门是否可以向站台侧 90°平开；

③端头门钥匙与推杆是否正常。

2. 端头门的巡检标准

①端头门处于打开状态时，其红色指示灯亮起；

②端头门向站台侧 90°平开时能定位保持在 90°位置，否则会自动复位(见图 6-23)；

③端头门钥匙及推杆在手动解锁钥匙或推压推杆进行开门时，若较易实现则为正常；否则，需上报工班。

任务书

根据“知识链接”的相关内容，登录城市轨道交通站台门系统虚拟仿真实训平台，进行城市轨道交通站台门相关设备巡检的模拟操作，作业时间 30 min，作业任务书见表 6-5。

表 6-5　城市轨道交通站台门相关设备巡检作业任务书

作业任务	城市轨道交通站台门相关设备巡检	日　期			
班　组		计划开始时间		实际开始时间	
组　长		计划完成时间		实际完成时间	
作业地点					
作业内容					
作业过程中督查意见					

任务分组

学生任务分组见表 6-6。

表 6-6　学生任务分组表

班　级		日　期	
班　组		组　长	
班组成员	姓　名	任务角色	任务分工

任务实施

任务实施过程见表 6-7。

表 6-7　城市轨道交通站台门相关设备巡检作业单

班　级		姓　名		班　组	
起始时间		终止时间		实际用时	

巡检对象	巡检内容	状态记录		情况说明
中央控制盘(PSC)柜	站台门设备室内的 PSC 柜是否工作正常	□PSC 主控单元均绿灯,正常		
		□不正常		
	PSC 柜在站台门关闭时,相应指示灯是否正常亮起	□关闭和锁紧指示灯亮绿灯		
		□未亮灯		
	PSC 柜在站台门开启时,相应指示灯是否正常亮起	□开门状态指示灯亮红灯		
		□未亮灯		
	PSC 柜监控系统有无报警信息	□有报警信息		
		□无报警信息		
控制电源柜	电源监控系统有无故障报警信息	□有故障报警信息		
		□无故障报警信息		
	控制母线 DC 110 V 电压表指示是否正常	指示电压值为(　　)V		
		□正常		
		□不正常		
	控制母线 DC 24 V 电压表指示是否正常	指示电压值为(　　)V		
		□正常		
		□不正常		
	控制母线 AC 220 V 电压表指示是否正常	指示电压值为(　　)V		
		□正常		
		□不正常		
驱动电源柜	驱动输出 DC 110 V 电压表指示是否正常	指示电压在(　　)V 左右浮动		
		□正常		
		□不正常		
	电池 DC 110 V 电压表指示是否正常	指示电压在(　　)V 左右浮动		
		□正常		
		□不正常		
	市电 AC 380 V 电压表指示是否正常	指示电压在(　　)V 左右浮动		
		□正常		
		□不正常		
滑动门	滑动门的运作是否正常	□正常		
		□不正常		
	滑动门的门槛导槽是否有异物	□无异物		
		□有异物,切除此滑动门		
	滑动门的门状态指示灯是否正常	该侧站台没有列车时	□红色指示灯不亮	
			□红色指示灯闪烁	
			□红色指示灯亮起	

续表

巡检对象	巡检内容	状态记录		情况说明
滑动门	滑动门的门状态指示灯是否正常	列车联动开/关门过程中	□红色指示灯不亮	
			□红色指示灯闪烁	
			□红色指示灯亮起	
		门彻底打开后	□红色指示灯不亮	
			□红色指示灯闪烁	
			□红色指示灯亮起	
端头门	端头门是否处于打开状态	□是，红色指示灯亮起		
		□否，红色指示灯未亮		
	端头门是否可以向站台侧90°平开	□是，可以保持90°位置		
		□否，会自动复位		
	端头门钥匙与推杆是否正常	□较容易实现，正常		
		□较难实现，不正常，报工班		
故障记录：				
检查人签字：	班组成员签字：		班组长签字：	
注意事项	1. “状态记录”据检查的实际情况在相应的□内打“√”。 2. “故障记录”栏填写巡检时发现的问题，确保填写规范、问题描述清楚，字迹书写清晰。 3. 签字处需填写相关人员的全名，不得代签及涂改。 4. 作业内容以表格所示范围为准，未呈现的内容不设故障，按照作业顺序进行			

任务评价

任务评价表见表6-8。

表6-8　城市轨道交通站台门相关设备巡检任务评价表

【考评单】城市轨道交通站台门相关设备巡检		日期：	
姓名：	学号：	班级：	教师签名：
自我评价	互相评价	教师评价	
□熟练　□一般　□不熟练	□熟练　□一般　□不熟练	□熟练　□一般　□不熟练	
日期：	日期：	日期：	

城市轨道交通站台门相关设备巡检【评分细则】

序号	评分项	得分条件	分值	自我评价	互相评价	教师评价
1	接受任务	明确工作任务，理解任务在现场工作中的重要程度	5			
2	知识评价	本次巡检前需要掌握的知识程度	5			
3	能力评价	能正确掌握中央控制盘柜的巡检内容及标准	12			
		能正确掌握控制电源柜的巡检内容及标准	12			
		能正确掌握驱动电源柜的巡检内容及标准	12			
		能正确掌握滑动门的巡检内容及标准	12			
		能正确掌握端头门的巡检内容及标准	12			

续表

序号	评分项	得分条件	分值	自我评价	互相评价	教师评价
4	素养评价	操作计划性强，安排得当	5			
		团队合作能力强，善于沟通	5			
		自主学习能力强，勇于克服困难	5			
		严谨认真，积极参与现场教学	5			
5	评价反馈	学生能快速、准确地进行相关操作，以小组评价方式组织客观评价	5			
		对学生在任务实施过程中发现的问题进行小组审议后及时反馈	5			
6	得　分		100			

任务三　操作非正常情况下的站台门控制系统

任务目标

1. 知识目标

①掌握滑动门在关闭且锁紧的状态下发生故障而导致该滑动门无法执行 SIG、PSL、IBP、LCB 等设备的开门命令时的现象；

②掌握上述现象发生时的应对原则。

2. 能力目标

①能够描述滑动门在关闭且锁紧的状态下发生故障而导致该滑动门无法执行 SIG、PSL、IBP、LCB 等设备的开门命令时的操作方式及操作步骤；

②能够描述某道滑动门发生故障而导致该滑动门无法执行 SIG、PSL、IBP 等设备的开/关门命令时的操作方式及操作步骤；

③能够描述滑动门因异物所致需重新开关一次时的操作方式及操作步骤；

④能够描述因列车停站过程中没有对准滑动门且无法移动列车却需疏散乘客时对应急门的操作方式及操作步骤。

3. 素养目标

①培养故障处置能力；

②培养吃苦耐劳的精神；

③培养大国工匠精神。

任务描述

操作非正常情况下站台门控制系统在城市轨道交通站台门系统运营过程中极为重要，要求归纳出滑动门以及应急门在非正常情况下的操作原因和操作步骤，具备操作非正常情况下站台门控制系统的技能。

知识链接

操作非正常情况下站台门控制系统见表 6-9。

说明：以下操作步骤以京州地铁运营有限责任公司为例，其他地铁运营有限责任公司关于站台门控制系统的操作原因及步骤不尽相同。

表 6-9　操作非正常情况下站台门控制系统

操作对象	操作原因及方式	操作人员	操作步骤
滑动门	原因：某道滑动门在关闭且锁紧的状态下发生故障，导致该滑动门无法执行 SIG、PSL、IBP、LCB 等设备的开门命令。 方式：手动解锁操作	站务人员	①在站台侧将钥匙插入故障滑动门的锁眼内旋转，使得轨行区一侧的把手转到无法转动时为止，此时门已解锁到位。 ②握住钥匙柄继续向远离滑动门中缝的方向拉开滑动门，直至滑动门全开到位
		乘客	①找到滑动门的开门把手。 ②向一侧扳动把手，然后拉开滑动门
	原因：某道滑动门发生故障，导致该滑动门无法执行 SIG、PSL、IBP 等设备的开/关门命令 方式：LCB 操作	站务人员	①站务人员携带 LCB 钥匙到达该故障门处，找到 LCB 位置。 ②插入 LCB 钥匙，旋转钥匙至"开门"位置或"关门"位置。 ③操作结束后，旋转钥匙至"自动"位置后，拔出钥匙并收好，严禁将钥匙遗留在 LCB 上
	原因：滑动门因异物所致需重新开关一次。 方式：PSL 操作	站务人员或司机	①站务人员到达 PSL 处或通过手持台告知司机来到 PSL 处。 ②将钥匙插入"PSL 操作允许"处并旋转至"允许"孔位，接着按压"开门"按钮，打开站台门；接着按压"关门"按钮，关闭站台门。 ③观察 PSL 的"所有门关闭且锁紧指示灯"亮绿色灯光，表明滑动门恢复正常。 ④旋转钥匙至"禁止"孔位后拔出并收好
应急门	原因：列车停站过程中没有对准滑动门且无法移动列车，需疏散乘客 方式：手动打开应急门	站务人员或乘客	①站务人员到达应急门处将钥匙插入应急门体的锁眼内旋转，使得轨行区一侧的推杆下移至无法再下移时为止，应急门打开。 ②乘客在轨行区一侧推压应急门的推杆至最低处，应急门打开

任务书

根据"知识链接"的相关内容，登录城市轨道交通站台门系统虚拟仿真实训平台，进行非正常情况下站台门控制系统的模拟操作，作业时间 30 min，作业任务书见表 6-10。

表 6-10　非正常情况下站台门控制系统的操作作业任务书

作业任务	非正常情况下站台门控制系统操作	日　期			
班　组		计划开始时间		实际开始时间	
组　长		计划完成时间		实际完成时间	
作业地点					
作业内容					
作业过程中督查意见					

任务分组

学生任务分组见表6-11。

表6-11 学生任务分组表

班级		日期	
班组		组长	
班组成员	姓名	任务角色	任务分工

任务实施

作业单见表6-12。

表6-12 非正常情况下站台门控制系统的操作作业单

<table>
<tr><td>班级</td><td></td><td>姓名</td><td></td><td>班组</td><td></td></tr>
<tr><td>起始时间</td><td></td><td>终止时间</td><td></td><td>实际用时</td><td></td></tr>
<tr><td>操作对象</td><td colspan="2">操作原因及方式</td><td>操作人员</td><td colspan="2">操作步骤</td></tr>
<tr><td rowspan="4">滑动门</td><td rowspan="2">原因:某道滑动门在关闭且锁紧的状态下发生故障,导致该滑动门无法执行SIG、PSL、IBP、LCB等设备的开门命令</td><td rowspan="2">方式:</td><td>站务人员</td><td colspan="2">①
②</td></tr>
<tr><td>乘客</td><td colspan="2">①
②</td></tr>
<tr><td>原因:某道滑动门发生故障,导致该滑动门无法执行SIG、PSL、IBP等设备的开/关门命令</td><td>方式:</td><td>站务人员</td><td colspan="2">①
②
③</td></tr>
<tr><td>原因:滑动门因异物所致需重新开关一次</td><td>方式:</td><td>站务人员或司机</td><td colspan="2">①
②
③
④</td></tr>
<tr><td>应急门</td><td>原因:列车停站过程中没有对准滑动门且无法移动列车,需疏散乘客</td><td>方式:</td><td>站务人员或乘客</td><td colspan="2">①
②</td></tr>
</table>

任务评价

任务评价表见表 6-13。

表 6-13　非正常情况下站台门控制系统的操作任务评价表

【考评单】非正常情况下站台门控制系统的操作		日期：	
姓名：	学号：	班级：	教师签名：
自我评价	互相评价	教师评价	
□熟练　□一般　□不熟练	□熟练　□一般　□不熟练	□熟练　□一般　□不熟练	
日期：	日期：	日期：	

非正常情况下站台门控制系统的操作【评分细则】

序号	评分项	得分条件	分值	自我评价	互相评价	教师评价
1	接受任务	明确工作任务，理解任务在现场工作中的重要程度	5			
2	知识评价	本次操作前需要掌握的知识程度	5			
3	能力评价	能正确掌握滑动门在关闭且锁紧的状态下发生故障而导致该滑动门无法执行 SIG、PSL、IBP、LCB 等设备的开门命令时的操作方式及操作步骤	15			
		能正确掌握某道滑动门发生故障而导致该滑动门无法执行 SIG、PSL、IBP 等设备的开/关门命令时的操作方式及操作步骤	15			
		能正确掌握滑动门因异物所致需重新开关一次时的操作方式及操作步骤	15			
		能够描述因列车停站过程中没有对准滑动门且无法移动列车却需疏散乘客时对应急门的操作方式及操作步骤	15			
4	素养评价	操作计划性强，安排得当	5			
		团队合作能力强，善于沟通	5			
		自主学习能力强，勇于克服困难	5			
		严谨认真，积极参与现场教学	5			
5	评价反馈	学生能快速、准确地进行相关操作，以小组评价方式组织客观评价	5			
		对学生在任务实施过程中发现的问题进行小组审议后及时反馈	5			
6	得　分		100			

任务四　处置城市轨道交通站台门系统典型故障

任务目标

1. 知识目标

①掌握一对站台门不能开启/关闭、多对站台门不能开启/关闭的处置流程；

②理解单侧门不能开启/关闭、站台门玻璃破裂/破碎的处置原理。

2. 能力目标

①能够描述一对站台门不能开启/关闭的处置流程；

②能够描述多对站台门不能开启/关闭的处置流程；

③能够描述单侧门不能开启/关闭的处置流程；

④能够描述站台门玻璃破裂/破碎的处置流程。

3. 素养目标

①强化专业技术能力；

②养成团结协助的职业态度；

③培养良好的应急处置能力。

任务描述

处置站台门系统的常见故障在城市轨道交通站台门系统运营过程中极为重要，要求归纳出一对站台门不能开启、一对站台门不能关闭、多对站台门不能开启、多对站台门不能关闭、单侧门不能开启/关闭以及站台门玻璃破裂/破碎时的处置流程，具备处置城市轨道交通站台门系统常见故障的技能。

知识链接

处置城市轨道交通站台门系统典型故障见表6-14～表6-19。

说明：以下处置流程以京州地铁运营有限责任公司为例，其他地铁运营有限责任公司关于站台门系统常见故障的处置流程不尽相同。

表6-14　一对站台门不能开启的处置流程

程序	负责人	处置流程
步骤1	车站维护工	①发现故障或接到通知后，立即赶往故障门处； ②立即用专用钥匙将该故障门的LCB旋转到“隔离”孔位，引导乘客通过临近的滑动门处上/下车； ③在故障门的门体左侧中部位置张贴“此门”故障告示
步骤2	站务班长	①将该信息上报行车调度员和故障报警中心； ②跟进站台门的维修进程，将站台门的维修情况报行车调度员

表6-15　一对站台门不能关闭的处置流程

程序	负责人	处置流程
步骤1	车站维护工	①故障信息是司机关门时发现，需维护工到故障门处核查是否有异物阻碍其关闭；若有异物，则取出后告知司机重新关闭站台门； ②若试验后站台门仍不能正常关闭，则用专用钥匙将该门的LCB旋转到“关门”孔位，待站台门关闭后通知司机； ③若故障一直未成功排除，在客流高峰期时应将该门的LCB旋转到“开门”孔位
步骤2	站务班长	①将该信息上报行车调度员和故障报警中心； ②安排人员在故障门处监控乘客，防止乘客跌落轨行区

表6-16　多对站台门不能开启的处置流程

程序	负责人	处置流程
步骤1	车站维护工	①发现故障或接到通知后，立即赶往故障门处； ②采用手动解锁操作的方式尽快打开部分故障门（确保没有出现连续不能开启的门）供乘客上/下车； ③待司机关闭车门、站台门后，查看故障门的关闭情况；若无法关闭，则按多对门无法关闭的程序处理

续表

程序	负责人	处置流程
步骤 2	值班站长	①接到站台门故障的信息后，及时通知车站维护工和站务班长到站台处理； ②将故障信息报告行车调度员和故障报警中心； ③跟进站台门的维修情况，将站台门的维修情况上报行车调度员
步骤 3	站务班长	①接到值班站长关于故障门的通知后，立即前往故障门处协助处理； ②手动打开部分故障门（确保没有出现连续不能开启的门）供乘客上/下车

表 6-17　多对站台门不能关闭的处置流程

程序	负责人	处置流程
步骤 1	车站维护工	①发现故障或接到通知后，立即赶往故障门处； ②待司机发出关闭车门、站台门的指令后，逐个核查无法关闭的站台门与列车之间的安全间隙； ③遵循"没有连续的不能开启的门"的原则，切除部分故障门以供乘客上/下车； ④加强未关闭站台门的监控，确保乘客安全； ⑤维护好站台秩序，防止乘客跌落轨行区
步骤 2	站务班长	①接到站台门故障的信息后，到站台处理； ②到故障门所在侧的 PSL 处进行"互锁解除"操作
步骤 3	值班站长	①将故障信息上报行车调度员和故障报警中心； ②跟进站台门的维修情况，将站台门的维修情况上报行车调度员； ③安排车站维护工监控处于"打开"状态故障门附近的乘客，防止乘客跌落轨行区

表 6-18　单侧门不能开启/关闭的处置流程

程序	负责人	处置流程
步骤 1	司机	①广播通知乘客关于故障门事宜，做好引导与情绪疏导工作； ②操作 PSL 以打开站台门，若成功，则向车站维护工报告； ③若操作 PSL 以打开站台门失败，告知值班站长，使用 IBP 以操作门体打开
步骤 2	车站维护工	①及时与司机沟通，尝试使用 PSL 开门失败后，告知值班站长使用 IBP 开启站台门； ②若上述操作均无效，在得到授权后操作"互锁解除"，其他人员做好安全防护； ③若操作"互锁解除"依旧失败，则在值班站长的安排下尝试手动开启/关闭故障门并根据指令配合"跳停"相关事宜
步骤 3	值班站长	①将故障信息上报行车调度员和故障报警中心，配合司机及车站维护工使用 IBP 以开启门体； ②在操作无效后，安排车站维护工操作"互锁解除"以放行列车； ③安排人员到现场做好安全防护，防止乘客跌落轨行区； ④督促、跟进站台门的维修情况，将站台门的维修情况上报行车调度员； ⑤若短时间内无法修复，则报请行车调度员"跳停"列车；或采用间隔"手动"开启站台门，确保至少有一对滑动门对准每节车厢，粘贴故障纸或使用隔离装置防护故障站台门

表 6-19　站台门玻璃破裂/破碎的处置流程

程序	负责人	处置流程
步骤 1	车站维护工	①车站维护工在值班站长的授权下使故障门处于"常开"状态并在故障门处站岗监护，防止乘客或者物品掉落轨行区； ②将破裂的玻璃用胶带"米"字形粘贴，防止列车进站过程中突然爆裂；若玻璃已破碎，应马上进行清理以防玻璃碎片掉入轨行区并使用铁马放置于破碎的站台门前做好防护
步骤 2	值班站长	①将故障信息上报行车调度员，请求列车进站时进行相应的限速； ②将门体玻璃破裂/破碎的事宜报告故障保修中心

任务书

根据“知识链接”的相关内容，登录城市轨道交通站台门系统虚拟仿真实训平台，进行城市轨道交通站台门系统典型故障处置的模拟操作，作业时间 30 min，作业任务书见表 6-20。

表 6-20　城市轨道交通站台门系统典型故障处置作业任务书

<table>
<tr><td>作业任务</td><td>城市轨道交通站台门系统典型故障处置</td><td colspan="2">日　　期</td><td colspan="2"></td></tr>
<tr><td>班　　组</td><td></td><td>计划开始时间</td><td></td><td>实际开始时间</td><td></td></tr>
<tr><td>组　　长</td><td></td><td>计划完成时间</td><td></td><td>实际完成时间</td><td></td></tr>
<tr><td>作业地点</td><td colspan="5"></td></tr>
<tr><td>作业内容</td><td colspan="5"></td></tr>
<tr><td>作业过程中
督查意见</td><td colspan="5"></td></tr>
</table>

任务分组

学生任务分组见表 6-21。

表 6-21　学生任务分组表

<table>
<tr><td>班　　级</td><td colspan="2"></td><td>日　　期</td><td></td></tr>
<tr><td>班　　组</td><td colspan="2"></td><td>组　　长</td><td></td></tr>
<tr><td rowspan="5">班组成员</td><td>姓　　名</td><td>任务角色</td><td colspan="2">任务分工</td></tr>
<tr><td></td><td></td><td colspan="2"></td></tr>
<tr><td></td><td></td><td colspan="2"></td></tr>
<tr><td></td><td></td><td colspan="2"></td></tr>
<tr><td></td><td></td><td colspan="2"></td></tr>
</table>

任务实施

作业单见表 6-22。

表 6-22　城市轨道交通站台门系统典型故障处置作业单

<table>
<tr><td>班　　级</td><td></td><td>姓　　名</td><td></td><td>班　　组</td><td></td></tr>
<tr><td>起始时间</td><td></td><td>终止时间</td><td></td><td>实际用时</td><td></td></tr>
<tr><td>处置对象及情景</td><td>负责人</td><td colspan="4">处置流程</td></tr>
<tr><td rowspan="2">一对站台门
不能开启</td><td>车站维护工</td><td colspan="4">①
②
③</td></tr>
<tr><td>站务班长</td><td colspan="4">①
②</td></tr>
</table>

续表

处置对象及情景	负责人	处置流程
一对站台门不能关闭	车站维护工	① ② ③
	站务班长	① ②
多对站台门不能开启	车站维护工	① ② ③
	值班站长	① ② ③
	站务班长	① ②
多对站台门不能关闭	车站维护工	① ② ③ ④ ⑤
	站务班长	① ②
	值班站长	① ② ③
单侧门不能开启/关闭	司机	① ② ③
	车站维护工	① ② ③
	值班站长	① ② ③ ④ ⑤
站台门玻璃破裂/破碎	车站维护工	① ②
	值班站长	① ②

任务评价

任务评价表见表6-23。

表 6-23　城市轨道交通站台门系统典型故障处置任务评价表

【考评单】城市轨道交通站台门系统典型故障处置		日期：	
姓名：	学号：	班级：	教师签名：
自我评价	互相评价	教师评价	
□熟练　□一般　□不熟练	□熟练　□一般　□不熟练	□熟练　□一般　□不熟练	
日期：	日期：	日期：	

城市轨道交通站台门系统典型故障处置【评分细则】

序号	评分项	得分条件	分值	自我评价	互相评价	教师评价
1	接受任务	明确工作任务，理解任务在现场工作中的重要程度	5			
2	知识评价	本次处置操作前需要掌握的知识程度	5			
3	能力评价	能正确掌握一对站台门不能开启时的处置流程	10			
		能正确掌握一对站台门不能关闭时的处置流程	10			
		能正确掌握多对站台门不能开启时的处置流程	10			
		能正确掌握多对站台门不能关闭时的处置流程	10			
		能正确掌握单侧门不能开启/关闭的处置流程	10			
		能正确掌握站台门玻璃破裂/破碎的处置流程	10			
4	素养评价	操作计划性强，安排得当	5			
		团队合作能力强，善于沟通	5			
		自主学习能力强，勇于克服困难	5			
		严谨认真，积极参与现场教学	5			
5	评价反馈	学生能快速、准确地进行相关操作，以小组评价方式组织客观评价	5			
		对学生在任务实施过程中发现的问题进行小组审议后及时反馈	5			
6	得　分		100			

项目测试

文本

项目测试

项目七

城市轨道交通火灾报警系统

项目描述

火灾报警系统能将火灾发生初期产生的烟雾、热量以及光照强度等物理量通过不同种类的火灾探测器转变为电信号并传送至火灾报警控制装置，同时并以声或光的形式通知周围场所的人员疏散；火灾报警控制装置记录火灾发生的位置以及时间，提示相关工作人员能够及时发现火灾并立即采取有效措施实施灭火，最大限度地减少因火灾造成的生命和财产损失。火灾报警系统是人类同火灾做斗争的有力工具。

本项目主要引导学生掌握城市轨道交通火灾报警系统的组成、功能及控制子系统。

项目知识导图

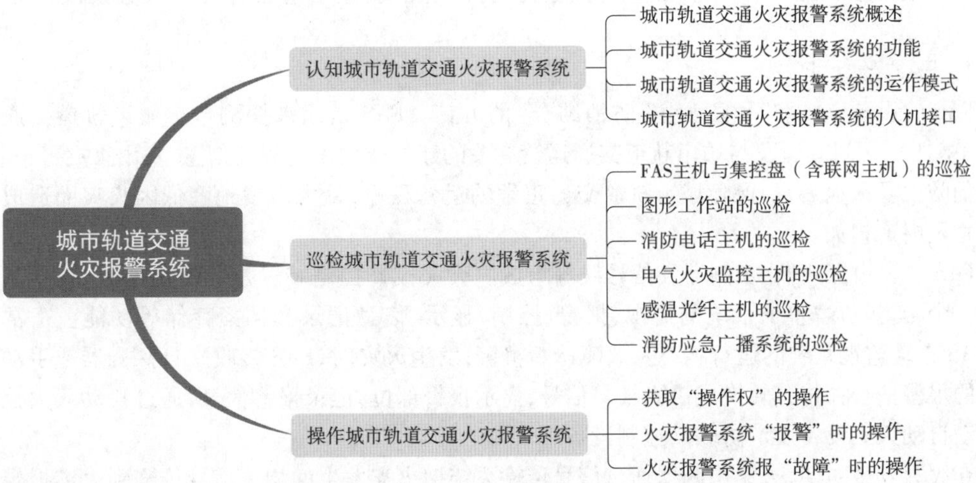

任务一 认知城市轨道交通火灾报警系统

任务目标

1. 知识目标

①理解城市轨道交通火灾报警系统概述；

②掌握城市轨道交通火灾报警系统的功能；
③掌握城市轨道交通火灾报警系统的运作模式；
④掌握城市轨道交通火灾报警系统的人机接口。

2. 能力目标

①能够描述城市轨道交通火灾报警系统的功能；
②能够描述城市轨道交通火灾报警系统的运作模式；
③能够描述城市轨道交通火灾报警系统的人机接口。

3. 素养目标

①培养安全操作的责任意识；
②培养良好的职业素养；
③强化专业技术能力。

任务描述

城市轨道交通火灾报警系统（FAS）的内容繁多，要求归纳出城市轨道交通火灾报警系统的功能，掌握火灾报警系统的运作模式，认知火灾报警系统的人机接口，具备必要的关于火灾报警系统的常用知识。

知识链接

一、城市轨道交通火灾报警系统概述

城市轨道交通发生火灾的概率较高，一旦发生火灾便会造成重大危害且损失惨重。为了尽早探测到火灾的发生并发出报警，在城市轨道交通中通常设置火灾报警系统且配置相应的灭火装置。火灾报警系统是一种用于在火灾发生初期便被发现、发出警告并控制火灾发展的自动化系统。

1. FAS 的功能

FAS 的设计应贯彻“预防为主，防消结合”的方针。FAS 是用来探测包括城市轨道交通车站（车辆基地）、区间隧道及与城市轨道交通运营有关的建筑或设施的火灾信息、发出火灾警报、启动有关的防火及灭火装置，保障城市轨道交通正常的运营秩序，最大限度地降低因火灾而造成的人员伤亡及财产损失。

FAS 主要由探测器、控制器及信号线等组成。火灾报警控制装置是 FAS 的心脏，是系统运行的指挥中心，担负着整个系统的监视、报警、控制、显示、信息记录和档案存储等功能。正常情况下，FAS 自动监视系统的运行状态及故障诊断报警；发生火灾时，FAS 接收来自探测器或手动报警按钮的报警信号并将其转换成声光报警信号，显示报警部位，记录报警信息，通过自动灭火控制系统启动自动灭火设备及消防联动控制设备。

在火灾发生初期，火灾探测器通过信号传输系统把火灾发生的相关信号传输到火灾报警控制装置中去，由火灾报警控制装置发出报警的声光信号。火灾报警控制装置包括区域火灾报警控制装置和集中火灾报警控制装置，前者是将一个防火区域内的火警信号汇集到一起进行报警显示并向集中火灾报警控制装置输出火灾信号，后者是将其所监视的各个探测区域内的火灾报警控制装置所输出的电信号以声光的形式显示出来并向消防联动控制系统设备发出指令。对于大型的地下车站，由于其站厅较多，控制设备的布置相当复杂，需要将多台区域火灾报警控制装置所警戒的区域进行集中管理，即车站的控制设备与集中报警控制装置配套使用而组成集中报警系统以便在火灾发生时进行集中指挥灭火，其系统组成示意图如图 7-1 所示。

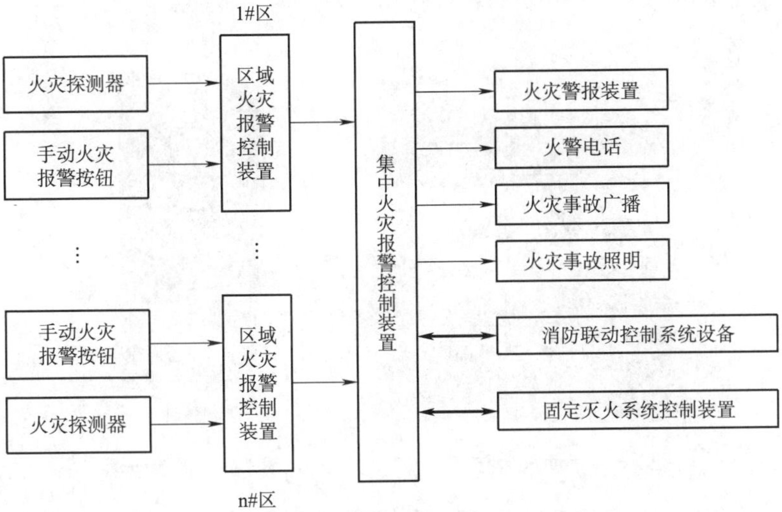

图 7-1 集中火灾报警系统组成示意图

火灾警报装置是在火灾发生时以声、光或者语音等形式给人以警示的一种消防设备，常用的火灾警报装置有警铃(见图 7-2)、警笛(见图 7-3)和声光报警器(见图 7-4)等。

城市轨道交通火灾报警系统主要设置在各车站的站厅、站台、区间隧道、车辆段、设备用房及管理用房等处，由中央级监控系统(它是整个 FAS 的集中监控中心，设置于全线的控制中心大楼内)、车站(含车辆段及停车场)级监控系统(它是 FAS 的基本结构单元，设置于各车站的综合控制室及车辆段的消防值班室内)和就地级设备组成。

图 7-2 警铃

图 7-3 警笛

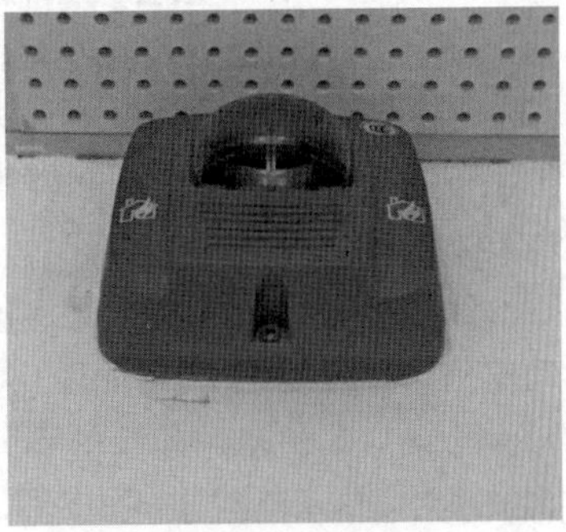

图 7-4 声光报警器

2. FAS 的组成

FAS 一般由 FAS 局域网、报警子系统、控制子系统、防灾通信子系统、时钟子系统和消防电源子系统组成。具体如下：

(1) FAS 局域网

FAS 在各车站(含车辆段及停车场)和控制中心均设置一台火灾报警控制器和一台专用的消防联动控制设备，全线组成局域网。

①系统采用独立的光纤环形传输网络，网络节点间的光纤与通信系统一并铺设；

②控制中心设置模拟屏，模拟屏与其他系统综合设置。

(2) 报警子系统

FAS 的报警分自动报警和手动报警两种类型。自动报警采用火灾探测器向控制室报警，手动报警采用手动报警按钮(见图7-5)或报警电话(见图7-6)向控制室报警。

图7-5 手动报警按钮

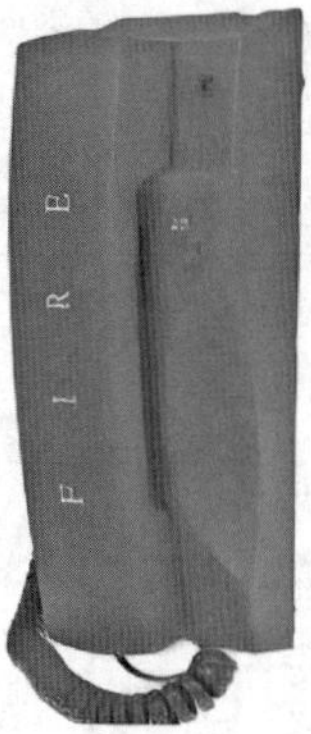

图7-6 报警电话

①控制中心大楼内的各种设备机房、配电室(间)、电缆通道、电缆竖井、电缆夹层、走廊、会议室、办公室、控制室及其他管理用房设置火灾探测器;

②地下车站的公共区域、人行通道、各种设备机房、配电室(间)、电缆通道、电缆竖井、电缆夹层、办公室、控制室及其他管理用房设置火灾探测器;

③地面站和高架站的各种设备机房、配电室(间)、电缆通道、电缆竖井、电缆夹层、控制室及其他管理用房设置火灾探测器;

④车辆段(停车场)的停车库、检修库、变电所、存储可燃物品的库房、信号楼、重要文件档案室设置火灾探测器;

⑤车站的走廊、站厅层公共区、站台层公共区、控制中心的走廊公共区、地下区间隧道、超过60 m长的封闭行人通道以及在车辆段(停车场)中设置火灾探测器的场所中设置手动报警按钮。

(3)控制子系统

控制分自动控制和手动控制两种类型。自动控制通过模块来实现,手动控制通过硬线、开关和继电器来实现。

FAS的控制电源采用24 V的直流电,应避免在同一瞬间控制的电流过大。消火栓泵启动按钮的动作信号接入FAS,在车辆段(停车场)的某些建筑物内未设置火灾自动报警装置,该类建筑物的消火栓泵启动按钮的动作信号可以不接入FAS。

(4)防灾通信子系统

防灾通信子系统包括有线电话、无线电话、防灾应急广播、电视监控等设备。

①有线电话。防灾通信的有线电话包括防灾调度电话、消防对讲电话和报警的外线电话。

全线的防灾调度电话包括调度电话总机(设置在控制中心)和调度电话分机(设置在各防灾控制室及防灾直线管理部门)。

消防对讲电话包括对讲电话总机(设置在防灾控制室内)和对讲电话分机(设置在变配/电值班室、消防泵房、防排烟风机房、设有气体自动灭火装置的房间门外及气体自动灭火钢瓶间等与防灾救灾直接相关的场所)。

手动报警按钮和消火栓按钮处设置对讲电话插孔,如图7-7所示。

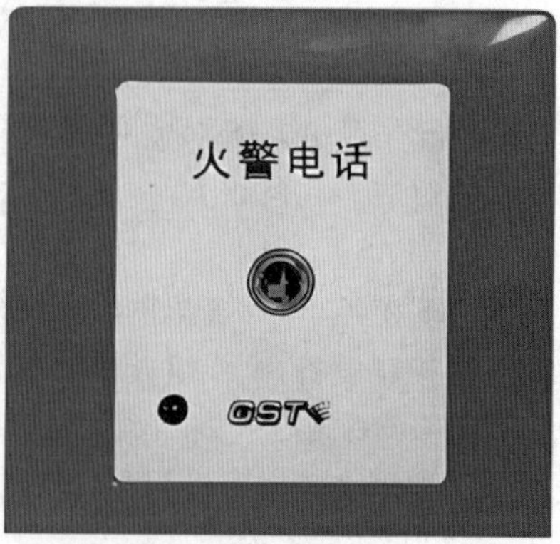

图7-7 对讲电话插孔

控制中心、车站及车场的防灾控制室应设置外线电话,必要时方便向当地消防部门报警。

②无线电话。在控制中心和车站防灾控制室设置可与列车司机直接通话的无线电话。

在地下车站及区间应设置公安部门及消防部门的无线引入系统,将公安部门及消防部门的无线调度专用信号引入地下车站和区间且满足公安部门及消防部门的统一调度要求。

③防灾应急广播。防灾应急广播的扬声器与车站公共广播的扬声器合用,防灾控制室内设有"强行切换"功能。

④电视监控。电视监控的要求是防灾系统与行车调度系统可共用一套电视监控系统。在车站控制室内应能监视到站台层乘客上/下车、楼梯口和疏散通道的情况,在控制中心内可人工选择不同车站的相关画面显示。

电视监控应与防灾报警系统联动,自动地将灾害场面切换到车站及控制中心的防灾控制室的监视器上进行显示并自动录像。

(5)时钟子系统

FAS 的时钟与全线其他系统的时钟应保持一致,通常采取控制中心的火灾报警控制器接收全线的时钟系统校时信号并对车站的火灾报警控制器提供时钟校时信号的方式。

(6)消防电源子系统

FAS 设有主电源和直流备用电源。系统的主电源采用一级负荷供电,由两个独立的电源在防灾控制室内进行自由切换。

3. FAS 的控制模式

在城市轨道交通系统中,火灾报警系统一般为两级管理(中央级管理和车站级管理)、三级控制(主控制级控制、分控制级控制和就地级控制)模式。具体如下:

(1)主控制级控制

在控制中心配备两台消防工作站,互为备用,通过专用网卡与控制中心的局域网联网,作为局域网的网络节点。消防工作站由通用型的工业控制主机与一套通信控制器联入整个 FAS 网,保障控制主机作为网络的一个节点。全线 FAS 控制中心负责城市轨道交通全线防灾设备的集中监控管理,在火灾时负责全线的统一调度指挥。

防灾控制中心的主要职责如下:

①根据城市轨道交通发生灾害时的实际情况,及时向公安部门及消防部门报告灾情,确定救灾方案;

②通过公共广播、闭路电视系统向各车站的防灾控制室发出消防救灾指令及乘客的安全疏散命令,指导全线各站执行消防命令;

③通过电话向有关部门或车站通报灾情;

④编制、下达全线的 FAS 运行模式,监视其运行工况。

(2)分控制级控制

车站分控制级负责管理车站及相邻区间隧道一半里程范围内的防火救灾工作,车辆段消防值班室集中管理停车库等重要用房的防火救灾工作,控制中心大楼的消防值班室负责管理整个大楼的防火救灾工作。

车站级控制与中央级控制进行联网,对其所管辖的范围进行独立的消防监控管理。车站分控制级由火灾报警分机、图形监视计算机、打印机、消防联动柜、紧急电话主机等构成。

火灾报警分机通过总线与现场设备相连,组成所辖站点的火灾报警子系统。各火灾报警分机均作为 FAS 网络的一个节点,与其他站点及防灾指挥中心进行通信和信息交换。火灾报警子系统通过 RS-232/485 通信接口与本站点内的 BAS 进行信息交换,当火灾信息被确认后,FAS 系统向 BAS 系统发出火灾报警信息和消防控制模式,通过 BAS 和 FAS 直接控制的消防设备实施消防灭火处理。

在车站消防控制室设置消防控制柜，用于消火栓泵、消防泵、回/排风机、TVF 风机及组合式空调箱等设备的直接手动控制，消防控制柜采用硬线方式直接连接所控制设备。每个车站设置一套独立的消防电话网络。车站隧道内的电话插孔及与车站相邻的主变电所内的电话插孔均纳入车站的消防电话网络中。

消防专用设备（如防火卷帘门、消防泵、喷淋泵及防火阀等）由车站级 FAS 系统直接控制。

（3）就地级控制

就地级控制包括各类探测器件（如感烟探测器，如图 7-8 所示；感温探测器，如图 7-9 所示）及就地监视控制模块（见图 7-10）等，负责感知现场信息并将信息传送到分控制级的控制器上，接受分控制级的命令以便控制现场设备。

图 7-8　感烟探测器

图 7-9　感温探测器

图 7-10　就地监视控制模块

4. FAS 网络

中央消防控制指挥中心操作工作站与各车站火灾报警控制器之间通过 FAS 专用网络接口组成独立的 FAS 环网。各站的火灾报警控制器与中央消防控制指挥中心操作工作站直接通信，不受其他系统网络的负荷限制及设备故障的影响，其网络通信方式响应速度快，安全可靠。FAS 网络的构成如图 7-11 所示。

二、城市轨道交通火灾报警系统的功能

城市轨道交通火灾报警系统的功能可分为中央级功能、车站级功能和就地级功能，具体如下：

1. 中央级功能

FAS 系统的中央级功能主要是监视城市轨道交通全线的各车站、区间隧道、控制中心大楼、车辆段及主变电站等场所的火灾报警、消防联动和故障情况等，在火灾发生期间发挥全线的防灾指挥中心的功能。

（1）监视功能

通过火灾报警网络接收并储存全线消防设备的运行状态信息，远程监视就地级消防设备的运行状态，主机通过显示画面和数据表格展示现场的监视信息。

（2）接收功能

接收全线各车站、车辆段（停车场）、主变电站及控制中心等场所的火灾报警信息并显示报警部位，控制中心声光报警系统发出声/光火灾警报信号。

（3）打印及指令功能

打印机实时打印火灾报警发生的时间、地点及火灾类型等；通过网络向火灾所属区域的消防设备发布命令，指令进入火灾报警处理的模式。

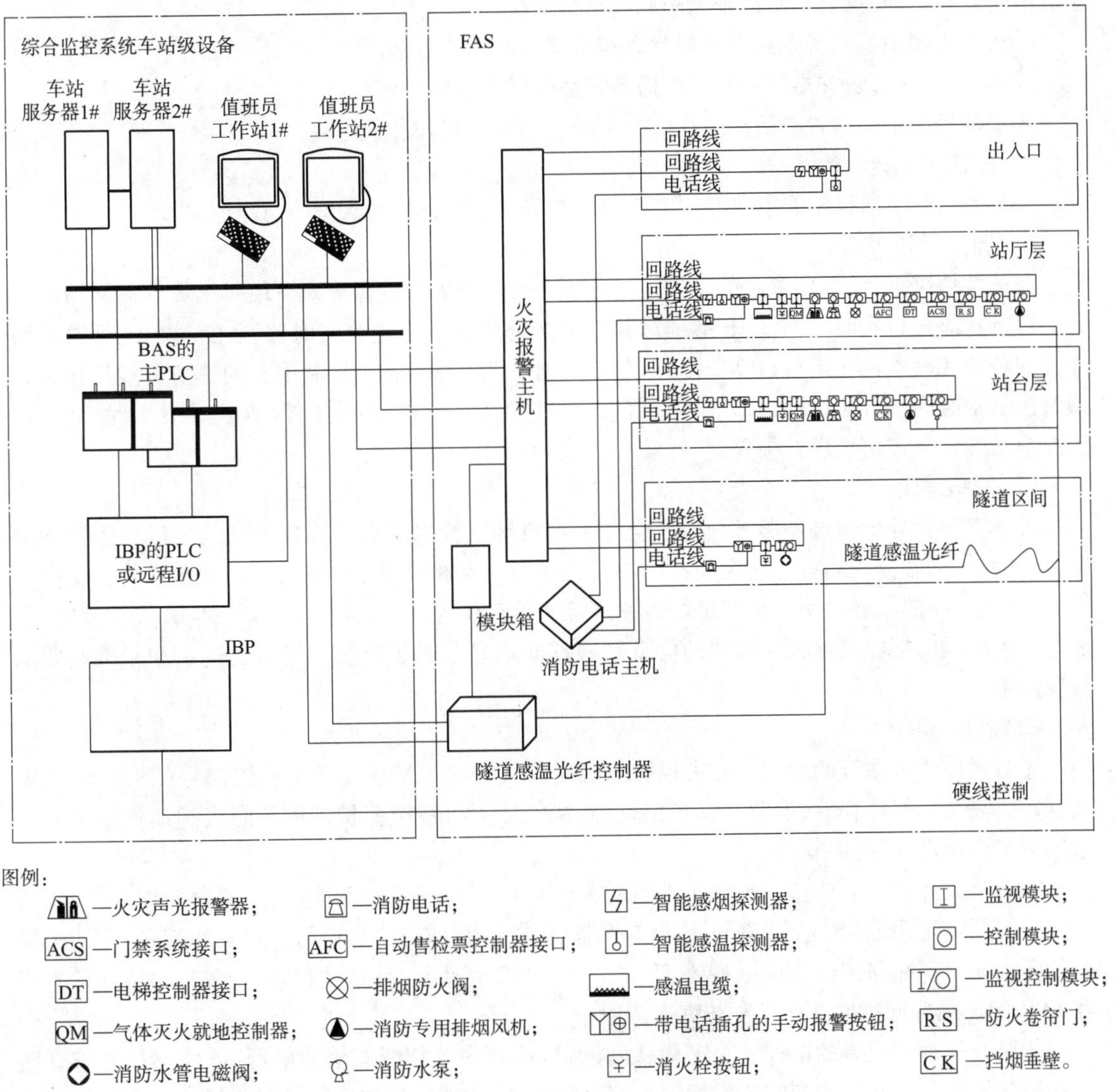

图 7-11　FAS 网络的构成

(4)存储记录功能

存储事件记录和操作人员的各项操作记录,包括火警监视、故障状态及设备维修等信息记录。

(5)系统编辑功能

全线的维护人员可通过工作站添加系统设备或直接在现场编辑设备及自定义设备;也可在办公室的计算机上先完成现场设备的定义和参数的修改并经编译转换后到达现场再发送到火灾报警控制器上。

(6)历史档案功能

各报警及事件等信息记录的归档处理,操作人员可根据需要随时进行信息的查看和打印输出。

(7)网络自诊断功能

FAS 主机具有网络自诊断功能,可及时判断网络故障的位置及原因并按事件方式进行报警。

(8)与其他子系统的协调配合功能

①城市轨道交通防灾指挥中心设置与城市消防局联系的专用外部电话;此外,防灾指挥中心

设置消防调度电话总机，车站设置消防调度电话分机。

②防灾指挥中心及各车站设置与列车司机联系的无线电话。

③发生火灾时，防灾指挥中心将广播系统强制转入消防广播状态。

④消防控制中心设置与闭路电视监视系统的切换装置和显示终端。

2. 车站级功能

FAS 系统的车站级功能主要有监测及警报功能、网络通信功能、监控功能等。

(1)监测及警报功能

在正常情况下，设在各车站的防灾报警分机通过探测器和信号输入模块对火灾状态和消防设备的运行状态进行实时监测，FAS 系统对其内部的部件状态也进行实时监测，通过火灾报警网络连接的各种控制器也在进行自动监测；所有的监测信息都将传送到控制中心的消防监控工作站并通过控制中心的综合监控网络形成实时信息以供整个综合监控系统共享；在火灾发生时，通过自动或手动确认火灾信息进行报警。

(2)网络通信功能

各防灾报警分机通过环形光纤构成全线火灾自动报警网络系统。各车站的分机均为该网络系统中的节点，各分机具有与防灾指挥中心进行信息交换的功能；各分机之间也具有信息交换的功能，特别是相邻车站之间可相互进行火灾报警的信息传送，使得当某一车站发生火灾报警时，相邻车站也可同时接收到此火灾报警的信息并根据此信息及时进行行车组织的调整和采取必要的救灾措施。

(3)监控功能

①对气体灭火系统的监控。防灾报警分机接收气体灭火系统的五个反馈信号(预报警、火灾确认、系统故障、气体释放、手动/自动状态)，监视气体灭火系统保护区内的防火阀动作情况并通过网络传送至防灾指挥中心。

②对防火卷帘门的监控。疏散通道的防火卷帘门控制程序如下：感烟探测器动作后，控制防火卷帘门下降至距地(楼)面 1.8 m；感温探测器动作后，控制防火卷帘门下降到底部；用作防火隔断的防火卷帘门在探测器动作后，控制防火卷帘门下降到底部。以上控制和卷帘门的位置信息将在 LCD 上显示并通过网络传送至防灾指挥中心。

③对其他消防设备的监控。火灾确认后，通过接口命令切断非消防电源，该控制信号将在防灾报警分机上显示并传输到防灾指挥中心；监视防火阀及消防泵的运行状态并传输到防灾指挥中心；监视破碎玻璃按钮和消防栓泵的状态，在接收到破碎玻璃按钮的动作信号后，点亮破碎玻璃按钮上的指示灯，自动发出控制命令，启动消防加压泵，监视加压泵的运行状态，该控制和位置状态信号将在防灾报警分机上显示并传输到防灾指挥中心。

3. 就地级功能

(1)智能型光电感烟探测器的功能

①自诊断及历史记录功能。探测器持续不断地进行自诊断，提供重要的维护保养数据，其结果能自动更新并存储到探测器的存储器中。

②内置微处理器(CPU)能独立运行功能。如果探测器与回路控制器之间的通信故障时间超过 6 s，则该回路中的所有探测器均转为独立运行模式；此时，每个探测器继续采集并分析其周围的火警信息，如探测器的周围达到了预先设定的烟雾浓度则探测器报警。

③自动昼/夜灵敏度调整功能。探测器可通过编程而设置不同的灵敏度以便在昼/夜期间自动切换。在夜晚没有人员活动等因素影响时，探测器周围环境中的粉尘和烟雾的浓度降低，可自动调整探测器的灵敏度。

(2)手动火灾报警按钮功能

防灾报警系统采用手动火灾报警按钮来报告火警。

(3)破碎玻璃按钮功能

破碎玻璃按钮通常保持在断开状态。当玻璃被击碎时,开关被释放,向回路控制器发送一个报警信号并直接启动消火栓泵。

(4)消防联动控制柜功能

在车站控制室设置消防控制柜,用于对消火栓泵、消防泵、回/排风机(兼排烟风机)、TVF 风机、组合式空调箱、变风量空调器、小系统回/排风机及送风机等设备在火灾工况下运行时进行联动控制。消防联动控制柜采用硬线的方式直接作用于其控制的消防设备。

(5)电话插孔功能

在隧道内的适当位置处设置一定数量的电话插孔。当手提式电话插入电话插孔时,主机上即有声光信号及地址显示,在主机上按下相应的选择按钮,即可直接通话。

三、城市轨道交通火灾报警系统的运作模式

根据火灾报警系统的功能及职责,火灾报警系统的运作模式可分为正常情况下对系统设备的监视管理模式、火灾发生时的报警确认模式及火灾被确认后的消防联动模式。具体如下:

1. 监视管理模式

在正常情况下,火灾报警控制器及现场设备均处于监视状态,图形监视计算机显示车站各防火分区(防烟分区)的探测器及车站(区间)场所现场设备的状态并将其状态及状态改变的具体情况实时上报至控制中心,火灾报警控制器自动巡视车站设备的周期通常不会超过 2 s。

2. 报警确认模式

在任何一个报警区域,如果有一个火灾探测器报警或一个手动报警按钮报警,则火灾自动报警系统自动确认为火警并将信息上传至控制中心。

(1)自动确认模式

当系统运行的模式转换开关处于“自动”位时,系统处于自动确认模式。在同一个报警区域内,如有一个智能探测器报警且同时有一个手动报警按钮报警,或任意两种及两种以上的智能火灾探测器同时报警,则系统便自动确认火灾报警并立即自动生成相应的火灾联动程序,之后火灾报警控制器会立即执行火灾联动程序。火灾报警控制器接收信号并发出指令,按预先设置的程序启动相关的消防设备并将相关的信息上报至控制中心。

(2)人工确认模式

当系统运行的模式转换开关处于“手动”位时,系统处于人工确认模式。当系统内的任何一个探测器报警(或系统内的任何一个手动报警按钮报警)后,系统会立即自动生成相应的火灾联动程序,由值班人员通过闭路电视监控系统(或指派相关人员到报警现场)确认火灾情况;如现场确有火灾发生,值班人员需通过火灾确认按钮对火灾报警信息进行人工确认;经人工确认后,火灾报警控制器会立即执行火灾联动程序,按预先设置的程序启动相关的消防设备并将相关的信息上报至控制中心;如现场无实际火灾发生,值班人员可复位报警点设备或通过输入密码以便屏蔽报警点设备。

3. 消防联动模式

火灾报警控制器报火警后,在闭路电视监视的区域内,车站控制室的行车值班员将闭路电视监控系统的显示界面切换到火灾报警的防火分区内进行报警确认;不在闭路电视监视区域内的火灾探测器报警,则由车站控制室的行车值班员(或值班站长)用对讲电话通知现场的值班人员前往火灾报警现场进行报警确认。一旦确认发生火灾后,采取如下的消防联动模式:

(1)车站发生火灾

当确认站内火灾发生的地点和类型后,车站火灾报警控制机自动发出预定模式的指令,控制相应的防火(防烟)分区火灾报警系统直接管辖的消防设备(如控制相应的防火卷帘门下降到相应高度),监视防灾(救灾)设施的工作状态;按预定模式向 BAS 系统发送救灾指令,命令 BAS 优先将相关设备转入预定火灾的运行模式并接收命令执行的反馈信号。

(2)区间隧道发生火灾

当确认区间隧道发生火灾的地点和列车着火部位后,按预定的模式对邻近车站控制室发出指令,实现联动控制。

四、城市轨道交通火灾报警系统的人机接口

1. 操作显示面板

在城市轨道交通车站控制室内均设有火灾报警系统的人机接口,主机操作盘是火灾报警系统人机接口的操作显示面板。不同厂商设计的软件系统不尽相同,现以 CS11 系统控制器的操作显示面板(见图 7-12)为例予以介绍。

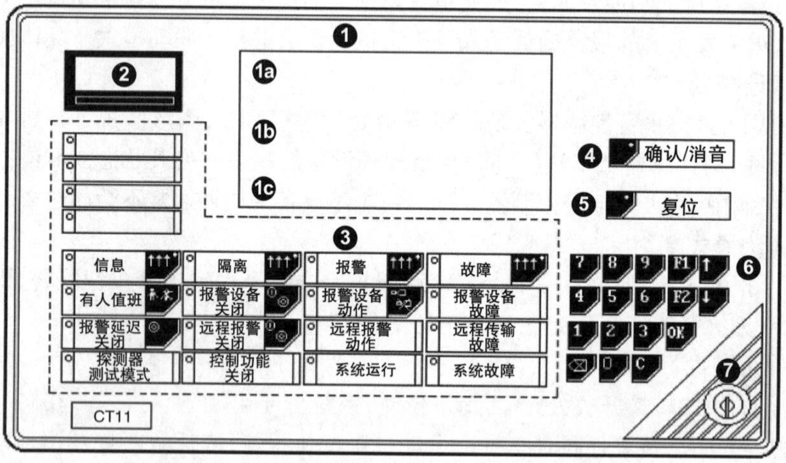

图 7-12　CS11 系统控制器的操作显示面板

图 7-12 数字说明如下:

❶是显示屏,能以“亮”或“暗”两种方式加以显示。其中,“亮”代表:①所有信息;②状态改变;③在操作过程中(操作结束后,10 min 内会自动关闭)。“暗”代表除上述三种情况之外的正常状态。按下 F1 键,则显示如下:

顶行的1a是菜单目录;

中行的1b是供选择的内容;

底行的1c是操作说明。

❷是报警窗,有火警信号时亮起。

❸是组合显示窗,其中有部分带操作键,用于显示并可改变运行状态。

❹确认/消音键,按该键后表示操作员已接受该信息。

❺复位键,当险情消除后用该键使控制器恢复正常的运行状态。

❻输入键盘,用于菜单操作及密码输入,其中:

F1 和 F2 键,根据选中的不同菜单而有不同的功能;

OK 键,选中或执行一个指令;

↑和↓键，上、下移动游标以供选择；

C 键，取消输入的内容；

⌫键，删去游标光标左边的字符。

❼钥匙开关，若操作盘有此开关，则必须打开此开关方可进行操作。

主机操作盘有三种操作级别，分别是普通人员级、值班人员级和管理人员级。普通人员级面向所有的操作人员，无须任何操作密码，可以操作确认/消音键以及功能滚动条；值班人员级面向值班人员操作，需要操作密码；管理人员级面向管理人员操作，需要操作密码。

在组合显示窗中有四类信息，分别是“报警”、“故障”、“隔离”和“信息”。报警，是指系统发生了需报警的危险信息，为第一优先级；故障，是指需立即做出回应的信息，为第二优先级；隔离，是指系统部件退出运行状态的信息，为第三优先级；信息，是指无须立即做出回应的信息，为第四优先级。系统运行键指示灯亮起，则不会出现“报警”、“故障”及“隔离”的灯光表示；信息键指示灯亮起，表明系统在正常运行中。

2. 图形工作站

图形工作站与火灾报警系统相连(见图 7-13)。火灾报警系统会将数据定时发送给图形工作站，若设备出现不正常的情况，则图形工作站会自动记录该工况且发出事件信息以便告知操作员。

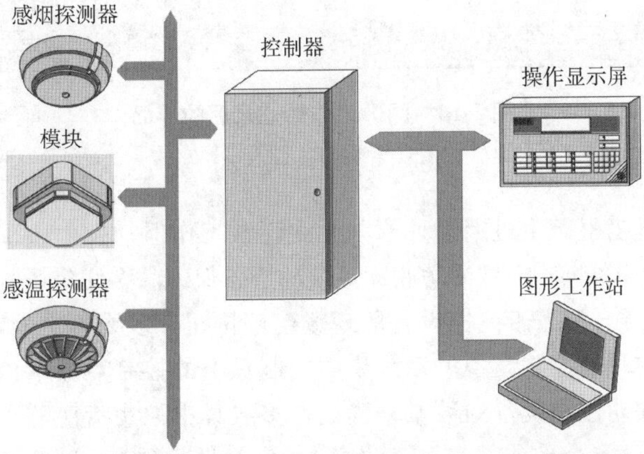

图 7-13　图形工作站与火灾报警系统的网络连接示意图

因事件的紧急程度有所不同，图形工作站将事件分为五类，每一类均由一种颜色代表。“严重警报”用红色表示，“警报”用深红色表示，“故障”用黄色表示，“警告”用浅蓝色表示，“不正常”用白色表示。

图形工作站采用交互式操作界面，由行车值班员或环控调度员使用相应的登录名及密码登录，登录后的界面如图 7-14 所示。

在屏幕顶部有五个小视窗，每个小视窗代表一种事件。最左边的小视窗代表“严重警报”，从左至右依次排列。一旦有事件发生，相应的事件视窗便会显示出来(事件数目会在小视窗的右下角显示出来)。

事件信息在工作区中排列显示，若有信息不能在工作区范围内完全显示，则可上/下移动滚动条以便查看其他事件信息。事件信息根据事件种类进行排列，首先是“严重警报”事件，最后是“不正常”事件，每类事件按发生时间的先后顺序及其危险程度进行排列。最紧急的事件另行显示于工作区的顶部。事件进行处理后，其优先级下降，则它在事件列表中的排列位置也会发生改变。在事件发生时，计算机的扬声器会发出声音，同时警铃图标也会显示在屏幕顶部。此时，可单击警铃图标或按下 F12 功能键消除声音。在事件确认之前，视窗一直在闪烁直至操作员确认为止。

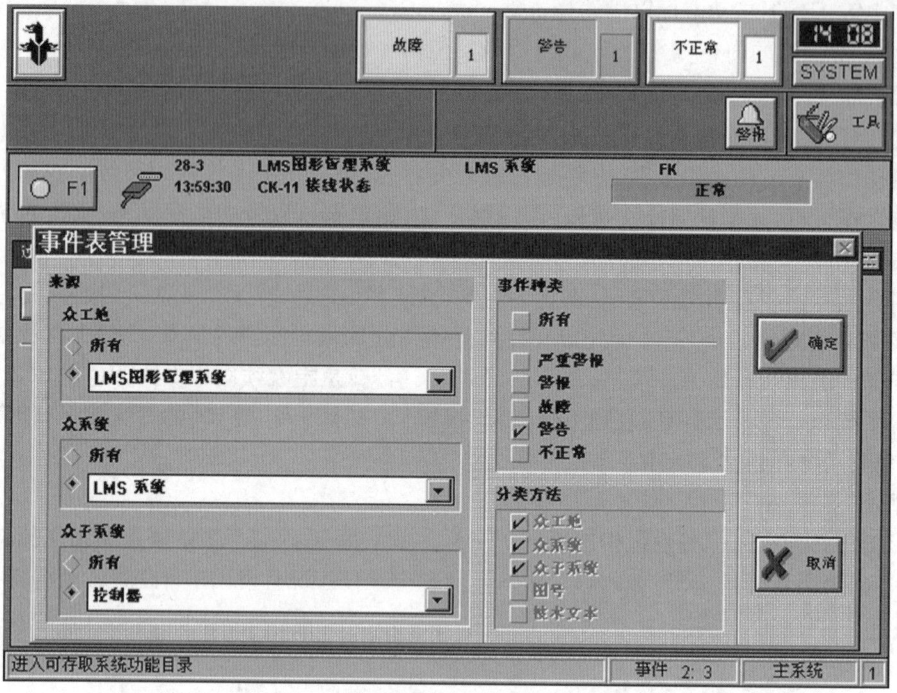

图 7-14　图形工作站登录后的界面

3. 多线集中控制盘

多线集中控制盘是当报警主机因某种原因无法正常工作但却发生人工确认的火灾且需要启动某些设备时才使用的控制盘，它是消防联动系统的后备保证。多线集中控制盘采用硬触头的方式与被控制的设备相连接，相当于被控设备的现场启停按钮。多线集中控制盘主要针对排烟机、送风机和消防泵等火灾联动控制设备。多线集中控制盘上的控制点数量依据排烟机、送风机、消防泵和喷淋泵等火灾联动控制设备的数量来确定。多线集中控制盘对防火卷帘门、排烟风机、消防泵及喷淋泵（部分车站有全部或部分上述设备）等实行监控，如图 7-15 所示。当现场设备动作时，图 7-15 中的虚线框处对应的红色灯显按钮将会亮起，按下图中最右侧的按钮便可消除报警声音。FAS 有两种联动状态，分别是手动联动状态和自动联动状态。在手动联动状态下，现场有火情时只会在 FAS 主机上报警但不联动任何设备。目前，车站的 FAS 联动状态是手动联动状态。图 7-15 中的多线集中控制盘上的广播切换处于手动联动状态（“手动”指示灯亮起），系统切换处于手动联动状态（“手动”指示灯亮起），按钮未复位处于系统封锁状态（“系统封锁”指示灯亮起）。

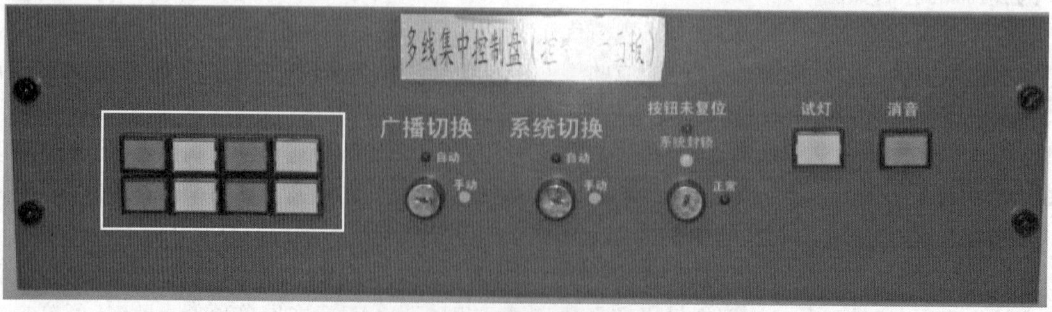

图 7-15　多线集中控制盘

任务实施

任务工单见表7-1。

表7-1　认知城市轨道交通火灾报警系统任务工单

<table>
<tr><td>姓　　名</td><td></td><td>学　　号</td><td></td></tr>
<tr><td>专　　业</td><td></td><td>指导教师</td><td></td></tr>
<tr><td>小组成员及分工</td><td colspan="3"></td></tr>
<tr><td>任务目标</td><td colspan="3">①掌握城市轨道交通火灾报警系统的功能。
②掌握城市轨道交通火灾报警系统的运作模式。
③掌握城市轨道交通火灾报警系统的人机接口</td></tr>
<tr><td>任务内容</td><td colspan="3">以小组为单位,前往自己所在城市的地铁企业进行实地调研,发掘城市轨道交通火灾报警系统的组成部分,归纳各组成部分的作用</td></tr>
<tr><td>引导问题</td><td colspan="3">①城市轨道交通 FAS 由哪些部分组成?

②城市轨道交通 FAS 的控制模式有哪些</td></tr>
<tr><td>实际训练</td><td colspan="3">①简述以下城市轨道交通火灾报警系统相关图片的类型名称及作用。
<table>
<tr><td>序号</td><td>城市轨道交通火灾报警系统相关图片</td><td>类型名称</td><td>作用</td></tr>
<tr><td>1</td><td>
</td><td></td><td></td></tr>
<tr><td>2</td><td></td><td></td><td></td></tr>
<tr><td>3</td><td>
</td><td></td><td></td></tr>
<tr><td>4</td><td>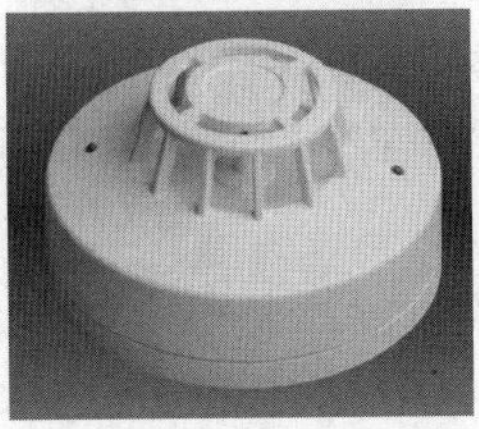</td><td></td><td></td></tr>
</table></td></tr>
</table>

实际训练	②简述城市轨道交通火灾报警系统的功能。 ③简述城市轨道交通火灾报警系统的运作模式。 ④查阅相关资料,分享城市轨道交通火灾报警系统的相关知识

任务评价

任务评价表见表7-2。

表7-2 认知城市轨道交通火灾报警系统任务评价表

序号	评价内容	评价标准	分值	评分记录		
				自我评价	互相评价	教师评价
1	城市轨道交通火灾报警系统的功能	3个组成部分,每个组成部分10分	30			
2	城市轨道交通火灾报警系统的运作模式	3种运作模式,每种运作模式10分	30			
3	城市轨道交通火灾报警系统相关图片的类型名称及作用	4个类型名称及作用,每个类型名称及作用5分	20			
4	团队协助,完成资料查阅,分享学习成果	有图片、有视频且资料内容不陈旧	20			
总成绩			100			

思考与练习

文本

思考与练习

任务二 巡检城市轨道交通火灾报警系统

任务目标

1. 知识目标

①掌握FAS主机与集控盘(含联网主机)的巡检流程;

②掌握图形工作站的巡检流程;

③掌握消防电话主机的巡检流程;

④掌握电气火灾监控主机的巡检流程;

⑤掌握感温光纤主机的巡检流程;

⑥掌握消防应急广播系统的巡检流程。

2. 能力目标

①能够描述FAS主机与集控盘(含联网主机)的巡检内容及标准;

②能够描述图形工作站的巡检内容及标准；
③能够描述消防电话主机的巡检内容及标准；
④能够描述电气火灾监控主机的巡检内容及标准；
⑤能够描述感温光纤主机的巡检内容及标准；
⑥能够描述消防应急广播系统的巡检内容及标准。

3. 素养目标

①培养学习新知识的能力；
②培养良好的组织能力以及团队协作精神。

任务描述

巡检城市轨道交通火灾报警系统的意义重大，要求归纳出 FAS 主机与集控盘（含联网主机）、图形工作站、消防电话主机、电气火灾监控主机、感温光纤主机以及消防应急广播系统的巡检内容及标准，掌握巡检过程中的注意事项，具备巡检城市轨道交通火灾报警系统的常用技能。

知识链接

一、FAS 主机与集控盘（含联网主机）的巡检

1. FAS 主机与集控盘（含联网主机）的巡检内容

(1) 设备周围环境是否正常；
(2) 设备周围有无潮湿及渗水现象；
(3) 箱体表面有无积尘及污渍；
(4) 设备安装是否牢固；
(5) 箱体的门锁及铰链等组件是否完好；
(6) 设备标识是否正确、清晰及完好；
(7) 主机运行是否正常、发热、异响或死机等；
(8) 主机显示的时间及日期是否正确；
(9) 主机的指示灯显示是否正常；
(10) 主机显示器的显示内容是否正常；
(11) 主机是否处于正常的监视状态；
(12) 主机蓄电池的外观是否正常；
(13) 主机蓄电池是否漏液、破损及鼓包；
(14) 主机蓄电池的接线端子有无白色盐霜。

2. FAS 主机与集控盘（含联网主机）的巡检标准

(1) 设备周围环境正常；
(2) 设备周围无潮湿及渗水现象；
(3) 箱体表面无积尘及污渍；
(4) 设备安装牢固；
(5) 箱体的门锁及铰链等组件完好；
(6) 设备标识正确、清晰且完好；
(7) 主机运行正常且无发热、异响或死机等；
(8) 主机显示的时间与中央时钟误差小于 30 s 且日期正确；

(9)主机的指示灯显示正常；
(10)主机显示器的显示内容正常；
(11)主机处于正常的监视状态；
(12)主机蓄电池的外观正常；
(13)主机蓄电池无漏液、破损及鼓包；
(14)主机蓄电池的接线端子无白色盐霜。

二、图形工作站的巡检

1. 图形工作站的巡检内容
(1)设备周围环境是否正常；
(2)设备周围有无潮湿及渗水现象；
(3)箱体表面有无积尘及污渍；
(4)设备安装是否牢固；
(5)箱体的门锁及铰链等组件是否完好；
(6)设备标识是否正确、清晰及完好；
(7)工作站运行是否正常、发热、异响或死机等；
(8)工作站显示的时间及日期是否正确；
(9)工作站显示器的显示内容是否正常；
(10)工作站显示器有无异常报警内容。
2. 图形工作站的巡检标准
(1)设备周围环境正常；
(2)设备周围无潮湿及渗水现象；
(3)箱体表面无积尘及污渍；
(4)设备安装牢固；
(5)箱体的门锁及铰链等组件完好；
(6)设备标识正确、清晰且完好；
(7)工作站运行正常且无发热、异响或死机等；
(8)工作站显示的时间与中央时钟误差小于30 s且日期正确；
(9)工作站显示器的显示内容正常；
(10)工作站显示器无异常报警内容。

三、消防电话主机的巡检

1. 消防电话主机的巡检内容
(1)设备周围环境是否正常；
(2)设备周围有无潮湿及渗水现象；
(3)箱体表面有无积尘及污渍；
(4)设备安装是否牢固；
(5)箱体的门锁及铰链等组件是否完好；
(6)消防电话的各类标识(含操作说明及张贴的电话号码表)是否脱落、完整、字迹清晰；
(7)设备显示的时间及日期是否正确；
(8)设备运行是否正常；
(9)设备指示灯显示是否正常；

(10)设备显示器的显示内容是否正常；
(11)设备显示器有无异常报警内容。
2. 消防电话主机的巡检标准
(1)设备周围环境正常；
(2)设备周围无潮湿及渗水现象；
(3)箱体表面无积尘及污渍；
(4)设备安装牢固；
(5)箱体的门锁及铰链等组件完好；
(6)消防电话的各类标识(含操作说明及张贴的电话号码表)未脱落且完整、字迹清晰；
(7)设备显示的时间与中央时钟误差小于30 s且日期正确；
(8)设备运行正常；
(9)设备指示灯显示正常；
(10)设备显示器的显示内容正常；
(11)设备显示器无异常报警内容。

四、电气火灾监控主机的巡检

1. 电气火灾监控主机的巡检内容
(1)设备周围环境是否正常；
(2)设备周围有无潮湿及渗水现象；
(3)箱体表面有无积尘及污渍；
(4)设备安装是否牢固；
(5)箱体的门锁及铰链等组件是否完好；
(6)设备标识是否正确、清晰及完好；
(7)主机运行是否正常、发热、异响或死机等；
(8)主机显示的时间及日期是否正确；
(9)主机的指示灯显示是否正常；
(10)主机显示器的显示内容是否正常；
(11)主机是否处于正常的监视状态；
(12)主机蓄电池的外观是否正常；
(13)主机蓄电池是否漏液、破损及鼓包；
(14)主机蓄电池的接线端子有无白色盐霜。
2. 电气火灾监控主机的巡检标准
(1)设备周围环境正常；
(2)设备周围无潮湿及渗水现象；
(3)箱体表面无积尘及污渍；
(4)设备安装牢固；
(5)箱体的门锁及铰链等组件完好；
(6)设备标识正确、清晰且完好；
(7)主机运行正常且无发热、异响或死机等；
(8)主机显示的时间与中央时钟误差小于30 s且日期正确；
(9)主机的指示灯显示正常；
(10)主机显示器的显示内容正常；
(11)主机处于正常的监视状态；

(12)主机蓄电池的外观正常；
(13)主机蓄电池无漏液、破损及鼓包；
(14)主机蓄电池的接线端子无白色盐霜。

五、感温光纤主机的巡检

1. 感温光纤主机的巡检内容
(1)设备周围环境是否正常；
(2)设备周围有无潮湿及渗水现象；
(3)箱体表面有无积尘及污渍；
(4)设备安装是否牢固；
(5)箱体的门锁及铰链等组件是否完好；
(6)设备标识是否正确、清晰及完好；
(7)主机运行是否正常、发热、异响或死机等；
(8)主机显示的时间及日期是否正确；
(9)主机的指示灯显示是否正常；
(10)主机显示器的显示内容是否正常；
(11)主机是否处于正常的监视状态；
(12)显示器有无异常报警内容；
(13)主机蓄电池的外观是否正常；
(14)主机蓄电池是否漏液、破损及鼓包；
(15)主机蓄电池的接线端子有无白色盐霜。
2. 感温光纤主机的巡检标准
(1)设备周围环境正常；
(2)设备周围无潮湿及渗水现象；
(3)箱体表面无积尘及污渍；
(4)设备安装牢固；
(5)箱体的门锁及铰链等组件完好；
(6)设备标识正确、清晰且完好；
(7)主机运行正常且无发热、异响或死机等；
(8)主机显示的时间与中央时钟误差小于 30 s 且日期正确；
(9)主机的指示灯显示正常；
(10)主机显示器的显示内容正常；
(11)主机处于正常的监视状态；
(12)主机显示器无异常报警内容；
(13)主机蓄电池的外观正常；
(14)主机蓄电池无漏液、破损及鼓包；
(15)主机蓄电池的接线端子无白色盐霜。

六、消防应急广播系统的巡检

1. 消防应急广播系统的巡检内容
(1)广播系统的功放机、卡座及扬声器等周围环境是否正常；
(2)广播系统的功放机、卡座及扬声器等周围环境有无潮湿及渗水现象；
(3)设备箱体表面有无积尘及污渍；

(4)设备安装是否牢固；
(5)箱体的门锁及铰链等组件是否完好；
(6)设备标识是否正确、清晰及完好；
(7)主机运行是否正常、发热、异响或死机等；
(8)主机显示的时间及日期是否正确；
(9)主机的指示灯显示是否正常；
(10)主机显示器的显示内容是否正常；
(11)显示器有无异常报警内容；
(12)主机蓄电池的外观是否正常；
(13)主机蓄电池是否漏液、破损及鼓包；
(14)主机蓄电池的接线端子有无白色盐霜。

2. 消防应急广播系统的巡检标准

(1)广播系统的功放机、卡座及扬声器等周围环境正常；
(2)广播系统的功放机、卡座及扬声器等周围环境无潮湿及渗水现象；
(3)设备箱体表面无积尘及污渍；
(4)设备安装牢固；
(5)箱体的门锁及铰链等组件完好；
(6)设备标识正确、清晰且完好；
(7)主机运行正常且无发热、异响或死机等；
(8)主机显示的时间与中央时钟误差小于30 s且日期正确；
(9)主机的指示灯显示正常；
(10)主机显示器的显示内容正常；
(11)显示器无异常报警内容；
(12)主机蓄电池的外观正常；
(13)主机蓄电池无漏液、破损及鼓包；
(14)主机蓄电池的接线端子无白色盐霜。

任务书

根据“知识链接”的相关内容，登录城市轨道交通火灾报警系统虚拟仿真实训平台，进行城市轨道交通火灾报警系统相关设备巡检的模拟操作，作业时间30 min，作业任务书见表7-3。

表7-3　城市轨道交通火灾报警系统相关设备巡检作业任务书

作业任务	城市轨道交通火灾报警系统相关设备巡检	日　期			
班　组		计划开始时间		实际开始时间	
组　长		计划完成时间		实际完成时间	
作业地点					
作业内容					
作业过程中督查意见					

任务分组

学生任务分组见表 7-4。

表 7-4　学生任务分组表

班　级			日　期	
班　组			组　长	
班组成员	姓　名	任务角色	任务分工	

任务实施

作业单见表 7-5。

表 7-5　城市轨道交通火灾报警系统相关设备巡检作业单

班　级		姓　名		班　组	
起始时间		终止时间		实际用时	
巡检对象	巡检内容	状态记录			情况说明
FAS 主机与集控盘（含联网主机）的巡检	设备周围环境是否正常	□正常			
		□不正常			
	设备周围有无潮湿及渗水现象	□潮湿			
		□不潮湿			
		□渗水			
		□不渗水			
	箱体表面有无积尘及污渍	□有积尘			
		□无积尘			
		□有污渍			
		□无污渍			
	设备安装是否牢固	□不牢固			
		□牢固			
	箱体的门锁及铰链等组件是否完好	□不完好			
		□完好			
	设备标识是否正确、清晰及完好	□不正确			
		□正确			
		□不清晰			
		□清晰			
		□不完好			
		□完好			
	主机运行是否正常、发热、异响或死机等	□正常			
		□不正常			
		□发热			
		□不发热			

续表

巡检对象	巡检内容	状态记录		情况说明
FAS 主机与集控盘（含联网主机）的巡检	主机运行是否正常、发热、异响或死机等	□异响		
		□无异响		
		□死机		
		□未死机		
	主机显示的时间及日期是否正确	与中央时钟误差为____s		
		□时间正确	□时间不正确	
		□日期正确		
		□日期不正确		
	主机的指示灯显示是否正常	□正常		
		□不正常		
	主机显示器的显示内容是否正常	□正常		
		□不正常		
	主机是否处于正常的监视状态	□处于正常的监视状态		
		□未处于正常的监视状态		
	主机蓄电池的外观是否正常	□正常		
		□不正常		
	主机蓄电池是否漏液、破损及鼓包	□漏液		
		□无漏液		
		□破损		
		□无破损		
		□鼓包		
		□无鼓包		
	主机蓄电池的接线端子有无白色盐霜	□有白色盐霜		
		□无白色盐霜		
图形工作站的巡检	设备周围环境是否正常	□正常		
		□不正常		
	设备周围有无潮湿及渗水现象	□潮湿		
		□不潮湿		
		□渗水		
		□不渗水		
	箱体表面有无积尘及污渍	□有积尘		
		□无积尘		
		□有污渍		
		□无污渍		
	设备安装是否牢固	□不牢固		
		□牢固		
	箱体的门锁及铰链等组件是否完好	□不完好		
		□完好		

续表

巡检对象	巡检内容	状态记录		情况说明
图形工作站的巡检	设备标识是否正确、清晰及完好	□不正确		
		□正确		
		□不清晰		
		□清晰		
		□不完好		
		□完好		
	工作站运行是否正常、发热、异响或死机等	□正常		
		□不正常		
		□发热		
		□不发热		
		□异响		
		□无异响		
		□死机		
		□未死机		
	工作站显示的时间及日期是否正确	与中央时钟误差为____s		
		□时间正确	□时间不正确	
		□日期正确		
		□日期不正确		
	工作站显示器的显示内容是否正常	□正常		
		□不正常		
	工作站显示器有无异常报警内容	□有异常报警内容		
		□无异常报警内容		
消防电话主机的巡检	设备周围环境是否正常	□正常		
		□不正常		
	设备周围有无潮湿及渗水现象	□潮湿		
		□不潮湿		
		□渗水		
		□不渗水		
	箱体表面有无积尘及污渍	□有积尘		
		□无积尘		
		□有污渍		
		□无污渍		
	设备安装是否牢固	□牢固		
		□不牢固		
	箱体的门锁及铰链等组件是否完好	□完好		
		□不完好		

续表

巡检对象	巡检内容	状态记录		情况说明
消防电话主机的巡检	消防电话的各类标识（含操作说明及张贴的电话号码表）是否脱落、完整、字迹清晰	□脱落		
		□未脱落		
		□完整		
		□不完整		
		□字迹清晰		
		□字迹不清晰		
	设备显示的时间及日期是否正确	与中央时钟误差为____s		
		□时间正确	□时间不正确	
		□日期正确		
		□日期不正确		
	设备运行是否正常	□正常		
		□不正常		
	设备指示灯显示是否正常	□正常		
		□不正常		
	设备显示器的显示内容是否正常	□正常		
		□不正常		
	设备显示器有无异常报警内容	□有异常报警内容		
		□无异常报警内容		
电气火灾监控主机的巡检	设备周围环境是否正常	□正常		
		□不正常		
	设备周围有无潮湿及渗水现象	□潮湿		
		□不潮湿		
		□渗水		
		□不渗水		
	箱体表面有无积尘及污渍	□有积尘		
		□无积尘		
		□有污渍		
		□无污渍		
	设备安装是否牢固	□牢固		
		□不牢固		
	箱体的门锁及铰链等组件是否完好	□完好		
		□不完好		
	设备标识是否正确、清晰及完好	□不正确		
		□正确		
		□不清晰		
		□清晰		
		□不完好		
		□完好		

续表

巡检对象	巡检内容	状态记录		情况说明
电气火灾监控主机的巡检	主机运行是否正常、发热、异响或死机等	□正常		
		□不正常		
		□发热		
		□不发热		
		□异响		
		□无异响		
		□死机		
		□未死机		
	主机显示的时间及日期是否正确	与中央时钟误差为____s		
		□时间正确	□时间不正确	
		□日期正确		
		□日期不正确		
	主机的指示灯显示是否正常	□正常		
		□不正常		
	主机显示器的显示内容是否正常	□正常		
		□不正常		
	主机是否处于正常的监视状态	□处于正常的监视状态		
		□未处于正常的监视状态		
	主机蓄电池的外观是否正常	□正常		
		□不正常		
	主机蓄电池是否漏液、破损及鼓包	□漏液		
		□无漏液		
		□破损		
		□无破损		
		□鼓包		
		□无鼓包		
	主机蓄电池的接线端子有无白色盐霜	□有白色盐霜		
		□无白色盐霜		
感温光纤主机的巡检	设备周围环境是否正常	□正常		
		□不正常		
	设备周围有无潮湿及渗水现象	□潮湿		
		□不潮湿		
		□渗水		
		□不渗水		
	箱体表面有无积尘及污渍	□有积尘		
		□无积尘		
		□有污渍		
		□无污渍		

续表

巡检对象	巡检内容	状态记录	情况说明
感温光纤主机的巡检	设备安装是否牢固	□牢固	
		□不牢固	
	箱体的门锁及铰链等组件是否完好	□完好	
		□不完好	
	设备标识是否正确、清晰及完好	□正确	
		□不正确	
		□清晰	
		□不清晰	
		□完好	
		□不完好	
	主机运行是否正常、发热、异响或死机等	□正常	
		□不正常	
		□发热	
		□不发热	
		□异响	
		□无异响	
		□死机	
		□未死机	
	主机显示的时间及日期是否正确	与中央时钟误差为____s	
		□时间正确　□时间不正确	
		□日期正确	
		□日期不正确	
	主机的指示灯显示是否正常	□正常	
		□不正常	
	主机显示器的显示内容是否正常	□正常	
		□不正常	
	主机是否处于正常的监视状态	□处于正常的监视状态	
		□未处于正常的监视状态	
	显示器有无异常报警内容	□有异常报警内容	
		□无异常报警内容	
	主机蓄电池的外观是否正常	□正常	
		□不正常	
	主机蓄电池是否漏液、破损及鼓包	□漏液	
		□无漏液	
		□破损	
		□无破损	
		□鼓包	
		□无鼓包	

续表

巡检对象	巡检内容	状态记录	情况说明
感温光纤主机的巡检	主机蓄电池的接线端子有无白色盐霜	□有白色盐霜	
		□无白色盐霜	
消防应急广播系统的巡检	广播系统的功放机、卡座及扬声器等周围环境是否正常	□正常	
		□不正常	
	广播系统的功放机、卡座及扬声器等周围环境有无潮湿及渗水现象	□潮湿	
		□不潮湿	
		□渗水	
		□不渗水	
	设备箱体表面有无积尘及污渍	□有积尘	
		□无积尘	
		□有污渍	
		□无污渍	
	设备安装是否牢固	□牢固	
		□不牢固	
	箱体的门锁及铰链等组件是否完好	□完好	
		□不完好	
	设备标识是否正确、清晰及完好	□正确	
		□不正确	
		□清晰	
		□不清晰	
		□完好	
		□不完好	
	主机运行是否正常、发热、异响或死机等	□正常	
		□不正常	
		□发热	
		□不发热	
		□异响	
		□无异响	
		□死机	
		□未死机	
	主机显示的时间及日期是否正确	与中央时钟误差为____s	
		□时间正确　□时间不正确	
		□日期正确	
		□日期不正确	
	主机的指示灯显示是否正常	□正常	
		□不正常	
	主机显示器的显示内容是否正常	□正常	
		□不正常	

续表

巡检对象	巡检内容	状态记录	情况说明
消防应急广播系统的巡检	显示器有无异常报警内容	□有异常报警内容	
		□无异常报警内容	
	主机蓄电池的外观是否正常	□正常	
		□不正常	
	主机蓄电池是否漏液、破损及鼓包	□漏液	
		□无漏液	
		□破损	
		□无破损	
		□鼓包	
		□无鼓包	
	主机蓄电池的接线端子有无白色盐霜	□有白色盐霜	
		□无白色盐霜	
故障记录：			
检查人签字：	班组成员签字：		班组长签字：
注意事项	1.“状态记录”据检查的实际情况在相应的□内打“√”。 2.“故障记录”栏填写巡检时发现的问题，确保填写规范、问题描述清楚，字迹书写清晰。 3. 签字处需填写相关人员的全名，不得代签及涂改。 4. 作业内容以表格所示范围为准，未呈现的内容不设故障，按照作业顺序进行		

任务评价

任务评价表见表 7-6。

表 7-6　城市轨道交通火灾报警系统相关设备巡检任务评价表

【考评单】城市轨道交通火灾报警系统相关设备巡检		日期：	
姓名：	学号：	班级：	教师签名：
自我评价	互相评价	教师评价	
□熟练　□一般　□不熟练	□熟练　□一般　□不熟练	□熟练　□一般　□不熟练	
日期：	日期：	日期：	

城市轨道交通火灾报警系统相关设备巡检【评分细则】

序号	评分项	得分条件	分值	自我评价	互相评价	教师评价
1	接受任务	明确工作任务，理解任务在现场工作中的重要程度	5			
2	知识评价	本次巡检前需要掌握的知识程度	5			
3	能力评价	能正确掌握 FAS 主机与集控盘（含联网主机）的巡检内容及标准	10			
		能正确掌握图形工作站的巡检内容及标准	10			
		能正确掌握消防电话主机的巡检内容及标准	10			

续表

序号	评分项	得分条件	分值	自我评价	互相评价	教师评价
3	能力评价	能正确掌握电气火灾监控主机的巡检内容及标准	10			
		能正确掌握感温光纤主机的巡检内容及标准	10			
		能正确掌握消防应急广播系统的巡检内容及标准	10			
4	素养评价	操作计划性强,安排得当	5			
		团队合作能力强,善于沟通	5			
		自主学习能力强,勇于克服困难	5			
		严谨认真,积极参与现场教学	5			
5	评价反馈	学生能快速、准确地进行相关操作,以小组评价方式组织客观评价	5			
		对学生在任务实施过程中发现的问题进行小组审议后及时反馈	5			
6	得　分		100			

任务三 操作城市轨道交通火灾报警系统

任务目标

1. 知识目标

①理解火灾报警系统获取“操作权”的操作；

②掌握火灾报警系统“报警”时的操作；

③掌握火灾报警系统报“故障”时的操作。

2. 能力目标

①能够描述火灾报警系统“报警”时的操作步骤；

②能够描述火灾报警系统报“故障”时的操作步骤。

3. 素养目标

①培养勇于实践的工作作风；

②培养举一反三的能力；

③强化专业技术能力。

任务描述

操作火灾报警系统在城市轨道交通火灾报警系统运营过程中十分必要,要求归纳出获取“操作权”、火灾报警系统“报警”以及火灾报警系统报“故障”时的操作步骤,具备操作城市轨道交通火灾报警系统的常用技能。

知识链接

在城市轨道交通车站控制室内均设有火灾报警系统的人机接口。主机操作盘是火灾报警系统人机接口的操作显示面板。不同厂商设计的软件系统不尽相同,现以 CS11 系统控制器的操作显示面板(见图 7-12)为例介绍常见的城市轨道交通火灾报警系统的操作。

一、获取"操作权"的操作

通常情况下,在图 7-12 的键盘❻处输入密码,获取"操作权";特殊情况下可使用钥匙开关(图 7-12 的❼处)来获取"操作权"。

1. 密码操作以获取"操作权"

相关人员须输入一串密码(通常由 3 ~ 8 位数字组成)方可获取"操作权",密码通常由技术服务人员来设定或取消。

注意:只有在输入密码后,操作级别为值班人员级。

操作流程如下:

①按下图 7-12 所示键盘❻处的 F1 键,将密码格式显示出来。

②输入密码并按下 OK 键,密码正确与否都会显示出来。若输入的密码错误,则需按 C 键清除。

③密码正确,进入主菜单。

2. 钥匙操作以获取"操作权"

将钥匙插入图中❼处的孔内并将其旋转至水平位置处以获取"操作权",钥匙处于水平位置处时的操作级别为管理人员级。

二、火灾报警系统"报警"时的操作

火灾报警系统"报警"时的操作步骤如下:

①在城市轨道交通火灾报警系统主机操作盘❸处的"报警栏"内(或在图形监视工作站计算机上)查看火警位置。

②按下❹处处于"黄色闪烁"状态的确认/消音键。

③利用对讲机、电话或其他通信方式通知邻近人员立即前往现场进行查看。

④确定是否真实发生火灾;

a. 真实发生火灾,相关操作如下:

• 将系统切换旋钮切换到自动状态,系统将启动相关的联动设备。

• 在 FAS 主机上确认防灾模式的启动情况、非消防电源的切除情况、电梯的迫降情况和广播启动情况;若无正确反馈,则需在多线集中控制盘上对相关设备进行手动操作。

• 完成灭火及排烟后,恢复现场,复位主机并将 FAS 主机切换到原来的状态(自动状态或手动状态)。

b. 虚假火情,复位主机并将 FAS 主机切换到原来的状态(自动状态或手动状态)。

三、火灾报警系统报"故障"时的操作

火灾报警系统报"故障"时的操作步骤如下:

①图形工作站计算机上出现新的报"故障"。在工作站计算机上的最上面一栏的相应位置处会有闪烁的提示,在事件表中读取新的内容,做好记录并进行确认(如果新的报"故障"与 FAS 主机报"故障"重复,则按照 FAS 主机显示的信息内容进行登记)。

②FAS 主机出现新的报"故障"。此时,主机会发出报警声,在图 7-12❸处的指示灯会闪烁,表明已有新的内容出现。

③"故障"查看操作:

a. 在图 7-12 操作盘❸处的信息、故障两个按钮的左边有呈现"灯点亮"状态的栏内查询新的信息或新的故障(如果是新的内容还未确认,则会在"信息"或"故障"前有一个 + 号呈现),读出相

应的信息或故障并做好记录；如果在栏内查询到探测器警告，则表明该区域有预警，利用对讲机或其他通信方式告知邻近人员立即现场查看。

b. 在图 7-12 操作盘❹处对新的信息或故障进行确认消音。

c. 将新的问题及时报告环控调度员，由环控调度员报故障报警中心或车站维护中心，由故障报警中心或车站维护中心通知相关专业的人员进行设备检修。

注意：网络故障在 FAS 上无法显示，只会在图形工作站计算机上有显示；对于网络故障，应按照图形工作站计算机上的显示内容进行登记并上报环控调度员，由环控调度员报告故障报警中心或车站维护中心。

任务书

根据“知识链接”的相关内容，登录城市轨道交通火灾报警系统虚拟仿真实训平台，进行城市轨道交通火灾报警系统的模拟操作，作业时间 30 min，作业任务书见表 7-7。

表 7-7　城市轨道交通火灾报警系统模拟操作作业任务书

作业任务	城市轨道交通火灾报警系统的模拟操作	日　期			
班　组		计划开始时间		实际开始时间	
组　长		计划完成时间		实际完成时间	
作业地点					
作业内容					
作业过程中督查意见					

任务分组

学生任务分组见表 7-8。

表 7-8　学生任务分组表

班　级		日　期	
班　组		组　长	
班组成员	姓　名	任务角色	任务分工

任务实施

作业单见表 7-9。

表 7-9　城市轨道交通火灾报警系统的操作作业单

<table>
<tr><td>班　级</td><td></td><td>姓　名</td><td></td><td>班　组</td><td></td></tr>
<tr><td>起始时间</td><td></td><td>终止时间</td><td></td><td>实际用时</td><td></td></tr>
<tr><td>操作对象</td><td colspan="2">操作类型</td><td colspan="3">操作步骤</td></tr>
<tr><td rowspan="4">城市轨道交通火灾报警系统</td><td rowspan="2">获取“操作权”的操作</td><td>密码操作以获取“操作权”</td><td colspan="3">操作流程如下：
①
②
③</td></tr>
<tr><td>钥匙操作以获取“操作权”</td><td colspan="3"></td></tr>
<tr><td colspan="2">系统“报警”时的操作</td><td colspan="3"></td></tr>
<tr><td colspan="2">系统报“故障”时的操作</td><td colspan="3"></td></tr>
</table>

任务评价

任务评价表见表7-10。

表7-10 城市轨道交通火灾报警系统的操作任务评价表

【考评单】城市轨道交通火灾报警系统的操作		日期：	
姓名：	学号：	班级：	教师签名：
自我评价	互相评价	教师评价	
□熟练 □一般 □不熟练	□熟练 □一般 □不熟练	□熟练 □一般 □不熟练	
日期：	日期：	日期：	

城市轨道交通火灾报警系统的操作【评分细则】

序号	评分项	得分条件	分值	自我评价	互相评价	教师评价
1	接受任务	明确工作任务，理解任务在现场工作中的重要程度	5			
2	知识评价	本次处置操作前需要掌握的知识程度	5			
3	能力评价	能掌握获取"操作权"的操作步骤	20			
		能掌握火灾报警系统"报警"时的操作步骤	20			
		能掌握火灾报警系统报"故障"时的操作步骤	20			
4	素养评价	操作计划性强，安排得当	5			
		团队合作能力强，善于沟通	5			
		自主学习能力强，勇于克服困难	5			
		严谨认真，积极参与现场教学	5			
5	评价反馈	学生能快速、准确地进行相关操作，以小组评价方式组织客观评价	5			
		对学生在任务实施过程中发现的问题进行小组审议后及时反馈	5			
6	得　分		100			

项目测试

文本

项目测试

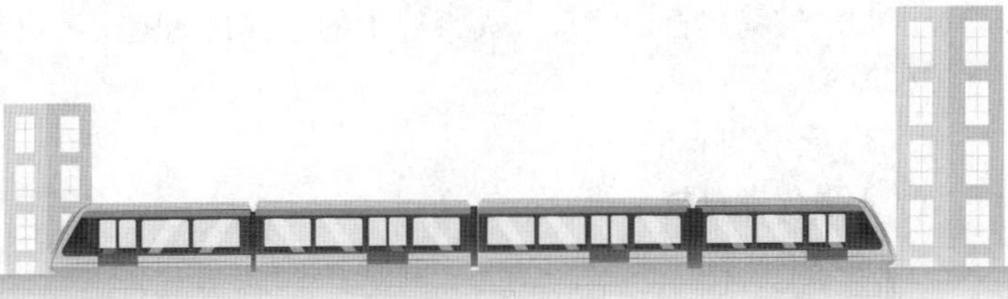

项目八 城市轨道交通自动灭火系统

项目描述

城市轨道交通自动灭火系统是一种基于现代化科技的灭火系统，通过火灾探测器、火灾报警控制装置、火灾联动控制装置以及灭火管网等子系统，对轨道交通车站以及隧道区间进行实时监控，一旦确定发生火灾，系统便会自动启动，进行灭火处理，保障广大乘客的生命和财产安全。

本项目主要引导学生掌握城市轨道交通气体自动灭火系统和自动喷水灭火系统的组成以及控制子系统。

项目知识导图

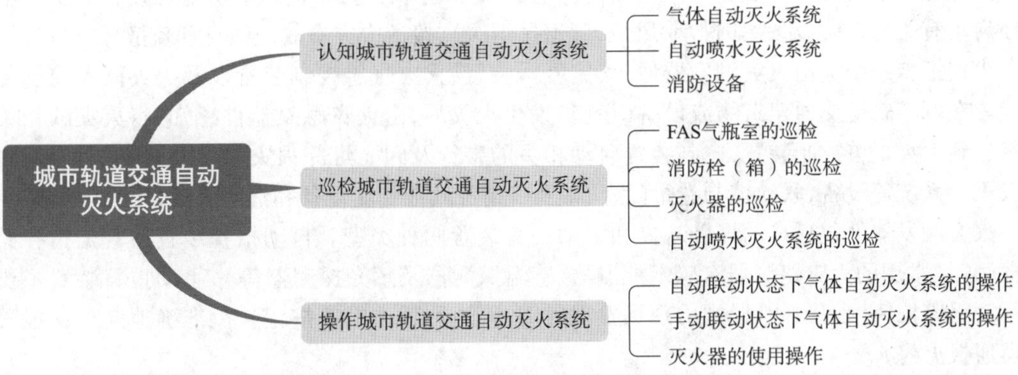

任务一 认知城市轨道交通自动灭火系统

任务目标

1. 知识目标

①掌握气体自动灭火系统；

②掌握自动喷水灭火系统；

③理解自动灭火系统的常用消防设备。

2. 能力目标

①能够描述气体自动灭火系统的设备与布置、工作原理以及气体自动灭火系统的操作；

②能够描述自动喷水灭火系统中的湿式自动喷水灭火系统、干式自动喷水灭火系统的组成及工作原理。

3. 素养目标

①强化专业技术能力；

②培养爱岗敬业、乐于奉献的高尚品质；

③培养安全操作的责任意识。

任务描述

城市轨道交通自动灭火系统的内容繁多且重要，要求归纳出气体自动灭火系统、自动喷水灭火系统的组成以及工作原理，认知常用的消费设备，具备必要的关于自动灭火系统的常用知识。

知识链接

一、气体自动灭火系统

1. 气体自动灭火系统概述

城市轨道交通气体自动灭火系统包括联动相关的消防设备和固定的灭火装置两大部分，具体如下：

(1)联动相关的消防设备

联动相关的消防设备是指火灾发生时在自动报警系统发出火警预报、实施自动灭火的同时且切断所有可能有助于火灾蔓延的设备（如与报警区域有关的空调机、通风机等）、停止所有有碍于灭火的设备（如关闭各类管路的防火阀）、关闭电动防火门和防火卷帘门、向电梯控制屏发出信号强使全部电梯下行并停于层底且停用除消防电梯以外的所有电梯、接通消防专用设备的工作电路以便启动有关的消防设备（如排烟/风机，管道排烟阀）、接通火灾事故照明灯和疏散标志灯等。

火灾报警系统是由火灾触发器件、火灾警报装置、火灾报警控制装置以及火灾联动控制装置组成。在城市轨道交通建筑物或设备（设施）发生火灾后，由火灾触发器件感知，将火灾的相关信息传送到火灾报警控制装置，控制装置启动相关的警铃及闪光灯等火灾警报装置，同时启动防排烟及灭火系统等设备，联动控制卷帘门、门禁及广播等其他专业设备和消防装备，控制火灾蔓延。

火灾触发器件包括自动报警装置和手动报警装置两种类型。自动报警装置通常是指各类火灾探测器（常用的火灾探测器有感烟探测器、感温探测器及感光探测器等）；手动报警装置主要是指手动报警按钮（如果在被监视的现场发现火情，可通过手动报警按钮快捷准确地向火灾报警控制器通报火警）。

(2)固定的灭火装置

固定的灭火装置主要是指实际实施灭火的消防设备。常用的消防设备主要包括室内消火栓设备、喷/洒水设备、气体灭火设备、室外消火栓设备、消防泵及管路的电动阀等。

2. 气体自动灭火系统设备与布置

一般来说，地下车站以及控制中心的主要设备机房设置气体自动灭火系统进行保护。气体自动灭火系统主要包括探测设备、控制主机、报警设备和灭火装置四个部分。气体自动灭火系统相对独立。气体自动灭火系统的控制主机将系统故障信号、每个防护区的预警信号、火警信号、系统的状态信号、气体释放信号发送给 FAS 主机，在气体灭火保护区内发生火灾时通过 FAS 主机实现一些联动设备的动作，通过 FAS 主机与控制中心的火灾报警控制系统进行联网（见图 8-1）。

(1)气体自动灭火系统的组成

气体自动灭火系统是由控制系统和灭火管网系统两部分组成的。灭火管网系统是由气体钢瓶及瓶头控制阀、就地手动起动器、电磁阀起动器、高压软管、集流管、安全阀、单向阀(止回阀)、减压装置、选择阀、压力开关、喷头和气体输送管道等组成。气体自动灭火系统的组成如图8-2所示。

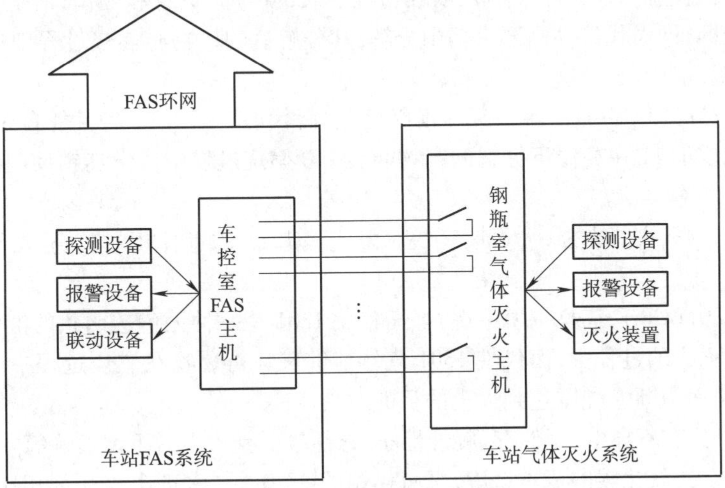

图8-1　车站FAS系统与气体自动灭火系统联网示意图

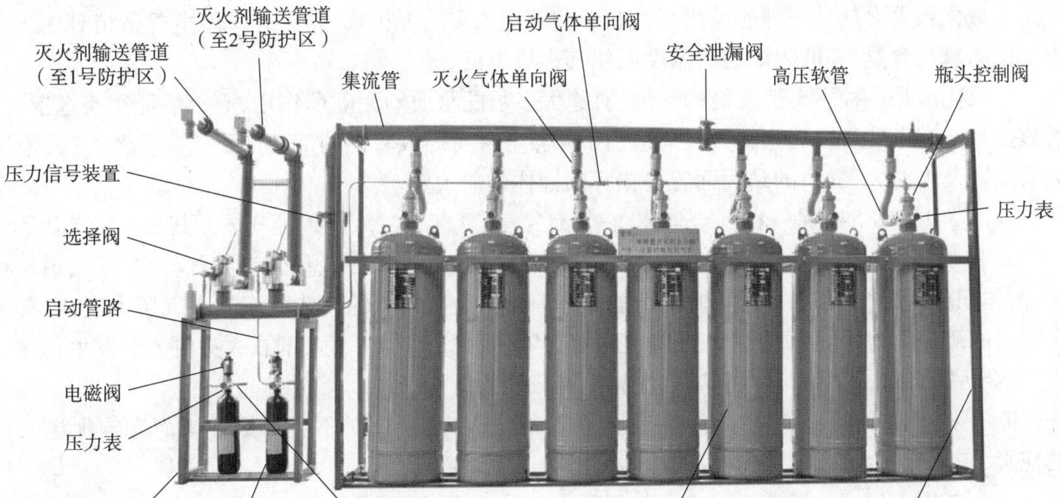

图8-2　气体自动灭火系统的组成

气体自动灭火系统和火灾报警系统相连。当自动报警系统收到二级报警(同时收到感烟探测器、感温探测器和感光探测器三种探测器信号中的两种信号就称为二级报警)的时候,便会发出一个信号给气体自动灭火系统控制盘。气体自动灭火系统控制盘收到信号后,便会发出指令以启动气体钢瓶顶部的电磁阀起动器,待电磁阀动作以开启钢瓶顶部的阀门,使得钢瓶内的气体释放出来。通常情况下,气体保护区内均由几个钢瓶来保护(一个钢瓶内的气体一般无法达到将火扑灭的目的),即当气体控制盘发出指令来启动某一钢瓶的时候,此被启动的钢瓶释放出来的气体会把其他钢瓶的阀门顶开以便启动其他的钢瓶。这样,用来保护这个区域的所有钢瓶内的气体便会都喷放出来,从而实现灭火的目的。气体自动灭火系统的作用是通过向着火区域释放大量的卤代烷或二氧化碳灭火剂来抑制燃烧的化学反应或降低可燃区域空气中的氧气含量以便使可燃物的燃烧终止或逐渐窒息。气体自动灭火系统主要用于忌水灭火的重要场所。

(2)气体自动灭火系统的常用灭火介质

①卤代烷。卤代烷的灭火原理不是依赖物理性质的冷却、窒息和隔离,而是靠化学抑制作用使得燃烧反应中断,即卤代烷在高温火焰中分解,其分解后的产物与燃烧过程中的“自由基”发生反应而使得燃烧反应中断。

a. 卤代烷1211(CF_2ClBr,二氟一氯一溴甲烷)。卤代烷1211是一种性能良好的灭火剂,其灭火的机理是卤代烷1211在高温下分解的产物能够中断燃烧过程中化学连锁反应的链传递从而实现灭火的目的。

卤代烷1211的灭火能力强,灭火速度快。卤代烷1211的毒性相对较高,对灭火人员的影响较大。

b. 卤代烷1301($CBrF_3$三氟一溴甲烷)。卤代烷1301是一种无色透明状的液体,沸点较低,蒸气压力较高。在灭火的过程中,卤代烷1301气体能够破坏可燃物在燃烧过程中产生的氢离子的连锁化学反应,从而中断燃烧以达到灭火的目的。

卤代烷1301具有不导电、耐储存、腐蚀性小、毒性较低且灭火后不留痕迹等一系列优点。

②二氧化碳。二氧化碳的成本低廉,是卤代烷的1/30。与水剂类灭火剂相比较,二氧化碳灭火剂具有不玷污物品、无水渍损失和不导电等优点。在现代电器防火的固定灭火设施中,二氧化碳灭火剂的应用相当广泛。

二氧化碳灭火剂是一种能够用于扑救多种类型火灾的灭火剂,其灭火作用主要是相对地减少空气中的氧气含量、降低燃烧物的温度而使其火焰熄灭。

二氧化碳是一种不支持燃烧的气体,对绝大多数的物质均无破坏作用,灭火后能很快逸散,不留痕迹且没有毒性。二氧化碳灭火剂适用于扑救各种可燃或易燃的液体以及那些受到水(或泡沫灭火剂以及干粉灭火剂)的玷污而容易损坏的固体物质火灾。

③IG-541。IG-541是一种混合气体,它含有氮气、氩气和二氧化碳等气体。其灭火特点如下:

a. 保护环境。IG-541灭火剂是由大气层中的氮气、氩气和二氧化碳三种气体以52%、40%和8%的体积比例混合而成的气体,它的释放过程只是将这些天然的气体放回到大气层中去,对臭氧层耗损的潜能值为零,对温室效应的潜能值也为零。因此IG-541灭火剂在灭火时不会发生化学反应,不会污染环境,不具有毒性和腐蚀性且电绝缘性能良好。

b. 保护生命安全。IG-541是一种无色透明的气体,其喷放时不会形成浓雾而影响现场人员的视野,有利于逃生且防护区内的工作人员仍能正常地呼吸。

c. 保护财产安全。IG-541混合气体以压缩气体的形式储存,喷放时的温度变化很小,不会对所保护的设备构成任何伤害。

IG-541的灭火机理是通过降低防护区域内氧气的浓度(将空气中的含氧量由正常的21%降低至12.5%)使其不能维持燃烧而达到灭火的目的。IG-541的灭火应用方式为全淹没式灭火。

④气溶胶。所谓的气溶胶是指以空气为分散剂(分散介质),以固态或液态的微粒为分散质的胶体体系。

气溶胶灭火剂由氧化剂、还原剂、燃烧速度控制剂和黏合剂组成。

(3)气体自动灭火控制系统

气体自动灭火控制系统由灭火控制主机、警铃、声光报警器、气体释放指示灯(见图8-3)、灭火控制单元(由紧急止喷按钮、紧急释放按钮、隔离/正常转换开关等元件组成)、感烟探测器及感温探测器等部分组成。

警报类型可分为探测器预警、确认报警及气体释放报警三种。

图 8-3　气体释放指示灯

在每个防护区内均设有警铃。当某防护区内的一个探测器报警后，该防护区内的警铃会报警（探测器预警），意味着防护区内可能有火情；在每个防护区的内部及外部均安装声光报警器，当防护区内有两种探测器报警后，系统便会确认火警，防护区内外的声光报警器会发出警报声响（确认报警），意味着防护区内确实有火情；在每个防护区门外侧的上方均装有气体释放指示灯，在防护区内有气体释放时，指示灯会自动点亮（气体释放报警），提示防护区外的人员在区内有气体正在释放而禁止进入。

视频

气体灭火系统中紧急停止按钮的注意事项

3. 气体自动灭火系统的工作原理

气体自动灭火系统是及时发现保护区内的火情并在灭火控制主机上进行报警，同时将火警信息发送到车站控制室的 FAS 主机上，待人员对火势情况在 FAS 主机上进行确认后，FAS 系统发出联动的指令以打开或关闭相应的阀门，气体自动灭火系统在延时时间后会发出开阀指令以打开相应的气体钢瓶阀门。灭火剂通过管道输送到保护区的喷嘴上并喷放气体以实施灭火。

气体自动灭火系统有自动控制、手动控制和应急机械手动操作三种控制方式，具体如下：

(1) 自动控制方式

控制系统处于自动工作状态时，气体自动灭火系统自动完成防护区内的火灾探测、报警、联动控制以及喷气灭火的整个过程。防护区内的单一探测器探测到火灾信号后便立即启动设置在该防护区域内的警铃，同时向 FAS 主机发送火灾预报警信号；当同一防护区内的两类探测器均探测到火灾信号后，FAS 系统的控制盘便起动设置在该防护区域内的蜂鸣器及报警灯并进入延时状态；在延时过程中，控制盘输出指令以关闭防火阀等相关设备；待延时结束后，控制盘输出有源信号至钢瓶的瓶头阀及电磁阀（见图 8-4）以打开灭火钢瓶，灭火气体通过气体管道进入防护区；防护区管道的压力开关（见图 8-5）将压力信号反馈至 FAS 主机及控制盘，控制盘启动防护区外的释放警示灯，之后防护区域门内/外的蜂鸣器及警示灯一直在工作以警告所有人员不能进入该防护区域直至确认火灾已经扑灭。

(2) 手动控制方式

在有人值班的情况下，将 FAS 系统拨到手动挡，可自动接收火灾信号并发出相应的报警信号，人为起动灭火系统进行火灾扑救。

(3) 应急机械手动操作方式

在发生火灾后，若系统的自动控制方式及手动控制方式均失效的情况下，可在灭火气瓶室内采用应急方式而人为开启起动器进行灭火。进行应急机械手动操作时,应打开选择阀(见图 8-6)上的应急机械起动器来开启整个气体灭火系统。

图 8-4　钢瓶的瓶头阀及电磁阀

图 8-5　压力开关

图 8-6　选择阀

由于气体灭火系统工作的特殊性,要求其防护的区域应该是一个封闭性良好的防火空间且门应朝外开启并能自动关闭。防护区域的隔墙耐火极限应不小于 3 h,楼板的耐火极限应不小于 2 h,窗户等构件的耐火极限应不小于 0. 5 h,吊顶的耐火极限应不小于 0. 25 h。防护区域内的各种开口应设置自动关闭装置。气瓶室的隔墙耐火极限应不小于 3 h,楼板的耐火极限应不小于 2 h,气瓶室采用甲级防火门,门应向外开启且门的耐火极限不小于 1. 2 h。

气体自动灭火系统和车站火灾自动报警系统是两个相互独立的系统。每个防护区向火灾自动报警系统发送火灾报警信号、火灾确认信号、系统故障信号、气体释放信号及自动/手动状态信号等。

4. 气体自动灭火系统的操作

(1)气体自动灭火系统控制主机的操作

气体自动灭火系统控制主机是接收火警信号、与 FAS 系统相互传递信号、控制气体灭火系统设备以及搜集系统状态信息的控制器件。气体自动灭火系统控制主机的操作界面如图 8-7 所示,采用交互式操作,按压相应的功能键即可实现系统控制状态的转换并可查看火警及故障信息。

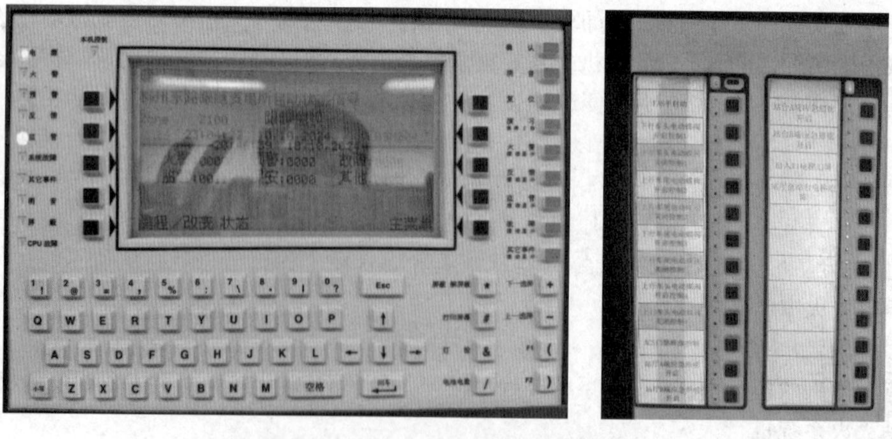

图 8-7　气体自动灭火系统控制主机

(2)灭火控制单元

在每一处气体灭火保护区域内均设置一个灭火控制单元,可以实现手动报警或隔离气体自动灭火系统。在气体自动灭火系统控制主机处于手动控制方式时,按压灭火控制单元的相应控制按钮则可以启动气体自动灭火系统,灭火控制单元的操作界面如图 8-8 所示。按下“手动释放”按钮,则在气体自动灭火系统控制主机及 FAS 主机上同时报火警。“功能隔离”旋钮通常处于“正常”位置;当处于“隔离”位置时,气体自动灭火系统只报警而不联动放气。如果在气体自动灭火系统启动的延时时间内发现为“误报警”(人为原因造成),则应将灭火控制单元的“功能隔离”旋钮由“正常”位置切换到“隔离”位置且在气体自动灭火系统控制主机上“复位”后再将灭火控制单元的“功能隔离”旋钮由“隔离”位置切换到“正常”位置。如果在延时时间内发现有某些人员尚未撤离保护区,则应将灭火控制单元的“功能隔离”旋钮切换到“隔离”位置后待有关人员全部撤离且将保护区域的门关好后再将“功能隔离”旋钮由“隔离”位置切换到“正常”位置。

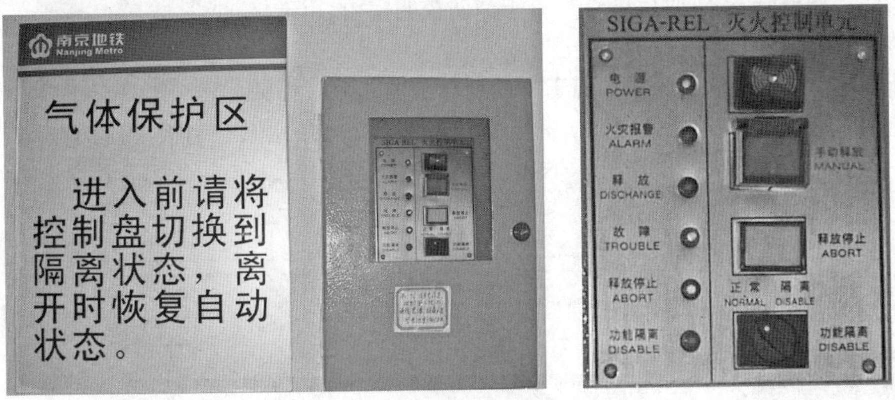

图 8-8　灭火控制单元的操作界面

二、自动喷水灭火系统

自动喷水灭火系统是指由洒水喷头(开式/闭式)、报警阀组、水流报警装置(水流指示器或压力开关)以及管道、供水设施等组成的自动灭火系统。此系统能在火灾的初期阶段自动启动喷水以达到灭火或控制火势蔓延的目的。自动喷水灭火系统是目前国际上应用范围最广、用量最大、灭火成功率最高且造价最为低廉的固定灭火设施。按照系统的组成及技术特点,此系统可分为闭式自动喷水灭火系统(采用闭式洒水喷头的灭火系统)和开式自动喷水灭火系统(采用开式洒水喷头的灭火系统)两大类。闭式自动喷水灭火系统通常包含湿式自动喷水灭火系统、干式自动喷水灭火系统、预作用自动喷水灭火系统和重复启闭预作用自动喷水灭火系统四种类型;开式自动喷水灭火系统通常包含雨淋自动喷水灭火系统和水幕自动喷水系统两种类型。

1. 湿式自动喷水灭火系统

湿式自动喷水灭火系统是由闭式玻璃喷头(见图 8-9)的动作而完成喷水灭火的。

湿式自动喷水灭火系统的管网内依靠高位消防水箱提供的压力水而长期处于备用工作状态,适用于 4～70 ℃的温度环境中使用。当保护区域内某处发生火灾时,环境温度升高,待温度达到一定的阈值时喷头的热敏感元件(玻璃球)会破裂,喷头自动将消防水直接喷向火灾发生区域。

(1)湿式自动喷水灭火系统的组成

湿式自动喷水灭火系统的主要组成部分(见图 8-10)如下:

①消防水箱:在正常状态下,消防水箱维持消防管网的水压,在火灾发生的初期给消防管网提供一定量的消防用水。

②水力警铃:水力警铃是湿式自动喷水灭火系统中的重要部件,在火灾发生时,由湿式报警阀组流出带有一定压力的消防水来驱动水力警铃报警;当流经警铃的水流量大于或等于一个喷头的水流量时,水力警铃便立即动作。

③湿式报警阀组:该报警阀组一般采用止回阀的形式安装于供水干管上,连接供水设备和配水管网。当消防管网中有喷头喷水时,止回阀上方与下方的压力便被破坏,阀瓣(阀门)便会开启以接通水源;同时部分水流会通过阀座上的环形槽,经信号管道送至延迟器、压力开关直至水力警铃,发出音响报警信号。

④消防水泵接合器(图中 8-10 未设置):用于给消防车提供供水口。

⑤消防控制台(或火灾收信机):设置于消防控制室内,用于接收系统传来的电信号及发出控制指令。

图 8-9　闭式玻璃喷头

⑥压力罐(图 8-10 中未设置):用于自动启动消防水泵。当消防管网中的水压过低时,与压力罐连接的压力开关发出信号给水泵控制柜,控制柜接收到信号后发出指令以启动消防水泵给消防管网增压;当管网的水压达到设定的阈值后消防水泵便会停止供水。

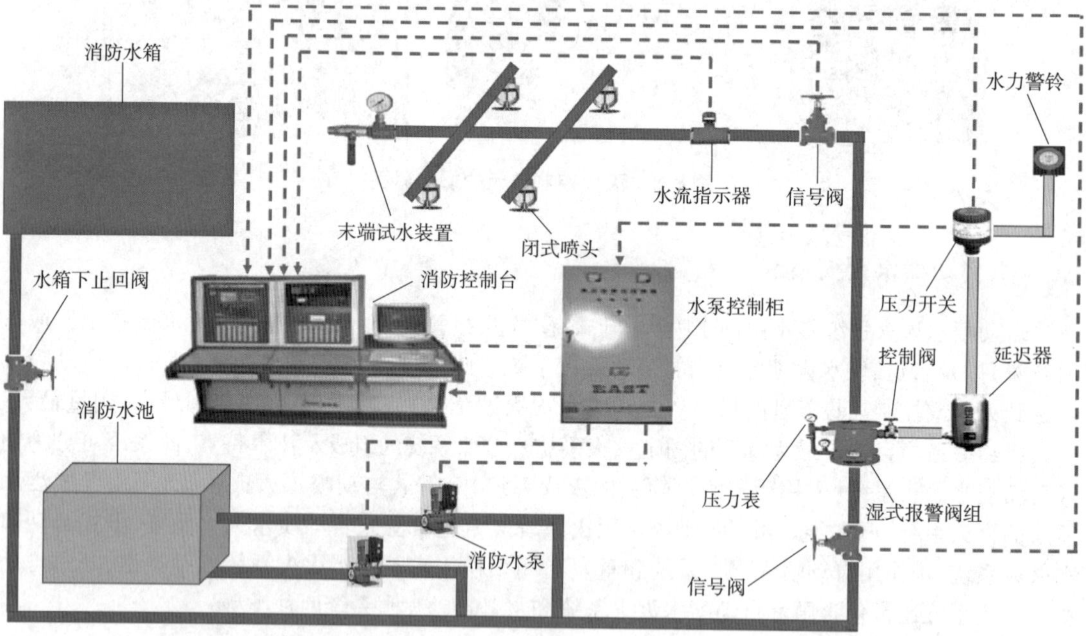

图 8-10　湿式自动喷水灭火系统的组成

⑦闭式喷头:正常情况下,喷头处于封闭状态;当有火灾发生且温度达到其动作的阈值时,喷头开启并喷水灭火。

⑧水流指示器:当水流指示器感应到有水流动时,其电触头动作,接通延时电路(延时 20 ~ 30 s),延时时间到后便通过继电器触发声光信号给消防控制室以告知火灾发生区域。

⑨压力开关:湿式自动喷水灭火系统的自动报警和控制附件,它能将水压力信号转换成电信号;当压力超过或低于预定的工作压力时,电路便闭合或断开以便输出信号至消防控制台以及水泵控制柜。

⑩延迟器：一个罐式容器，安装在湿式报警阀组与水力警铃之间。它用以避免因水源压力突然发生变化而引起的报警阀短暂启动（或因报警阀局部渗漏而进入警铃管道的水流起一个暂时储备的作用，从而避免虚假报警）。在真正发生火灾时，玻璃喷头和湿式报警阀组相继打开，水流源源不断地大量流入延迟器，通常经30 s左右便充满了整个容器，然后冲入压力开关直至水力警铃发出报警声。

⑪试警铃阀（图8-10中未设置）：主要用于人工测试。打开试警铃阀泄水，使报警阀自动打开，水流充满延迟器后可使压力开关动作及水力警铃报警。

⑫末端试水装置：设置在消防管网的末端，用于湿式自动喷水灭火系统中。该试水装置与相当于一个标准喷头流量的接头相连接，打开该装置可进行系统模拟试验调试。此外，该装置可对消防管网系统进行定期的检查以确定系统是否能正常工作。

⑬压力表：观察消防管网系统的水压是否正常。

⑭水箱下止回阀：防止消防水进入消防水箱。

（2）湿式自动喷水灭火系统的工作原理

①在发生火灾时，装有热敏液体的玻璃体因受热而体积膨胀导致其压力增加而爆裂，密封垫脱落而喷出压力水（玻璃喷头喷出的水流接通水流开关，其浆片随水流动作而旋转）。

②湿式报警阀组上侧（即系统侧）的消防水开始流动，水流指示器开始动作并发送信号给消防控制室以告知发生火灾的位置。

③湿式报警阀组的阀瓣在压力差的作用下被打开，高位水箱内的（部分）水会进入报警管路，经过控制阀、延迟器后到达压力开关及水力警铃。

④压力开关动作并发送信号给水泵控制柜以便启动消防水泵，同时压力开关发送信号给消防控制室。

⑤消防水泵启动后，水泵控制柜将水泵运作的情况信息反馈给消防控制室。

2. 干式自动喷水灭火系统

干式自动喷水灭火系统适用于环境温度低于4 ℃（防止低温冰冻）或高于70 ℃（防止高温汽化）的场所。干式自动喷水灭火系统同样是由闭式玻璃喷头的动作而完成喷水灭火的，但该系统采用干式报警阀组（在出口侧充以压缩气体，当气体的气压值低于一定的阈值时，能使消防水箱内的水自动流入喷水系统并进行报警的单向阀组）。干式报警阀组主要包括差动式干式报警阀组（该阀组阀门中的气密封座直径大于水密封座的直径，两个密封座被与外界大气相连通的中间室隔离开来）和机械式干式报警阀组（该阀组阀门由机械放大机构使水密封件保持伺应状态）两种。

（1）干式自动喷水灭火系统的组成

干式自动喷水灭火系统（以差动式干式报警阀组为例）的主要组成部分（见图8-11）如下：

①干式报警阀组：由阀瓣、水密封座、气密封座、防复位锁止机构等组成。

②阀瓣：位于水密封座及气密封座之上。

③水密封座：连接供水水源（即供水侧）。

④气密封座：连接充有压缩气体的管网（即系统侧）。系统侧管网的气体压力值由干式报警阀组入口前的水压值、水密封座的面积及气密封座的面积来确定，不同厂家生产的干式报警阀组的差动比会不尽相同。气密封座的直径大于水密封座的直径，下腔中的水对阀瓣的作用面积小于上腔气体对阀瓣的作用面积（两者的比值即为差动比），系统侧只需要较小的气体压力便可平衡供水侧较大的消防水压力。干式报警阀组的系统侧通常会在底座处加注一定量的底水用来密封阀瓣组件及防止动作部件黏结。

⑤中间室：介于水密封座及气密封座之间并将两者隔离，中间室连通报警水道。

⑥防复位锁止机构：防止阀瓣在动作（开启）后又重新回到其关闭的位置上。

⑦气压维持装置:通过节流孔向干式报警阀组的阀体内提供气体以便维持系统侧的气体压力。

⑧报警水道:连通报警阀组的中间室、水力警铃、压力开关及滴水阀。

⑨滴水阀:位于报警水道的末端,通过小孔与外界大气相通,主要用于排出中间室的少量渗漏水,防止系统因渗漏水而误动作。滴水阀在水流量加大时便会自动关闭。

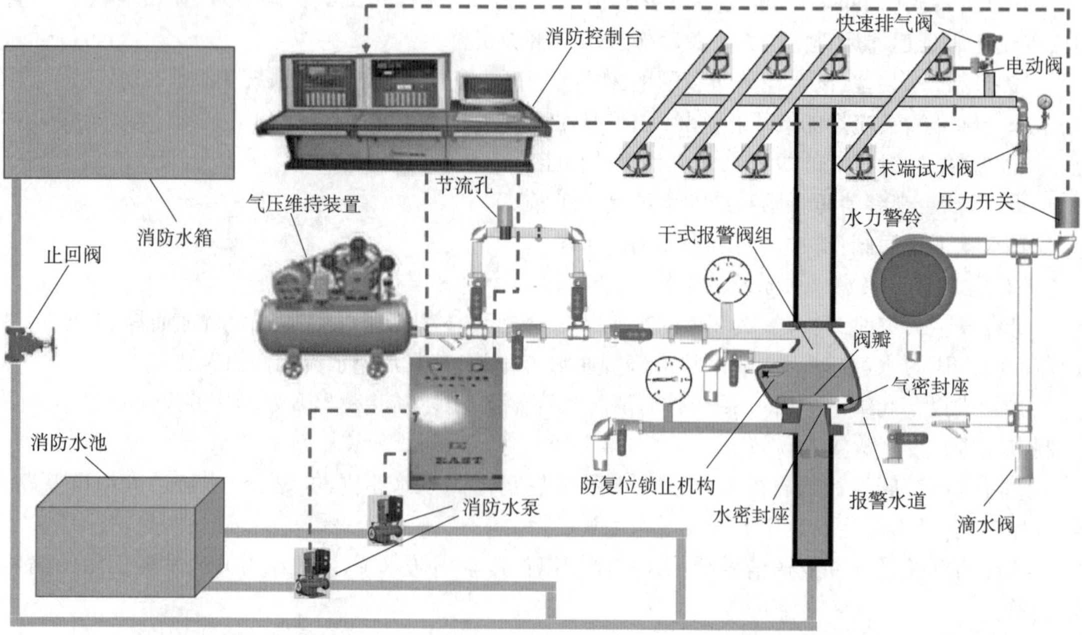

图 8-11　干式自动喷水灭火系统(以差动式干式报警阀组为例)的组成

(2)干式自动喷水灭火系统的工作原理

干式自动喷水灭火系统(以差动比为 5:1 的差动式干式报警阀组为例)的工作原理如下:

①火灾发生时,系统的闭式喷头开启,通过节流孔向系统侧补气的速度远小于喷头喷放气体的速度,系统侧管网内的气压值急剧下降。

②在系统侧的气压值下降至供水侧水压值的 1/5 以下时,阀瓣上腔与下腔的平衡被破坏,干式报警阀组的阀瓣被打开,消防水箱内的消防水便会流入系统侧的管网内。

③干式自动喷水灭火系统的阀瓣被打开后,消防水箱内的消防水便会通过中间室流向报警水道,驱动水力警铃及压力开关动作;届时,滴水阀便在较大水压的作用下自动关闭。

④压力开关将该信号急速传至消防控制台并进一步启动电动阀、快速排气阀(快速排除系统侧的气体)以及消防水泵(快速使系统侧管网充水),直至火灾熄灭。

由前述分析可知,干式自动喷水灭火系统启动后,系统侧管道有一个排气充水的过程(通常情况下,该排气充水的过程不宜大于 1 min)。干式自动喷水灭火系统的喷水时间因排气充水而产生了滞后,这便削弱了该系统的灭火能力,这一特点是干式自动喷水灭火系统的固有缺陷。

3. 雨淋自动喷水灭火系统

与湿式自动喷水灭火系统及干式自动喷水灭火系统不同,雨淋自动喷水灭火系统采用开式洒水喷头,它是由火灾自动报警系统(或传动管)自动控制雨淋报警阀及消防水泵的开启并由雨淋报警阀控制喷水作用面积的自动喷水灭火系统。

当场所的火灾水平蔓延速度很快或因室内静空高度较大而使闭式喷头的感温条件恶化时,闭式喷头的开放必将滞后于火灾的水平蔓延,此时闭式系统将难以在火灾发生的初期使得喷头喷水以便有效覆盖火灾的范围,更不能保障有效地控制连续蔓延的地面火灾。雨淋自动喷水灭火系统一旦启动,便可形成大面积的喷水以便有效弥补闭式系统在上述场景(火灾水平蔓延速度很快或因室内静空高度较大)中使用的弱点。

雨淋自动喷水灭火系统的联动控制主要包括电动启动和充液(水)传动管启动两种控制方式。

雨淋自动喷水灭火系统报警阀组的形式很多,按其结构可分为推杆式雨淋报警阀组(见图 8-12)、隔膜式雨淋报警阀组(见图 8-13)和活塞式雨淋报警阀组(见图 8-14)等。目前,较为常用的报警阀组为推杆式雨淋报警阀组和隔膜式雨淋报警阀组。

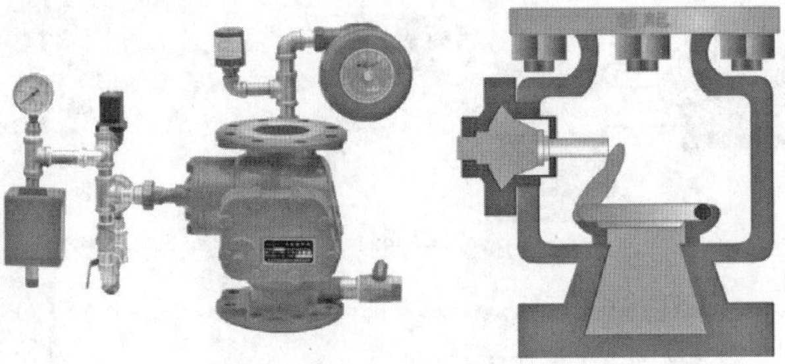

图 8-12　推杆式雨淋报警阀组

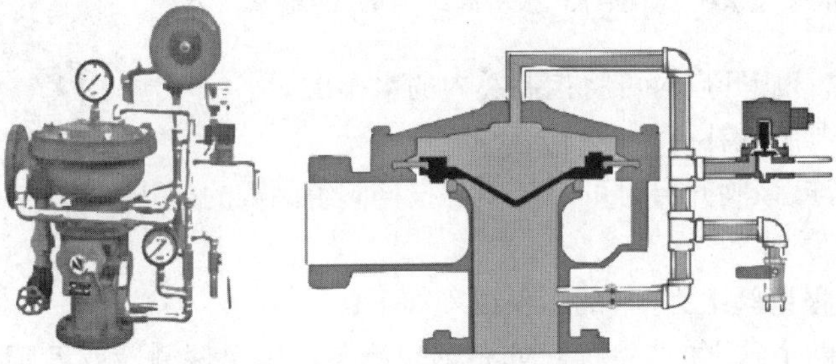

图 8-13　隔膜式雨淋报警阀组

图 8-14　活塞式雨淋报警阀组

(1)雨淋自动喷水灭火系统的组成

雨淋自动喷水灭火系统(以推杆式雨淋报警阀组为例)的主要组成部分(见图 8-15)如下:

①开式喷头:由本体、支架和溅水盘组成的一种无热敏感元件的释放装置,它有别于闭式喷头,其安装形式与闭式喷头的安装形式基本一致。

②雨淋报警阀组:由阀瓣、压扣、活动顶杆、控制腔及中间室等组成。

③阀瓣:位于中间腔底端,将供水侧与系统侧分开。

④压扣:位于活动顶杆与阀瓣之间,传递活动顶杆对阀瓣的压力及阀瓣对活动顶杆的压力。

⑤活动顶杆:位于控制腔与压扣之间,传递控制腔对压扣的压力及压扣对控制腔的压力。

⑥控制腔:连通供水侧管路,控制腔的压力通过活动顶杆及压扣作用在阀瓣上,隔断水源。准工作状态时,控制腔内的压力和供水侧的压力相等,根据杠杆原理,压扣不会转动使得阀瓣得以有效密封。

⑦中间室:与报警水道相通。

⑧报警水道:连接压力开关和水力警铃。

⑨探测系统:常指两种不同类型的探测器,如感烟探测器及感温探测器,或者感温探测器及手动火灾报警按钮。

⑩滴水阀:位于报警水道的末端,通过小孔与外界大气相通,主要用于排出中间室的少量渗漏水,防止系统因渗漏水而误动作,滴水阀在水流量加大时便会自动关闭。

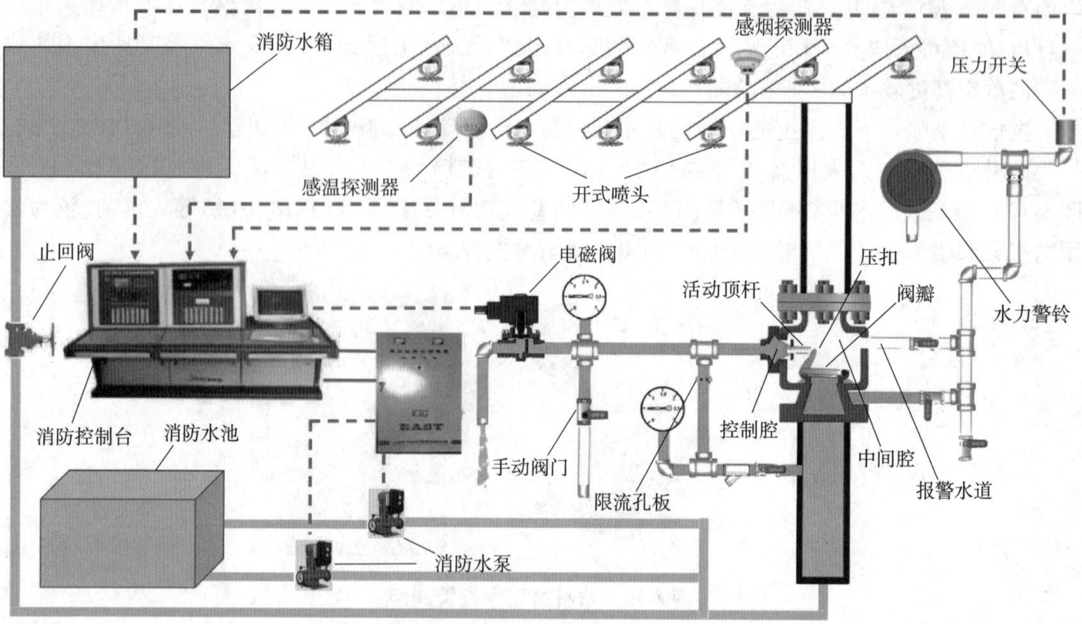

图 8-15　雨淋自动喷水灭火系统(以推杆式报警阀组为例)的组成

⑪电磁阀:通过管道与控制腔相连,该阀开启时可将控制腔内的水排出。

⑫限流孔板:可将供水侧的水向控制腔内补充。

⑬手动阀门:通过管道与控制腔相连,该阀开启时可引起雨淋报警阀组阀瓣的打开。

(2)雨淋自动喷水灭火系统的工作原理

雨淋自动喷水灭火系统(以推杆式报警阀组为例)的工作原理如下:

①火灾发生时,同一报警区域内的两个独立的探测器(如感烟探测器及感温探测器或者感温探测器及手动火灾报警按钮)发出火灾报警信号,联合启动该系统的电磁阀。

②电磁阀启动后,经限流孔板的补水速度不及电磁阀的排水速度,控制腔内的水压力迅速降低,控制腔对活动顶杆的作用力也会随之降低,之前(准工作状态时)的控制腔内压力与供水侧压力的平衡被打破,供水侧的压力便通过压扣推动活动顶杆向控制腔回退,阀瓣被开启。

③阀瓣开启后,供水侧消防水箱内的水便通过中间室进入报警水道,驱动水力警铃及压力开关动作。

④压力开关将该信号急速传至消防控制台并进一步启动消防水泵(快速使系统侧管网充水),直至火灾熄灭。

雨淋报警阀组应具备防复位锁止机构,防止阀瓣组件在动作后又重新回到其关闭的位置上。在以电动启动控制的雨淋自动喷水灭火系统中,在阀瓣打开后,阀瓣对压扣的作用力便不复存在,活动顶杆在控制腔的推力作用下推动压扣回到原始的平衡位置处,有效防止阀瓣重新回到关闭的位置。

(3)雨淋自动喷水灭火系统报警阀组的启动方式

雨淋自动喷水灭火系统报警阀组由远程电动启动、现场手动应急操作启动以及湿式闭式喷头引导管线启动这三种启动方式,具体如下:

①远程电动启动。可通过开启电磁阀,实现远程电动启动,它可分为远程自动电动启动(探测器感知火灾后自动引发电磁阀的开启)和远程手动电动启动(采用专用线路将电磁阀直接连至消防控制台的手动控制盘上,通过人工操作手动控制盘来实现电磁阀的开启)两种方式。

②现场手动应急操作启动。可在雨淋报警阀组的现场通过手动方式来开启“手动阀门”以实现应急机械启动。

③湿式闭式喷头引导管线启动。在一些不方便设置火灾报警系统的场所，可通过接入充液（水）传动管上的闭式喷头以便探测火灾并实现雨淋报警阀组的启动。

4. 水幕自动喷水系统

水幕自动喷水系统是用来起阻火、冷却和隔离作用的系统，它主要是由水幕喷头、系统管道以及控制阀组等组成。

水幕自动喷水系统的工作原理与雨淋自动喷水灭火系统的工作原理基本相同，唯一的区别就是水幕自动喷水系统喷出的水流为水帘状，而雨淋自动喷水灭火系统喷出的水流为开花射流状。因水幕自动喷水系统的喷头将水喷洒成水帘状，故该系统不是直接用来扑灭火灾的，其主要作用是用来冷却简易防火分隔物以便提高其耐火性能，或形成防火水帘以阻止火焰穿过开口部位而进一步防止火势蔓延。

水幕自动喷水系统主要设置在需要进行水幕保护或防火隔断的部位，如设置在企业的各防火区或设备之间用以阻止火势蔓延扩大、阻隔火灾事故产生的辐射热，对泄漏的易燃、易爆及有害的液体起着疏导和稀释的作用。

三、消防设备

常用的消防设备主要由消防栓、防火卷帘、相关的防火（防烟）装置等，具体情况如下：

1. 消防栓

视频

室外地上消防栓的使用方法

消防栓是一种固定的消防工具，它的主要作用是控制可燃物、隔绝助燃物以及消除着火源等。消防栓系统包括室外消防栓系统、室内消防栓系统和灭火器系统等，有些场所还设置自动喷淋灭火系统、水炮系统、气体灭火系统、火灾探测系统以及水雾系统等。

消防栓主要供消防车从市政给水管网或室外消防给水管网中获取水源以便实施灭火，消防栓也可直接连接水带及水枪而直接喷出消防水灭火。地面消防栓、地下消防栓以及室内消防栓的实物图分别如图 8-16、图 8-17 和图 8-18 所示。

图 8-16　地面消防栓

图 8-17　地下消防栓

图 8-18　室内消防栓

视频

室内消防栓的使用方法

室内消防栓的使用方法如下：

第一步：取水带。打开或击碎消防栓箱门，取出消防水带，如图 8-19 所示。

第二步：接水带。将水带的一端接在消防栓的接口上，如图 8-20 所示。

第三步：接水枪。将水带的另一端接上消防水枪，如图 8-21 所示。

第四步：按启钮。按下消防栓箱内的消火栓启泵按钮，如图 8-22 所示。

第五步：开水阀。逆时针打开消防栓上的水阀开关，如图 8-23 所示。

第六步:对火根。将水枪对准火源根部进行灭火,如图 8-24 所示。

图 8-19　取水带

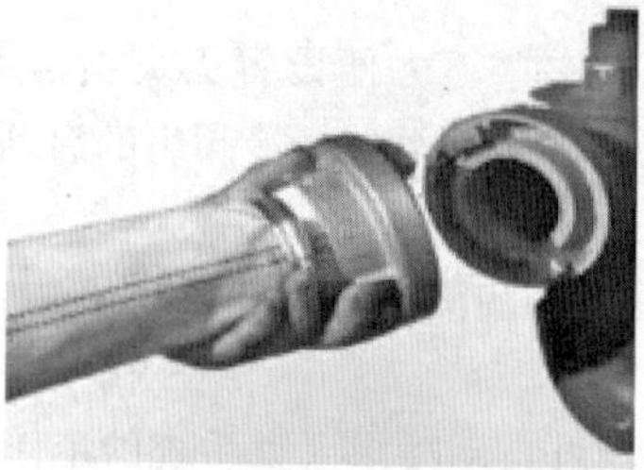

图 8-20　接水带

图 8-21　接水枪

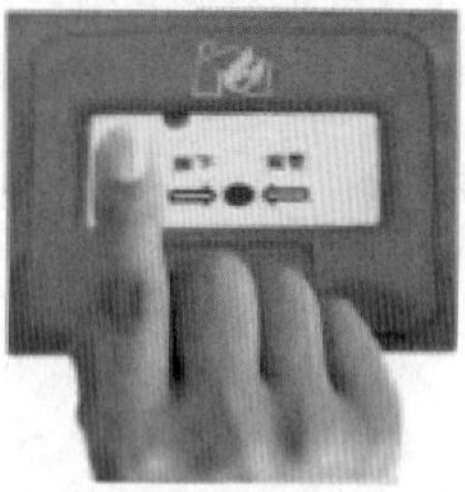

图 8-22　按启钮

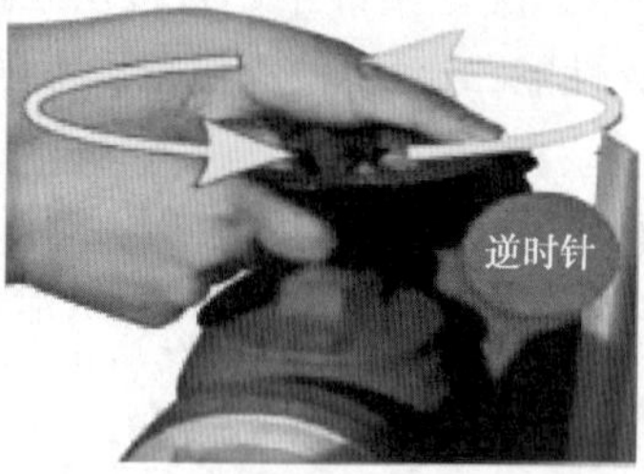

图 8-23　开水阀

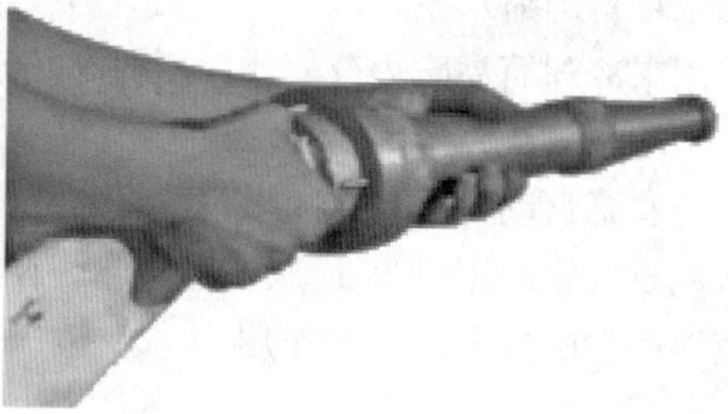

图 8-24　对火根

2. 防火卷帘

防火卷帘是一种活动的防火分隔物,通常设置在建筑物的较大洞口处,起着防火及隔热的作用。在产品设计方面,采用了卷轴内藏的方式,其结构合理紧凑,防火卷帘的实物图如图 8-25 所示。

防火卷帘通过传动装置结合控制系统以实现卷帘的升降,广泛应用于城市轨道交通的防火隔断区,它能有效地阻止火势的蔓延,保障乘客的生命财产安全。

视 频

手动火灾报警按钮与消火栓按钮的区别

3. 相关的消防装置

(1)消防栓按钮

消防栓按钮设置在消防栓箱中,当现场发现有火情且必须使用消防栓的情况下,需手动按下消防栓按钮以便向消防控制中心发送报警信号;若消防主机已设置在自动状态时,按下消防栓按钮可直接启动消防栓泵,消防栓按钮的实物图如图 8-26 所示。

图 8-25　防火卷帘的实物图

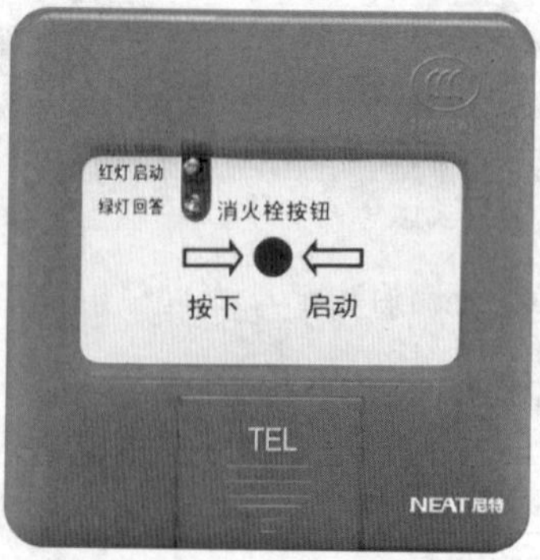

图 8-26　消防栓按钮

(2)消防电梯

火灾发生时,无论电梯处于何种方向及位置,必须迫降到 1 层并自动开门以防止将乘客困在轿厢中;电梯运动到1层后便转入消防状态,可由消防救援人员根据具体的情况进行消防运行。

(3)消防广播

火灾发生时,通过消防广播进行乘客疏散。

(4)消防控制主机

它是火灾自动报警控制系统的核心,其功能如下:

①能够接收到探测信号并将其转换成声光报警信号,指示着火部位并记录报警信息。

②可通过火警发送装置来启动火灾报警,或通过自动灭火控制装置来启动联动的控制设备以及自动灭火设备。

③能够自动监视系统的运行并对特定的故障给出声光报警信号。

任务实施

任务工单见表8-1。

表8-1　认知城市轨道交通自动灭火系统任务工单

<table>
<tr><td>姓　名</td><td></td><td>学　号</td><td></td></tr>
<tr><td>专　业</td><td></td><td>指导教师</td><td></td></tr>
<tr><td>小组成员及分工</td><td colspan="3"></td></tr>
<tr><td>任务目标</td><td colspan="3">①掌握城市轨道交通气体自动灭火系统。
②掌握城市轨道交通自动喷水灭火系统</td></tr>
<tr><td>任务内容</td><td colspan="3">以小组为单位,前往自己所在城市的地铁企业进行实地调研,发掘城市轨道交通自动灭火系统的相关组成部分,归纳各组成部分的作用</td></tr>
<tr><td>引导问题</td><td colspan="3">①城市轨道交通气体自动灭火系统联动相关的消防设备有哪些?
②城市轨道交通自动灭火系统的常用消防设备有哪些</td></tr>
<tr><td>实际训练</td><td colspan="3">①简述以下城市轨道交通自动灭火系统相关图片的类型名称及作用。
<table>
<tr><td>序号</td><td>城市轨道交通自动灭火系统相关图片</td><td>类型名称</td><td>作用</td></tr>
<tr><td>1</td><td></td><td></td><td></td></tr>
<tr><td>2</td><td>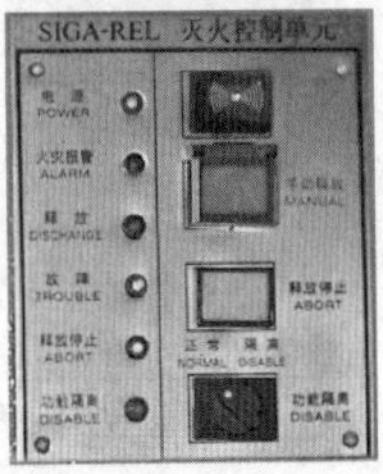
</td><td></td><td></td></tr>
</table></td></tr>
</table>

实际训练

序号	城市轨道交通自动灭火系统相关图片	类型名称	作用
3			
4			
5			

②简述城市轨道交通气体自动灭火系统的组成。

③简述城市轨道交通自动喷水灭火系统的工作原理。

④查阅相关资料，分享城市轨道交通自动灭火系统的相关知识

任务评价

任务评价详见表 8-2。

表 8-2　认知城市轨道交通自动灭火系统任务评价

序号	评价内容	评价标准	分值	评分记录		
				自我评价	互相评价	教师评价
1	城市轨道交通气体自动灭火系统	4 个组成部分，每个组成部分 7.5 分	30			
2	城市轨道交通自动喷水灭火系统	4 个组成部分，每个组成部分 7.5 分	30			
3	城市轨道交通自动灭火系统相关图片的类型名称及作用	5 个类型名称及作用，每个类型名称及作用 4 分	20			
4	团队协助，完成资料查阅，分享学习成果	有图片、有视频且资料内容不陈旧	20			
总成绩			100			

思考与练习

文本

思考与练习

任务二　巡检城市轨道交通自动灭火系统

任务目标

1. 知识目标

①掌握 FAS 气瓶室的巡检流程；

②掌握消防栓(箱)的巡检流程；

③掌握灭火器的巡检流程；

④掌握自动喷水灭火系统的巡检流程。

2. 能力目标

①能够描述 FAS 气瓶室的巡检内容及标准；

②能够描述消防栓(箱)的巡检内容及标准；

③能够描述灭火器的巡检内容及标准；

④能够描述自动喷水灭火系统的巡检内容及标准。

3. 素养目标

①培养认真细致的工作作风；

②养成团结协助的职业态度；

③培养职业素养。

任务描述

巡检城市轨道交通自动灭火系统的意义重大，要求归纳出 FAS 气瓶室、消防栓(箱)、灭火器以及自动喷水灭火系统的巡检内容及标准，掌握巡检过程中的注意事项，具备巡检城市轨道交通自动灭火系统的常用技能。

知识链接

一、FAS 气瓶室的巡检

FAS 气瓶室通常设置在站厅及站台的气体灭火保护区附近，其内部安装有 FAS 气瓶、气体灭火管网、模块箱及双电源切换箱等设备，主要功能是为保护区内发生火灾时提供必要的灭火气体以便扑灭火灾。

1. FAS 气瓶室的巡检内容

①气瓶室的地面是否干净；

②气瓶室内的设备表面是否有灰尘；
③气瓶室内四周是否有渗水、漏水及积水现象；
④气瓶室内的温度是否在正常范围内；
⑤所有气瓶压力表的显示范围是否正常，是否需及时上报处理；
⑥气体灭火管网各组件是否存在碰撞变形或其他机械性损伤的现象；
⑦气体灭火管网各组件是否存在锈蚀现象；
⑧气体灭火管网各组件的保护涂层是否完好；
⑨气体灭火管网各组件的铭牌和标识是否清晰；
⑩气体灭火管网各组件的防护罩、铅封和安全标识是否完整。

2. FAS 气瓶室的巡检标准

①气瓶室的地面干净；
②气瓶室内的设备表面无灰尘；
③气瓶室内四周是无渗水、漏水及积水现象；
④气瓶室内的温度应在 -40 ~60 ℃之间的正常范围内；
⑤所有气瓶压力表的显示范围正常，无须及时上报处理；
⑥气体灭火管网各组件不存在碰撞变形或其他机械性损伤的现象；
⑦气体灭火管网各组件不存在锈蚀现象；
⑧气体灭火管网各组件的保护涂层完好；
⑨气体灭火管网各组件的铭牌和标识清晰；
⑩气体灭火管网各组件的防护罩、铅封和安全标识完整。

二、消防栓(箱)的巡检

1. 消防栓(箱)的巡检内容

①室内消防栓(箱)是否存在变形及渗漏现象；
②室内消防栓(箱)的手轮是否完好；
③室内消防栓(箱)的栓口内有无杂物；
④室内消防栓(箱)的消防软管卷盘是否破损；
⑤室内消防栓(箱)的消防水嘴是否存在锈蚀现象；
⑥室内消防栓(箱)的消防水带及消防水枪配置是否齐全；
⑦室外消防栓是否存在锈蚀及漏水现象；
⑧室外消防栓是否有防寒措施；
⑨室外消防栓的标识是否清晰。

2. 消防栓(箱)的巡检标准

①室内消防栓(箱)无变形及渗漏现象；
②室内消防栓(箱)的手轮完好；
③室内消防栓(箱)的栓口内无杂物；
④室内消防栓(箱)的消防软管卷盘无破损；
⑤室内消防栓(箱)的消防水嘴不存在锈蚀现象；
⑥室内消防栓(箱)的消防水带及消防水枪配置齐全；
⑦室外消防栓不存在锈蚀及漏水现象；

⑧室外消防栓有防寒措施；
⑨室外消防栓的标识清晰。

三、灭火器的巡检

1. 灭火器的巡检内容

①灭火器箱的封条是否完好；
②灭火器箱内外有无灰尘；
③灭火器箱内外是否存在碎屑、纸屑等杂物；
④灭火器箱是否存放在指定标识场所的水平直角处；
⑤灭火器箱周围1 m范围内是否存放其他物资(物品)；
⑥灭火器箱的编号标签及箱内检查记录表是否完好无损。

2. 灭火器的巡检标准

①灭火器箱的封条完好(灭火器箱封条的有效期为一个月,封条到期后必须开封检查箱内的设施,确认完好后再重新贴上新封条;若封条破坏或缺损,则需开箱检查设备是否在位,是否完整有效)；
②灭火器箱内外无灰尘；
③灭火器箱内外不存在碎屑、纸屑等杂物；
④灭火器箱存放在指定标识场所的水平直角处；
⑤灭火器箱周围1 m范围内无其他物资(物品)存放；
⑥灭火器箱的编号标签及箱内检查记录表完好无损。

四、自动喷水灭火系统的巡检

1. 自动喷水灭火系统的巡检内容

①喷头的外观是否完好；
②喷头与周边障碍物(或被保护的对象)的距离是否符合规范；
③喷头能否正常工作；
④报警阀组的外观是否完好；
⑤报警阀组能否正常工作；
⑥排水设施是否畅通；
⑦排水设施在系统需要时能否及时启动；
⑧末端试水装置以及试水阀能否正常工作；
⑨末端试水装置以及试水阀的现场环境是否符合要求；
⑩系统用电设备的电源能否正常供电,能否在系统需要时提供足够的电力支持。

2. 自动喷水灭火系统的巡检标准

①喷头的外观完好；
②喷头与周边障碍物(或被保护的对象)的距离符合规范；
③喷头能正常工作；
④报警阀组的外观完好；
⑤报警阀组能正常工作；
⑥排水设施畅通；
⑦排水设施在系统需要时能及时启动；

⑧末端试水装置以及试水阀能正常工作；

⑨末端试水装置以及试水阀的现场环境符合要求；

⑩系统用电设备的电源能正常供电，能在系统需要时提供足够的电力支持。

任务书

根据“知识链接”的相关内容，登录城市轨道交通自动灭火系统虚拟仿真实训平台，进行城市轨道交通自动灭火系统相关设备巡检的模拟操作，作业时间30 min，作业任务书见表8-3。

表8-3 城市轨道交通自动灭火系统相关设备巡检作业任务书

<table>
<tr><td>作业任务</td><td colspan="3">城市轨道交通自动灭火系统相关设备巡检</td><td>日　期</td><td colspan="2"></td></tr>
<tr><td>班　组</td><td></td><td>计划开始时间</td><td></td><td>实际开始时间</td><td colspan="2"></td></tr>
<tr><td>组　长</td><td></td><td>计划完成时间</td><td></td><td>实际完成时间</td><td colspan="2"></td></tr>
<tr><td>作业地点</td><td colspan="6"></td></tr>
<tr><td>作业内容</td><td colspan="6"></td></tr>
<tr><td>作业过程中督查意见</td><td colspan="6"></td></tr>
</table>

任务分组

学生任务分组见表8-4。

表8-4 学生任务分组表

<table>
<tr><td>班　级</td><td colspan="2"></td><td>日　期</td><td></td></tr>
<tr><td>班　组</td><td colspan="2"></td><td>组　长</td><td></td></tr>
<tr><td rowspan="5">班组成员</td><td>姓　名</td><td>任务角色</td><td colspan="2">任务分工</td></tr>
<tr><td></td><td></td><td colspan="2"></td></tr>
<tr><td></td><td></td><td colspan="2"></td></tr>
<tr><td></td><td></td><td colspan="2"></td></tr>
<tr><td></td><td></td><td colspan="2"></td></tr>
</table>

任务实施

作业单见表8-5。

表8-5　城市轨道交通自动灭火系统相关设备巡检作业单

<table>
<tr><td>班　级</td><td></td><td>姓　名</td><td></td><td>班　组</td><td></td></tr>
<tr><td>起始时间</td><td></td><td>终止时间</td><td></td><td>实际用时</td><td></td></tr>
<tr><td>巡检对象</td><td colspan="2">巡检内容</td><td colspan="2">状态记录</td><td>情况说明</td></tr>
<tr><td rowspan="29">FAS气瓶室的巡检</td><td colspan="2" rowspan="2">气瓶室的地面是否干净</td><td colspan="2">□干净</td><td rowspan="2"></td></tr>
<tr><td colspan="2">□不干净</td></tr>
<tr><td colspan="2" rowspan="2">气瓶室内的设备表面是否有灰尘</td><td colspan="2">□有灰尘</td><td rowspan="2"></td></tr>
<tr><td colspan="2">□无灰尘</td></tr>
<tr><td colspan="2" rowspan="4">气瓶室内四周是否有渗水、漏水及积水现象</td><td colspan="2">□无渗水、漏水及积水现象</td><td rowspan="4"></td></tr>
<tr><td colspan="2">□有渗水现象</td></tr>
<tr><td colspan="2">□有漏水现象</td></tr>
<tr><td colspan="2">□有积水现象</td></tr>
<tr><td colspan="2" rowspan="2">气瓶室内的温度是否在正常范围内</td><td colspan="2">气瓶室内的温度为(　　)℃</td><td rowspan="2"></td></tr>
<tr><td>□在正常范围</td><td>□不在正常范围</td></tr>
<tr><td colspan="2" rowspan="3">所有气瓶压力表的显示范围是否正常,是否需及时上报处理</td><td colspan="2">□显示范围正常</td><td rowspan="3"></td></tr>
<tr><td colspan="2">□显示范围不正常,无须及时上报处理</td></tr>
<tr><td colspan="2">□显示范围不正常,需及时上报处理</td></tr>
<tr><td colspan="2" rowspan="3">气体灭火管网各组件是否存在碰撞变形或其他机械性损伤的现象</td><td colspan="2">□无碰撞变形或其他机械性损伤的现象</td><td rowspan="3"></td></tr>
<tr><td colspan="2">□存在碰撞变形现象</td></tr>
<tr><td colspan="2">□存在其他机械性损伤现象</td></tr>
<tr><td colspan="2" rowspan="2">气体灭火管网各组件是否存在锈蚀现象</td><td colspan="2">□存在锈蚀现象</td><td rowspan="2"></td></tr>
<tr><td colspan="2">□不存在锈蚀现象</td></tr>
<tr><td colspan="2" rowspan="2">气体灭火管网各组件的保护涂层是否完好</td><td colspan="2">□保护涂层完好</td><td rowspan="2"></td></tr>
<tr><td colspan="2">□保护涂层不完好</td></tr>
<tr><td colspan="2" rowspan="3">气体灭火管网各组件的铭牌和标识是否清晰</td><td colspan="2">□铭牌和标识清晰</td><td rowspan="3"></td></tr>
<tr><td colspan="2">□铭牌不清晰</td></tr>
<tr><td colspan="2">□标识不清晰</td></tr>
<tr><td colspan="2" rowspan="4">气体灭火管网各组件的防护罩、铅封和安全标识是否完整</td><td colspan="2">□防护罩、铅封和安全标识完整</td><td rowspan="4"></td></tr>
<tr><td colspan="2">□防护罩不完整</td></tr>
<tr><td colspan="2">□铅封不完整</td></tr>
<tr><td colspan="2">□安全标识不完整</td></tr>
<tr><td rowspan="5">消防栓(箱)的巡检</td><td colspan="2" rowspan="3">室内消防栓(箱)是否存在变形及渗漏现象</td><td colspan="2">□不存在变形及渗漏现象</td><td rowspan="3"></td></tr>
<tr><td colspan="2">□存在变形现象</td></tr>
<tr><td colspan="2">□存在渗漏现象</td></tr>
<tr><td colspan="2" rowspan="2">室内消防栓(箱)的手轮是否完好</td><td colspan="2">□手轮完好</td><td rowspan="2"></td></tr>
<tr><td colspan="2">□手轮不完好</td></tr>
</table>

续表

巡检对象	巡检内容	状态记录	情况说明
消防栓(箱)的巡检	室内消防栓(箱)的栓口内有无杂物	□有杂物	
		□无杂物	
	室内消防栓(箱)的消防软管卷盘是否破损	□破损	
		□无破损	
	室内消防栓(箱)的消防水嘴是否存在锈蚀现象	□存在锈蚀现象	
		□不存在锈蚀现象	
	室内消防栓(箱)的消防水带及消防水枪配置是否齐全	□消防水带及消防水枪配置齐全	
		□消防水带配置不齐全	
		□消防水枪配置不齐全	
	室外消防栓是否存在锈蚀及漏水现象	□不存在锈蚀及漏水现象	
		□存在锈蚀现象	
		□存在漏水现象	
	室外消防栓是否有防寒措施	□有防寒措施	
		□无防寒措施	
	室外消防栓的标识是否清晰	□标识清晰	
		□标识不清晰	
灭火器的巡检	灭火器箱的封条是否完好	□完好	
		□不完好	
	灭火器箱内外有无灰尘	□有灰尘	
		□无灰尘	
	灭火器箱内外是否存在碎屑、纸屑等杂物	□无碎屑及纸屑	
		□有碎屑	
		□有纸屑	
	灭火器箱是否存放在指定标识场所的水平直角处	□存放在指定标识场所的水平直角处	
		□未存放在指定标识场所的水平直角处	
	灭火器箱周围 1 m 范围内是否存放其他物资(物品)	□未存放其他物资(物品)	
		□存放其他物资(物品)	
	灭火器箱的编号标签及箱内检查记录表是否完好无损	□编号标签及检查记录表完好无损	
		□编号标签损坏	
		□检查记录表损坏	
自动喷水灭火系统的巡检	喷头的外观是否完好	□完好	
		□不完好	
	喷头与周边障碍物(或被保护的对象)的距离是否符合规范	□符合规范	
		□不符合规范	
	喷头能否正常工作	□能正常工作	
		□不能正常工作	
	报警阀组的外观是否完好	□完好	
		□不完好	

续表

巡检对象	巡检内容	状态记录	情况说明
自动喷水灭火系统的巡检	报警阀组能否正常工作	□能正常工作	
		□不能正常工作	
	排水设施是否畅通	□畅通	
		□不畅通	
	排水设施在系统需要时能否及时启动	□能及时启动	
		□不能及时启动	
	末端试水装置以及试水阀能否正常工作	□能正常工作	
		□不能正常工作	
	末端试水装置以及试水阀的现场环境是否符合要求	□符合要求	
		□不符合要求	
	系统用电设备的电源能否正常供电，能否在系统需要时提供足够的电力支持	□能正常供电且在系统需要时能提供足够的电力支持	
		□能正常供电但在系统需要时不能提供足够的电力支持	
		□不能正常供电	
故障记录：			
检查人签字：	班组成员签字：	班组长签字：	
注意事项	1.“状态记录”据检查的实际情况在相应的□内打“√”。 2.“故障记录”栏填写巡检时发现的问题，确保填写规范、问题描述清楚，字迹书写清晰。 3. 签字处需填写相关人员的全名，不得代签及涂改。 4. 作业内容以表格所示范围为准，未呈现的内容不设故障，按照作业顺序进行		

任务评价

任务评价表见表 8-6。

表 8-6　城市轨道交通自动灭火系统相关设备巡检任务评价表

【考评单】城市轨道交通自动灭火系统相关设备巡检		日期：	
姓名：	学号：	班级：	教师签名：
自我评价	互相评价	教师评价	
□熟练　□一般　□不熟练	□熟练　□一般　□不熟练	□熟练　□一般　□不熟练	
日期：	日期：	日期：	

城市轨道交通自动灭火系统相关设备巡检【评分细则】

序号	评分项	得分条件	分值	自我评价	互相评价	教师评价
1	接受任务	明确工作任务，理解任务在现场工作中的重要程度	5			
2	知识评价	本次巡检前需要掌握的知识程度	5			
3	能力评价	能正确掌握 FAS 气瓶室的巡检内容及标准	15			
		能正确掌握消防栓（箱）的巡检内容及标准	15			

续表

序号	评分项	得分条件	分值	自我评价	互相评价	教师评价
3	能力评价	能正确掌握灭火器的巡检内容及标准	15			
		能正确掌握自动喷水灭火系统的巡检内容及标准	15			
4	素养评价	操作计划性强，安排得当	5			
		团队合作能力强，善于沟通	5			
		自主学习能力强，勇于克服困难	5			
		严谨认真，积极参与现场教学	5			
5	评价反馈	学生能快速、准确地进行相关操作，以小组评价方式组织客观评价	5			
		对学生在任务实施过程中发现的问题进行小组审议后及时反馈	5			
6	得　分		100			

任务三　操作城市轨道交通自动灭火系统

任务目标

1. 知识目标

①掌握自动联动状态下气体自动灭火系统的操作；

②掌握手动联动状态下气体自动灭火系统的操作；

③掌握灭火器的使用操作。

2. 能力目标

①能够描述自动联动状态下气体自动灭火系统的运行方式、火警确认方式以及自动联动状态下气体自动灭火系统的操作；

②能够描述手动联动状态下气体自动灭火系统的运行方式、火警确认方式以及自动联动状态下气体自动灭火系统的操作；

③能够描述灭火器（手提式干粉灭火器、90 kg 推车式干粉灭火器、手提式二氧化碳灭火器以及清水灭火器）实施灭火的步骤。

3. 素养目标

①培养安全操作的责任意识；

②培养紧急情况下的应变素质；

③培养认真细致的工作作风。

任务描述

操作自动灭火系统在城市轨道交通自动灭火系统运营过程中十分必要，要求归纳出自动联动状态下气体自动灭火系统、手动联动状态下气体自动灭火系统以及灭火器的操作步骤及注意事项，具备操作城市轨道交通自动灭火系统的常用技能。

知识链接

气体自动灭火系统有两种联动状态，分别是手动联动状态和自动联动状态。目前，绝大部分车站的联动状态均为手动联动状态。在手动联动状态下,现场有火情时只会在气体自动灭火系统控制主机上进行报警并将该信号传递至 FAS 系统但不会联动任何设备以便喷放气体进行灭火;在该状态下若要启动气体自动灭火系统进行灭火,则必须按下相应防护区的灭火控制单元上的“手动释放”按钮。

一、自动联动状态下气体自动灭火系统的操作

说明:以下操作流程以京州地铁运营有限责任公司自动灭火系统为例,其他地铁运营有限责任公司关于自动灭火系统的操作流程不尽相同。

1. 自动联动状态下气体自动灭火系统的运行方式

①气体自动灭火系统应 24 h 处于正常工作状态。

②火灾报警控制主机处于自动状态。

③各防护区门口处的灭火控制单元应满足的条件如下:

a.“功能隔离”旋钮处于“正常”位置。当有人员进入保护区时,应将“功能隔离”旋钮转至“隔离”位置;当人员离开防护区后,再将“功能隔离”旋钮转至“正常”位置。

b. 灭火控制单元上只有电源显示灯亮起。

2. 自动联动状态下气体自动灭火系统的火警确认方式

(1)自动确认方式

防护区内的感烟探测器及感温探测器均报火警后,系统自动确认火警(同时将火警信号报送至气体自动灭火系统控制主机上和图形监视工作站计算机上,此时需值班人员将气体自动灭火系统切换到自动状态)。

(2)手动确认方式

手动确认方式需在灭火控制单元(设置在防护区入口门的外侧)上操作,在有人员按下“手动释放”按钮后系统便自动确认火警(同时将火警信号报送至气体自动灭火系统控制主机上和图形监视工作站计算机上,此时需值班人员将气体自动灭火系统切换到自动状态)。

3. 自动联动状态下气体自动灭火系统的操作

(1)自动控制操作

①系统自动确认火警经 30 ~ 40 s 后,该防护区的气体释放。

②在气体自动灭火系统控制主机上手动确认火警后,系统延时 30 ~ 40 s 便在该防护区内进行气体释放。

注意:必确保灭火控制单元的“功能隔离”旋钮处于“正常”位置,否则气体不会喷放。

(2)灭火控制单元的手动控制操作

在自动控制操作无法实现气体释放时,按下灭火控制单元上的“手动释放”按钮,经系统延时 30 ~ 40 s 后,该防护区内的气体释放。

注意:必确保灭火控制单元的“功能隔离”旋钮处于“正常”位置,否则气体不会喷放。

(3)应急机械手动操作

在防护区内发生火情且自动控制操作和灭火控制单元的手动控制操作均无法正常进行时,应采用应急机械手动操作。具体步骤如下:

①立即通知有关人员迅速撤离现场并在气体自动灭火系统控制主机上启动相应的火灾联动模式。

②拔出相应防护区的启动气体钢瓶电磁阀头上的止动簧片,下压手柄,开启电磁瓶头阀,释放启动气体,启动气体开启选择阀及灭火剂瓶的瓶头阀,释放灭火剂以实施灭火。如果此时启动气体钢瓶的电磁阀头在维修中(或启动气体钢瓶在充换氮气而不能正常工作时)可打开相应防护区

的选择阀手柄以便打开选择阀,之后用灭火剂钢瓶的瓶头阀手柄打开瓶头阀以释放灭火剂灭火(一般情况下,不推荐使用该方法)。

二、手动联动状态下气体自动灭火系统的操作

1. 手动联动状态下气体自动灭火系统的运行方式

①气体自动灭火系统应24 h处于正常工作状态。

②火灾报警控制主机处于自动状态。

③各防护区门口处的灭火控制单元应满足的条件如下:

a.“功能隔离”旋钮处于“正常”位置。当有人员进入保护区时,应将“功能隔离”旋钮转至“隔离”位置;当人员离开防护区后,再将“功能隔离”旋钮转至“正常”位置。

b. 灭火控制单元上只有电源显示灯亮起。

2. 手动联动状态下气体自动灭火系统的火警确认方式

(1)自动确认方式

防护区内的感烟探测器及感温探测器均报火警后,系统自动确认火警(同时将火警信号报送至气体自动灭火系统控制主机上和图形监视工作站计算机上,此时需值班人员将气体自动灭火系统切换到自动状态)。

(2)手动确认方式

手动确认方式需在灭火控制单元(设置在防护区入口门的外侧)上操作,在有人员按下“手动释放”按钮后系统便自动确认火警(同时将火警信号报送至气体自动灭火系统控制主机上和图形监视工作站计算机上,此时需值班人员将气体自动灭火系统切换到自动状态)。

3. 手动联动状态下气体自动灭火系统的操作

(1)在火灾报警控制主机上的手动控制操作

①系统自动确认火警后,在火灾报警控制主机上将“手动”状态切换成“自动”状态,经30~40 s延时后,该防护区的气体释放。

②在气体自动灭火系统控制主机上手动确认火警后,系统延时30~40 s便在该防护区内进行气体释放。

注意:必确保灭火控制单元的“功能隔离”旋钮处于“正常”位置,否则气体不会喷放。

(2)灭火控制单元的手动控制操作

①系统自动确认火警(防护区内的感烟探测器及感温探测器均报火警后,系统自动确认火警)后,需人员按下灭火控制单元的“手动释放”按钮,系统延时30~40 s后便在该防护区内进行气体释放。

②手动确认火警(因有人员在灭火控制单元上按下“手动释放”按钮后而引发的系统自动确认火警,同时将火警信号报送至气体自动灭火系统控制主机上和图形监视工作站计算机上,此时需值班人员将气体自动灭火系统切换到自动状态)后,延时30~40 s后该防护区内的气体释放。

注意:必确保灭火控制单元的“功能隔离”旋钮处于“正常”位置,否则气体不会喷放。

(3)应急机械手动操作

在防护区内发生火情且自动控制操作和灭火控制单元的手动控制操作均无法正常进行时,应采用应急机械手动操作。具体步骤如下:

①立即通知有关人员迅速撤离现场并在气体自动灭火系统控制主机上启动相应的火灾联动模式。

②拔出相应防护区的启动气体钢瓶电磁阀头上的止动簧片,下压手柄,开启电磁瓶头阀,释放启动气体,启动气体开启选择阀及灭火剂瓶的瓶头阀,释放灭火剂以实施灭火。如果此时启动气

体钢瓶的电磁阀头在维修中(或启动气体钢瓶在充换氮气而不能正常工作时)可打开相应防护区的选择阀手柄以便打开选择阀,之后用灭火剂钢瓶的瓶头阀手柄打开瓶头阀以释放灭火剂灭火(一般情况下,不推荐使用该方法)。

三、灭火器的使用操作

视频 灭火器的分类方式

1. 灭火器的用途

灭火器主要用于扑灭初起的火灾及控制火势的蔓延。不同种类的灭火器专为不同起因的火灾而设计,其内部填装的成分并不相同。使用灭火器进行灭火时,一定要选择合适的灭火器类型以免产生反向效果而引发危险。

2. 灭火器的类型

视频 灭火器的分类和适用

灭火器的类型较多,常见的灭火器有以下四种:

(1)干粉灭火器

干粉灭火器适用于易燃、可燃的液体(或气体)以及带电设备引发的初起火灾,干粉灭火器药剂的主要成分是碳酸氢钠或磷酸氢二铵,其反应原理分别如下:

$$NaHCO_3 \rightarrow Na_2CO_3\text{(白色粉末状固体)} + H_2O + CO_2\text{(气体)}$$

$$(NH_4)_2HPO_4 \rightarrow NH_3\text{(气体)} + H_2O + P_5O_2\text{(白色粉末状固体)}$$

(2)二氧化碳灭火器

视频 灭火器的灭火机理和使用范围

二氧化碳灭火器的结构简单,操作灵活,使用方便,具有灭火速度快、灭火效率高、可连续性(或间歇性)喷射等优点。二氧化碳灭火器灭火后不会污染物质,也不会留下任何灭火的痕迹。二氧化碳灭火器适用于扑救油类、易燃液体、固体有机物及电气设备引发的初起火灾。

(3)泡沫灭火器

泡沫灭火器的内部有两个容器,分别装有 $Al_2(SO_4)_3$溶液和 $NaHCO_3$ 溶液,通常情况下这两种溶液互不接触,也不会发生化学反应。当需要使用泡沫灭火器进行扑灭火灾时,把灭火器倒立使得这两种液体混合,立刻产生大量的二氧化碳气体、泡沫以及水分,这些物质将黏附在可燃物的表面,使可燃物与空气隔绝以达到灭火的目的。泡沫灭火器的灭火效果不如二氧化碳灭火器的灭火效果。泡沫灭火器主要适用于扑救各种油类火灾以及木材、橡胶等固体可燃物引发的火灾。泡沫灭火器的反应原理如下:

视频 灭火器的命名规则

$$Al_2(SO_4)_3 + NaHCO_3 \rightarrow Al(OH)_3\text{(白色絮状)} + CO_2\text{(气体)} + Na_2SO_4$$

(4)清水灭火器

视频 灭火器的内部构造

清水灭火器中充装清洁的水作为灭火剂。为提高该灭火器的灭火性能,通常会在清水中加入适量的添加剂(如抗冻剂、润湿剂及增黏剂等)。国产的清水灭火器采用贮气瓶加压的方式(加压的气体通常为液态二氧化碳)。清水灭火器主要适用于扑救纸张、木材以及纺织品等引发的 A 类火灾。

3. 灭火器的使用操作

(1)选择灭火器

①根据着火物质和燃烧的场景选择与之相适应的灭火器;

②识别灭火器的型号,确保所选的灭火器类型正确。

(2)检查灭火器

①检查灭火器的压力范围(见图 8-27)是否正常;

②检查灭火器的有效期是否符合要求。

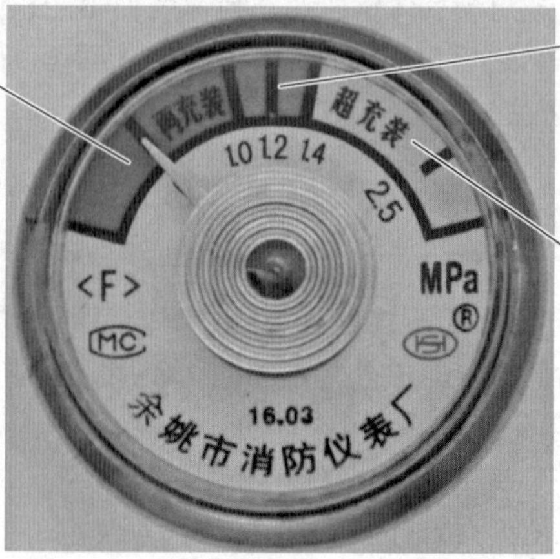

图 8-27　灭火器的压力范围

(3)实施灭火

①手提式干粉灭火器实施灭火：

注意：灭火时，灭火者应站在燃烧物的“上风口”位置；扑灭液体火灾时，不能直接射向着火液面，应采用“由远及近”的方式在到达燃烧物约 1 m 的位置处左右快速摆动（切割火源），覆盖燃烧面；在扑灭 A 类火灾时，先采用“由上至下”的方式压制火焰后再对燃烧物进行“上、下、左、右、前、后”进行喷射灭火剂以防复燃；干粉灭火器不适用于扑救电压超过 50 kV 的带电体火灾。

步骤一：摇。摇动灭火器，防止灭火器内部的灭火剂凝固而影响灭火效果，如图 8-28 所示。

步骤二：拔。拔掉铅封及保险栓，如图 8-29 所示。

步骤三：瞄。瞄准火焰根部，如图 8-30 所示。

图 8-28　摇动灭火器

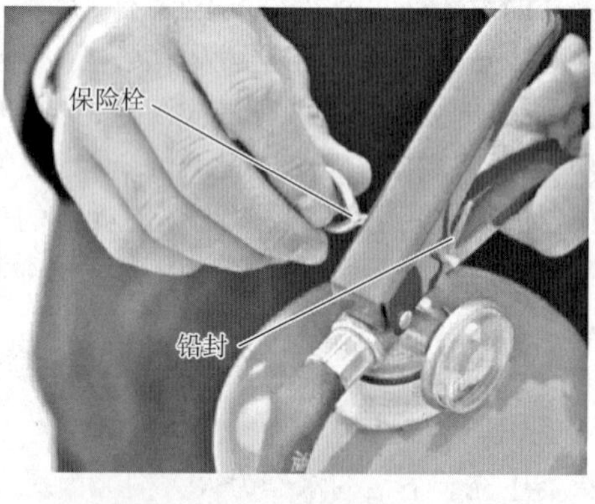

图 8-29　拔掉铅封及保险栓

图 8-30　瞄准火焰根部

步骤四:压。压下灭火器手柄,如图 8-31 所示。

步骤五:扫。左右扫射燃烧物,如图 8-32 所示。

图 8-31　压下灭火器手柄

图 8-32　左右扫射燃烧物

②90 kg 推车式干粉灭火器实施灭火:

注意:90 kg 推车式干粉灭火器(见图 8-33)实施灭火时,应双人配合操作。

步骤一:火灾时,两人将该灭火器拉送至着火点 6～10 m 处。

步骤二:将推车式干粉灭火器上下晃动几次,使灭火器内的干粉预先松动。

步骤三:一人迅速展开消防软管至喷射有效位置,紧握喷枪呈立射姿势(前腿弓、后腿蹬)对准燃烧物。

步骤四:另一人快速除掉铅封并拔出保险销,向上提起阀门提把 90°以便打开阀门。

步骤五:之前的一人打开喷枪阀门,站在火焰的上风口约 5 m 处对准火焰根部进行喷射,不断向前靠近火焰并左右摆动喷枪使得灭火剂覆盖整个燃烧物直至火焰熄灭。

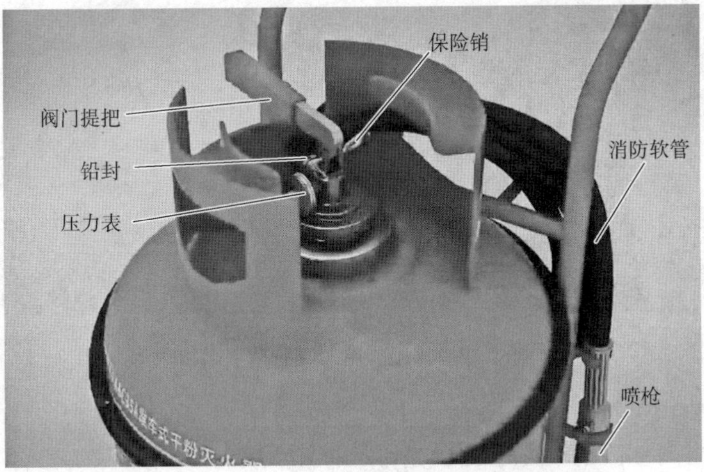

图 8-33　90 kg 推车式干粉灭火器

③手提式二氧化碳灭火器实施灭火:

注意:使用手提式二氧化碳灭火器的过程中须戴上手套,禁止操作人员裸手抓握喇叭喷筒的外壁,以免手部冻伤(因二氧化碳喷出时,其温度较低)。灭火过程中,距离燃烧物的距离不应超出灭火器的有效射程,否则不能有效灭火;室外灭火时,不能站在火焰的“下风口”处,以免被烧伤或冻伤;灭火过程中,“压把”应始终保持在下压状态而不能放开,否则会中断灭火剂喷射而影响灭火效果;在狭小密闭的空间使用二氧化碳灭火器喷射后,应立即离开此空间,以免窒息。

步骤一:握住二氧化碳灭火器的提把,手提灭火器快速赶赴火灾现场,如图 8-34 所示。

步骤二:除去铅封,拔掉保险销,如图 8-35 所示。

步骤三:站在火焰的“上风口”(或斜上方向)2 m 处左右,一只手将“压把”用力下压,另一只手握住喇叭喷筒尾部的握柄使其对准火焰的根部左右摆动扫射并且随着灭火剂射程的缩短而进一步靠近燃烧物实施灭火,直至火焰熄灭,如图 8-36 所示。

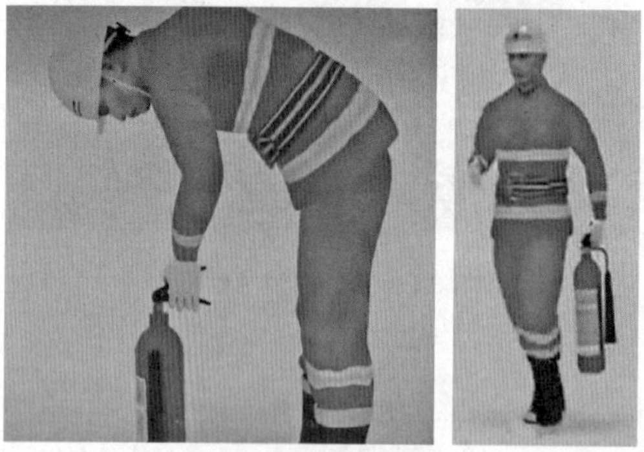

图 8-34　手握灭火器提把提起灭火器快速赶赴火灾现场

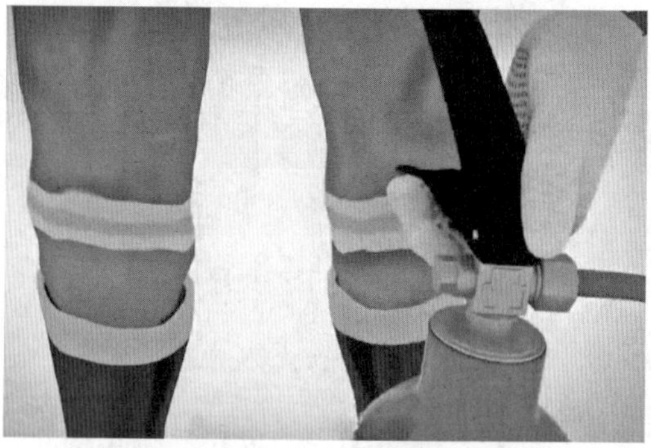

图 8-35　除去铅封并拔掉保险销

图 8-36　对准火焰的根部左右摆动扫射灭火

④清水灭火器实施灭火:

步骤一:因带电体引发的火灾时,必须先切断电源后方可采用清水灭火器实施灭火(严禁带电状态下采用该灭火器灭火,以免触电)。

步骤二:将清水灭火器提至距离燃烧物 5 m 左右的位置,然后除去铅封并拔掉保险销。

步骤三:一只手握住喷嘴,另一只手将“压把”按下使得空气泡沫从喷嘴喷出。

步骤四:待空气泡沫从喷嘴喷出后将喷嘴对准火焰的最旺处并保持灭火器处于“垂直状态”直至火焰熄灭。

任务书

根据“知识链接”的相关内容，登录城市轨道交通自动灭火系统虚拟仿真实训平台，进行城市轨道交通自动灭火系统的模拟操作，作业时间 30 min，作业任务书见表 8-7。

表 8-7　城市轨道交通自动灭火系统模拟操作作业任务书

<table>
<tr><td>作业任务</td><td>城市轨道交通自动灭火系统的模拟操作</td><td>日　期</td><td colspan="3"></td></tr>
<tr><td>班　组</td><td></td><td>计划开始时间</td><td></td><td>实际开始时间</td><td></td></tr>
<tr><td>组　长</td><td></td><td>计划完成时间</td><td></td><td>实际完成时间</td><td></td></tr>
<tr><td>作业地点</td><td colspan="5"></td></tr>
<tr><td>作业内容</td><td colspan="5"></td></tr>
<tr><td>作业过程中督查意见</td><td colspan="5"></td></tr>
</table>

任务分组

学生任务分组见表 8-8。

表 8-8　学生任务分组表

<table>
<tr><td>班　级</td><td colspan="2"></td><td>日　期</td><td></td></tr>
<tr><td>班　组</td><td colspan="2"></td><td>组　长</td><td></td></tr>
<tr><td rowspan="5">班组成员</td><td>姓　名</td><td>任务角色</td><td colspan="2">任务分工</td></tr>
<tr><td></td><td></td><td colspan="2"></td></tr>
<tr><td></td><td></td><td colspan="2"></td></tr>
<tr><td></td><td></td><td colspan="2"></td></tr>
<tr><td></td><td></td><td colspan="2"></td></tr>
</table>

任务实施

作业单见表 8-9。

表 8-9　城市轨道交通自动灭火系统的操作作业单

<table>
<tr><td>班　级</td><td></td><td>姓　名</td><td></td><td>班　组</td><td></td></tr>
<tr><td>起始时间</td><td></td><td>终止时间</td><td></td><td>实际用时</td><td></td></tr>
<tr><td>操作对象</td><td colspan="3">操作类型</td><td colspan="2">操作步骤</td></tr>
<tr><td rowspan="10">气体自动灭火系统</td><td rowspan="5">自动联动状态下气体自动灭火系统的操作</td><td rowspan="3">运行方式</td><td></td><td colspan="2" rowspan="5">自动控制操作：

灭火控制单元的手动控制操作：

应急机械手动操作：</td></tr>
<tr><td></td></tr>
<tr><td>各防护区门口处的灭火控制单元应满足的条件如下：
①“功能隔离”旋钮处于“正常”位置。当有人员进入保护区时，应将“功能隔离”旋钮转至“隔离”位置；当人员离开防护区后，再将“功能隔离”旋钮转至“正常”位置。
②灭火控制单元上只有电源显示灯亮起</td></tr>
<tr><td rowspan="2">火警确认方式</td><td>自动确认方式：</td></tr>
<tr><td>手动确认方式：</td></tr>
<tr><td rowspan="5">手动联动状态下气体自动灭火系统的操作</td><td rowspan="3">运行方式</td><td></td><td colspan="2" rowspan="5">在火灾报警控制主机上的手动控制操作：

灭火控制单元的手动控制操作：

应急机械手动操作：</td></tr>
<tr><td></td></tr>
<tr><td>各防护区门口处的灭火控制单元应满足的条件如下：
①“功能隔离”旋钮处于“正常”位置。当有人员进入保护区时，应将“功能隔离”旋钮转至“隔离”位置；当人员离开防护区后，再将“功能隔离”旋钮转至“正常”位置。
②灭火控制单元上只有电源显示灯亮起</td></tr>
<tr><td rowspan="2">报警方式</td><td>自动确认方式：</td></tr>
<tr><td>手动确认方式：</td></tr>
</table>

续表

操作对象	操作类型	操作步骤
灭火器	手提式干粉灭火器实施灭火的操作	步骤一：
		步骤二：
		步骤三：
		步骤四：
		步骤五：
	90 kg 推车式干粉灭火器实施灭火的操作	步骤一：
		步骤二：
		步骤三：
		步骤四：
		步骤五：
	手提式二氧化碳灭火器实施灭火的操作	步骤一：
		步骤二：
		步骤三：
	清水灭火器实施灭火的操作	步骤一：
		步骤二：
		步骤三：
		步骤四：

任务评价

任务评价表见表 8-10。

表 8-10　城市轨道交通自动灭火系统的操作任务评价表

<table>
<tr><td colspan="3">【考评单】城市轨道交通自动灭火系统的操作</td><td colspan="4">日期：</td></tr>
<tr><td colspan="2">姓名：</td><td>学号：</td><td colspan="2">班级：</td><td colspan="2" rowspan="4">教师签名：</td></tr>
<tr><td colspan="2">自我评价</td><td>互相评价</td><td colspan="2">教师评价</td></tr>
<tr><td colspan="2">□熟练　□一般　□不熟练</td><td>□熟练　□一般　□不熟练</td><td colspan="2">□熟练　□一般　□不熟练</td></tr>
<tr><td colspan="2">日期：</td><td>日期：</td><td colspan="2">日期：</td></tr>
<tr><td colspan="7">城市轨道交通自动灭火系统的操作【评分细则】</td></tr>
<tr><th>序号</th><th>评分项</th><th>得分条件</th><th>分值</th><th>自我评价</th><th>互相评价</th><th>教师评价</th></tr>
<tr><td>1</td><td>接受任务</td><td>明确工作任务，理解任务在现场工作中的重要程度</td><td>6</td><td></td><td></td><td></td></tr>
<tr><td>2</td><td>知识评价</td><td>本次处置操作前需要掌握的知识程度</td><td>6</td><td></td><td></td><td></td></tr>
</table>

续表

序号	评分项	得分条件	分值	自我评价	互相评价	教师评价
3	能力评价	能掌握自动联动状态下气体自动灭火系统的操作步骤	15			
		能掌握手动联动状态下气体自动灭火系统的操作步骤	15			
		能掌握手提式干粉灭火器实施灭火的操作步骤	8			
		能掌握 90 kg 推车式干粉灭火器实施灭火的操作步骤	8			
		能掌握手提式二氧化碳灭火器实施灭火的操作步骤	8			
		能掌握清水灭火器实施灭火的操作步骤	8			
4	素养评价	操作计划性强，安排得当	4			
		团队合作能力强，善于沟通	4			
		自主学习能力强，勇于克服困难	4			
		严谨认真，积极参与现场教学	4			
5	评价反馈	学生能快速、准确地进行相关操作，以小组评价方式组织客观评价	5			
		对学生在任务实施过程中发现的问题进行小组审议后及时反馈	5			
6	得　　分		100			

项目测试

文本

项目测试

项目九

城市轨道交通车站给排水系统

项目描述

城市轨道交通车站给排水系统的功能是满足车站的生产用水、生活用水以及消防用水对水量、水质和水压的要求，保证车站(含车辆段)的排水通畅，为城市轨道交通的安全运营提供服务。同时，对车站(含车辆段)的生活污水和生产废水进行收集和处理，在达到排放标准后排至市政排水系统。

车站给排水系统由给水系统和排水系统两部分组成。给水系统是由生产给水系统、生活给水系统和消防给水系统组成的；排水系统是由污水排水系统、废水排水系统和雨水排水系统组成的。因消防给水系统与火灾自动报警系统以及自动灭火系统密切关联。《消防给水及消防栓系统技术规范》规定消防给水应由消防系统进行统一的控制。

本项目主要引导学生掌握车站给排水系统、车辆段给排水系统的组成及功能。

项目知识导图

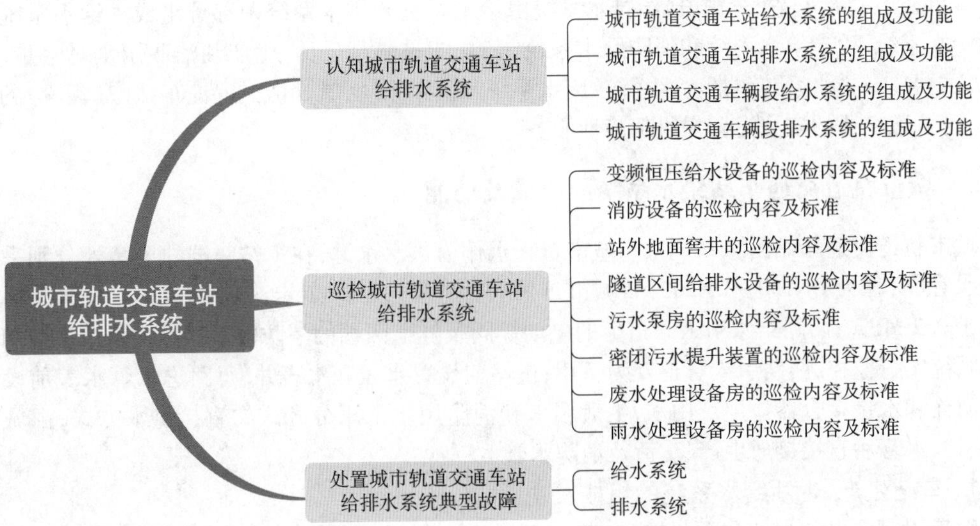

任务一 认知城市轨道交通车站给排水系统

任务目标

1. 知识目标

①掌握城市轨道交通车站给水系统的组成及功能；

②掌握车站排水系统的组成及功能；

③掌握车辆段给水系统的组成及功能；

④掌握车辆段排水系统的组成及功能。

2. 能力目标

①能够描述城市轨道交通车站给水系统的组成及功能；

②能够描述车站排水系统的组成及功能；

③能够描述车辆段给水系统的组成及功能；

④能够描述车辆段排水系统的组成及功能。

3. 素养目标

①培养学习新知识的能力；

②培养职业素养；

③培养大国工匠精神。

任务描述

城市轨道交通车站给排水系统在列车运营的过程中扮演着不可或缺的角色，要求归纳出城市轨道交通车站给水系统、车站排水系统、车辆段给水系统以及车辆段排水系统的组成及功能，具备城市轨道交通车站给排水系统的常用知识。

知识链接

城市轨道交通车站（车辆段）给排水系统由给水系统和排水系统两部分组成。给水系统包括生活给水系统、生产给水系统和消防给水系统，其功能是满足生活、生产和消防用水对水量、水质和水压的要求；排水系统包括污水系统、废水系统和雨水系统，其功能是保证车站（车辆段）的排水畅通，为轨道交通的安全运营提供保障性服务。

一、城市轨道交通车站给水系统的组成及功能

城市轨道交通车站给水系统采用城市自来水作为供水水源，在车站两端的风亭处分别采用两路进水管（管径为 DN150 ~ DN200）将城市自来水引进车站，与城市自来水的接管点处水压要求应不低于0.2 MPa。两路给水引入管道上的电动蝶阀及隧道两端的消防电动蝶阀均由车站控制室的BAS 系统实行监控，两路引入管道互为备用；进站前设置水表和水表井，每路进水管水表前设置室外消防栓和水泵接合器。生产用水、生活用水和消防用水采用分开式的直接供水方式，由城市自来水引入水管后直接接通生产、生活及消防水管。

1. 车站生产、生活给水系统的组成及功能

生产、生活给水系统由水源（城市自来水）、水池、水泵、水塔（水箱）、气压罐、管道、阀门和水龙头等组成，其功能是满足车站的生产及生活用水对水量、水质和水压的要求。城市轨道交通车站的用水量包括车站工作人员的生活用水量、车站冲洗用水量以及环控系统所需的冷却补充水用水量。

(1)用水量标准

车站工作人员的生活用水量为 50 L/班·人,时变化系数为 2.5;冲洗用水量为 3 L/m^2·次,冷却补充水用水量按循环水量的 2% 计算。

(2)进/出车站的管道布置

给排水管道不能穿过连续墙(城市轨道交通车站的连续墙厚度近 1 m,预留空洞会给结构工程带来不便),宜在出入口或风井部位布置。

(3)管道绝缘

城市轨道交通车辆大多采用接触网供电,给排水管道要防止这种直流牵引供电系统的杂散电流对其造成的腐蚀。进/出车站的给排水管道均需进行绝缘处理后方可引入或引出(可在车站的给排水管道靠车站主体的外侧安装 1 m 长的绝缘短管)。

(4)管材

要防止杂散电流对给排水管道的腐蚀。一般情况下,生产、生活给水管应采用管径小于或等于 DN100 的新型塑料管,在管径大于 DN100 时应选用镀锌钢管或可延性的铸铁管。

(5)生产、生活给水管线的布置注意事项

①给水管道严禁跨越通信和电气设备用房;

②给水干管的最低处设置泄水阀,最高处设置排气阀(排气阀一般设于设备用房端部没有吊顶的部位);

③给水干管穿越沉降缝时,宜设置波纹伸缩器。

(6)冲洗栓箱的设置

城市轨道交通运营中需对车站进行清扫,因此在站厅层及站台层的两端以及长度大于 20 m 的通道内均设置冲洗栓箱,暗敷于侧墙内。

(7)给水立管的设置

从站厅层至站台层的给水立管宜设置在端部的风井内,避免给水立管影响接触网供电系统。

2. 车站消防给水系统的组成及功能

消防给水系统由水源(城市自来水)、消防栓、水泵接合器、消防水泵、管道、阀门、消火栓(喷头)以及水流指示器等组成。车站的站厅、站台、区间隧道和设备区域均需按规范设置消防栓箱(含有手动报警按钮和电话插孔)。消防给水系统的管网压力在满足消防水压及水量的要求时,不必增设加压系统,否则需增设消防水泵进行加压。

车站的消防干管布置成环状,与区间的消防管网连接。根据消防要求,车站两路与市政供水管网连接的引水管道上设闸阀,水表前设室外消防栓。区间消防水管的端头设电动蝶阀和手动蝶阀旁路,平时电动蝶阀关闭,手动蝶阀开启 2%;一旦区间发生火灾,BAS 系统会开启电动蝶阀以保证区间的消防水压及水量。

消防栓(见图 9-1)为消防车提供水源。根据环境条件的不同,消防栓可分为地上式消防栓、地下式消防栓和墙壁式消防栓三种类型。水泵接合器(见图 9-2)的一端由室内消防栓给水管网引至室外,另一端的井口可供消防车或移动水泵站加压向室内管网供水,保证在断电或消防水泵故障时的车站消防给水。水泵接合器与室外消防栓的距离在 15~40 m 内。

在进行消防灭火时,可直接从城市供水管网取水,不必设消防水池;若城市供水管网不能满足消防要求,则必须设消防水池(配备消防泵)。确定消防水池的容积时,按照自动喷水灭火系统的火灾延续时间 1 h 计,消防栓系统的火灾延续时间 2 h 计。消防栓给水系统经增压后在车站内形成环网,区间隧道的消防供水由相邻车站的消防栓管网引入。消防栓给水系统的用水量按同一时间内发生一次火灾来考虑。消防栓的水压应保证水枪的充实水柱不小于 10 m,栓口处的静水压力不大于 80 MPa。消防栓给水系统的服务范围除车站本身外,还包括城市轨道交通两个车站之间的隧道和车站附属的各种连通通道。城市轨道交通两车站之间的隧道和车站附属的各种连通通道内均需布置消防栓(若通道长度大于 25 m,则需布置消防栓;反之,不必布置消防栓)。

图 9-1　消防栓

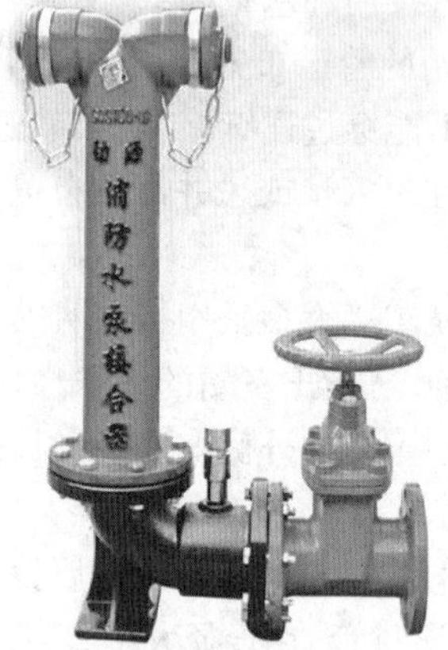

图 9-2　水泵接合器

消防给水系统的设置要求如下:

(1)消防栓的形式

根据城市轨道交通车站的建筑特点和不同的设置部位选用不同形式的消防栓箱。通常情况下,站厅层及连通通道选用单阀单出口的消防栓箱,站台层选用双阀双出口的消防栓箱。弯曲隧道内的消防栓箱宜设置在与轨道距离较远的内侧,隧道内的消防栓箱上应设有电话插孔,车站及折返线处的消防栓箱内应设有火灾报警按钮和消防泵起动按钮。

(2)消防栓箱的间距

按两股水柱均能到达任一着火点来布置。车站内的消防栓箱最大间距应为 50 m,折返线内的消防栓箱最大间距应为 50 m,区间内的消防栓箱最大间距应为 100 m。

(3)水泵接合器及室外消防栓的设置

城市轨道交通车站的出入口或通风亭的口部应设置水泵接合器,水泵接合器的 40 m 范围内设置室外消防栓。

(4)具备自动巡检功能

消防泵平时很少运行,为加强消防泵给水的可靠性,要求消防泵具有自动巡检功能。在设定的时间周期内能够自动地启动消防泵,对消防泵的运行情况进行检查,有利于及时了解消防泵的实际性能,解决消防泵的锈蚀问题,确保消防泵的良好工况。

二、城市轨道交通车站排水系统的组成及功能

1. 车站污水排放系统的组成及功能

车站污水排放系统流程图如图 9-3 所示,此系统主要由格栅井、集水井和生化池等组成。用排水管道将车站内的卫生间、盥洗室、茶水间的冲洗水等生活污水汇集到格栅井(见图 9-4,污水进入格栅后进行截留,将污水中直径大于 20 mm 的固体废物过滤掉)中,格栅井的污水在重力作用下进入集水井,后经潜水泵提升至生化池(通过生物方法,去除污水中的有机物)进行处理,最后排入城市污水管网中。

图 9-3　车站污水排放系统流程图

2. 车站废水排放系统的组成及功能

图 9-4　格栅井

此系统主要由格栅井和集水井等组成。用排水管道或排水沟将车站内的生产废水、消防废水和结构渗漏水汇集到格栅井(废水进入格栅后进行截留,将废水中直径大于 20 mm 的固体废物过滤掉)中,格栅井的废水在重力作用下进入集水井,后经潜水泵提升后排入城市污水管网中。

通常情况下,车站会设置一至两座污水泵房,车辆基地需设置废水泵房。每座泵房内设置两台潜水泵,平时互为备用,必要时两台并联使用。泵房设有就地水泵控制箱和液位浮球,根据集水井内的水位情况自动启动潜水泵进行排水。一般集水井内设有超低液位浮球(报警液位)、低液位浮球(停泵液位)、中液位浮球(单泵启动液位)、高液位浮球(双泵启动液位)和超高液位浮球(报警液位),浮球设置的数量会因水泵的台数或现场情况的不同而有所不同。泵房的水位情况及水泵的状态可通过车站控室 BAS 监控界面进行查看(见图 9-5)。

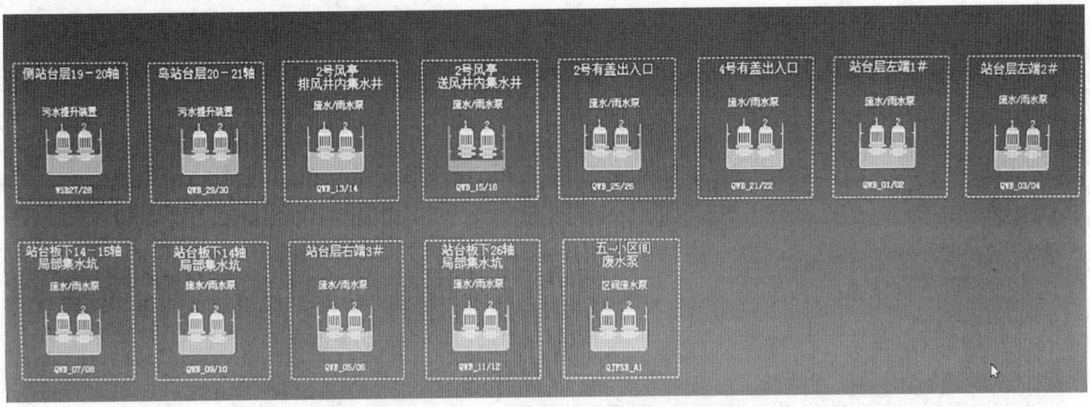

图 9-5　某车站泵房的水位情况及水泵状态显示

3. 车站雨水排放系统的组成和功能

车站雨水排放系统的组成和功能基本上和废水系统相同。区间隧道设置独立的排水系统,其泵房设在区间隧道的最低处。隧道排水系统是将结构渗漏水、冲洗废水及消防废水等通过线路排水沟集中到线路坡度最低处的排水泵房,然后排入城市雨水排放系统。局部排水系统是将自动扶梯的下机坑、折返线车辆检修坑以及车站盾构端头井等低洼处的集水通过排水泵排入城市雨水排放系统。

4. 车站排水系统的设置要求

(1)排水量标准

地铁车站工作人员的生活排水量按生活用水量的 90% 计,消防废水量与消防用水量相同计,冲洗排水量按 3 L/m^2 · 次计,结构渗漏水量按 1 L/m^2 · 昼夜计。

(2)排水点的设置

城市轨道交通车站大多数属于地下车站,污/废水一般不会自流排出,需用水泵提升后再排出,因此在设计时应周全考虑排水点。除各排水点汇流集中到泵房再由水泵提升后排入市政排水系统外,还需考虑出入口处电梯基坑的排水和站台底板下的结构渗漏水。为排除站台底板下的结构渗漏水，需在站台层的端部设置集水坑，坑内设潜污泵将积水定期提升后排至线路的排水沟内，再由该沟流至泵房的集水井内。

(3)排水泵

排水泵应采用自灌式排水泵，采用水位自动控制、就地控制和距离控制三种控制方式，要求在车站控制室显示排水泵的工作状态和水位信号。

(4)集水井有效容积的确定

确定集水井的有效容积时，既要防止增加工程造价，又要防止频繁启动水泵。废水泵房集水井的有效容积可按不小于 10 min 的渗水量与消防废水量之和来确定，但不得小于 30 m^3。污水泵房集水井的有效容积不应小于最大一台泵 5 min 的流量，但不得大于 6 h 的污水量，防止污水长时间停留而造成沉淀和腐化。

(5)设置排水泵房和雨水泵站

车站露天出入口的雨水不能自流排出时，宜单独设置排水泵房；地下铁道隧道洞口处的雨水宜采用自流排水，当不能自流排水时必须在洞口处设置雨水泵站。为保证地下铁道的安全运营，地下雨水泵站的暴雨重现期取 30 年。

(6)污水泵房及废水泵房的要求

污水泵房及废水泵房内应设置通气管道，与环控系统的空气管道连通，避免臭气污染其他房间。

三、城市轨道交通车辆段给水系统的组成及功能

城市轨道交通车辆段给水系统采用城市自来水作为供水水源，两路管径为 DN200 的进水管分别接在城市自来水管网的不同干管上，互为备用以保证供水的安全。城市轨道交通车辆段给水系统通常采用水泵-水塔联合的供水[城市自来水进入水池后，经水泵提升至水塔(或高位水箱)；再由水塔向车辆段内的室外给水管网供水，室内各用水点从室外环状给水管网引入]方式或变频恒压的供水(城市自来水进入水池后，由变频恒压给水设备直接送至车辆段室外的给水管网，室内各用水点从室外环状管网引入)方式。为保证供水的安全，无论采用哪种给水方式，室外给水管网均采用环状。

1. 车辆段生活、生产给水系统的组成及功能

车辆段生活、生产给水系统主要由供水水源、贮水池、加压泵站、水塔、管道、阀门、气压罐及水龙头等设备或构筑物组成，一般采用枝状管网。本系统的功能是满足车辆段生活、生产用水对水量、水质和水压的要求。水泵-水塔联合供水主要流程图如图 9-6 所示，变频恒压供水主要流程图如图 9-7 所示。

图 9-6　水泵-水塔联合供水主要流程图

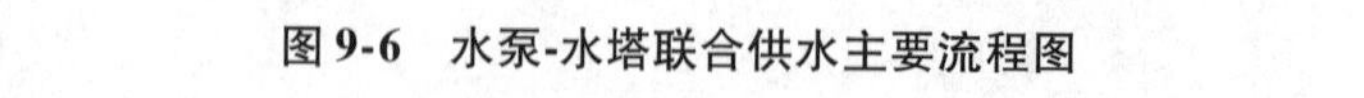

图 9-7　变频恒压供水主要流程图

2. 车辆段消防给水系统的组成及功能

车辆段消防给水系统主要由供水水源、贮水池、消防水箱、水泵、水塔、管道、阀门、气压罐及消防栓等设备或构筑物组成，一般采用环状管网。车辆段消防给水系统的功能是当车辆段内发生火灾时，提供满足消防需求的水量和水压。

四、城市轨道交通车辆段排水系统的组成及功能

车辆段排水系统包含车辆段污水排放系统、废水排放系统和雨水排放系统，采用分流制的排水方式，具体如下：

1. 车辆段污水排放系统的组成及功能

车辆段的污水包括卫生间、盥洗室、茶水间的冲洗水以及食堂的生活污水，经格栅井、集水井和化粪池（处理粪便并加以过滤沉淀，防止管道堵塞，同时对污泥进行厌氧消化）简单处理后排入车辆段内污水处理站的调节池（对污水的 pH 值进行调节，使其达到预处理的标准），经潜水泵提升至污水处理一体化设备，经过厌氧（在厌氧区内进行）、缺氧（在缺氧区内进行，通过反硝化反应来去除污水中的氮）、好氧（在好氧区内进行，通过硝化反应来去除污水中的磷）和消毒处理达标后，排入附近的河流。车辆段污水排放系统流程图如图 9-8 所示。

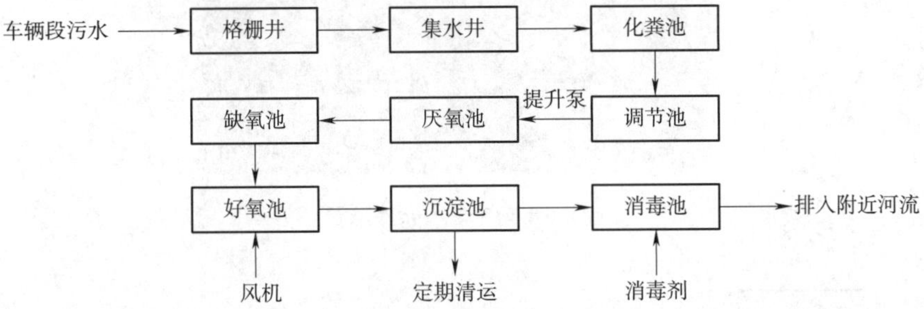

图 9-8　车辆段污水排放系统流程图

2. 车辆段废水排放系统的组成及功能

车辆段的废水包括淋浴废水、机车维修及洗车的含工业油废水、餐厅的含食用油废水等。淋浴废水排入毛发聚集井，餐厅的废水和机车维修及洗车的废水就近排入隔油池（见图 9-9），经简单处理后统一排入沉淀池（通常投入 PAC 聚合氯化铝和 PAM 聚丙烯酰胺），经潜水泵提升至气浮水处理装置（见图 9-10）处理达标后排入附近河流。车辆段废水排放系统流程图如图 9-11 所示。

视频

气浮水处理装置工作原理

图 9-9　隔油池

3. 车辆段雨水排放系统的组成及功能

车辆段雨水排放系统的组成及功能与车站雨水排放系统的组成及功能基本上相同。

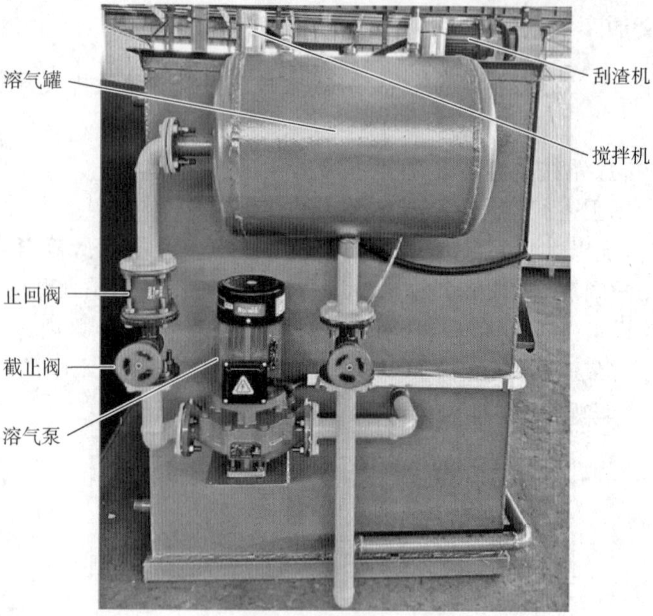

图 9-10　气浮水处理装置

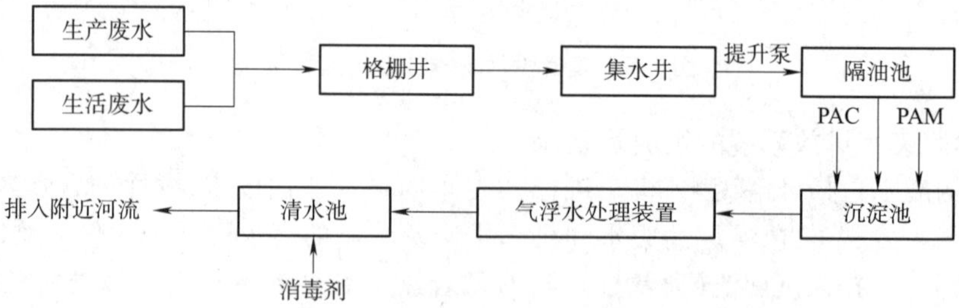

图 9-11　车辆段废水排放系统流程图

任务实施

任务工单见表 9-1。

表 9-1　认知城市轨道交通车站给排水系统任务工单

姓　名		学　号	
专　业		指导教师	
小组成员及分工			
任务目标	①掌握城市轨道交通车站给排水系统的组成及功能。 ②掌握城市轨道交通车辆段给排水系统的组成及功能		
任务内容	以小组为单位,前往自己所在城市的地铁企业进行实地调研,发掘城市轨道交通车站给排水系统的相关组成部分,归纳各组成部分的作用		
引导问题	①城市轨道交通车站生产、生活给水系统的组成及功能有哪些? ②城市轨道交通车站污水排放系统的组成及功能有哪些		

<table>
<tr>
<td>实际训练</td>
<td>
①简述以下城市轨道交通车站给排水系统相关图片的类型名称及作用。
<table>
<tr><th>序号</th><th>城市轨道交通车站给排水系统相关图片</th><th>类型名称</th><th>作用</th></tr>
<tr><td>1</td><td>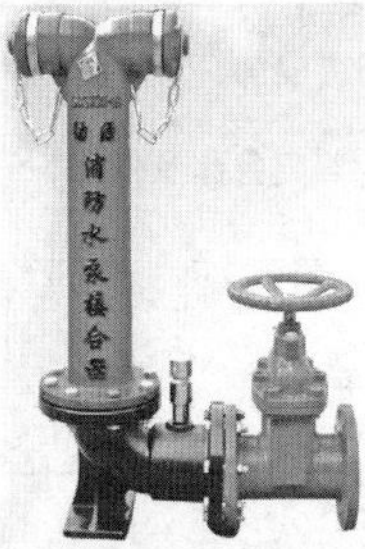
</td><td></td><td></td></tr>
<tr><td>2</td><td></td><td></td><td></td></tr>
<tr><td>3</td><td></td><td></td><td></td></tr>
</table>
②简述城市轨道交通车站给水系统的组成及功能。
③简述城市轨道交通车站排水系统的组成及功能。
④简述城市轨道交通车辆段给水系统的组成及功能。
⑤简述城市轨道交通车辆段排水系统的组成及功能。
⑥查阅相关资料,分享城市轨道交通车站给排水系统的相关知识
</td>
</tr>
</table>

任务评价

任务评价表见表9-2。

表9-2　认知城市轨道交通车站给排水系统任务评价表

序号	评价内容	评价标准	分值	评分记录		
				自我评价	互相评价	教师评价
1	城市轨道交通车站给水系统的组成及功能	2个组成部分,每个组成部分5分	10			
2	城市轨道交通车站排水系统的组成及功能	4个组成部分,每个组成部分7分	28			
3	城市轨道交通车辆段给水系统的组成及功能	2个组成部分,每个组成部分5分	10			

续表

序号	评价内容	评价标准	分值	评分记录		
				自我评价	互相评价	教师评价
4	城市轨道交通车辆段排水系统的组成及功能	2个组成部分,每个组成部分6分	12			
5	城市轨道交通车站给排水系统相关图片的类型名称及作用	3个类型名称及作用,每个类型名称及作用5分	15			
6	团队协助,完成资料查阅,分享学习成果	有图片、有视频且资料内容不陈旧	25			
总成绩			100			

思考与练习

文本

思考与练习

任务二 巡检城市轨道交通车站给排水系统

任务目标

1. 知识目标

①掌握变频恒压给水设备的巡检流程;

②掌握消防设备的巡检流程;

③掌握站外地面窨井的巡检流程;

④掌握隧道区间给排水设备的巡检流程;

⑤掌握污水泵房的巡检流程;

⑥掌握密闭污水提升装置的巡检流程;

⑦掌握废水处理设备房的巡检流程;

⑧掌握雨水处理设备房的巡检流程。

2. 能力目标

①能够描述变频恒压给水设备的巡检内容及标准;

②能够描述消防设备的巡检内容及标准;

③能够描述站外地面窨井的巡检内容及标准;

④能够描述隧道区间给排水设备的巡检内容及标准;

⑤能够描述污水泵房的巡检内容及标准;

⑥能够描述密闭污水提升装置的巡检内容及标准;

⑦能够描述废水处理设备房的巡检内容及标准;

⑧能够描述雨水处理设备房的巡检内容及标准。

3. 素养目标

①培养认真细致的工作作风;

②提升职业道德修养；

③培养爱岗敬业的高尚品质。

任务描述

城市轨道交通车站给排水系统在城市轨道交通企业的日常运行过程中扮演着重要的角色，要求归纳出车站给排水系统的变频恒压给水设备、消防设备、站外地面窨井、隧道区间给排水设备、污水泵房、密闭污水提升装置、废水处理设备房以及雨水处理设备房的巡检内容及标准，掌握巡检过程中的注意事项，具备巡检城市轨道交通车站给排水系统的常用技能。

知识链接

一、变频恒压给水设备的巡检内容及标准

1. 变频恒压给水设备的巡检内容

①变频恒压给水设备控制柜（箱）内的变频器及 PLC 信号输入/输出是否正常；

②变频恒压给水设备控制柜（箱）内的元器件接线是否紧固无松动；

③变频恒压给水设备控制柜（箱）及内部是否存在锈蚀、积尘及污渍现象；

④变频恒压给水设备的过滤消毒器是否存在供电不正常、紫外线灯组不长亮以及设备有积尘、污渍现象；

⑤变频恒压给水设备的加压水泵机组是否存在运转声音不正常、漏水或锈蚀现象。

2. 变频恒压给水设备的巡检标准

①变频恒压给水设备控制柜（箱）内的变频器及 PLC 信号输入/输出正常；

②变频恒压给水设备控制柜（箱）内的元器件接线紧固无松动；

③变频恒压给水设备控制柜（箱）及内部不存在锈蚀、积尘及污渍现象；

④变频恒压给水设备的过滤消毒器不存在供电不正常、紫外线灯组不长亮以及设备有积尘、污渍现象；

⑤变频恒压给水设备的加压水泵机组不存在运转声音不正常、漏水或锈蚀现象。

二、消防设备的巡检内容及标准

1. 消防设备的巡检内容

①消防电源的主/备用回路电源是否亮绿灯且无报警；

②消防电源的双电源切换装置能否正常工作且处于“自动”位置；

③消防控制柜内是否存在转换开关位置不正确及指示灯指示不正确的现象；

④消防控制柜内各元器件在运行过程中是否存在发热及异常声响现象；

⑤消防设备的应急启动柜内各接线是否紧固；

⑥消防水池（箱）的浮球阀到达高水位（但低于溢流水位）后能否完全关闭不漏水；

⑦消防水泵（含稳压泵）底座的螺钉是否松动；

⑧消防水泵接合器是否存在锈蚀及标识不清的现象；

⑨消防管道的常开阀门是否处于全部打开且常闭阀门处于关闭状态；

⑩喷淋末端试水装置打开后，水流指示器及湿式报警阀能否正常动作。

2. 消防设备的巡检标准

①消防电源的主/备用回路电源亮绿灯且无报警；

②消防电源的双电源切换装置能正常工作且处于“自动”位置；

③消防控制柜内不存在转换开关位置不正确及指示灯指示不正确的现象；
④消防控制柜内各元器件在运行过程中不存在发热及异常声响现象；
⑤消防设备的应急启动柜内各接线紧固；
⑥消防水池(箱)的浮球阀到达高水位(但低于溢流水位)后能完全关闭不漏水；
⑦消防水泵(含稳压泵)底座的螺钉未松动；
⑧消防水泵接合器不存在锈蚀及标识不清的现象；
⑨消防管道的常开阀门处于全部打开且常闭阀门处于关闭状态；
⑩喷淋末端试水装置打开后,水流指示器及湿式报警阀能正常动作。

三、站外地面窨井的巡检内容及标准

1. 站外地面窨井的巡检内容
①窨井盖板是否存在破损、表面有杂物及标记脱落(磨损)的现象；
②窨井内的阀门(水表)是否完好；
③窨井内是否存在杂物以及井内设备被掩埋的现象；
④窨井内的阀门是否存在滴水或喷水现象。
2. 站外地面窨井的巡检标准
①窨井盖板不存在破损、表面有杂物及标记脱落(磨损)的现象；
②窨井内的阀门(水表)完好；
③窨井内不存在杂物以及井内设备被掩埋的现象；
④窨井内的阀门不存在滴水或喷水现象。

四、隧道区间给排水设备的巡检内容及标准

1. 隧道区间给排水设备的巡检内容
①隧道区间消防管道是否存在漏水、手轮启闭功能不完善以及电动蝶阀启闭功能不完善的现象；
②隧道区间消防管道是否存在阀门或支架不完整、有位移及防腐蚀措施不到位的现象；
③隧道区间消防管道在洞口处的部位是否存在防寒保温措施不到位的现象；
④隧道区间废水泵房是否存在集水井排水不顺畅及泄压井功能不好的现象；
⑤隧道集水沟内是否有杂物；
⑥隧道区间给排水的水泵工作性能是否良好；
⑦隧道区间给排水的浮球开关功能是否完好。
2. 隧道区间给排水设备的巡检标准
①隧道区间消防管道不存在漏水、手轮启闭功能不完善以及电动蝶阀启闭功能不完善的现象；
②隧道区间消防管道不存在阀门或支架不完整、有位移及防腐蚀措施不到位的现象；
③隧道区间消防管道在洞口处的部位不存在防寒保温措施不到位的现象；
④隧道区间废水泵房不存在集水井排水不顺畅及泄压井功能不好的现象；
⑤隧道集水沟内无杂物；
⑥隧道区间给排水的水泵工作性能良好；
⑦隧道区间给排水的浮球开关功能完好。

五、污水泵房的巡检内容及标准

1. 污水泵房的巡检内容
①通气软管是否被污水中的杂物堵塞；

②污水泵控制柜（箱）的双电源切换开关是否处于"自动"位置；
③污水泵控制柜（箱）的主/备用回路电源是否亮绿灯且无报警；
④污水液位仪是否被污水中的漂浮物缠绕干扰。
2. 污水泵房的巡检标准
①通气软管未被污水中的杂物堵塞；
②污水泵控制柜（箱）的双电源切换开关处于"自动"位置；
③污水泵控制柜（箱）的主/备用回路电源亮绿灯且无报警；
④污水液位仪未被污水中的漂浮物缠绕干扰。

六、密闭污水提升装置的巡检内容及标准

1. 密闭污水提升装置的巡检内容
①密闭污水提升装置控制柜（箱）的电缆是否存在龟裂、破损及电缆功能不正常的现象；
②密闭污水提升装置的设备表面是否存在积尘、污渍及锈蚀现象；
③密闭污水提升装置的集水箱是否存在裂纹或变形现象；
④密闭污水提升装置的固定系统（阀门等）连接垫片是否紧固良好。
2. 密闭污水提升装置的巡检标准
①密闭污水提升装置控制柜（箱）的电缆不存在龟裂、破损及电缆功能不正常的现象；
②密闭污水提升装置的设备表面不存在积尘、污渍及锈蚀现象；
③密闭污水提升装置的集水箱不存在裂纹或变形现象；
④密闭污水提升装置的固定系统（阀门等）连接垫片紧固良好。

七、废水处理设备房的巡检内容及标准

1. 废水处理设备房的巡检内容
①废水处理设备控制柜（箱）的双电源切换开关是否处于"自动"位置；
②废水处理设备控制柜（箱）的主/备用回路电源是否亮绿灯且无报警；
③废水处理设备控制柜（箱）内的元器件在运行中是否存在发热及异常声响现象；
④废水处理设备的高压气泵各部位是否存在松动现象；
⑤鼓风机是否存在漏水、生锈及结垢现象；
⑥集水井中的中液位浮球、高液位浮球和超高液位浮球是否符合工作状态；
⑦废水处理设备房的加药装置是否存在锈蚀、运行中有杂音及不能正常加药的现象。
⑧废水处理设备的溶气罐是否存在生锈（剥落）现象；
⑨废水处理设备的搅拌机在运行过程中是否运行平稳且无杂音；
⑩废水处理设备的刮渣装置是否存在溢流槽堵塞、溢流槽锈蚀及链条损坏的现象。
2. 废水处理设备房的巡检标准
①废水处理设备控制柜（箱）的双电源切换开关处于"自动"位置；
②废水处理设备控制柜（箱）的主/备用回路电源亮绿灯且无报警；
③废水处理设备控制柜（箱）内的元器件在运行中不存在发热及异常声响现象；
④废水处理设备的高压气泵各部位不存在松动现象；
⑤鼓风机不存在漏水、生锈及结垢现象；
⑥集水井中的中液位浮球、高液位浮球和超高液位浮球符合工作状态；
⑦废水处理设备房的加药装置不存在锈蚀、运行中有杂音及不能正常加药的现象。
⑧废水处理设备的溶气罐不存在生锈（剥落）现象；

⑨废水处理设备的搅拌机在运行过程中运行平稳且无杂音；

⑩废水处理设备的刮渣装置不存在溢流槽堵塞、溢流槽锈蚀及链条损坏的现象。

八、雨水处理设备房的巡检内容及标准

1. 雨水处理设备房的巡检内容

①水泵控制柜(箱)的双电源切换开关是否处于“自动”位置；

②水泵控制柜(箱)的主/备用回路电源是否亮绿灯且无报警；

③水泵控制柜(箱)内的元器件在运行中是否存在发热及异常声响现象；

④集水井中的中液位浮球、高液位浮球和超高液位浮球是否符合工作状态；

⑤雨水处理设备的排泥泵在运行过程中是否运行平稳且无杂音。

2. 雨水处理设备房的巡检标准

①水泵控制柜(箱)的双电源切换开关处于“自动”位置；

②水泵控制柜(箱)的主/备用回路电源亮绿灯且无报警；

③水泵控制柜(箱)内的元器件在运行中不存在发热及异常声响现象；

④集水井中的中液位浮球、高液位浮球和超高液位浮球符合工作状态；

⑤雨水处理设备的排泥泵在运行过程中运行平稳且无杂音。

任务书

根据“知识链接”的相关内容，登录城市轨道交通车站给排水系统虚拟仿真实训平台，进行城市轨道交通车站给排水系统相关设备巡检的模拟操作，作业时间30 min，作业任务书见表9-3。

表9-3 城市轨道交通车站给排水系统相关设备巡检作业任务书

作业任务	城市轨道交通车站给排水系统相关设备巡检	日　期			
班　组		计划开始时间		实际开始时间	
组　长		计划完成时间		实际完成时间	
作业地点					
作业内容					
作业过程中督查意见					

任务分组

学生任务分组见表9-4。

表9-4 学生任务分组表

班　级			日　期	
班　组			组　长	
班组成员	姓　名	任务角色	任务分工	

任务实施

作业单见表 9-5。

表 9-5　城市轨道交通车站给排水系统相关设备巡检作业单

<table>
<tr><td>班　　级</td><td></td><td>姓　　名</td><td></td><td>班　　组</td><td></td></tr>
<tr><td>起始时间</td><td></td><td>终止时间</td><td></td><td>实际用时</td><td></td></tr>
<tr><td>巡检对象</td><td colspan="2">巡检内容</td><td colspan="2">状态记录</td><td>情况说明</td></tr>
<tr><td rowspan="20">变频恒压给水设备的巡检</td><td colspan="2" rowspan="5">变频恒压给水设备控制柜(箱)内的变频器及 PLC 信号输入/输出是否正常</td><td colspan="2">□变频器信号输入不正常</td><td rowspan="5"></td></tr>
<tr><td colspan="2">□变频器信号输出不正常</td></tr>
<tr><td colspan="2">□PLC 信号输入不正常</td></tr>
<tr><td colspan="2">□PLC 信号输出不正常</td></tr>
<tr><td colspan="2">□变频器及 PLC 信号输入/输出均正常</td></tr>
<tr><td colspan="2" rowspan="2">变频恒压给水设备控制柜(箱)内的元器件接线是否紧固无松动</td><td colspan="2">□不紧固有松动</td><td rowspan="2"></td></tr>
<tr><td colspan="2">□紧固无松动</td></tr>
<tr><td colspan="2" rowspan="4">变频恒压给水设备控制柜(箱)及内部是否存在锈蚀、积尘及污渍现象</td><td colspan="2">□存在锈蚀现象</td><td rowspan="4"></td></tr>
<tr><td colspan="2">□存在积尘现象</td></tr>
<tr><td colspan="2">□存在污渍现象</td></tr>
<tr><td colspan="2">□不存在锈蚀、积尘及污渍现象</td></tr>
<tr><td colspan="2" rowspan="5">变频恒压给水设备的过滤消毒器是否存在供电不正常、紫外线灯组不长亮以及设备有积尘、污渍现象</td><td colspan="2">□存在供电不正常现象</td><td rowspan="5"></td></tr>
<tr><td colspan="2">□存在紫外线灯组不长亮现象</td></tr>
<tr><td colspan="2">□存在设备有积尘现象</td></tr>
<tr><td colspan="2">□存在设备有污渍现象</td></tr>
<tr><td colspan="2">□不存在供电不正常、紫外线灯组不长亮以及设备有积尘、污渍现象</td></tr>
<tr><td colspan="2" rowspan="4">变频恒压给水设备的加压水泵机组是否存在运转声音不正常、漏水或锈蚀现象</td><td colspan="2">□存在运转声音不正常现象</td><td rowspan="4"></td></tr>
<tr><td colspan="2">□存在漏水现象</td></tr>
<tr><td colspan="2">□存在锈蚀现象</td></tr>
<tr><td colspan="2">□不存在运转声音不正常、漏水或锈蚀现象</td></tr>
<tr><td rowspan="10">消防设备的巡检</td><td colspan="2" rowspan="3">消防电源的主/备用回路电源是否亮绿灯且无报警</td><td colspan="2">□主/备用回路电源未亮绿灯但无报警</td><td rowspan="3"></td></tr>
<tr><td colspan="2">□主/备用回路电源未亮绿灯且有报警</td></tr>
<tr><td colspan="2">□主/备用回路电源亮绿灯且无报警</td></tr>
<tr><td colspan="2" rowspan="4">消防电源的双电源切换装置能否正常工作且处于“自动”位置</td><td colspan="2">□能正常工作但未处于“自动”位置</td><td rowspan="4"></td></tr>
<tr><td colspan="2">□不能正常工作但处于“自动”位置</td></tr>
<tr><td colspan="2">□不能正常工作且未处于“自动”位置</td></tr>
<tr><td colspan="2">□能正常工作且处于“自动”位置</td></tr>
<tr><td colspan="2" rowspan="3">消防控制柜内是否存在转换开关位置不正确及指示灯指示不正确的现象</td><td colspan="2">□存在转换开关位置不正确的现象</td><td rowspan="3"></td></tr>
<tr><td colspan="2">□存在指示灯指示不正确的现象</td></tr>
<tr><td colspan="2">□不存在转换开关位置不正确及指示灯指示不正确的现象</td></tr>
</table>

续表

巡检对象	巡检内容	状态记录	情况说明
消防设备的巡检	消防控制柜内各元器件在运行过程中是否存在发热及异常声响现象	□存在发热现象	
		□存在异常声响现象	
		□不存在发热及异常声响现象	
	消防设备的应急启动柜内各接线是否紧固	□不紧固	
		□紧固	
	消防水池(箱)的浮球阀到达高水位(但低于溢流水位)后能否完全关闭不漏水	□不能完全关闭	
		□能完全关闭	
	消防水泵(含稳压泵)底座的螺钉是否松动	□松动	
		□未松动	
	消防水泵接合器是否存在锈蚀及标识不清的现象	□存在锈蚀现象	
		□存在标识不清的现象	
		□不存在锈蚀及标识不清的现象	
	消防管道的常开阀门是否处于全部打开且常闭阀门处于全部关闭状态	□常开阀门未处于全部打开状态	
		□常闭阀门未处于全部关闭状态	
		□常开阀门处于全部打开且常闭阀门处于全部关闭状态	
	喷淋末端试水装置打开后,水流指示器及湿式报警阀能否正常动作	□水流指示器不能正常动作	
		□湿式报警阀不能正常动作	
		□水流指示器及湿式报警阀均能正常动作	
站外地面窨井的巡检	窨井盖板是否存在破损、表面有杂物及标记脱落(磨损)的现象	□存在破损现象	
		□存在表面有杂物现象	
		□存在标记脱落(磨损)的现象	
		□不存在破损、表面有杂物及标记脱落(磨损)的现象	
	窨井内的阀门(水表)是否完好	□不完好	
		□完好	
	窨井内是否存在杂物以及井内设备被掩埋的现象	□存在杂物现象	
		□存在井内设备被掩埋的现象	
		□不存在杂物以及井内设备被掩埋的现象	
	窨井内的阀门是否存在滴水或喷水现象	□存在滴水现象	
		□存在喷水现象	
		□不存在滴水或喷水现象	
隧道区间给排水设备的巡检	隧道区间消防管道是否存在漏水、手轮启闭功能不完善以及电动蝶阀启闭功能不完善的现象	□存在漏水现象	
		□存在手轮启闭功能不完善现象	
		□存在电动蝶阀启闭功能不完善的现象	
		□不存在漏水、手轮启闭功能不完善以及电动蝶阀启闭功能不完善的现象	
	隧道区间消防管道是否存在阀门或支架不完整、有位移及防腐蚀措施不到位的现象	□存在阀门不完整现象	
		□存在支架不完整现象	

续表

巡检对象	巡检内容	状态记录	情况说明
隧道区间给排水设备的巡检	隧道区间消防管道是否存在阀门或支架不完整、有位移及防腐蚀措施不到位的现象	□存在阀门有位移现象	
		□存在支架有位移现象	
		□存在阀门防腐蚀措施不到位现象	
		□存在支架防腐蚀措施不到位现象	
		□不存在阀门或支架不完整、有位移及防腐蚀措施不到位的现象	
	隧道区间消防管道在洞口处的部位是否存在防寒保温措施不到位的现象	□存在防寒保温措施不到位的现象	
		□不存在防寒保温措施不到位的现象	
	隧道区间废水泵房是否存在集水井排水不顺畅及泄压井功能不好的现象	□存在集水井排水不顺畅的现象	
		□存在泄压井功能不好的现象	
		□不存在集水井排水不顺畅及泄压井功能不好的现象	
	隧道集水沟内是否有杂物	□有杂物	
		□无杂物	
	隧道区间给排水的水泵工作性能是否良好	□水泵工作性能不良好	
		□水泵工作性能良好	
	隧道区间给排水的浮球开关功能是否完好	□浮球开关功能不完好	
		□浮球开关功能完好	
污水泵房的巡检	通气软管是否被污水中的杂物堵塞	□被污水中的杂物堵塞	
		□未被污水中的杂物堵塞	
	污水泵控制柜(箱)的双电源切换开关是否处于“自动”位置	□未处于“自动”位置	
		□处于“自动”位置	
	污水泵控制柜(箱)的主/备用回路电源是否亮绿灯且无报警	□主/备用回路电源未亮绿灯但无报警	
		□主/备用回路电源未亮绿灯且有报警	
		□主/备用回路电源亮绿灯且无报警	
	污水液位仪是否被污水中的漂浮物缠绕干扰	□被污水中的漂浮物缠绕干扰	
		□未被污水中的漂浮物缠绕干扰	
密闭污水提升装置的巡检	密闭污水提升装置控制柜(箱)的电缆是否存在龟裂、破损及电缆功能不正常的现象	□电缆存在龟裂现象	
		□电缆存在破损现象	
		□存在电缆功能不正常的现象	
		□电缆不存在龟裂、破损及电缆功能不正常的现象	
	密闭污水提升装置的设备表面是否存在积尘、污渍及锈蚀现象	□存在积尘现象	
		□存在污渍现象	
		□存在锈蚀现象	
		□不存在积尘、污渍及锈蚀现象	
	密闭污水提升装置的集水箱是否存在裂纹或变形现象	□存在裂纹现象	
		□存在变形现象	
		□不存在裂纹或变形现象	

续表

巡检对象	巡检内容	状态记录	情况说明
密闭污水提升装置的巡检	密闭污水提升装置的固定系统(阀门等)连接垫片是否紧固良好	□未紧固良好	
		□紧固良好	
废水处理设备房的巡检	废水处理设备控制柜(箱)的双电源切换开关是否处于“自动”位置	□未处于“自动”位置	
		□处于“自动”位置	
	废水处理设备控制柜(箱)的主/备用回路电源是否亮绿灯且无报警	□主/备用回路电源未亮绿灯但无报警	
		□主/备用回路电源未亮绿灯且有报警	
		□主/备用回路电源亮绿灯且无报警	
	废水处理设备控制柜(箱)内的元器件在运行中是否存在发热及异常声响现象	□存在发热现象	
		□存在异常声响现象	
		□不存在发热及异常声响现象	
	废水处理设备的高压气泵各部位是否存在松动现象	□存在松动现象	
		□不存在松动现象	
	鼓风机是否存在漏水、生锈及结垢现象	□存在漏水现象	
		□存在生锈现象	
		□存在结垢现象	
		□不存在漏水、生锈及结垢现象	
	集水井中的中液位浮球、高液位浮球和超高液位浮球是否符合工作状态	□中液位浮球不符合工作状态	
		□高液位浮球不符合工作状态	
		□超高液位浮球不符合工作状态	
		□中液位浮球、高液位浮球和超高液位浮球均符合工作状态	
	废水处理设备房的加药装置是否存在锈蚀、运行中有杂音及不能正常加药的现象	□加药装置存在锈蚀现象	
		□加药装置存在运行中有杂音现象	
		□加药装置存在不能正常加药的现象	
		□加药装置不存在锈蚀、运行中有杂音及不能正常加药的现象	
	废水处理设备的溶气罐是否存在生锈(剥落)现象	□溶气罐存在生锈(剥落)现象	
		□溶气罐不存在生锈(剥落)现象	
	废水处理设备的搅拌机在运行过程中是否运行平稳且无杂音	□运行不平稳但无杂音	
		□运行不平稳且有杂音	
		□运行平稳但有杂音	
		□运行平稳且无杂音	
	废水处理设备的刮渣装置是否存在溢流槽堵塞、溢流槽锈蚀及链条损坏的现象	□存在溢流槽堵塞现象	
		□存在溢流槽锈蚀现象	
		□存在链条损坏的现象	
		□不存在溢流槽堵塞、溢流槽锈蚀及链条损坏的现象	

续表

巡检对象	巡检内容	状态记录	情况说明
雨水处理设备房的巡检	水泵控制柜(箱)的双电源切换开关是否处于“自动”位置	□未处于“自动”位置	
		□处于“自动”位置	
	水泵控制柜(箱)的主/备用回路电源是否亮绿灯且无报警	□主/备用回路电源未亮绿灯但无报警	
		□主/备用回路电源未亮绿灯且有报警	
		□主/备用回路电源亮绿灯且无报警	
	水泵控制柜(箱)内的元器件在运行中是否存在发热及异常声响现象	□存在发热现象	
		□存在异常声响现象	
		□不存在发热及异常声响现象	
	集水井中的中液位浮球、高液位浮球和超高液位浮球是否符合工作状态	□中液位浮球不符合工作状态	
		□高液位浮球不符合工作状态	
		□超高液位浮球不符合工作状态	
		□中液位浮球、高液位浮球和超高液位浮球均符合工作状态	
	雨水处理设备的排泥泵在运行过程中是否运行平稳且无杂音	□运行不平稳但无杂音	
		□运行不平稳且有杂音	
		□运行平稳但有杂音	
		□运行平稳且无杂音	
故障记录：			
检查人签字：	班组成员签字：	班组长签字：	
注意事项	1.“状态记录”据检查的实际情况在相应的□内打“√”。 2.“故障记录”栏填写巡检时发现的问题,确保填写规范、问题描述清楚,字迹书写清晰。 3. 签字处需填写相关人员的全名,不得代签及涂改。 4. 作业内容以表格所示范围为准,未呈现的内容不设故障,按照作业顺序进行		

任务评价

任务评价表见表9-6。

表9-6 城市轨道交通车站给排水系统相关设备巡检任务评价表

【考评单】城市轨道交通车站给排水系统相关设备巡检				日期：			
姓名：		学号：		班级：		教师签名：	
自我评价		互相评价		教师评价			
□熟练 □一般 □不熟练		□熟练 □一般 □不熟练		□熟练 □一般 □不熟练			
日期：		日期：		日期：			
城市轨道交通车站给排水系统相关设备巡检【评分细则】							
序号	评分项	得分条件		分值	自我评价	互相评价	教师评价
1	接受任务	明确工作任务,理解任务在现场工作中的重要程度		5			

续表

序号	评分项	得分条件	分值	自我评价	互相评价	教师评价
2	知识评价	本次巡检前需要掌握的知识程度	5			
3	能力评价	能正确掌握变频恒压给水设备的巡检内容及标准	8			
		能正确掌握消防设备的巡检内容及标准	8			
		能正确掌握站外地面窨井的巡检内容及标准	8			
		能正确掌握隧道区间给排水设备的巡检内容及标准	8			
		能正确掌握污水泵房的巡检内容及标准	8			
		能正确掌握密闭污水提升装置的巡检内容及标准	8			
		能正确掌握废水处理设备房的巡检内容及标准	8			
		能正确掌握雨水处理设备房的巡检内容及标准	8			
4	素养评价	操作计划性强，安排得当	5			
		团队合作能力强，善于沟通	5			
		自主学习能力强，勇于克服困难	5			
		严谨认真，积极参与现场教学	5			
5	评价反馈	学生能快速、准确地进行相关操作，以小组评价方式组织客观评价	3			
		对学生在任务实施过程中发现的问题进行小组审议后及时反馈	3			
6	得　分		100			

任务三　处置城市轨道交通车站给排水系统常见故障

任务目标

1. 知识目标

①掌握给水系统的处置流程；

②掌握排水系统的处置流程。

2. 能力目标

①能够描述消防栓系统的区间隧道管道发生跑水、消防栓系统的车站管道发生跑水、自动喷水灭火系统供水管道跑水、车站自动喷水灭火系统闭式玻璃喷头发生误喷或管道发生漏水的处置流程；

②能够描述排水泵故障无法排水、排水泵的排水管道止回阀故障、雨水进入车站且超越车站的排水能力时的处置流程。

3. 素养目标

①培养发现问题、分析问题以及解决问题的能力；

②培养认真细致的工作作风；

③培养大国工匠精神。

任务描述

处置车站给排水系统的典型故障在城市轨道交通车站给排水系统运营过程中扮演着重要角

色,要求归纳出给水系统、排水系统的典型故障现象,领悟处置流程,具备处置城市轨道交通车站给排水系统典型故障的技能。

知识链接

城市轨道交通车站给排水系统常见故障处置见表9-7。

说明:以下处置流程以京州地铁运营有限责任公司为例,其他地铁运营有限责任公司关于车站给排水系统典型故障的处置流程不尽相同。

表9-7　城市轨道交通车站给排水系统常见故障处置

处置故障项目	故障现象	处置流程
给水系统	消防栓系统的区间隧道管道发生跑水	①立即关闭该隧道两端头的消防供水阀门,切断水源; ②快速查明情况后上报环境控制调度员,执行调度命令; ③专业人员进入故障点查明原因,关闭跑水点两端的供水阀门,打开隧道两端头的消防供水阀门; ④检查管道的损坏情况,采用快速堵漏装置或其他方法来修复损坏的管道,尽快恢复消防供水
	消防栓系统的车站管道发生跑水	①关闭本车站的消防栓系统供水阀门,切断供水源(必要时,切断本车站的消防供水系统管网水源;关闭消防泵房内两台消防增压水泵的出水口阀门,可切断来自市政自来水管的供水水源;关闭车站通向区间隧道的四个消防管道阀门,可切断区间隧道内消防管道的水源); ②查明跑水原因,关闭跑水点两端的阀门,打开其余的被关闭阀门; ③及时修复跑水管道,恢复供水
	自动喷水灭火系统供水管道跑水	①立即关闭车站内报警阀的供水阀门(必要时可关闭自动喷水灭火系统的两台增压水泵出水口阀门,将自动喷水灭火系统的增压水泵设置在手动位置); ②查明跑水原因,修复跑水装置,恢复供水; ③自动喷水灭火系统恢复供水后应进行系统调试,以防自动喷水灭火系统误动作,影响城市轨道交通的正常运营
	车站自动喷水灭火系统闭式玻璃喷头发生误喷或管道发生漏水	①紧急关停自动喷水灭火系统的水泵,将水泵控制柜(箱)的转换开关旋转至"就地"位位置; ②立即关闭车站内报警阀的供水阀门(必要时可关闭自动喷水灭火系统的两台增压水泵出水口阀门,将自动喷水灭火系统的增压水泵设置在手动位置); ③打开自动喷水灭火系统的卸水阀门和末端试水装置放水; ④组织抢修,及时修复设备; ⑤完整、真实地记录事件发生的全过程
排水系统	排水泵故障无法排水	①当主/备用排水泵均发生故障而无法及时修复且集水井的水位已处于高水位时,运行值班人员应立即投入应急排水泵,从泵站排水管的应急排水口排水(无应急排水口装置的泵站,用塑料排水带排水); 投入应急排水泵的数量根据实际所需排水量、排水泵的流量及扬程等因素综合确定; ②组织抢修,及时修复主/备用排水泵; ③抢修人员应集中力量先修复一台排水泵投入运行
	排水泵的排水管道止回阀故障	①立即启动排水泵将水位降至低水位; ②关闭排水管道的阀门并停止水泵; 在故障未排除前,运行操作人员必须采用手动控制的方式来排水(将排水泵启动后,立即打开排水阀门排水;待水位降至低水位后,关闭阀门并停止水泵); ③及时更换或修复止回阀
	雨水进入车站且超越车站的排水能力	①投入适当数量的应急排水泵进行排水,尽快将车站内的积水排出站外; ②当进入车站的雨水量过大时,应向上级汇报以便组织更多的人力及排水设备将积水排出站外

任务书

根据“知识链接”的相关内容,登录城市轨道交通车站给排水系统虚拟仿真实训平台,进行处置城市轨道交通车站给排水系统典型故障的模拟操作,作业时间30 min,作业任务书见表9-8。

表9-8　城市轨道交通车站给排水系统典型故障处置作业任务书

作业任务	城市轨道交通车站给排水系统典型故障处置	日　期			
班　组		计划开始时间		实际开始时间	
组　长		计划完成时间		实际完成时间	
作业地点					
作业内容					
作业过程中督查意见					

任务分组

学生任务分组见表9-9。

表9-9　学生任务分组表

班　级		日　期	
班　组		组　长	
班组成员	姓　名	任务角色	任务分工

任务实施

作业单见表9-10。

表 9-10　城市轨道交通车站给排水系统典型故障处置作业单

班　　级		姓　　名		班　　组	
起始时间		终止时间		实际用时	
处置故障项目	故障现象	处置流程			
给水系统	消防栓系统的区间隧道管道发生跑水	① ② ③ ④			
	消防栓系统的车站管道发生跑水	① ② ③			
	自动喷水灭火系统供水管道跑水	① ② ③			
	车站自动喷水灭火系统闭式玻璃喷头发生误喷或管道发生漏水	① ② ③ ④ ⑤			
排水系统	排水泵故障无法排水	① 投入应急排水泵的数量根据实际所需排水量、排水泵的流量及扬程等因素综合确定； ② ③			
	排水泵的排水管道止回阀故障	① ② 在故障未排除前，运行操作人员必须采用手动控制的方式来排水（将排水泵启动后，立即打开排水阀门排水；待水位降至低水位后，关闭阀门并停止水泵）； ③			
	雨水进入车站且超越车站的排水能力	① ②			

任务评价

任务评价表见表9-11。

表9-11　城市轨道交通车站给排水系统典型故障处置任务评价表

【考评单】城市轨道交通车站给排水系统典型故障处置		日期：	
姓名：	学号：	班级：	教师签名：
自我评价	互相评价	教师评价	
□熟练　□一般　□不熟练	□熟练　□一般　□不熟练	□熟练　□一般　□不熟练	
日期：	日期：	日期：	

城市轨道交通车站给排水系统典型故障处置【评分细则】

序号	评分项	得分条件	分值	自我评价	互相评价	教师评价
1	接受任务	明确工作任务，理解任务在现场工作中的重要程度	5			
2	知识评价	本次处置操作前需要掌握的知识程度	5			
3	能力评价	能掌握消防栓系统的区间隧道管道发生跑水的处置流程	8			
		能掌握消防栓系统的车站管道发生跑水的处置流程	8			
		能掌握自动喷水灭火系统供水管道跑水的处置流程	8			
		能掌握车站自动喷水灭火系统闭式玻璃喷头发生误喷或管道发生漏水的处置流程	8			
		能掌握排水泵故障无法排水的处置流程	8			
		能掌握排水泵的排水管道止回阀故障的处置流程	8			
		能掌握雨水进入车站且超越车站的排水能力时的处置流程	8			
4	素养评价	操作计划性强，安排得当	6			
		团队合作能力强，善于沟通	6			
		自主学习能力强，勇于克服困难	6			
		严谨认真，积极参与现场教学	6			
5	评价反馈	学生能快速、准确地进行相关操作，以小组评价方式组织客观评价	5			
		对学生在任务实施过程中发现的问题进行小组审议后及时反馈	5			
6	得　分		100			

项目测试

文本

项目测试

项目十

城市轨道交通出入口控制系统

项目描述

出入口控制系统是采用现代电子设备与软件信息技术，在出入口处对人或物的进出行为做出放行（并记录）或拒绝（并报警）的控制系统，系统对出入人员的编号、出入时间、出入门的编号进行登记并存储，实现智能化管理，进而确保被防护区域的安全。

项目知识导图

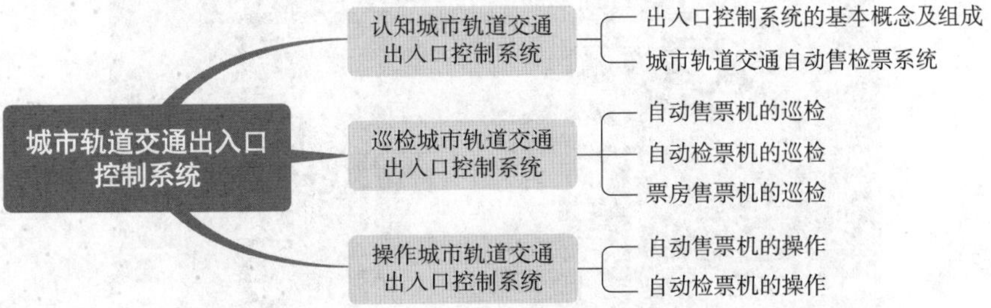

任务一 认知城市轨道交通出入口控制系统

任务目标

1. 知识目标

①理解出入口控制系统的基本概念及组成；

②掌握城市轨道交通自动售检票系统。

2. 能力目标

①能够描述自动售票机的组成；

②能够描述自动检票机的组成；

③能够描述票房售票机的组成。

3. 素养目标

①培养职业素养；

②培养学习新知识的能力;

③强化专业技术能力。

任务描述

出入口控制系统是现代城市轨道交通的重要组成部分,主要作用是鉴别来者的身份进而判断来者是否有权限进入。要求归纳出关于出入口控制系统的基本概念及组成,认知城市轨道交通自动售检票系统,具备必要的城市轨道交通出入口控制系统的常用知识。

知识链接

一、出入口控制系统的基本概念及组成

出入口控制系统(access control system,ACS)又称门禁控制系统,通常简称门禁系统。门禁系统是人员在进出重要通道时进行适当级别的权限鉴别以便区分是否允许通过该通道的一种管理手段。门禁系统一般可通过卡片、指纹或虹膜(见图10-1)来鉴别来人的身份进而判断来人是否有权限进入。

城市轨道交通出入口控制系统具有控制点数量多、数据通信量大、信息传输距离远、联动设备多和安全性能要求高等特点。门禁系统可用于车站设备管理区通道门和设备管理用房进行统一监控和管理,也可用于车站工作人员的考勤,提高了运营管理水平。

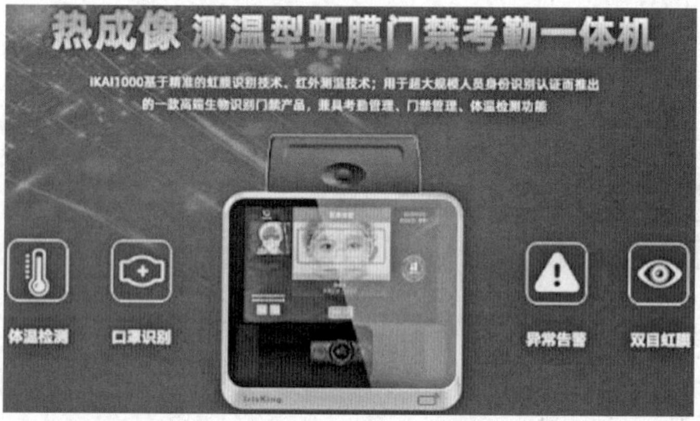

图10-1 虹膜门禁系统

1. 城市轨道交通门禁系统的特点

(1)城市轨道交通门禁系统的组成

城市轨道交通门禁系统由系统通信网络、中央级门禁管理系统、车站级门禁管理系统和现场级门禁设备四部分组成,在运营过程中形成两级管理、三级控制的管理模式。

(2)城市轨道交通门禁系统的连接方式

城市轨道交通门禁系统的中央级门禁管理层和发卡授权中心设置在控制中心,车站级门禁管理层设置在车站、停车场(车辆段)和控制中心大楼等。中央级门禁管理层与车站级门禁管理层之间采用TCP/IP以太网通道连接,车站级门禁管理层与现场级门禁设备之间采用TCP/IP或现场总线的方式连接。

城市轨道交通门禁系统是以车站为单位,由车站控制室的车站级门禁管理工作站对本车站内的设备管理区通道门和设备管理用房门禁设备进行统一的管理。各车站的车站级门禁管理工作

站通过光纤通信网络将各站点的门禁信息上传至中央级门禁管理系统。中央级门禁管理系统统一管理全线的门禁系统。

2. 城市轨道交通门禁系统的通信网络

城市轨道交通门禁系统的通信网络是由全线主干网(各站点门禁管理工作站由光纤网络连接进行全线通信)和车站门禁系统网络(采用现场总线的方式将车站内的各现场门禁设备连接起来)两部分组成(见图10-2)。具体如下:

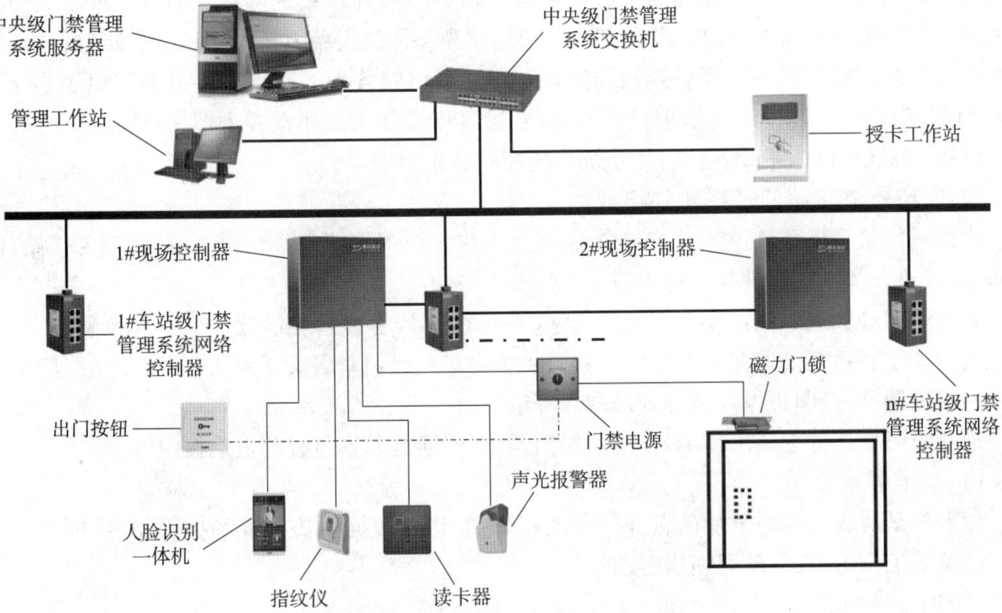

图10-2　城市轨道交通门禁系统示意图

(1)全线主干网

门禁系统数据传输的主干网采用基于工业的以太网技术。工业以太网是以太网技术在控制网络系统延伸后的产物,其协议组包括物理层的以太网物理层、链路层的以太网MAC、网络层的网络互联协议IP、传输层的传输控制协议(TCP)和用户数据协议(UDP)等。

工业以太网的物理层与链路层采用IEEE 802.3标准。

城市轨道交通门禁系统采用工业以太网进行数据通信,车站级门禁管理工作站通过工业级千兆光纤交换机直接连通全线光纤以太网,通信速率达10 Mbit/s或100 Mbit/s,任何一台车站级门禁管理工作站可直接以TCP/IP或IPX协议与用户内部服务器进行数据交换,实时共享全系统的一切资源。

(2)车站门禁系统网络

车站门禁系统网络采用现场总线的方式将多台门禁网络控制器挂在RS-485现场总线上,通过异步传输模式(asynchronous transfer mode,ATM)进行数据通信,所有设备的信息通过RS-485转RS-232的转换器与车站的门禁管理工作站进行连接。RS-485现场总线在不加中继的情况下,其有效通信距离是1 200 m。门禁网络控制器的每个RS-485口,可带多台门禁控制设备。车站级门禁系统包括各个车站级的门禁系统和控制中心站级的门禁系统。

(3)城市轨道交通门禁系统的管理方式

①中央级门禁管理系统

中央级门禁管理系统可集中处理下级门禁系统的数据信息,实现对控制中心站级的门禁系统和各个车站级的门禁系统进行操作管理。中央级门禁管理系统主要由中央级门禁管理系统服务器、管理工作站、数据服务器、门禁管理系统操作软件和交换机等设备构成。

②车站级门禁管理系统

车站级门禁管理系统是由车站级门禁管理系统工作站实现对车站的所有门禁终端的监控，满足系统的运作、设备的监测与控制、网络管理、数据库管理以及系统数据的集中采集、统计、处理、保存和查询等功能。

车站级门禁管理系统工作站的核心设备是车站级门禁管理系统网络控制器。车站级门禁管理系统网络控制器是将电源、控制、驱动以及通信集为一体的设备，可通过 RS-232 转 RS-485 的通信接口与车站级的门禁系统现场控制器连接。车站级门禁管理系统网络控制器提供了多个 RS-485 通信接口（一般有 2 ~ 8 个通信接口），每条 RS-485 总线可以驱动多个现场控制器（理论上，每条 RS-485 总线可以携带 256 台门禁系统现场控制器）。

3. 城市轨道交通门禁系统的组成

中央级门禁管理系统设置在控制中心，主要由中央级门禁管理系统服务器、管理工作站、网络设备、打印机以及系统管理软件等组成。

车站级门禁管理系统设置在车站控制室（停车场门禁管理系统设置在信号楼控制室，控制中心大厦门禁管理系统设置在大厦的值班室），主要由车站级门禁管理系统工作站、车站级门禁管理系统网络控制器、打印机以及系统管理软件等组成。

现场级门禁设备主要由读卡器、网络控制器、电控锁具和紧急破碎玻璃按钮等组成。

（1）读卡器

读卡器是对读取到的卡片信息进行鉴证和识别，将该数据上传至现场控制器，由现场控制器发出相关的工作指令，驱动门锁执行动作。

（2）网络控制器

网络控制器是整个系统的核心，负责整个系统的信息数据输入、处理、存储以及输出。网络控制器与读卡器之间的通信通常采用 RS-485、RS-232 以及韦根格式即 Wiegand 格式，是由摩托罗拉公司制定的一种通信协议格式。

（3）电控锁具

电控锁具是整个门禁系统的执行部件。电控锁具通常有三种类型：电锁口、磁力锁和电插锁，电锁口一般用于木门，磁力锁用于金属门或木门，电插锁可用在各种材质的门中。

电控锁具采用断电释放式的磁力锁，在火灾发生时全部断电释放。

（4）紧急破碎玻璃按钮

紧急破碎玻璃按钮（见图 10-3）直接安装在电控锁具的供电回路里，其安装方式与门锁的安装方式有关，在打碎玻璃后应保证电控锁具处于打开状态，在紧急情况下能保证疏散通道的畅通。

图 10-3　紧急破碎玻璃按钮

二、城市轨道交通自动售检票系统

自动售检票系统（automatic fare collection system，AFC）是城市轨道交通运行中普遍采用的现代化联网收费系统。随着自动售检票系统的启用，乘客可通过各个自动售票机来购买电子客票。自动售检票系统可实现轨道交通的售票、检票、计费、收费、统计、清分和管理等全过程的自动处理。

自动售检票系统的自助服务功能如下：

①在原有人工售票的基础上增设了自动购票机，实现了乘客的自助购票，可减少排队等候的时间。

②增加了自动查询机的数量，方便乘客自助查询。

③增设了“一卡通”自动充值机，实现了自助充值，方便了乘客。

AFC系统主要由车站AFC设备和中央AFC设备组成。车站AFC设备主要由自动售票机(ticket vending machine，TVM)、自动检票机(automatic gate machine，AGM)、票房售票机(也称为半自动售票机，booking office machine，BOM)、自动验票机(也称为自动查询机，ticket checking machine，TCM)、车站计算机和管理工作站等组成。中央AFC设备主要由编码分拣机(encoder and sorter，ES)、线路中央计算机系统(line central computer system，LCC)和清分系统(AFC central clearing system，ACC)等组成。

城市轨道交通AFC系统由车票、车站终端设备、车站计算机系统、线路中央计算机系统和清分中央计算机系统五个层级构成，如图10-4所示，具体情况如下：

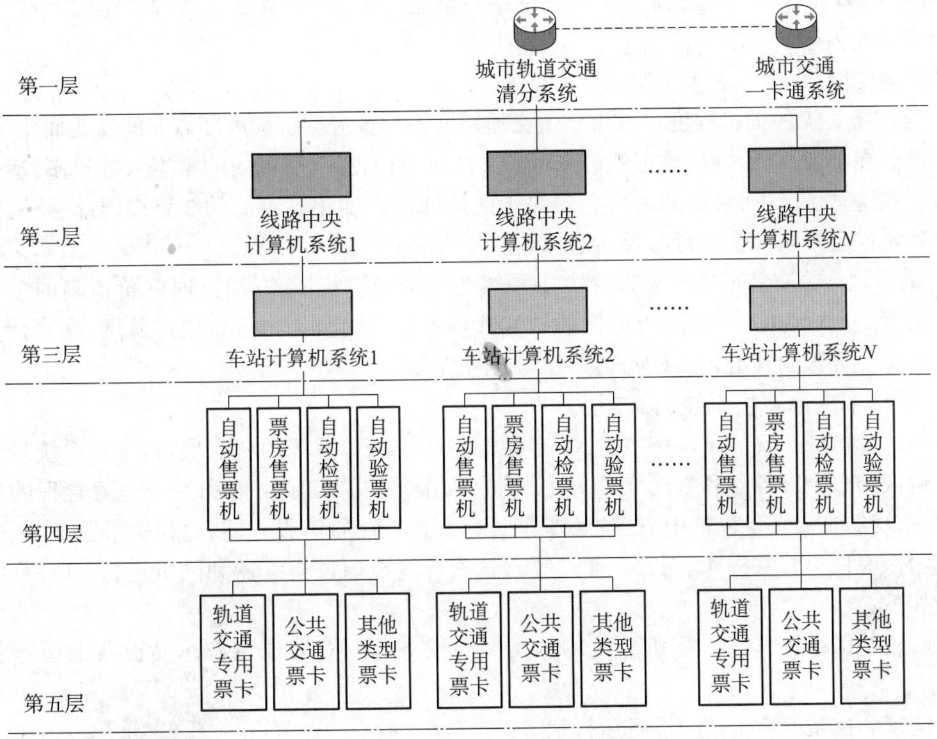

图10-4　城市轨道交通AFC系统

1. 清分中央计算机系统(第一层)

(1)清分中央计算机系统的主要功能

①统计轨道交通自动售检票系统内部的各种运行参数；

②收集城市轨道交通自动售检票系统单程票产生的交易和审计数据；

③进行数据清分和对账；

④负责单程票的初始化和调配；

⑤进行应急票的制作、线路之间的票款清分和客流统计；

⑥进行数据挖掘并辅助各业务部门进行分析决策；

⑦负责城市轨道交通自动售检票系统与城市交通"一卡通"系统之间的对账、清分和结算等。

(2)清分中央计算机系统的主要影响因素

根据影响因素的性质,可将影响 AFC 系统的因素分为两类,即确定性因素和不确定因素。

①确定性因素:

a. 旅行时间。在乘客出行的过程中,旅行时间的长短是影响乘客选择出行线路的最主要因素之一。旅行时间主要包括换乘时间和乘车时间。换乘时间包括换乘走行时间和换乘等待时间,乘车时间包括列车的区间的运行时间和中途停站时间。当乘客面对出行的多条路径时,往往会选择旅行时间最短的线路。因此,旅行时间的长短往往会影响到清分方法的选择和确定。

b. 线网结构。城市轨道交通的快速发展,使得城市轨道交通网络不断完善,网络结构越来越复杂,线路之间的连接越来越多,任意节点间的连通度不断增强。乘客出行的 OD 之间有多条路径可供选择。因此,线网的结构形式对乘客的出行选择有重要影响,进而对票务清分也产生一定程度的影响。

c. 换乘模式。换乘模式是影响乘客出行路径选择的重要因素。根据运营主体的不同,城市轨道交通网络 OD 路径上的运营模式主要有单路径单运营主体、单路径多运营主体、多路径单运营主体和多路径多运营主体。

②不确定因素:

a. 路网上客流的拥挤程度。城市轨道交通路网上的客流拥挤程度随着时间变化而变化,具有不确定性。在早晚高峰时段,城市中心区域的交通压力比较大,车辆内的乘客人数过多,造成乘车的不适。在这种情况下,乘客的出行会趋向于选择拥挤程度相对较低的线路。因此,路网拥挤程度的不确定性会影响乘客出行路径的选择和清分的结果。

b. 乘客社会经济特征的差异性。由于乘客的社会经济特征差异性,时间价值高的乘客首要考虑的因素是出行时间,而时间价值低的乘客首要考虑的因素是出行费用。显然,乘客社会经济特征的差异性会影响其出行路径的选择和清分的结果。

2. 线路中央计算机系统(第二层)

中央计算机(central computer,CC)系统是线路中央 AFC 系统的核心层级。CC 系统是由一组计算机组成的数个服务器和数个工作站,共同完成服务器的各项功能和系统运营管理的各项功能。CC 系统的主要设备包括中央主机(即数据库服务器)、通信服务器、远程拨号服务器、中央工作站(监控、系统设置数据库、网管工作站等),这些计算机通过集线器和网卡进行。CC 系统的主要功能如下:

①收集并保存各车站计算机上传的各类有关票务、账务、客流以及车站设备的运行状态等数据;

②监视和控制所有车站的设备运行状态;

③设置系统运营参数及系统的运行模式,下达给车站计算机和车站设备;

④按照设定的周期(日、月、季、年)处理和统计所收集到的各类数据,生成相应的各类报表并打印;

⑤时钟同步功能。

3. 车站计算机系统(第三层)

车站计算机(station computer,SC)系统是车站 AFC 系统的核心,主要负责将整个车站的自动售票机(TVM)、票房售票机(BOM)、进/出口闸机等 AFC 车站终端设备联系在一起。

车站 AFC 系统的主要功能如下:

①对 AFC 车站终端设备的操作和控制,包括关闭、开启及设置工作模式等;

②监视 AFC 车站终端设备的运行状态;

③采集、保存相关信息；

④提供车站一级的票务统计，以要求的格式和内容进行车站报表的打印；

⑤自动完成与 CC 系统及各终端设备的时钟同步；

⑥与 CC 系统进行实时通信，实时实现中央层数据的下载、下发和车站数据的上传。

4. 车站终端设备（第四层）

车站终端设备主要包括自动售票机、自动检票机、票房售票机和自动验票机等现场设备。

（1）自动售票机

自动售票机（TVM）是乘客自行操作的自动售票设备，主要完成单程票的发售。乘客可在该设备上查询到目的地的票价，然后根据目的地票价选择设备上的相应票价键，之后投入相应的钱币，设备便可自动地将已格式化的卡进行编码发售。自动售票机如图 10-5 所示，自动售票机的内部结构如图 10-6 所示。

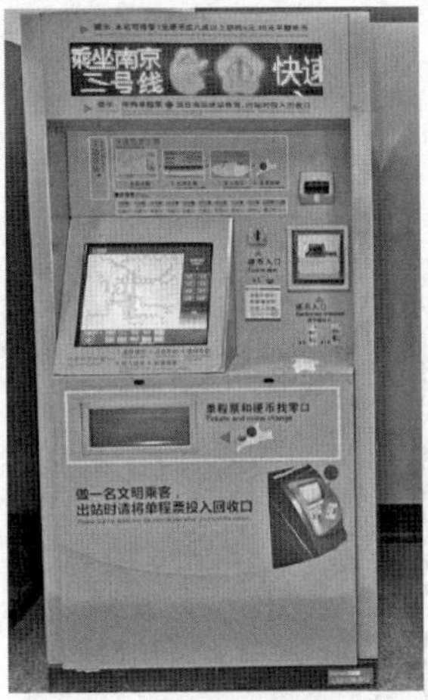

图 10-5　自动售票机

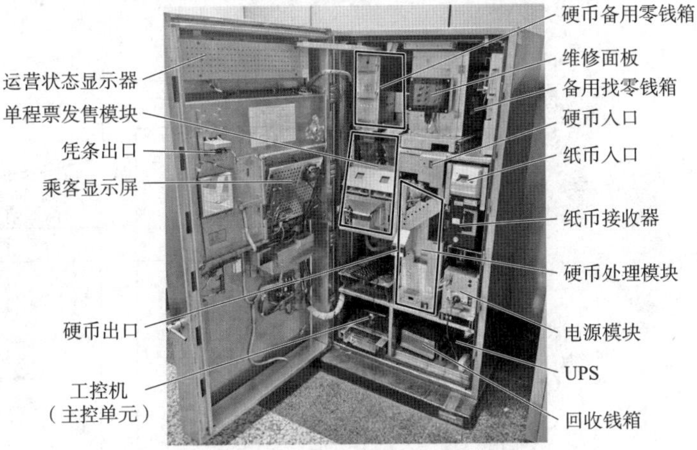

图 10-6　自动售票机的内部结构

（2）自动检票机

自动检票机（AGM）又称闸机，设置在“付费区”和“非付费区”之间，作为阻挡机构对乘客的出入行为进行有效控制，只允许具有合法授权的乘客通行，为乘客提供了快速检票和出入通行服务。闸机分为进站闸机、出站闸机和双向闸机三种类型。闸机的主要功能是检查乘客所持有车票的有效性，即检查该车票是否为本运输系统的车票，是否有足额的票值，是否在有效期内，是否有信息码等。如果查验的结果符合上述条件，则检票机在该车票上记录时间、车站号、设备号并编上信息码等，提示乘客进站或出站或去补票亭进行更新票值。

自动检票机主要由电源模块、扇门系统、工控机（主控单元）、末端显示器、乘客信息显示器、票卡处理装置（进站/出站）、机顶灯和移动支付模块等构成，如图 10-7 所示。

①自动检票机扇门系统。自动检票机的扇门系统主要由通道控制模块、可收回扇门（两个）及其机械机构、通道传感器（16 对）及扇门系统电源组成，如图 10-8 所示。

视频　闸机的维护

情况说明：

a. 检测区。检测是否有人员进入的区域，如有人停留在该区域（在控制进入模式下），无论乘客是否刷卡，自动检票机均不会产生报警提示等信息。

b. 监视区。在控制进入模式下，监视区主要用于检测乘客是否使用有效票以及是否有人尾随通过；如果一个物体的高度低于最上面一排传感器的高度，则该物体通过时不会产生报警提示。

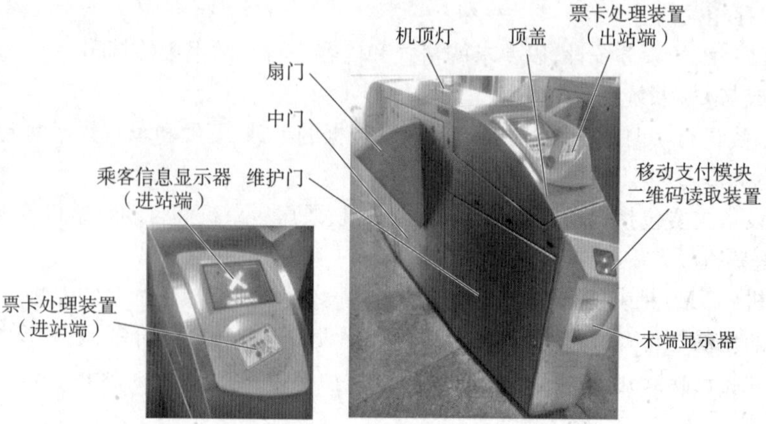

图 10-7　自动检票机

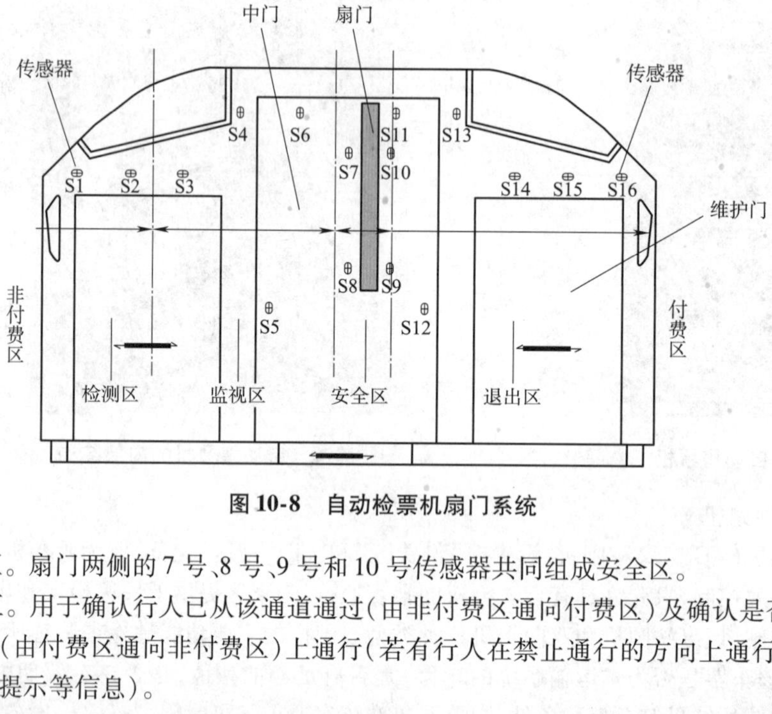

图 10-8　自动检票机扇门系统

c. 安全区。扇门两侧的 7 号、8 号、9 号和 10 号传感器共同组成安全区。

d. 退出区。用于确认行人已从该通道通过(由非付费区通向付费区)及确认是否有行人在禁止通行的方向(由付费区通向非付费区)上通行(若有行人在禁止通行的方向上通行,则自动检票机会产生报警提示等信息)。

②自动检票机工控机。工控机是自动检票机的主控单元(见图 10-9),它是能够有效地控制进站子系统和出站子系统的标准嵌入式 PC,它允许闸机单独或连接在一个局域网里运行。

图 10-9　自动检票机工控机

③自动检票机机顶灯。自动检票机的机顶灯位于自动检票机外壳的顶端,当检测到有效票

(卡)、无效票(卡)、优惠票(卡)以及黑名单上的票(卡)时,将会亮起并以不同的颜色加以显示。

a. 亮绿色[见图 10-10(a)],表示该票(卡)为有效票(卡)[又称普通票(卡)],可正常通行;

b. 亮黄色[见图 10-10(b)],表示该票(卡)为优惠票(卡)[如学生票(卡)或敬老票(卡)],可正常通行;

c. 亮红色[见图 10-10(c)],表示该票(卡)为无效票(卡),禁止通行或非法通行。

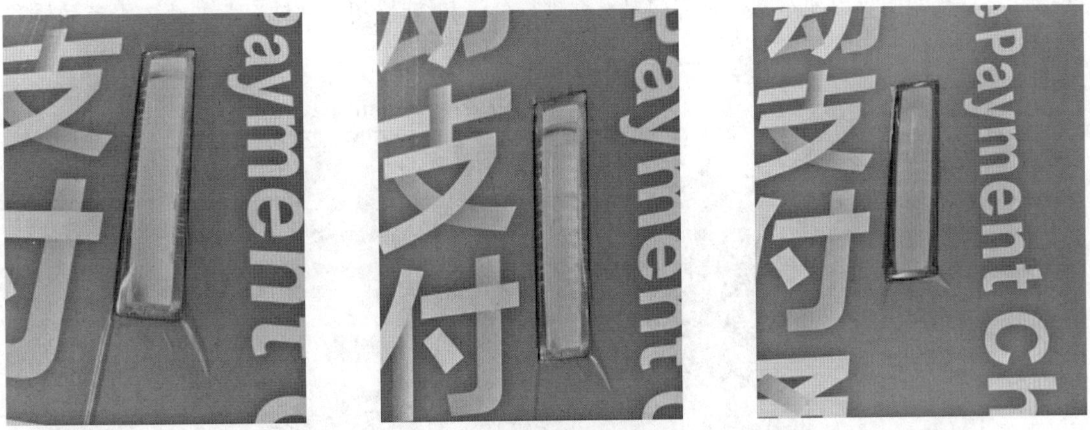

(a)亮绿色　　(b)亮黄色　　(c)亮红色

图 10-10　自动检票机的机顶灯显示颜色

●图 片

自动检票机的机顶灯显示颜色

④自动检票机移动支付模块。自动检票机的移动支付模块主要由移动支付橙色端面、末端显示器、二维码读取装置、电源模块和固定钣金件组成,如图 10-11 所示。

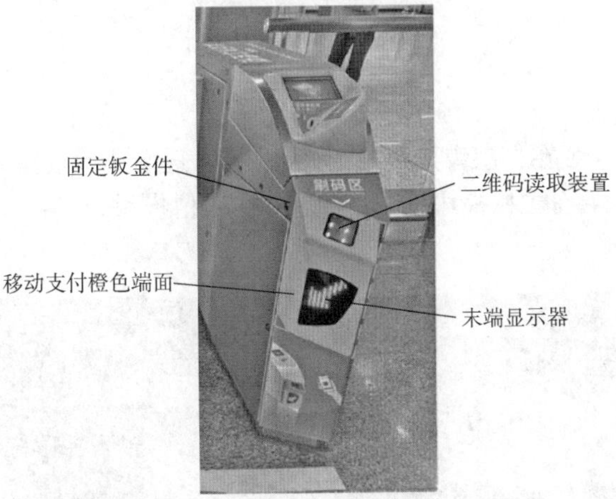

图 10-11　自动检票机移动支付模块

(3)票房售票机

票房售票机(BOM)也称半自动售票机(见图 10-12),由售票员负责操作设备来发售车票。BOM 的主要功能是发售各种类型的车票,还可对所有车票进行充值、分析和更新等处理。

票房售票机的主要功能如下:

①能对城市交通“一卡通”系统和城市轨道交通专用票(卡)进行处理;

②车站工作人员通过 BOM 对票(卡)进行分析、发售、充值、更新、激活、延期、退交易查询和解锁等处理;

③BOM 能记录设备处理的所有交易数据并实时上传,在操作员班次结束时可自动打印班次

报告；

④BOM 能处理非即时退款，处理车站乘客的投诉，对行政处理进行记录；

⑤BOM 操作员显示器和乘客显示器能提供用户界面和提示信息，与乘客相关的收款信息也会在乘客显示屏上显示；

⑥通过车站局域网网络与 SC 进行连接并接收 SC 下达的参数，实时上传车票处理的交易数据和设备运行状态信息以便车站管理部门对数据进行分析和统计，提高地铁运营的整体服务品质和效率。

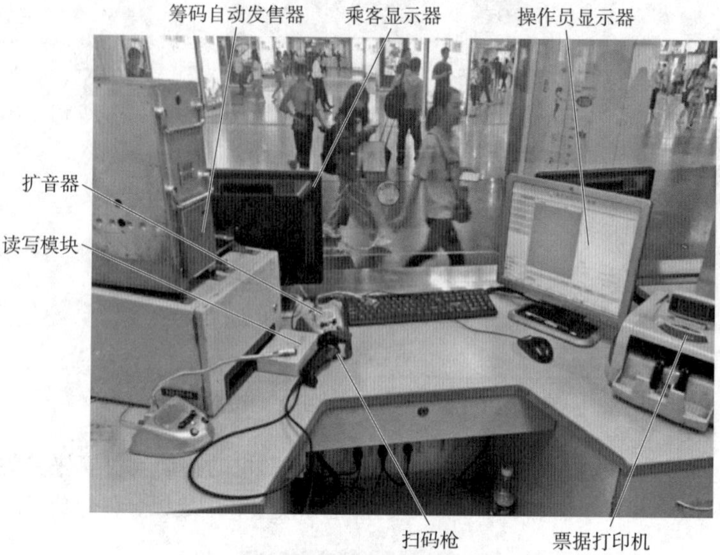

图 10-12　票房售票机

(4)自动验票机

自动验票机(TCM)安装在自动售票机附近，由乘客自选操作。根据 AFC 系统设备的功能要求，自动验票机的硬件主要有主控模块、电源模块、I/O 通信模块、乘客显示屏模块以及票卡读写器等，如图 10-13 所示。

图 10-13　自动验票机设备外观图

自动验票机的主要功能如下：

①乘客将车票放在读卡区后，验票机能自动验票并显示车票的票种、购票时间、进站时间、出站时间、进站地点、出站地点、扣费金额、剩余金额以及有效期等，显示的信息会根据查询的种类不同而有所变化（见图 10-14）；

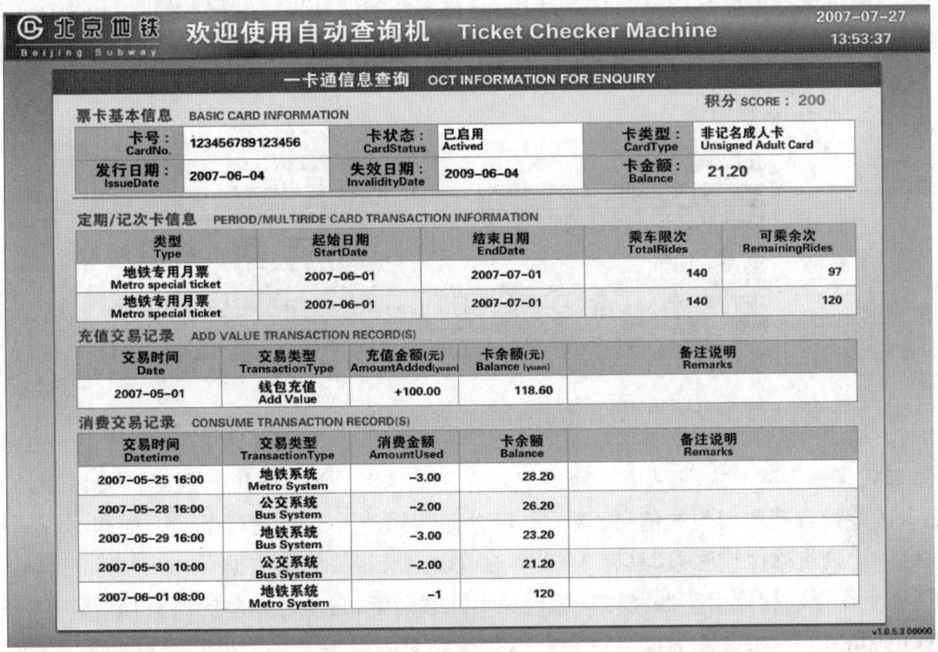

类型 Type	起始日期 StartDate	结束日期 EndDate	乘车限次 TotalRides	可乘余次 RemainingRides
地铁专用月票 Metro special ticket	2007-06-01	2007-07-01	140	97
地铁专用月票 Metro special ticket	2007-06-01	2007-07-01	140	120

交易时间 Date	交易类型 TransactionType	充值金额(元) AmountAdded(yuan)	卡余额(元) Balance (yuan)	备注说明 Remarks
2007-05-01	钱包充值 Add Value	+100.00	118.60	

交易时间 Datetime	交易类型 TransactionType	消费金额 AmountUsed	卡余额 Balance	备注说明 Remarks
2007-05-25 16:00	地铁系统 Metro System	-3.00	28.20	
2007-05-28 16:00	公交系统 Bus System	-2.00	26.20	
2007-05-29 16:00	地铁系统 Bus System	-3.00	23.20	
2007-05-30 10:00	公交系统 Bus System	-2.00	21.20	
2007-06-01 08:00	地铁系统 Metro System	-1	120	

图 10-14　北京地铁自动验票机（自动查询机）信息查询界面

②可设置信息显示的停留时间；

③通过车站局域网网络与 SC 进行连接，接收 SC 下达的控制命令和参数。

5. 车票（第五层）

城市轨道交通车票记载着乘客的出行信息和费用信息，是乘客乘坐轨道交通的有效凭证。早期地铁一般都采用纸质票作为媒介，随着计算机、网络通信及智能卡等技术的不断发展，城市轨道交通先后出现了磁卡和智能 IC 卡。目前，城市轨道交通使用的车票主要是非接触式的智能卡。

根据不同的分类标准，可将城市轨道交通车票分为不同的类型，具体如下：

（1）根据票（卡）的媒介进行分类

根据票（卡）媒介的不同，可将城市轨道交通车票分为纸质车票、磁卡式车票、智能卡车票和移动支付式车票四种。

①纸质车票。早期的地铁车票一般都采用纸质车票。纸质车票是将所有的信息（如站名或乘车区间、日期及票价等）都直接印刷在车票上，由票务人员视读确认。纸质车票一般由存根、主券、进站副券和出站副券四部分组成（见图 10-15）。乘客在购票过程中，票务人员撕下存根后将剩余部分交给乘客。

图 10-15　纸质车票

常见的纸质车票有普通纸票和条形码纸票。

a. 普通纸票。由于所有的信息都直接印制在票面上，保密性差，容易伪造，通常会在票面上增加防伪措施（如印刷加密图形等）。

b. 条形码纸票。条形码纸票（见图 10-16）是将车票的信息进行编码，经机器识别后再转换为车票信息。条形码纸票在使用过程中不能进行信息写入（信息写入是一次性的），条形码纸票也是一次性车票，不可重复使用。

图 10-16　条形码纸票

②磁卡式车票。磁卡式车票是一种磁记录介质的卡片，通过卡片上的磁性载体记录有关信息，由磁卡读写设备获取相关的信息，该信息可存储及修改。磁卡式车票的一面印有说明提示性的信息，另一面则有磁层或磁条，具有 2～3 个磁道以记录相关信息数据。

③智能卡车票。智能卡车票又称集成电路卡或智能卡，它是将车票的所有信息储存在一个专用的集成电路芯片中，由智能卡读写设备获取相关信息。智能卡车票的信息存储量大、可修改且安全等级高。

根据智能卡车票的外形不同，可将智能卡车票分为薄卡式车票、筹码式车票和异形卡车票，如图 10-17 所示。

图 10-17　外形不同的智能卡车票

根据智能卡车票的读写方式不同，可将智能卡车票分为接触式 IC 卡车票（通过卡片正面的触点与读写设备进行连接）和非接触式 IC 卡车票（又称射频卡，是由 IC 芯片和感应天线组成，封装在一个标准的塑质卡片内）。

④移动支付式车票。城市轨道交通移动支付式车票是指通过手机等移动设备进行支付、购买并使用的地铁车票。目前，许多城市的轨道交通系统都支持移动支付，为乘客提供了更加高效、便捷的出行体验。移动支付式车票可分为支付宝乘车码车票、微信乘车码车票和 NFC 交通卡车票三种。

a. 支付宝乘车码车票。打开支付宝应用，在搜索栏内输入“××地铁乘车码”并点击“搜索”按钮，按照提示完成授权后便可生成乘车码车票；将乘车码车票对准地铁的闸机扫码区，闸机识别成功后即可进站或出站，乘车费用会自动地从支付宝绑定的账户中扣除。

b. 微信乘车码车票。打开微信，进入“发现”小程序页面，在该小程序页面中输入“××地铁乘车码”并搜索，完成相关的授权后便可生成乘车码车票；将乘车码车票对准地铁的闸机扫码区，闸机识别成功后即可进站或出站，乘车费用会自动地从微信钱包绑定的账户中扣除。

c. NFC 交通卡车票。支持 NFC 功能的手机可直接添加所在城市的 NFC 交通卡，乘坐地铁列车的过程中需将手机靠近闸机的 NFC 感应区，手机会自动唤醒交通卡并完成识别后进站及扣费后出站（见图 10-18）。

图 10-18　移动支付式车票（NFC 交通卡车票）

（2）根据票（卡）的使用性质进行分类

根据票（卡）的使用性质不同，可将城市轨道交通车票分为单程票、储值票和许可票（或特种票）三种。

①单程票。单程票是指乘客以一定的金额购得一次旅行服务的承诺，它是只可进行一次进站和一次出站行为的车票（如超出规定的里程，则需补票后方可出站）。单程票可分为普通单程票、预制单程票和优惠单程票三种。

a. 普通单程票。它是单程票中使用最多、最广泛的一种车票，乘客购票时已完成对票卡的赋值，当日当站、限时限距（按参数设置）、出站回收，如图 10-19 所示。

b. 预制单程票。预制单程票是提前赋值的单程票，它是一种有价证券，具有较长的使用期限，由站务人员人工发售，也称为应急票，如图 10-20 所示。

图 10-19　普通单程票

图 10-20　预制单程票

c. 优惠单程票。根据情况（如批量购买或因某项活动等）给予一定折扣或优惠的单程票，如图 10-21 所示。

②储值票。储值票可反复充值，循环使用；在车票的有效期内限单人使用，进站检票，出站扣费；若超时出站，则根据票务规章/规定来补交滞留超时的费用。储值票的类型如下：

a. 普通储值票。它是储值票中使用最多、最广泛的一种车票，每次使用根据费率表进行扣费，

图 10-21　优惠单程票

如图 10-22 所示。

b. 优惠储值票。它是根据条件(如老人票、学生票或老免票等)给予一定的折扣或优惠的车票,如图 10-23 所示。

图 10-22　普通储值票

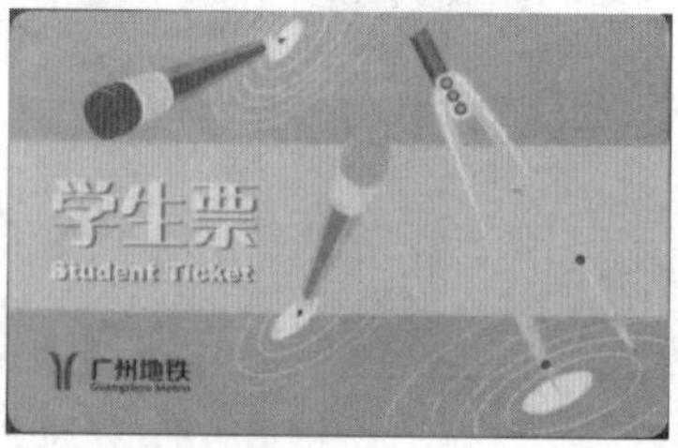

图 10-23　优惠储值票

c. 纪念储值票。它是城市轨道交通企业在特定时期内发行的具有纪念意义的车票。纪念储值票是为某种题材专门制作的纪念性票(卡),可供收藏,按定价发行;在有效期内使用,不计程,出站不回收,如图 10-24 所示。

图 10-24　纪念储值票

③许可票(或特种票)。许可票是一种与单程票和储值票不同的特殊票种。许可票是由运营方根据某种特殊的需要、针对某种群体的特殊需求以吸引或方便他们来乘坐地铁为目的而发行的票种。许可票(或特种票)主要包括车站工作票和员工票。

a. 车站工作票。它是供轨道交通相关从业人员使用的车票,仅限于指定的车站使用,不检查进/出站的次序。

b. 员工票。它是供城市轨道交通企业员工使用的记名票卡,仅限于本人乘车使用。员工票与储值票类似,只是在进/出城市轨道交通检票设备时具有更多的选择(即通过 AFC 系统中心设置为采取单次扣钱方式,或采取计次方式,或采取不做任何交易记录的方式等)。员工票具有一定的权限及相应的内部管理功能。

任务实施

任务工单见表 10-1。

表 10-1　认知城市轨道交通出入口控制系统任务工单

姓　名		学　号	
专　业		指导教师	
小组成员及分工			
任务目标	①掌握城市轨道交通出入口控制系统的基本概念及组成。 ②掌握城市轨道交通自动售检票系统		
任务内容	以小组为单位，前往自己所在城市的地铁企业进行实地调研，发掘城市轨道交通出入口控制系统的相关组成部分，归纳各组成部分的作用		
引导问题	①城市轨道交通出入口控制系统的组成有哪些？ ②城市轨道交通 AFC 系统的层级结构有哪些		
实际训练	①简述以下城市轨道交通出入口控制系统相关图片的类型名称及作用。		

序号	城市轨道交通出入口控制系统相关图片	类型名称	作用
1	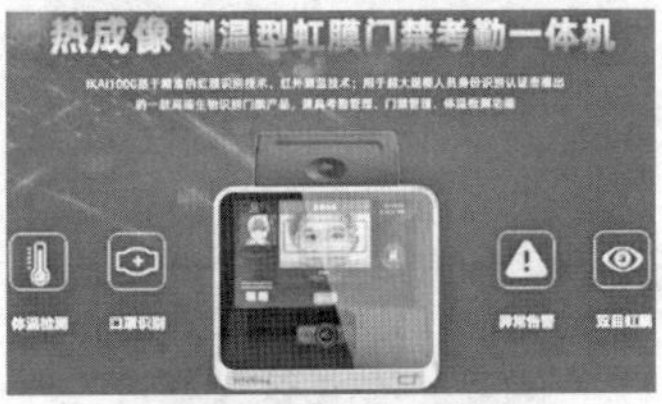		
2			
3	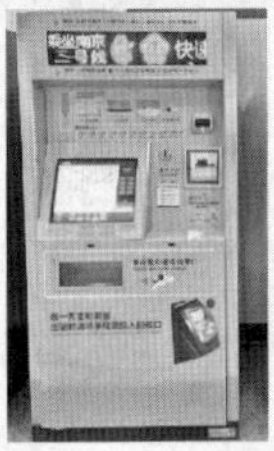		
4			

实际训练	②简述城市轨道交通出入口控制系统的基本概念及组成。 ③简述城市轨道交通自动售检票系统。 ④查阅相关资料，分享城市轨道交通车票的相关知识

任务评价

任务评价表见表 10-2。

表 10-2　认知城市轨道交通出入口控制系统任务评价表

序号	评价内容	评价标准	分值	评分记录		
				自我评价	互相评价	教师评价
1	城市轨道交通出入口控制系统的基本概念及组成	3 个组成部分，每个组成部分 8 分	24			
2	城市轨道交通自动售检票系统	5 个组成部分，每个组成部分 8 分	40			
3	城市轨道交通出入口控制系统相关图片的类型名称及作用	4 个类型名称及作用，每个类型名称及作用 4 分	16			
4	团队协助，完成资料查阅，分享学习成果	有图片、有视频且资料内容不陈旧	20			
总成绩			100			

思考与练习

文本

思考与练习

任务二　巡检城市轨道交通出入口控制系统

任务目标

1. 知识目标

①掌握自动售票机的巡检流程；

②掌握自动检票机的巡检流程；

③掌握票房售票机的巡检流程。

2. 能力目标

①能够描述自动售票机的巡检内容及标准；

②能够描述自动检票机的巡检内容及标准；

③能够描述票房售票机的巡检内容及标准。

3. 素养目标

①培养专业学习的热情；

②提升职业道德修养；

③强化专业技术能力。

任务描述

城市轨道交通出入口控制系统的巡检内容较多，要求归纳出城市轨道交通自动售票机、自动检票机以及票房售票机的巡检内容及标准，掌握巡检过程中的注意事项，具备巡检城市轨道交通出入口控制系统的常用技能。

知识链接

一、自动售票机的巡检

1. 自动售票机的巡检内容

①自动售票机的维护门（通常位于售票机的侧面或底部）门锁能否正常开启及关闭；

②自动售票机的维修门（位于售票机的背部）能否正常开启及关闭；

③自动售票机的维修门传感器是否工作正常；

④自动售票机纸币接收器是否存在滚轮表面有污垢、电源线或数据线连接松动、验币区相关传感器工作不正常的现象；

⑤自动售票机筹码发射器是否存在出票通道不正常、读卡器天线板内部有污垢、读卡器天线板的盖板有明显积尘现象；

⑥自动售票机的键盘及鼠标是否完好；

⑦自动售票机工控机的表面是否有污垢或积尘；

⑧自动售票机硬币处理通道是否有污垢或积尘；

⑨自动售票机的外露电路板防护罩是否存在破损及不清洁现象；

⑩自动售票机的 UPS 是否存在续航供电不正常、输出电压不正常的现象。

2. 自动售票机的巡检标准

①自动售票机的维护门（通常位于售票机的侧面或底部）门锁能正常开启及关闭；

②自动售票机的维修门（位于售票机的背部）能正常开启及关闭；

③自动售票机的维修门传感器工作正常；

④自动售票机纸币接收器不存在滚轮表面有污垢、电源线或数据线连接松动、验币区相关传感器工作不正常的现象；

⑤自动售票机筹码发射器不存在出票通道不正常、读卡器天线板内部有污垢、读卡器天线板的盖板有明显积尘现象；

⑥自动售票机的键盘及鼠标完好；

⑦自动售票机工控机的表面无污垢或积尘；

⑧自动售票机硬币处理通道无污垢或积尘；

⑨自动售票机的外露电路板防护罩不存在破损及不清洁现象；

⑩自动售票机的 UPS 不存在续航供电不正常、输出电压不正常（输出电压在 198 ~ 242 V 之间为正常）的现象。

二、自动检票机的巡检

1. 自动检票机的巡检内容

①自动检票机的通道传感器是否存在传感器不正常、传感器与传感器电路板的连接有松动及

传感器上表面有明显积尘现象；

②自动检票机的智能卡处理模块是否存在读卡器天线板表面有灰尘、螺钉安装不到位而有松动、通道传感器的绝缘垫片不完整、控制板及其防护罩表面有积尘以及验票口处的指示灯灯珠不正常现象；

③自动检票机的维护键盘能否正常使用；

④自动检票机扇门是否存在挡板有损坏、内部扇门的运动路径被阻挡、扇门动作不正常、扇门有倾斜及异响晃动、上/下限位开关位置不正常、扇门底座松动以及齿轮箱有异响现象；

⑤自动检票机的二维码识别模块是否存在二维码读头有破损、功能不正常、二维码识别模块的安装不牢固现象；

⑥自动检票机的中门定位螺栓是否缺失；

⑦自动检票机的工控机是否存在线缆连接不紧固以及工控机表面有积尘现象；

⑧自动检票机的漏电保护器是否正常工作；

⑨自动检票机的机柜内部是否存在杂物及内部机架的上表面有积尘现象；

⑩自动检票机的人脸识别装置是否存在底座松动、防尘塞松动以及内部的电源线或信号线有破损现象。

2. 自动检票机的巡检标准

①自动检票机的通道传感器不存在传感器不正常、传感器与传感器电路板的连接有松动及传感器上表面有明显积尘现象；

②自动检票机的智能卡处理模块不存在读卡器天线板表面有灰尘、螺钉安装不到位而有松动、通道传感器的绝缘垫片不完整、控制板及其防护罩表面有积尘以及验票口处的指示灯灯珠不正常现象；

③自动检票机的维护键盘能正常使用；

④自动检票机扇门不存在挡板有损坏、内部扇门的运动路径被阻挡、扇门动作不正常、扇门有倾斜及异响晃动、上/下限位开关位置不正常、扇门底座松动以及齿轮箱有异响现象；

⑤自动检票机的二维码识别模块不存在二维码读头有破损、功能不正常、二维码识别模块的安装不牢固现象；

⑥自动检票机的中门定位螺栓未缺失；

⑦自动检票机的工控机不存在线缆连接不紧固以及工控机表面有积尘现象；

⑧自动检票机的漏电保护器正常工作；

⑨自动检票机的机柜内部不存在杂物及内部机架的上表面有积尘现象；

⑩自动检票机的人脸识别装置不存在底座松动、防尘塞松动以及内部的电源线或信号线有破损现象。

三、票房售票机的巡检

1. 票房售票机的巡检内容

①票房售票机的工控机是否存在接线不良以及主机表面上有积尘现象；

②票房售票机的键盘及鼠标是否工作正常；

③票房售票机的操作员显示器是否存在安装不牢固以及连线不正常现象；

④票房售票机的乘客显示器是否存在安装不牢固以及连线不正常现象；

⑤票房售票机的筹码自动发售器是否存在连线不牢固、工作不正常以及外部不清洁现象；

⑥票房售票机的扫码枪是否存在接线不牢固以及工作不正常现象。

2. 票房售票机的巡检标准

①票房售票机的工控机不存在接线不良以及主机表面上有积尘现象；

②票房售票机的键盘及鼠标工作正常；

③票房售票机的操作员显示器不存在安装不牢固以及连线不正常现象；

④票房售票机的乘客显示器不存在安装不牢固以及连线不正常现象；

⑤票房售票机的筹码自动发售器不存在连线不牢固、工作不正常以及外部不清洁现象；

⑥票房售票机的扫码枪不存在接线不牢固以及工作不正常现象。

任务书

根据“知识链接”的相关内容，登录城市轨道交通出入口控制系统虚拟仿真实训平台，进行城市轨道交通出入口控制系统相关设备巡检的模拟操作，作业时间 30 min，作业任务书见表 10-3。

表 10-3　城市轨道交通出入口控制系统相关设备巡检作业任务书

作业任务	城市轨道交通出入口控制系统相关设备巡检	日　期			
班　组		计划开始时间		实际开始时间	
组　长		计划完成时间		实际完成时间	
作业地点					
作业内容					
作业过程中督查意见					

任务分组

学生任务分组见表 10-4。

表 10-4　学生任务分组表

班　级			日　期	
班　组			组　长	
班组成员	姓　名	任务角色	任务分工	

任务实施

作业单见表 10-5。

表 10-5　城市轨道交通出入口控制系统相关设备巡检作业单

班　级		姓　名		班　组	
起始时间		终止时间		实际用时	
巡检对象	巡检内容	状态记录			情况说明
自动售票机的巡检	自动售票机的维护门（通常位于售票机的侧面或底部）门锁能否正常开启及关闭	□不能正常开启			
		□不能正常关闭			
		□能正常开启及关闭			

续表

巡检对象	巡检内容	状态记录	情况说明
自动售票机的巡检	自动售票机的维修门(位于售票机的背部)能否正常开启及关闭	□不能正常开启	
		□不能正常关闭	
		□能正常开启及关闭	
	自动售票机的维修门传感器是否工作正常	□工作不正常	
		□工作正常	
	自动售票机纸币接收器是否存在滚轮表面有污垢、电源线或数据线连接松动、验币区相关传感器工作不正常的现象	□滚轮表面有污垢	
		□电源线连接松动	
		□数据线连接松动	
		□验币区相关传感器工作不正常	
		□不存在滚轮表面有污垢、电源线或数据线连接松动、验币区相关传感器工作不正常的现象	
	自动售票机筹码发射器是否存在出票通道不正常、读卡器天线板内部有污垢、读卡器天线板的盖板有明显积尘现象	□出票通道不正常	
		□读卡器天线板内部有污垢	
		□读卡器天线板的盖板有明显积尘	
		□不存在出票通道不正常、读卡器天线板内部有污垢、读卡器天线板的盖板有明显积尘现象	
	自动售票机的键盘及鼠标是否完好	□键盘不完好	
		□鼠标不完好	
		□键盘及鼠标均完好	
	自动售票机工控机的表面是否有污垢或积尘	□有污垢	
		□有积尘	
		□无污垢或积尘	
	自动售票机硬币处理通道是否有污垢或积尘	□有污垢	
		□有积尘	
		□无污垢或积尘	
	自动售票机的外露电路板防护罩是否存在破损及不清洁现象	□存在破损现象	
		□存在不清洁现象	
		□不存在破损及不清洁现象	
	自动售票机的UPS是否存在续航供电不正常、输出电压不正常的现象	□续航供电不正常	
		输出电压值为(　　)V	
		□不正常　□正常	
		□不存在续航供电不正常、输出电压不正常的现象	
自动检票机的巡检	自动检票机的通道传感器是否存在传感器不正常、传感器与传感器电路板的连接有松动及传感器上表面有明显积尘现象	□传感器不正常	
		□传感器与传感器电路板的连接有松动	
		□传感器上表面有明显积尘	
		□不存在传感器不正常、传感器与传感器电路板的连接有松动及传感器上表面有明显积尘现象	

续表

巡检对象	巡检内容	状态记录	情况说明
自动检票机的巡检	自动检票机的智能卡处理模块是否存在读卡器天线板表面有灰尘、螺钉安装不到位而有松动、通道传感器的绝缘垫片不完整、控制板及其防护罩表面有积尘以及验票口处的指示灯灯珠不正常现象	□读卡器天线板表面有灰尘	
		□螺钉安装不到位而有松动	
		□通道传感器的绝缘垫片不完整	
		□控制板表面有积尘	
		□防护罩表面有积尘	
		□验票口处的指示灯灯珠不正常	
		□不存在读卡器天线板表面有灰尘、螺钉安装不到位而有松动、通道传感器的绝缘垫片不完整、控制板及其防护罩表面有积尘以及验票口处的指示灯灯珠不正常现象	
	自动检票机的维护键盘能否正常使用	□不能正常使用	
		□能正常使用	
	自动检票机扇门是否存在挡板有损坏、内部扇门的运动路径被阻挡、扇门动作不正常、扇门有倾斜及异响晃动、上/下限位开关位置不正常、扇门底座松动以及齿轮箱有异响现象	□挡板有损坏	
		□内部扇门的运动路径被阻挡	
		□扇门动作不正常	
		□扇门有倾斜	
		□扇门有异响晃动	
		□上限位开关位置不正常	
		□下限位开关位置不正常	
		□扇门底座松动	
		□齿轮箱有异响	
		□不存在挡板有损坏、内部扇门的运动路径被阻挡、扇门动作不正常、扇门有倾斜及异响晃动、上/下限位开关位置不正常、扇门底座松动以及齿轮箱有异响现象	
	自动检票机的二维码识别模块是否存在二维码读头有破损、二维码功能不正常、二维码识别模块的安装不牢固现象	□二维码读头有破损	
		□二维码功能不正常	
		□二维码识别模块的安装不牢固	
		□不存在二维码读头有破损、二维码功能不正常、二维码识别模块的安装不牢固现象	
	自动检票机的中门定位螺栓是否缺失	□缺失	
		□未缺失	
	自动检票机的工控机是否存在线缆连接不紧固以及工控机表面有积尘现象	□线缆连接不紧固	
		□工控机表面有积尘	
		□不存在线缆连接不紧固以及工控机表面有积尘现象	
	自动检票机的漏电保护器是否正常工作	□非正常工作	
		□正常工作	
	自动检票机的机柜内部是否存在杂物及内部机架的上表面有积尘现象	□机柜内部存在杂物	
		□内部机架的上表面有积尘	
		□机柜内部不存在杂物及内部机架的上表面有积尘现象	

续表

巡检对象	巡检内容	状态记录	情况说明
自动检票机的巡检	自动检票机的人脸识别装置是否存在底座松动、防尘塞松动以及内部的电源线或信号线有破损现象	□底座松动	
		□防尘塞松动	
		□内部的电源线有破损	
		□内部的信号线有破损	
		□不存在底座松动、防尘塞松动以及内部的电源线或信号线有破损现象	
票房售票机的巡检	票房售票机的工控机是否存在接线不良以及主机表面上有积尘现象	□工控机接线不良	
		□主机表面上有积尘	
		□工控机不存在接线不良以及主机表面上有积尘现象	
	票房售票机的键盘及鼠标是否工作正常	□键盘工作不正常	
		□鼠标工作不正常	
		□键盘及鼠标工作正常	
	票房售票机的操作员显示器是否存在安装不牢固以及连线不正常现象	□操作员显示器安装不牢固	
		□操作员显示器连线不正常	
		□操作员显示器不存在安装不牢固以及连线不正常现象	
	票房售票机的乘客显示器是否存在安装不牢固以及连线不正常现象	□乘客显示器安装不牢固	
		□乘客显示器连线不正常	
		□乘客显示器不存在安装不牢固以及连线不正常现象	
	票房售票机的筹码自动发售器是否存在连线不牢固、工作不正常以及外部不清洁现象	□筹码自动发售器连线不牢固	
		□筹码自动发售器工作不正常	
		□筹码自动发售器外部不清洁	
		□筹码自动发售器不存在连线不牢固、工作不正常以及外部不清洁现象	
	票房售票机的扫码枪是否存在接线不牢固以及工作不正常现象	□扫码枪接线不牢固	
		□扫码枪工作不正常	
		□扫码枪不存在接线不牢固以及工作不正常现象	
故障记录：			
检查人签字：	班组成员签字：	班组长签字：	
注意事项	1.“状态记录”据检查的实际情况在相应的□内打“√”。 2.“故障记录”栏填写巡检时发现的问题，确保填写规范、问题描述清楚，字迹书写清晰。 3. 签字处需填写相关人员的全名，不得代签及涂改。 4. 作业内容以表格所示范围为准，未呈现的内容不设故障，按照作业顺序进行		

任务评价

任务评价表见表10-6。

表10-6　城市轨道交通出入口控制系统相关设备巡检任务评价表

【考评单】城市轨道交通出入口控制系统相关设备巡检		日期：	
姓名：	学号：	班级：	教师签名：
自我评价	互相评价	教师评价	
□熟练　□一般　□不熟练	□熟练　□一般　□不熟练	□熟练　□一般　□不熟练	
日期：	日期：	日期：	

城市轨道交通出入口控制系统相关设备巡检【评分细则】

序号	评分项	得分条件	分值	自我评价	互相评价	教师评价
1	接受任务	明确工作任务，理解任务在现场工作中的重要程度	5			
2	知识评价	本次巡检前需要掌握的知识程度	5			
3	能力评价	能正确掌握自动售票机的巡检内容及标准	20			
		能正确掌握自动检票机的巡检内容及标准	20			
		能正确掌握票房售票机的巡检内容及标准	20			
4	素养评价	操作计划性强，安排得当	5			
		团队合作能力强，善于沟通	5			
		自主学习能力强，勇于克服困难	5			
		严谨认真，积极参与现场教学	5			
5	评价反馈	学生能快速、准确地进行相关操作，以小组评价方式组织客观评价	5			
		对学生在任务实施过程中发现的问题进行小组审议后及时反馈	5			
6	得　分		100			

任务三　操作城市轨道交通出入口控制系统

任务目标

1. 知识目标

①掌握自动售票机的操作；

②掌握自动检票机的操作。

2. 能力目标

①能够描述自动售票机关于乘客购票、乘客充值、更换票箱、清空废票、更换硬币钱箱、更换纸币钱箱和清空硬币钱箱的操作步骤；

②能够描述自动检票机关于拆卸票箱和安装票箱的操作步骤。

3. 素养目标

①培养职业素养；

②强化专业技术能力；

③培养大国工匠精神。

任务描述

操作出入口控制系统在城市轨道交通出入口控制系统运营过程中十分必要，要求归纳出自动售票机以及自动检票机的操作类型和操作步骤，具备操作城市轨道交通出入口控制系统的常用技能。

知识链接

城市轨道交通出入口控制系统的常见操作主要是针对自动售票机的操作以及自动检票机的操作，具体情况如下：

一、自动售票机的操作

自动售票机的操作见表10-7。

说明：以下操作流程是以京州地铁运营有限责任公司为例，其他地铁运营有限责任公司关于出入口控制系统的操作流程不尽相同。

表10-7　自动售票机的操作

操作对象	操作类型	操作步骤
自动售票机	乘客购票操作	①选择乘车线路。在自动售票机乘客操作界面中查看地铁网络化运营的线路地图（该系统具备地图的缩小、扩大及水平移动的功能），选择要前往的地铁线路。 ②选择目的地车站。线路选择完毕后，在所选的整条线路中选择目的地车站的站名。 ③选择购票数量。目的地车站选择完毕后，系统将进入购票界面［界面的左边显示目的地车站以及车票单价等信息，界面的右边可直接选择所要购买车票的数量］。 ④支付票款。根据界面显示的应付金额，投入相应数量的纸币或硬币（或选择扫描二维码）支付。 ⑤取走车票和找零。付款完毕后，若点击“确定”按钮，则在下方的出票口处拿回票卡及找零硬币；若点击“取消”按钮，则之前支付的票款会原路返回并将界面返回至主界面
	乘客充值操作	①乘客在主界面上点击“充值”按钮，进入充值界面。 ②在充值界面上选择支付方式（现金支付、微信支付或支付宝支付）。 ③乘客根据界面的提示，选择充值额度并根据所选择的支付方式完成支付。充值完成后，充值界面上会出现“充值成功”及“当前余额”的提示。若在此过程中乘客点击“放弃充值”按钮，则充值界面会返回至主界面
	更换票箱操作	情况说明： ◆每日运营开始前，车站工作人员需根据车站客流的情况对票箱进行一定数量单程票的补充。 ◆运营过程中，如遇自动售票机票箱空，则需根据运营情况判断是否需及时补充票卡。 ◆每日运营结束后，需卸载票箱，收回票箱内未发售的剩余票卡。 ①打开后维修门，登录维护面板后进入维护菜单的主界面，依次选择“日常操作”→“更换票箱”→“票箱1/票箱2”菜单命令，按下【Enter】键，此时维护界面会显示当前所在票箱并提示工作人员取走票箱。 ②拉出票箱处理模块，推开票箱盖，打开票箱锁，按下发卡机构开关，待卡槽降至箱底使得票箱上部与底部的插销离位后卸下票箱。 ③将新票箱推入到位，按下发卡机构的开关待卡槽复位，拉出票箱盖，推回票箱处理模块。 ④在维护面板的操作界面上输入补票的数量，按下【Enter】键，等待返回结果，退出登录。 ⑤关上后维修门，状态显示屏恢复正常业务模式，操作结束

续表

操作对象	操作类型	操作步骤
自动售票机	清空废票操作	情况说明： ◆运营过程中，如遇废票箱模块报警，车站需及时处理。 ◆每日运营结束后，车站需要将废票箱清空。 ①打开后维修门，登录维护面板后进入维护菜单的主界面，依次选择"日常操作"→"更换废票"菜单命令，按下【Enter】键，维护界面将显示当前废票箱的ID并提示工作人员取走废票箱。 ②拉出票箱处理模块，按照操作界面提示区的提示进行操作。 ③装入新的废票箱后显示当前废票箱的ID，按下【Enter】键，等待维护界面返回安装结果。 ④更换成功后将票箱处理模块推回原位，打印机自动打印维护小票，之后退出登录界面。 ⑤关上后维修门，状态显示屏恢复正常业务模式，操作结束
	更换硬币钱箱操作	情况说明： ◆运营过程中，当硬币钱箱模块"满"报警或"将满"报警时，需及时清空硬币钱箱。 ◆每日运营结束后，需卸下硬币钱箱并收回钱箱中的硬币。 ①打开后维修门，登录维护面板后进入维护菜单的主界面，依次选择"日常操作"→"更换钱箱"→"硬币钱箱"菜单命令，按下【Enter】键，维护界面将显示当前硬币钱箱的ID。 ②将硬币钱箱的前盖板推回箱体，用钥匙将硬币钱箱的锁紧装置打开，取出硬币钱箱。 ③装入新的硬币钱箱，用钥匙将硬币钱箱锁紧，拉出硬币钱箱的前盖板。 ④在维护面板的操作界面上输入硬币数量，然后退出登录界面。 ⑤关上后维修门，状态显示屏恢复正常业务模式，操作结束
	更换纸币钱箱操作	情况说明： ◆运营过程中，当纸币钱箱模块"满"报警或"将满"报警时，需及时清空纸币钱箱。 ◆每日运营结束后，需卸下纸币钱箱并收回钱箱中的纸币。 ①打开后维修门，登录维护面板后进入维护菜单的主界面，依次选择"日常操作"→"更换钱箱"→"纸币钱箱"菜单命令，按下【Enter】键，维护界面将显示当前纸币钱箱的ID。 ②拉出纸币钱箱模块，将纸币钱箱模块的前盖板推回箱体，用钥匙将纸币钱箱的锁紧装置打开，取出纸币钱箱。 ③装入新的纸币钱箱，用钥匙将纸币钱箱锁紧，拉出纸币钱箱的前盖板。 ④在维护面板的操作界面上输入纸币数量，然后退出登录界面。 ⑤关上后维修门，状态显示屏恢复正常业务模式，操作结束
	清空硬币钱箱操作	情况说明： ◆运营过程中，当硬币钱箱模块"满"报警或"将满"报警时，需及时清空硬币钱箱。 ◆每日运营结束后，需将循环找零箱和补充找零箱内的所有硬币清至硬币钱箱。 ①打开后维修门，登录维护面板后进入维护菜单的主界面，依次选择"日常操作"→"清空硬币"→"硬币找零箱"/"循环找零箱"菜单命令，按下【Enter】键。 ②听到硬币掉落的声音结束后，等待维护菜单界面提示的清空结果，通过打印机打出硬币的数量单据。 ③将硬币钱箱的前盖板推回箱体，用钥匙将硬币钱箱的锁紧装置打开，取出硬币钱箱。 ④在操作界面上选择"日结"后，退出登录界面。 ⑤关上后维修门，状态显示屏恢复正常业务模式，操作结束

二、自动检票机的操作

自动检票机的操作见表 10-8。

表 10-8　自动检票机的操作

操作对象	操作类型	操作步骤
自动检票机	拆卸票箱操作	①接收来自上位机的票箱更换命令。 ②将托盘向下移动。 ③检测车票的最高位置，当检测到车票的最高位置低于指定位置时便停止移动托盘。 ④关闭顶盖。 ⑤打开工作锁（顶盖锁机构被锁上）。 ⑥固定托盘。 ⑦拨动开关至“OFF”位置。 ⑧将托盘移动机构下移。 ⑨拆卸票箱。 操作步骤如图 10-25 所示
	安装票箱操作	①利用票箱的前端把手在水平方向上将票箱小心地安装在 ID Connector 上。 ②检测票箱是否安装到位（检查票箱的 ID）。 ③拨动开关至“ON”位置。 ④利用托盘移动机构将托盘向上移动。 ⑤检测车票的最高位置，当检测到车票的最高位置到达指定位置时，停止移动托盘。 ⑥锁上工作锁（顶盖锁机构被松开）。 ⑦松开固定托盘的机构，打开顶盖。 ⑧对模块进行初始化。 ⑨票箱安装完毕后，在维修面板中选择已安装的票箱，退出维修面板并注销，关好维修门。 操作步骤如图 10-26 所示

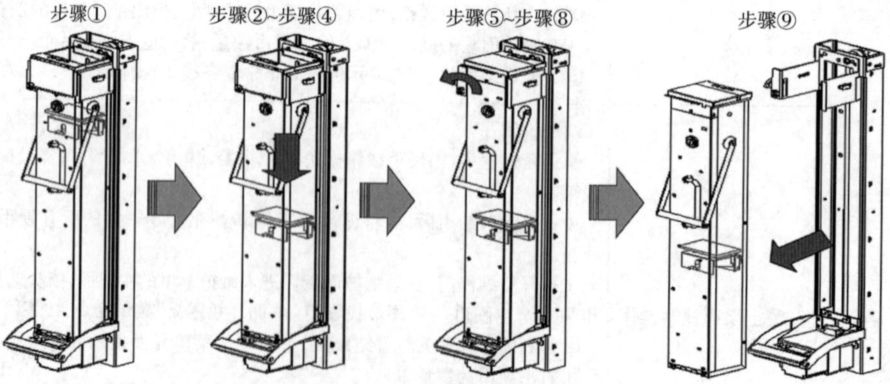

图 10-25　拆卸票箱的操作流程

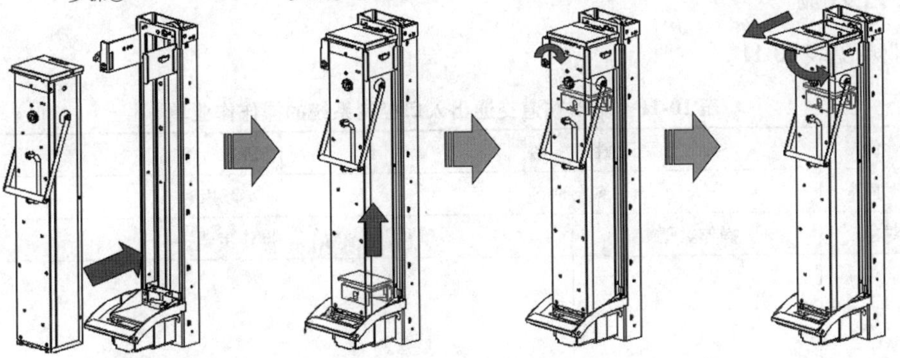

图 10-26　安装票箱的操作流程

任务书

根据“知识链接”的相关内容，登录城市轨道交通出入口控制系统虚拟仿真实训平台，进行城市轨道交通出入口控制系统的模拟操作，作业时间 30 min，作业任务书见表 10-9。

表 10-9　城市轨道交通出入口控制系统模拟操作作业任务书

作业任务	城市轨道交通出入口控制系统的模拟操作	日　期			
班　组		计划开始时间		实际开始时间	
组　长		计划完成时间		实际完成时间	
作业地点					
作业内容					
作业过程中督查意见					

任务分组

学生任务分组见表 10-10。

表 10-10　学生任务分组表

班　级		日　期	
班　组		组　长	
班组成员	姓　名	任务角色	任务分工

任务实施

作业单见表10-11。

表10-11　城市轨道交通出入口控制系统的操作作业单

<table>
<tr><td>班　级</td><td></td><td>姓　名</td><td></td><td>班　组</td><td></td></tr>
<tr><td>起始时间</td><td></td><td>终止时间</td><td></td><td>实际用时</td><td></td></tr>
<tr><td>操作对象</td><td>操作类型</td><td colspan="4">操作步骤</td></tr>
<tr><td rowspan="3">自动售票机</td><td>乘客购票操作</td><td colspan="4">①
②
③
④
⑤</td></tr>
<tr><td>乘客充值操作</td><td colspan="4">①
②
③</td></tr>
<tr><td>更换票箱操作</td><td colspan="4">情况说明：
◆每日运营开始前，车站工作人员需根据车站客流的情况对票箱进行一定数量单程票的补充。
◆运营过程中，如遇自动售票机票箱空，则需根据运营情况判断是否需及时补充票卡。
◆每日运营结束后，需卸载票箱，收回票箱内未发售的剩余票卡。
①
②
③
④
⑤</td></tr>
</table>

续表

<table>
<tr><th>操作对象</th><th>操作类型</th><th>操作步骤</th></tr>
<tr><td rowspan="4">自动售票机</td><td>清空废票操作</td><td>情况说明：
◆运营过程中，如遇废票箱模块报警，车站需及时处理。
◆每日运营结束后，车站需要将废票箱清空。
①
②
③
④
⑤</td></tr>
<tr><td>更换硬币钱箱操作</td><td>情况说明：
◆运营过程中，当硬币钱箱模块“满”报警或“将满”报警时，需及时清空硬币钱箱。
◆每日运营结束后，需卸下硬币钱箱并收回钱箱中的硬币。
①
②
③
④
⑤</td></tr>
<tr><td>更换纸币钱箱操作</td><td>情况说明：
◆运营过程中，当纸币钱箱模块“满”报警或“将满”报警时，需及时清空纸币钱箱。
◆每日运营结束后，需卸下纸币钱箱并收回钱箱中的纸币。
①
②
③
④
⑤</td></tr>
<tr><td>清空硬币钱箱操作</td><td>情况说明：
◆运营过程中，当硬币钱箱模块“满”报警或“将满”报警时，需及时清空硬币钱箱。
◆每日运营结束后，需将循环找零箱和补充找零箱内的所有硬币清至硬币钱箱。
①
②
③
④
⑤</td></tr>
</table>

续表

操作对象	操作类型	操作步骤
自动检票机	拆卸票箱操作	① ② ③ ④ ⑤ ⑥ ⑦ ⑧ ⑨
	安装票箱操作	① ② ③ ④ ⑤ ⑥ ⑦ ⑧ ⑨

任务评价

任务评价表见表10-12。

表10-12　城市轨道交通出入口控制系统的操作任务评价表

<table>
<tr><td colspan="4">【考评单】城市轨道交通出入口控制系统的操作</td><td colspan="3">日期：</td></tr>
<tr><td colspan="2">姓名：</td><td colspan="2">学号：</td><td colspan="2">班级：</td><td rowspan="4">教师签名：</td></tr>
<tr><td colspan="2">自我评价</td><td colspan="2">互相评价</td><td colspan="2">教师评价</td></tr>
<tr><td colspan="2">□熟练　□一般　□不熟练</td><td colspan="2">□熟练　□一般　□不熟练</td><td colspan="2">□熟练　□一般　□不熟练</td></tr>
<tr><td colspan="2">日期：</td><td colspan="2">日期：</td><td colspan="2">日期：</td></tr>
<tr><td colspan="7">城市轨道交通出入口控制系统的操作【评分细则】</td></tr>
<tr><th>序号</th><th>评分项</th><th>得分条件</th><th>分值</th><th>自我评价</th><th>互相评价</th><th>教师评价</th></tr>
<tr><td>1</td><td>接受任务</td><td>明确工作任务,理解任务在现场工作中的重要程度</td><td>5</td><td></td><td></td><td></td></tr>
<tr><td>2</td><td>知识评价</td><td>本次操作前需要掌握的知识程度</td><td>5</td><td></td><td></td><td></td></tr>
<tr><td rowspan="9">3</td><td rowspan="9">能力评价</td><td>能掌握乘客购票的操作步骤</td><td>6</td><td></td><td></td><td></td></tr>
<tr><td>能掌握乘客充值的操作步骤</td><td>6</td><td></td><td></td><td></td></tr>
<tr><td>能掌握更换票箱的操作步骤</td><td>6</td><td></td><td></td><td></td></tr>
<tr><td>能掌握清空废票的操作步骤</td><td>6</td><td></td><td></td><td></td></tr>
<tr><td>能掌握更换硬币钱箱的操作步骤</td><td>6</td><td></td><td></td><td></td></tr>
<tr><td>能掌握更换纸币钱箱的操作步骤</td><td>6</td><td></td><td></td><td></td></tr>
<tr><td>能掌握清空硬币钱箱的操作步骤</td><td>6</td><td></td><td></td><td></td></tr>
<tr><td>能掌握拆卸票箱的操作步骤</td><td>6</td><td></td><td></td><td></td></tr>
<tr><td>能掌握安装票箱的操作步骤</td><td>6</td><td></td><td></td><td></td></tr>
</table>

续表

序号	评分项	得分条件	分值	自我评价	互相评价	教师评价
4	素养评价	操作计划性强,安排得当	6			
		团队合作能力强,善于沟通	6			
		自主学习能力强,勇于克服困难	6			
		严谨认真,积极参与现场教学	6			
5	评价反馈	学生能快速、准确地进行相关操作,以小组评价方式组织客观评价	6			
		对学生在任务实施过程中发现的问题进行小组审议后及时反馈	6			
6	得　分		100			

项目测试

文本

项目测试

参考文献

[1]俞军燕．城市轨道交通车站机电设备运行与维修[M].2版．北京:中国建筑工业出版社,2020.
[2]童岩峰．城市轨道交通供电技术[M].2版．北京:人民交通出版社,2023.
[3]曲秋莳,许波．城市轨道交通车站设备[M].2版．北京:人民交通出版社,2019.
[4]林瑜筠,刘妮娜．城市轨道交通机电设备[M]．北京:中国铁道出版社,2022.
[5]仇海兵．城市轨道交通车站设备[M].3版．北京:人民交通出版社,2021.
[6]朱济龙,唐春林．城市轨道交通车站机电设备[M].2版．北京:机械工业出版社,2021.
[7]齐伟,丁尚．城市轨道交通车站设备[M]．上海:上海交通大学出版社,2017.
[8]刘炜．机电设备维护[M]．重庆:重庆大学出版社,2021.
[9]闫海峰．城市轨道交通设备[M]．北京:科学出版社,2016.
[10]魏仁辉．城市轨道交通车站设备[M]．北京:中国电力出版社,2014.
[11]李红莲．城市轨道交通车站机电设备[M]．北京:机械工业出版社,2017.